南京大学经济学院教授文选

国家社会科学基金项目（项目编号：18BJY112)阶段性成果

高波自选集

企业家精神驱动经济发展

高波 著

南京大学出版社

目 录

引 论：全球化时代的经济发展和发展理论创新……………………………… 001

第一篇　企业改革与企业发展

第一章　企业产权结构变革与市场主体发育……………………………… 047

第二章　结构调整的机制设计、制度创新与企业重组…………………… 055

第三章　企业理论的新发展：基于文化视角……………………………… 068

第四章　企业文化创新与企业竞争力提升………………………………… 082

第五章　中国家族企业成长：文化约束与文化创新……………………… 092

第二篇　产业创新与产业发展

第六章　论农业发展的大趋势——兼论中国农业的出路………………… 107

第七章　世纪之交的中国工业化、城市化战略…………………………… 117

第八章　跨国公司研发国际化与中国世界制造中心成长………………… 134

第九章　制造业集聚对企业家精神的影响研究：基于产业周期视角…… 143

第十章　长三角服务业城市集聚化与区域服务中心形成………………… 159

第十一章　区域房价差异、劳动力流动与产业升级……………………… 179

第三篇　企业家精神与区域发展

第十二章　企业家精神的地区差异与经济绩效…………………………… 203

第十三章 文化资本与企业家精神的区域差异 ………………………… 213
第十四章 苏南区域市场发育的理论探讨 …………………………… 227
第十五章 江苏经济结构的空间调整 ………………………………… 237
第十六章 中国城乡一体化发展的区域差异分析 …………………… 245
第十七章 中国城乡融合发展的经济增长效应分析 ………………… 261
第十八章 中国地区要素生产率的变迁：1978—2016 ……………… 281

第四篇　风险投资、科技创新与经济增长

第十九章 风险投资溢出效应：一个分析框架 ……………………… 313
第二十章 论风险投资与高新技术产业化 …………………………… 321
第二十一章 风险投资的融资制度与融资效率分析 ………………… 329
第二十二章 信息不对称、信用制度与经济增长 …………………… 339
第二十三章 论亚洲金融危机与中国长期经济增长的金融对策 …… 351

第五篇　企业家精神、制度创新与政府行为

第二十四章 论环境资源、环境商品与现实环境政策 ……………… 361
第二十五章 经济发展中的政府行为 ………………………………… 370
第二十六章 企业购并中地方政府行为分析 ………………………… 382
第二十七章 地方政府的竞争战略演变：以苏南地区为例的分析 … 390
第二十八章 浙粤地方政府的制度创新、行政效率与企业家精神 … 402
第二十九章 财政分权、城镇化与政府公共教育供给 ……………… 416

主要参考文献 …………………………………………………………… 434
后　记 …………………………………………………………………… 456

引论：全球化时代的经济发展和发展理论创新

一、全球化和经济发展的典型事实

全球化是工业革命的成果向全球扩散的过程，市场经济是全球化的发展机制，而全球化给人类带来福祉的多寡取决于全球治理体系架构及其运行效率。大多数经济史学家认为，1914年之前一百年的全球化，是第一波全球化。这是以英国为首的西方市场经济国家，发动了第一波全球化浪潮。在17世纪至18世纪，国际贸易以每年1%的速度增长，高于全球收入的增长速度，但两者差别不大。从19世纪初开始，国际贸易增长速度高达4%左右，持续了整整一个世纪（丹尼·罗德里克，2011，第21页）。第一波全球化的动力来自三个方面。(1) 18世纪的蒸汽技术革命、19世纪的电力技术革命，这两次工业革命的成果，彻底改变了国际运输和通信，大大降低了贸易成本。(2) 亚当·斯密和大卫·李嘉图等的自由市场经济思想广泛传播，使对外贸易国家的政府放松了对外贸的限制。(3) 从1870年开始实施的金本位制，便利了各国之间的资本自由流动。原来的世界随着第一次世界大战的爆发而一去不复返。1914年8月，主要参战国停止了将本国货币兑换为黄金的业务。1929年后的大萧条，使20世纪20年代重建金本位制的努力宣告失败，英国在1931年、美国在1933年、法国在1936年相继放弃金本位制。两次世界大战之间，以美国为首的贸易保护主义盛行，全球化被迫停滞。

当今世界，人类正处于第二次世界大战以来兴起的第二波全球化及建构的治理体系。这次是美国作为经济全球化的领头羊，发动了第二波全球化浪潮。第二次世界大战之后开启的信息技术革命(第三次工业革命),奠定了第二波全球化的物质技术基础。在全球化治理体系方面,凯恩斯、怀特和其他48个国家的官员们1944年7月在美国新罕布什尔州的度假胜地布雷顿森林开会,放弃了金本位制,制定出固定汇率和资本管制为两大支柱的布雷顿森林体系。1945年12月27日在华盛顿创建了两个新的国际机构——国际货币基金组织和世界银行。1973年,浮动汇率正式确立了,布雷顿森林体系解体。数据表明,在1948—1990年间,世界贸易量平均每年增长约7%,是有史以来最快的。再说经济发展的宽度和广度,布雷顿森林体系时期超越了以往任何时期,包括金本位制时期和19世纪的自由贸易时期(丹尼·罗德里克,2011,第60页)。这个时期是所谓全球化的黄金时期。

全球化是一股巨大的正面力量,全球化确实大大提高了经济发展的潜力,但是全球化并非自动地使所有经济体获益。全球化对世界经济发展产生了深刻的影响,世界经济表现出一些典型特征或事实。

第一,全球化进展显著的时期,人口、人均GDP、商品出口增长更快,而资本收益率相对稳定且快于经济增长率。表0-1显示了从远古时期迄今的世界总产值、人口、人均GDP、商品出口的增长率。全球化发展时期,全球增长超过了全球化停滞时期,这既是贸易增长的原因亦是它的结果。公元元年到1700年间世界总产值增长率和人口的增长率相当,年增长率仅0.1%,人均产值几乎没有增长。工业革命发生以后,世界总产值和人口增长加快,人均产值亦出现增长迹象。第一波全球化期间(1820—1913),世界总产值增长率达到1.5%,人口增长0.6%,人均产值增长率0.9%。金本位制实施后的1870—1913年,世界总产值增长率更是高达2.11%,人口增长0.8%,人均产值增长率1.3%,商品出口增长3.4%。第二波全球化发生后的1950—1973年,世界总产值增长率达到创纪录的4.91%,人口增长1.92%,人均产值增长率2.93%,商品出口增长高达7.88%。随着布雷顿森林体系解体,1973—1990年世界总产值增长率下降到3.33%,人口增长1.79%,人均产值增长率下降到1.51%,商品出口增长更高达13.22%。1990—2017年世界总产值增长率下降到2.81%,人口增长下降到1.33%,人均产值增长1.47%,商品出口增长下降到6.96%。

引论：全球化时代的经济发展和发展理论创新

表0-1　工业革命以来的全球增长和商品出口的实际增长（年均复合增长率%）

年份	全球总产值	全球人口	人均产值	商品出口
0—1700	0.1	0.1	0.0	
1700—1820	0.5	0.4	0.1	
1820—1913	1.5	0.6	0.9	
1820—1870	0.93	0.4	0.53	
1870—1913	2.11	0.8	1.3	3.4
1913—1950	1.85	0.93	0.91	0.9
1950—1973	4.91	1.92	2.93	7.88
1973—1990	3.33	1.79	1.51	13.22
1990—2017	2.81	1.33	1.47	6.96

资料来源：[英]安格斯·麦迪森，2003：《世界经济千年史》，北京大学出版社，第116-117页。[法]托马斯·皮凯蒂，2014：《21世纪资本论》，中信出版社，第74页。WIND数据库。联合国统计司：http://data.un.org/。

从长期来看，资本收益率会发生变化，但上下波动的范围相对有限。法国经济学家皮凯蒂研究发现，在英国和法国，从18世纪到21世纪，资本纯收益率一直围绕每年4%～5%这个中心值上下浮动，或者说大体在每年3%～6%这个区间内波动，其中没有明显的长期向上或向下趋势（托马斯·皮凯蒂，2014，第210页）。私人资本的收益率 r 可以在长期显著高于收入和产出增长率 g，$r>g$ 可能将再度成为21世纪的准则（托马斯·皮凯蒂，2014，第589-590页）。

第二，全球化不会自动地对所有国家产生溢出效应，并不意味着所有经济体出现相似的增长，同一经济体在不同时期经济增长速度不同，不同经济体经济增长速度存在显著差异。英国在第一波全球化和第二波全球化期间，取得了较快的增长。如表0-2所示，英国1820—2017年增长最快几个时期是1820—1870、1950—1973、1973—1990和1990—2017年GDP增长率分别达到2.05%、2.93%、2.40%和2.02%，这几个时期人均GDP增长率分别达到1.26%、2.44%、2.29%和1.45%。美国在人类经济增长史上的表现，是十分独特的。美国在《独立宣言》时期的人口仅

300万,到1900年达到1亿,如今超过3.27亿。1872年美国的经济总量已经超过英国成为全球最大的经济体,人均GDP在1903年首次超过英国。1929年,世界经济的中心横越大西洋,定位于纽约(高波,2017,第4页)。美国经济学家罗伯特·戈登认为美国经济增长经历了一个快速增长的非凡时期,把1870—1970年标记为"特殊世纪"。在1770年之前的上千年几乎没有经济增长,在1870年之前的过渡世纪只有缓慢增长,而在截至1970年的这个世纪中发生了显著的快速增长,1970年之后增长再次放缓(罗伯特·戈登,2018,第2-7页)。美国1820—1870年GDP增长率达到4.20%、人均GDP增长率仅为1.34%。之后1870—1913、1950—1973、1973—1990年GDP增长率分别达到3.94%、3.93%、3.17%,这些时期人均GDP增长率分别达到1.82%、2.45%、2.18%,是美国历史上增长最快的几个时期。德国1820—1913年GDP增长率和人均GDP增长率均低于美国。1913—1950年德国GDP增长率为0.30%、人均GDP增长率仅为0.17%,是德国增长史上最黑暗的时期。1950—1973年GDP增长率达到5.68%、人均GDP增长率高达5.02%,是德国增长史上最辉煌的时期。1973—2017年GDP增长率低于美国,而人均GDP增长率高于美国。法国历史上经济增长最快的时期是1950—1990年,法国是第二波全球化的受益者。其中,1950—1973、1973—1990年GDP增长率分别达到5.05%、2.86%,人均GDP增长率分别达到4.05%、2.29%。日本是唯一一个在1914年之前(第一波全球化期间)实现了工业化、在第二波全球化发生之后取得超高速增长的非西方国家。日本1870—1913、1950—1973、1973—1990年GDP增长率分别达到2.44%、9.29%、4.29%,这几个时期人均GDP增长率分别达到1.48%、8.05%、3.48%,特别是1950—1973年的超高速增长令世界惊叹。

在第一波全球化时期和第二波全球化前期,中国在封闭和开放的两难选择中徘徊,以致在20世纪80年代之前一直与全球化格格不入,工业化、城市化缓慢推进,经济发展滞缓。新中国成立以后,1950—1973年GDP增长率达到5.02%、人均GDP增长率为2.86%。改革开放40多年来,中国选择了市场经济,主动融入全球化,国际贸易、FDI、OFDI迅猛增长,工业化、信息化、城镇化取得了显著成效,GDP增长率高达9.5%。到2010年,中国成为世界第二大经济体,并持续缩小与第一经济大国

(美国)的差距,拉大与第三经济大国(日本)的距离。中国经济总量从1978年相当于美国的6.3%、占世界GDP的比重2.25%,提高到2017年相当于美国63.1%、占世界GDP的比重15%左右。2017年中国经济对世界经济增长贡献率超过30%。按照世界银行的标准,1998年从低收入国家进入下中等收入国家行列,2010年跻身上中等收入国家行列。当前,中国正处于从中等收入国家跨入高收入国家行列的关键时期。

表0-2 典型国家1820—2017年GDP和人均GDP实际增长率(年均复合增长率%)

年份	英国		美国		德国		法国		日本		中国	
	GDP增长率	人均GDP增长率	GDP增长率	人均GDP增长率	GDP增长率	人均GDP增长率	GDP增长率	人均GDP增长率	GDP增长率	人均GDP增长率	GDP增长率	人均GDP增长率
1820—1870	2.05	1.26	4.20	1.34	2.01	1.09	1.27	0.85	0.41	0.19	−0.37	−0.25
1870—1913	1.90	1.01	3.94	1.82	2.83	1.63	1.63	1.45	2.44	1.48	0.56	0.10
1913—1950	1.19	0.92	2.84	1.61	0.30	0.17	1.15	1.12	2.21	0.89	−0.02	−0.62
1950—1973	2.93	2.44	3.93	2.45	5.68	5.02	5.05	4.05	9.29	8.05	5.02	2.86
1973—1990	2.40	2.29	3.17	2.18	2.50	2.45	2.86	2.29	4.29	3.48	8.07	6.44
1990—2017	2.02	1.45	2.42	1.41	1.68	1.50	1.57	1.06	1.02	0.92	9.53	8.93

资料来源:[英]安格斯·麦迪森,2003:《世界经济千年史》,北京大学出版社,第260、263页。WDI数据库。

第二波全球化时期,尤其是二战以来,虽然全球经济增长加快,但不同经济体的经济增长存在较大差异。图0-1显示了全球217个经济体1960—2017年人均GDP增长率的方差变化。不难发现,第二波全球化时期,不同经济体人均GDP增长率的方差较大,且波动性强,表明不同经济体的增长速度并不因为全球化发展而相似。

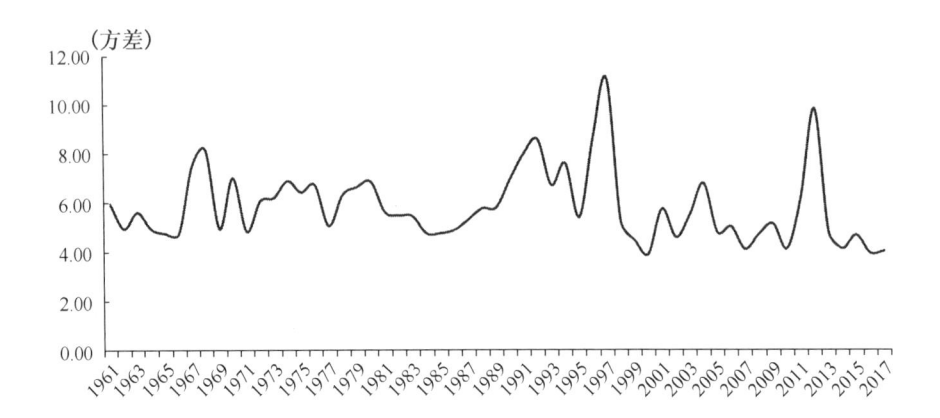

图 0-1 全球 217 个经济体年人均 GDP 增长率方差变化图

资料来源：WDI 数据库。

第三，全球化是一个渐次推进的过程，全球化的水平和程度虽有波折但总体呈上升之势。在第二波全球化期间，全球货物和服务贸易发展、国际资本流动表现十分亮眼，成为全球化的一个重要特征。如图 0-2 所示，全球货物进出口贸易额占 GDP 比重由 1960 年的 19.45% 上升至 2018 年 45.79%，增长了一倍多，2008 年最高时达51.45%。全球服务进出口贸易额占 GDP 比重由 1970 年的 7.62% 波动上升到最高

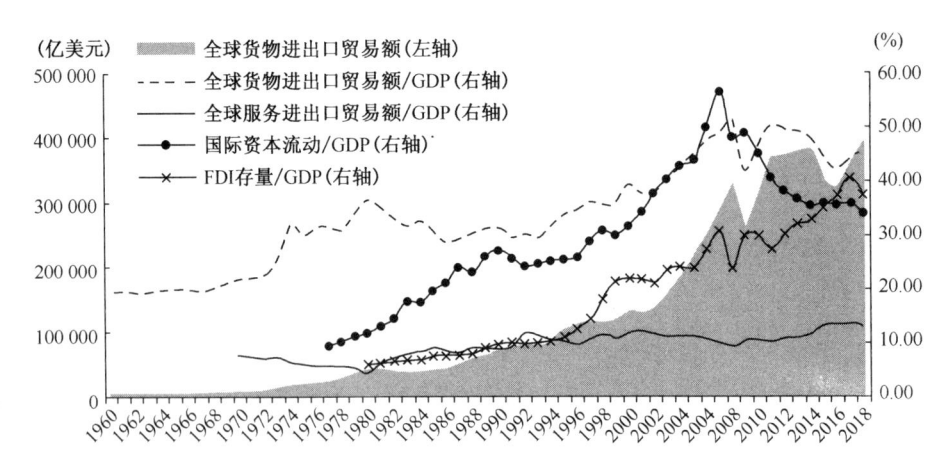

图 0-2 全球货物和服务进出口贸易额、国际资本流动和 FDI 存量占 GDP 比重

资料来源：WDI 数据库、WTO、BIS、联合国贸易和发展会议数据库（UNCTADSTAT）。

2017年13.62%,2018年略有下降。全球货物和服务进出口贸易额占GDP比重由1970年的29.40%上升到2008年最高时的60.91%。1977年全球国际资本流动占GDP比重9.44%,2000年上升到31.41%,2007年最高达56.77%,之后随着全球金融危机的影响深入,2018年这一指标已下降到34.04%,11年下降了22.73%。

不同经济体在世界商品市场和要素市场上的表现,与这些经济体内部的经济增长状况和市场开放的程度密切相关。如表0-3所示,根据WTO的统计,1980—2018年货物和服务贸易进出口额居全球前10位的经济体发生了一些变化。美国、英国、德国、法国、意大利、荷兰、日本等7国虽排名有一些变化,仍一直位于前10的位次。美国货物和服务贸易进出口额最大,始终处于第1位。中国香港1991年排名第10位,2018年居第8位。中国1997年排名第10位,2010年开始稳居第2位。如图0-3所示,英国、美国、德国、法国、日本、中国等典型国家,1980—2018年以货物和服务贸易进出口额占GDP的比重测算的对外依存度变化较大,表现出一定的异质性和相似性。在典型国家中,德国是对外依存度最高的,从1980年的47.56%上升到2018年的89.21%,2005年开始处于高位波动。英国、法国的对外依存度变化十分相似,相关系数达到0.8528。英国、法国人口接近,1980年现价美元人均GDP分别为10 032.06、12 713.36美元,2018年分别达到42 943.9、41 463.6美元。这些经济参数的相似性,可以作为英国、法国的对外依存度相关性强的一种解释。美国的对外依存度变化相对较小,1980年为16.97%,2005年上升到25.1%,2011年最高时达到30.62%,2018年为27.37%。日本1980年对外依存度为29.18%,20世纪90年代初期泡沫经济破灭后的1993年下降到16.86%,2005年上升到28.34%,2014年最高达到38.19%,之后出现小幅波动。美国和日本对外依存度的相关系数亦较高,为0.7743。改革开放40多年来,中国的经济增长和经济国际化程度发生了巨大的变化,1980年现价美元人均GDP仅为194.81美元、对外依存度为19.90%,2018年人均GDP上升到9 770.85美元、对外依存度为39.74%。中国明确选择市场经济道路后的1993年对外依存度高达49.08%,2001年加入WTO以后对外依存度明显上升,2006年最高时达到71.01%。受全球金融危机的深刻影响,2009年典型国家的对外依存度均出现了不同程度的下滑。

表0-3 1980—2018年货物和服务贸易进出口额居全球前10位的经济体

单位:十亿美元

1980		1990		2000		2010		2018	
美国	484.82	美国	911.00	美国	2 042.19	美国	4 168.58	美国	5 622.83
德国	451.94	德国	910.47	德国	1 049.01	中国	3 343.64	中国	5 408.10
法国	324.10	日本	648.61	日本	858.41	德国	2 795.88	德国	3 521.64
日本	322.60	法国	567.75	法国	664.85	日本	1 758.59	日本	1 871.97
英国	285.20	英国	506.69	英国	637.25	法国	1 516.85	荷兰	1 837.48
意大利	213.37	意大利	447.45	中国	540.30	英国	1 460.23	法国	1 802.17
荷兰	186.46	荷兰	315.35	加拿大	522.29	荷兰	1 386.30	英国	1 763.09
比利时-卢森堡	160.26	比利时-卢森堡	289.98	意大利	479.28	意大利	1 145.11	中国香港	1 390.31
沙特阿拉伯	159.12	加拿大	251.40	荷兰	451.40	韩国	1 070.39	韩国	1 358.30
加拿大	147.50	前苏联	224.72	中国香港	416.73	中国香港	992.78	意大利	1 291.10

资料来源:WTO。

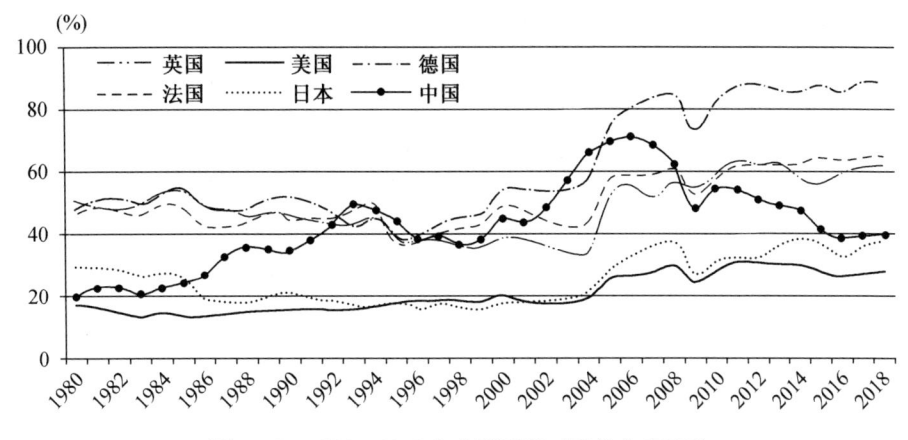

图 0-3　1980—2018 年典型国家对外依存度变化

资料来源：WTO 和 WDI 数据库。

第四，第二波全球化期间，全球直接投资活动蓬勃发展，外商直接投资(FDI)和对外直接投资(OFDI)活跃的经济体，在全球直接投资活动中扮演了重要的角色。如图 0-2 所示，1980 年，全球外商直接投资额(FDI)存量占 GDP 的比重仅为 5.95%，2007 上升到 30.63%，2008 年全球金融危机爆发，这一指标陡降至 23.92%，2017 年最高达到 40.6%，比 1980 年的 5.8 倍还多。过去半个多世纪，美国在全球直接投资活动中，扮演了十分重要的角色。如表 0-4 和表 0-5 所示，美国 1970 年是全球国际直接投资的第一流出国，外商直接投资流入在全球排第三，流出比流入多 63.3 亿美元。1980 年美国 FDI 和 OFDI 均居全球第一，流出比流入多 23.1 亿美元。1990 年美国净流入 174.4 亿美元，2000 年净流入高达 1 713.8 亿美元，2010 年 FDI 和 OFDI 均居全球第一、净流出 797.3 亿美元。这一轮全球金融危机发生以来，美国推行了制造业回归的政策，2018 年 FDI 高居全球榜首，OFDI 已跌出前 10。美国全球直接投资的发展是由资本逐利的本性决定的，与美国的经济增长状况、美元周期、跨国公司的全球扩张和技术创新密切相关。英国 1970 年全球国际投资净流出 1.9 亿美元，1980、1990 年分别净流入 22.4、125.1 亿美元，2000 年 OFDI 居全球第一、净流出 1 174.4 亿美元，2010、2018 年分别净流入 101.1、146.1 亿美元。法国全球国际投

表 0-4 1970—2018 年全球外商直接投资（FDI）流量居前 10 位的经济体

单位：十亿美元

1970		1980		1990		2000		2010		2018	
加拿大	1.82	美国	16.92	美国	48.42	美国	314.01	美国	198.05	美国	251.81
英国	1.49	英国	10.12	英国	30.46	德国	198.28	中国	114.73	中国	139.04
美国	1.26	加拿大	5.81	法国	16.51	英国	115.3	巴西	77.69	中国香港	115.66
澳大利亚	0.89	法国	3.33	荷兰	11.06	比利时	88.74	中国香港	70.54	瑞士列支敦士登	87.21
德国	0.77	沙特阿拉伯	3.19	西班牙	10.8	加拿大	66.8	德国	65.64	新加坡	77.65
荷兰	0.63	荷兰	2.52	比利时	8.05	荷兰	63.85	英国	58.2	荷兰	69.66
意大利	0.62	墨西哥	2.1	澳大利亚	7.9	中国香港	54.58	新加坡	57.46	爱尔兰	66.35
法国	0.62	巴西	1.91	加拿大	7.58	中国	40.71	比利时	43.23	英国	64.49
巴西	0.39	澳大利亚	1.87	意大利	6.34	西班牙	39.58	爱尔兰	42.8	巴西	61.22
南非	0.33	比利时	1.54	新加坡	5.57	丹麦	33.82	西班牙	39.87	澳大利亚	60.44

注：其中，剔除了英属维尔京群岛、开曼群岛等避税地。
资料来源：联合国贸易和发展会议网站。

表 0-5　1970—2018 年全球对外直接投资（OFDI）流量居前 10 位的经济体

单位：十亿美元

	1970		1980		1990		2000		2010		2018
美国	7.59	美国	19.23	日本	50.77	英国	232.74	美国	277.78	日本	143.16
英国	1.68	英国	7.88	法国	38.30	法国	161.95	瑞士列支敦士登	86.18	中国	129.83
荷兰	1.32	荷兰	4.83	美国	30.98	美国	142.63	中国	68.81	法国	102.42
德国	1.07	德国	4.70	德国	24.23	比利时	86.36	荷兰	68.36	荷兰	58.98
加拿大	0.93	加拿大	4.10	英国	17.95	荷兰	75.63	日本	56.26	加拿大	50.45
法国	0.36	法国	3.14	瑞典	14.75	西班牙	58.21	法国	48.15	英国	49.88
日本	0.36	日本	2.39	荷兰	14.37	德国	57.09	英国	48.09	俄罗斯联邦	36.44
瑞典	0.21	南非	0.76	意大利	7.61	加拿大	44.68	俄罗斯联邦	41.12	西班牙	31.62
比利时	0.17	意大利	0.74	瑞士列支敦士登	7.18	瑞士列支敦士登	44.67	西班牙	37.84	瑞士列支敦士登	26.93
意大利	0.11	瑞典	0.62	比利时	6.31	瑞典	40.91	加拿大	34.72	沙特阿拉伯	21.22

注：其中，剔除了英属维尔京群岛、开曼群岛等避税地。
资料来源：联合国贸易和发展会议网站。

资1970、1980年有少量流入,1990年净流出218亿美元,2000、2010、2018年OFDI分别为1 619.5、481.5、1 024.2亿美元,FDI未进入全球前10位。可见,法国对外直接投资更加活跃。荷兰由于人口规模的限制、经济总量不大,但在全球直接投资活动中十分活跃。日本是一个典型的国际直接投资的输出国,1970—2018年FDI始终未进入前10位,OFDI除了2000年未进入前10位、其他年份均榜上有名,1990、2018年OFDI居全球第一。金砖国家中,2010、2018年巴西成为外商直接投资前10位的输入国。中国的对外开放政策,大大促进了全球直接投资发展。随着中国经济规模的扩大,2010、2018年FDI均居全球第二,2010、2018年OFDI分别居全球第三、第二。

第五,全球化重塑世界经济地理,世界各国和地区深度融入全球产业链、价值链和创新链。20世纪90年代以来,世界上构建了由国际大买家或跨国公司所主导和控制的全球产业链和全球价值链(简称GVC)的生产分工体系。已经或正在融入全球化的国家和地区,一般在全球生产分工体系中都占据一席之地。根据WIOD的数据,我们测算了1995—2014年不同经济体参与全球产业链、价值链分工的产出占世界总产出的比重(见图0-4和图0-5)。1995年全球参与全球价值链分工的产出占世界总产出的比重为9.98%,2008年上升到13.91%,之后出现小幅波动。美国

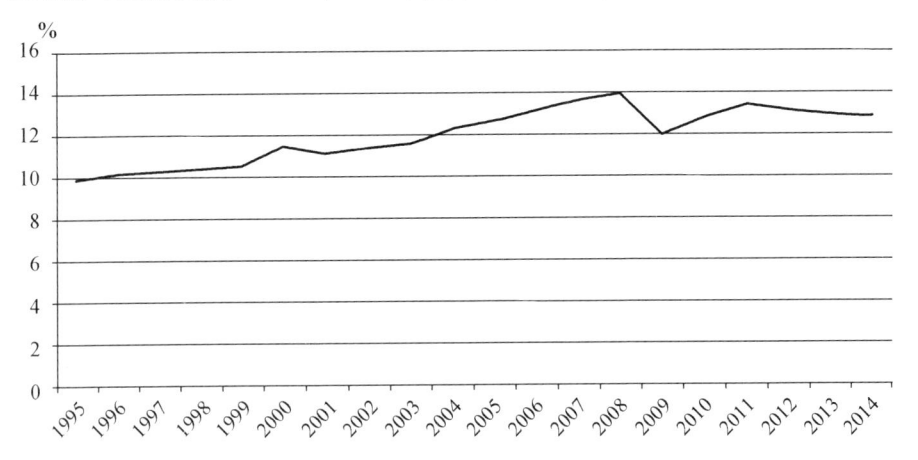

图0-4 1995—2014年全球参与全球价值链分工的产出占世界总产出的比重

数据来源:国际投入产出表数据库(WIOD)。

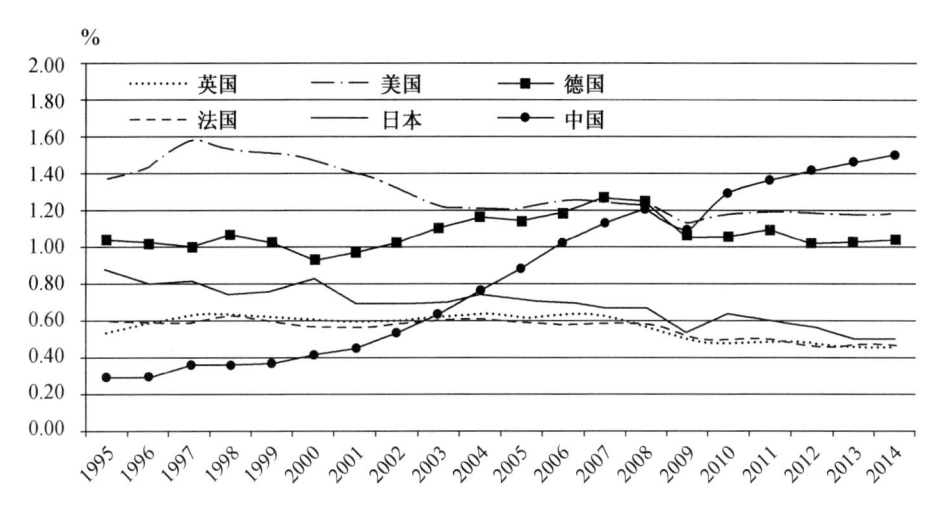

图 0-5　1995—2014 年典型国家参与全球价值链分工的产出占世界总产出的比重

资料来源：国际投入产出表数据库（WIOD）。

1995—2006 年和 2009 年参与全球价值链分工的产出占世界总产出的比重居全球第一位，2007、2008 年被德国超越，2010—2014 年中国上升到第一位。日本 1995—2003 年居于第三位，2004—2014 年居于第四位。英国和法国比较接近。此外，长期居于前 10 位的国家还有韩国、意大利、荷兰和加拿大。

创新链对于全球产业链、价值链的构建和拓展发挥着核心功能。世界各国 R&D 的总投入在全球所处的位置，与参与全球价值链分工的产出占世界总产出的比重有很强的关联性。根据 OECD 提供的数据，1991 年 R&D 总投入前 10 位的国家依次是美国、日本、德国、法国、俄罗斯、英国、意大利、中国、加拿大和韩国，2017 年依次是美国、中国、日本、德国、韩国、法国、英国、俄罗斯、意大利和加拿大。对比来看，仅有参与全球价值链分工的产出占世界总产出的比重前 10 位的荷兰 R&D 总投入未进入前 10 位，R&D 总投入居于前 10 位的俄罗斯参与全球价值链分工的产出占世界总产出的比重未进入前 10 位。在典型国家中，从 R&D 占 GDP 的比重来看，日本 1996 年以来一直居于第一位，德国 2011 年超越美国居于第二位，法国居于第四位，2010 年中国超越英国，居第五位（见图 0-6）。再看世界知识产权组织发布的全球创新指数(GII),瑞士2011年以来一直居于全球第一位。2019年全球创新指数排名前10位的国家是瑞士、瑞典、美国、荷兰、英国、芬兰、丹麦、新加坡、德国和以色列。在典型国家中,英国、美国比较接近,德国居于第三位,中国快速追赶、与日本和法国接近(见图0-7)。世界各国科技创新、产业创新、市场创新、制度创新和文化创新融合的深度决定了全球化的程度和质量。

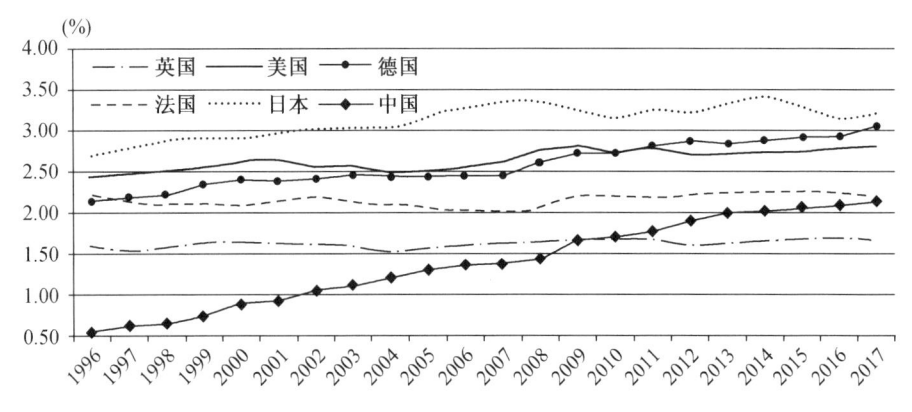

图0-6　1996—2017年典型国家研发投入占GDP比重

资料来源:世界银行。

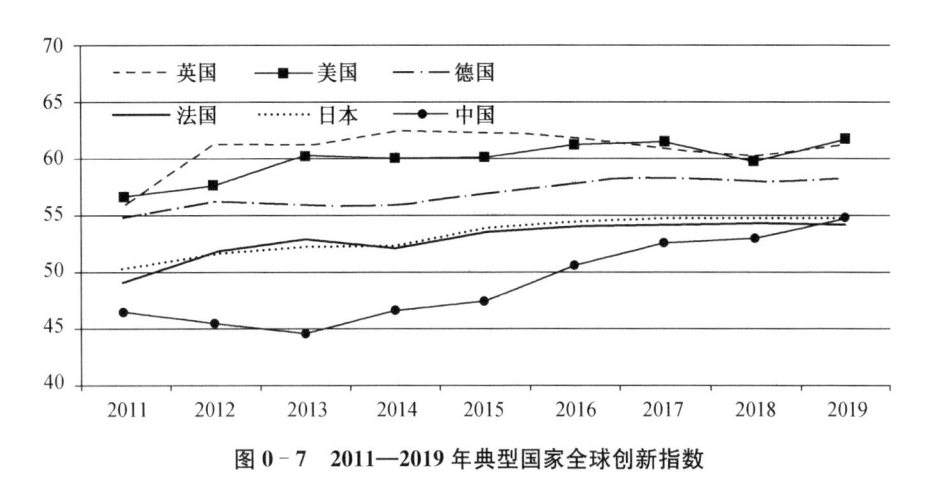

图0-7　2011—2019年典型国家全球创新指数

资料来源:世界知识产权组织。

改革开放以来,特别是20世纪90年代以来外商直接投资的大量涌入和2001年加入WTO,使中国迅速成长为名副其实的世界工厂,并深度融入全球产业链和GVC。中国大多数行业基于产出和投入的价值链关联指数均超过1.5,中国已经通过产出供给和投入需求两个渠道非常深入地融入全球价值链和产业链(程大中,2015)。与此同时,中国R&D的投入和在全球创新指数中的排名提高较快。当然,全球化时代中国完成从制造大国到制造强国再到创新强国的任务还很艰巨,特别是融入和主导全球创新链,这更是一条布满荆棘的艰苦之路。

第六,全球化促进了新创意的产生、推动了知识的扩散和传播,这促使发达国家更加趋同,而发展中国家依靠提高科技水平、专业知识及技能和鼓励大规模的教育、培训投入可以引致追赶型增长。图0-8和图0-9显示,1960年和2010年不同经济体存在较大的收入和全要素生产率差异,在解释跨国人均GDP差异时,全要素生产率残差和要素投入一样重要。穷国与富国比,不仅它们的人均实物资本和人力资本少,而且投入要素的使用效率低。过去半个世纪,与美国相比,英国、德国、法国、日本的人均GDP差距缩小,生产要素的使用效率在提高。中国改革开放以来的高速经济

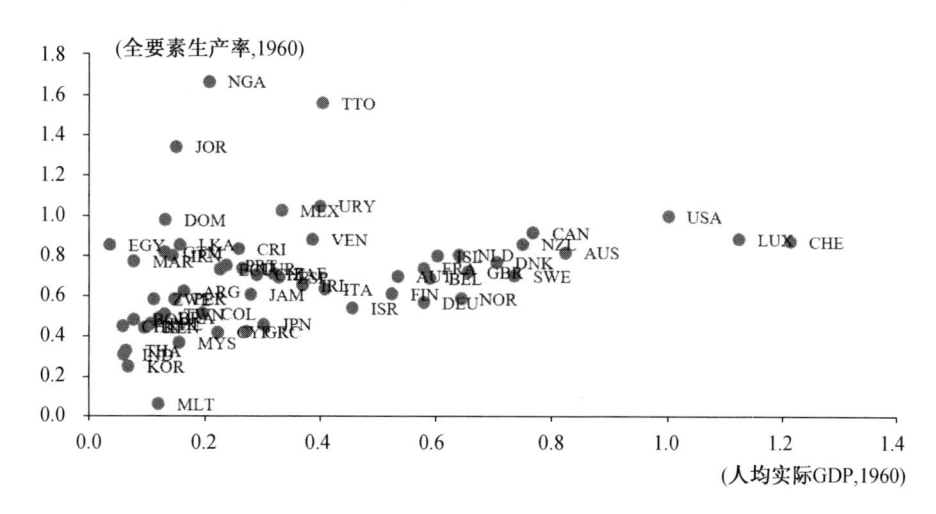

图0-8 1960年不同经济体的收入和全要素生产率差异

注:TFP和人均实际GDP正规化,美国的数值为1,计算其他国家或地区的数值。

资料来源:Penn World 表9.1。

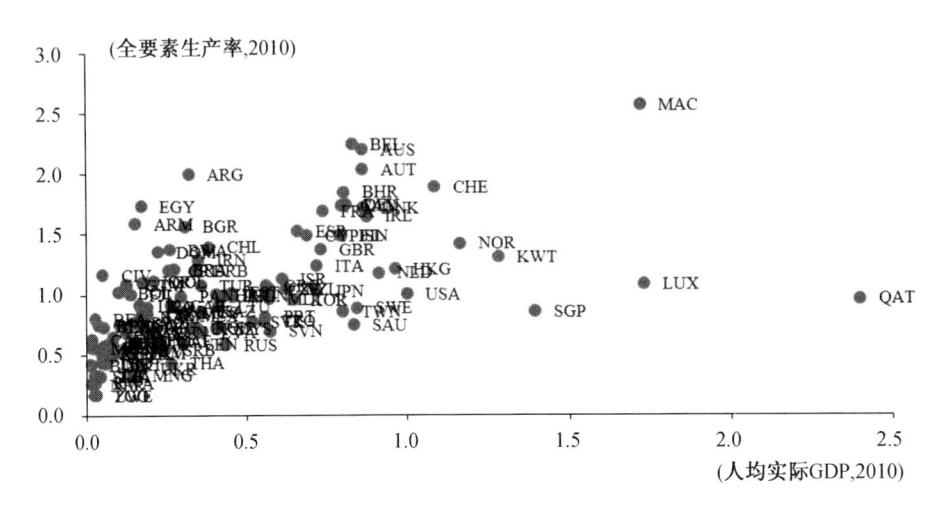

图 0-9　2010 年不同经济体的收入和全要素生产率差异

注:TFP 和人均实际 GDP 正规化,美国的数值为 1,计算其他国家或地区的数值。

资料来源:Penn World 表 9.1。

增长,具有明显的数量追赶的特征,经济总量和人均产出水平大幅提高。这种数量追赶的增长方式,生产效率偏低,全要素生产率对经济增长的贡献率低,存在严重的产能过剩、重复建设和质量较低的问题。中国 1978—2018 年实际 GDP 年均增长 9.51%,劳动增长贡献 0.46 个百分点,资本增长贡献 7.98 个百分点,TFP 增长率 1.07%,TFP 的贡献为 11.25%。中国的高储蓄率和人均实物资本高速增长对经济增长做出了更大贡献。

全球化过程中,人均人力资本随时间的推移持续增加。人力资本是创意生产和知识扩散的一种基本投入,是获得技术进步和提高全要素生产率的源泉。对外开放、贸易和国际直接投资促进了非竞争性创意的传播,加速了知识的扩散。全球化引致市场规模和范围的扩大,促使体现在劳动者技能和企业家能力中的人力资本在"干中学"中得到改进。更重要的是,随着经济增长和时间的推移,劳动力受教育程度的大幅提高,致使人均人力资本显著提高(见图 0-10)。琼斯和罗默指出,按照测算,美国劳动力受教育程度每隔 10 年增加 1 年,假设每年教育明赛尔(Mincerian)收益率为 6%,则美国的年经济增长率将提高 0.6%,这一提高幅度对于美国 2% 的人均增长率而言是很显著的(Jones, C. I. & Romer, P. M., 2010)。中国劳动力受教育年限 1960 年仅为 1.93 年,2010 年提高到 7.44 年,仍有较大的提升空间,优先发展教育将对经济增长产生强大动力。

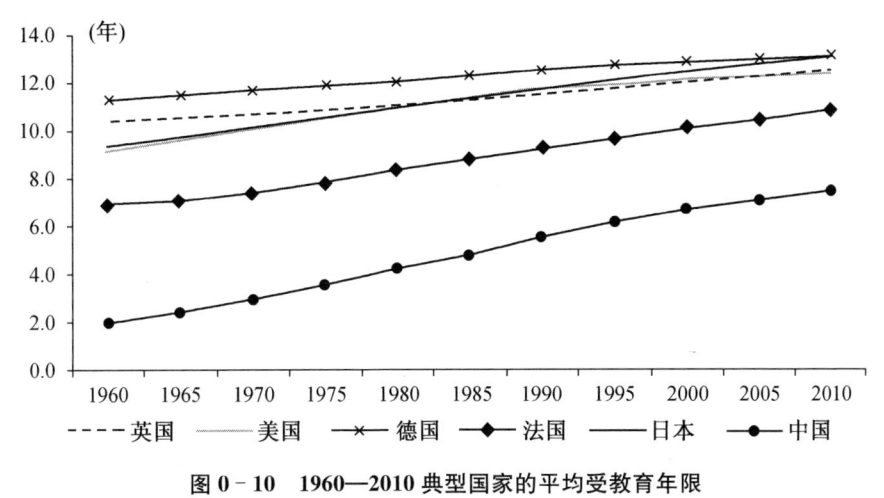

图 0-10 1960—2010 典型国家的平均受教育年限

注:平均受教育年限使用的是 25 岁及以上年龄人口获得的平均受教育年限。

资料来源:维根斯坦人口与人力资本研究中心(Wittgenstein Centre for Demography and Global Human Capital 2018). www.wittgensteincentre.org/dataexplorer。

卡尔多事实表明资本/劳动比率的上升并未导致实际利率的下降(Kaldor, 1961)。皮凯蒂的研究进一步证实,资本回报率在长期是稳定的,没有明显向上或向下的趋势。这意味着由于创意和知识是非竞争性物品,在全球化过程中创意带来了更大的规模效应,是技术进步阻止了实物资本和人力资本的边际产品下降。

第七,全球化降低了人口迁移的成本,熟练和非熟练劳动力倾向于从贫穷国家或地区向富裕国家或地区移民。根据联合国的数据,美国 1950 年以来,一直是全球净移民流入最多的国家。中国长期以来是全球净移民流出较多的国家,特别是 2000 年以后流向他国人数增多,2000—2015 年净移民流出人数达 569.6 万人(见表 0-6)。虽然这种劳动力迁移的成本可能很高,但它告诉我们关于真实工资的一些信息,在高收入地区,熟练及非熟练劳动力的回报一定是高于低收入地区,否则,劳动力将不会愿意支付迁移的高成本。就熟练劳动力而言，这种情形引出一个有趣的谜：假定熟练劳动力在发展中国家是稀缺的，显然可以获得最高的要素报酬。

表 0-6　1960—2015 年典型国家的净移民数　　　　单位：千人

国家或地区	英国	美国	德国	法国	日本	中国
1960—1965	143	1 836	669	1 418	−151	−1 126
1965—1970	−85	1 556	871	492	823	−160
1970—1975	106	2 889	702	543	715	−1 105
1975—1980	39	3 771	229	258	205	−47
1980—1985	−97	3 382	0	292	50	−200
1985—1990	99	3 367	1 684	276	−298	−432
1990—1995	205	4 464	2 628	122	46	−780
1995—2000	513	8 860	716	194	−100	−383
2000—2005	992	5 335	824	926	164	−1 966
2005—2010	2 189	5 429	43	446	278	−2 178
2010—2015	1 300	4 962	1 939	424	358	−1 552

资料来源：联合国。

人类第一波、第二波全球化的生动实践，对全球化理论创新提出了挑战。对于全球化的理解可谓见仁见智，以下是几种比较典型的表述。1997 年国际货币基金组织发表的《世界经济展望》指出："全球化是指跨国商品与服务贸易及国际资本流动规模和形式的增加，以及技术的广泛迅速传播使世界各国经济的相互依赖性增强"。经济合作与发展组织认为："经济全球化可以被看作是一种过程。在这一过程中，经济市场、技术与通讯形式都越来越具有'全球性'的特征，民族性或地方性减少"。联合国贸易和发展会议的定义是："经济全球化是指生产者和投资者的行为日益国际化，世界经济似由一个单一市场和生产区组成，而不是由各国经济通过贸易和投资流动连接而成，区域或国家只是分支单位而已"。由此可见，经济全球化具有以下几个特征。
(1) 各国市场和各地区性市场的一体化是全球化的核心内容。完全一体化的全球市场的特点是商品、服务和资本、劳动力、技术、数据等生产要素的国际性流动完全没有障碍,从这一意义上可以将全球化定义为"国际套利成本的减少"。显然,市场一体化是一个过程,各国和各地区卷入一体化程度是不同的。(2)全球化是一种进化过程,是一个由诸多过程构成的巨大而多面的复合体,牵涉到人类生活的各个方面。当把全球化与现代化联系在一起时,全球化似乎具有不可逆转性,不断向前推进的趋势谁也不能驾驭或者制止。(3)全球化不仅是一种事实,它也包含了人类的意识内容。世界是一个整体的意识或者说"全球意识"不断增强。人们不仅在传播媒介和消费偏好方面可以时刻感受到全球化;也可以从"世界秩序"的意义上重新定义政治、军事问题;从某种"国际性衰退"中定义经济问题;从"世界性"产品的意义上定义营销问题;从普适主义的意义上定义宗教问题;从人权的意义上定义公民资格问题;从"拯救地球"的意义上定义污染和净化问题,等等。

2008年的世界金融海啸,对第二波全球化敲响了警钟。当前,世界正处于第二次工业革命、第三次工业革命向新兴经济体加速扩散,第二波全球化走向极盛,世界经济周期性下行,第四次工业革命正在孕育的危机四伏的时代。以第三次工业革命为基础的第二波全球化的长足发展,导致世界政治经济格局发生了深刻变化。当前,以美国为首的西方国家,正在推行逆全球化的思潮,对发展中国家主动融入全球化获得溢出效应形成了障碍。第二波全球化正面临着严峻的挑战,需要世界各国通力合作、深化改革,从文明冲突走向文明融合,重建全球治理体系,持续推进世界共赢的第三波全球化。

二、理论创新的动因与条件

理论创新是指人们通过探索和研究,创造性地提出前人没有提出过的符合客观实际的新思想、新观点或新体系。对于经济发展理论而言,冷战结束后的理论创新可以说是异彩纷呈,硕果累累。这让人不禁回顾起20世纪70年代发展经济学的状况。当时,一些经济学家甚至提出质疑:发展经济学是不是已经过时和没有用处?然而,发展经济学不仅没有消亡,20世纪80年代全球开放的资本流动,特别是进入20世纪 90 年代金融全球化进程加快,发展中国家在全球化时代如何谋求发展成为一个极具理论价值和实践意义的课题,促使经济发展理论在多个领域获得了长足发展,取得了大量经济发展理论创新的成果。因此,全球化的重大时代特征,是 20 世纪 80 年代以来经济发展理论的主要创新源泉。从发展思想史的角度来看,经济发展理论的创新是多种因素共同作用的结果。

1. 经济发展理论创新是由发展实践推动的,是解决实践难题的经验积累

发展经济学的任务既要解释现实,又要推动经济发展。一项理论创新的成果必须接受实践的检验,只有既符合实际又被实践检验正确的理论,才能成为理论积累,而对发展经验的抽象提炼可以促进发展理论的创新。随着实践进展与理论创新之间的相互促进,经济发展理论越来越与现实相一致了。从经济发展思想的起源来看,发展理论一直是对发展实践的经验总结和理论升华。亚当·斯密、李嘉图、马尔萨斯等古典经济学家的经济发展思想是对当时英国经济增长实践的深刻理论总结。从亚当·斯密的《国民财富的性质和原因的研究》开始,古典经济学家们就试图发现经济进步的根源并分析经济变化的长期过程。斯密对发展道路与前景的分析,对发展目标、增长的主要源泉、资本的用途与积累的论述都是根据经济增长的实践所做的提炼。与此类似,李嘉图所关注的中心问题是分配问题,他的分配理论正是从发展生产力出发的,是为发展生产力服务的。马尔萨斯的《人口原理》致力于探求使一国人口限制在实际供应所容许的水平的原因。

发展中国家在不同的历史时期和发展阶段,面临各种各样的困境和难题,而发展经济学正是在解决这些难题的过程中发展理论得到了发展。18 世纪到 19 世纪初,人们日益关注各个国家和地区历史的、社会的个别性和特殊性,这种社会思潮孕育了德国"历史学派"的思想。该学派批评了英法古典派的观点,主张国家干预主义,代表人物有弗·李斯特、罗雪尔等人。李斯特是"历史学派的草创者",他被称为"德国的亚当·斯密"(朱绍文,2000,第 127 页)。李斯特强调各国各民族经济发展水平和发展道路各不相同,因而不存在共同的发展规律,他认为经济学应是建立在"国民共同体"即国家的利益基础上的"国民经济学"。李斯特强调政治上的统一、文化的发展、国家对经济的扶持,都是一国经济发展的必不可少的条件。他认为在各国经济发展不平衡的情况下，实行自由贸易只对先进国家有利，而对落后国家有害。落后国家要赶上先进国家，必须实行保护政策，只有当本国的生产力更加发展了，不怕与外国竞争时，再回到自由贸易的原则上来。李斯特的发展思想，具有一定的历史价值。

丰富多彩的发展实践是发展理论创新的源泉。改革开放以来，中国持续稳定高速经济增长的实践、结构升级的成效、大国经济的复杂性和独特性等等，是世界其他国家经济发展过程所无法比拟的，中国的实践为经济发展理论创新提供了广泛、鲜活和生动的素材，而中国的经济学家对经济发展理论创新也做出了应有的贡献。从中国发展实践中提炼的科学发展观，提出的创新、协调、绿色、开放、共享的发展理念，具有普遍的指导意义，而加快转变经济发展方式和实施扩大内需战略，同样是重要的发展理论创新。

全球化给发展中国家提出了大量发展难题，也为发展理论创新提供了广阔空间。斯蒂格利茨(2004)指出：全球化增加了成功的机会，但是它也给发展中国家带来了新的风险。全球化的根本问题在于游戏规则是由发达国家制定的，而发达国家却按照自身利益制定了这些规则，更准确地说，是为了确保金融寡头和大公司的特殊利益(约瑟夫·E·斯蒂格利茨，2010，第240页)。发达工业国家仅仅考虑自己的利益，经常不顾及第三世界，特别是穷人的利益。因此，发展中国家必须努力建立一种更加平衡的制度。这种制度不仅能保护发展中国家的利益，而且要提升整个世界的利益。

2. 经济发展理论创新受到主流经济学理论演进的影响和制约

经济发展理论与主流经济学的关系十分密切，主流经济学的发展和演进，将促使经济发展理论的创新。马歇尔对发展过程的基本看法是：经济发展是渐进的、和谐的和经济利益逐步分润到社会全体的过程。这一看法成为新古典学派经济发展理论的重要观点，对经济发展理论产生了重大影响。熊彼特的经济发展理论有其独特的一面，它以企业家精神和创新为核心，描述了经济发展的动力与过程。凯恩斯的宏观经济学"一般理论"并非直接针对发展问题提出的，但是，凯恩斯的学说却深刻地影响了发展经济学，事实上，一些早期的经济发展理论和政策正是从凯恩斯理论中推导而来的。从一定意义上来说，"发展经济学的分析基础和经验基础，是由经济思想领域的凯恩斯革命和20世纪30年代大萧条时期发展中国家的经历所提供的"(迪帕克·拉尔,1992,第 26 页)。

20 世纪 40 年代发展经济学的兴起可以说是对新古典经济学研究空白的一个填补,当新古典经济学缺乏足够的兴趣和有效的工具来解释和解决发展中国家的经济困境时,发展经济学以一种"新型"经济学的面目出现。经过了 20 世纪 60—70 年代的奋斗,随着新古典经济学本身分析工具的增强和解释能力的提高,新古典主义终于在 70 年代末、80 年代初统一了发展研究,成为发展经济学的新正统,"双经济学"也就失去了意义。20 世纪 60 年代以来新制度经济学、行为经济学的兴起,在很大程度上激发了发展经济学的"革命"。此外,金融理论、贸易理论、劳动经济学等领域的大量理论创新,也推动了发展经济学的"进步"。20 世纪 90 年代以来,全球化、信息化和市场化的深度发展改变了人类的生产方式和生活方式,塑造了全新的世界地图,为经济学研究提供了丰富的材料和复杂的现象(高波,2011,前言第 1 页),而经济学理论正在发生深刻的变化,经济发展理论也得到相应发展。

3. 发展思想的产生和演进受到意识形态的强烈影响

发展经济学影响着发展中国家和地区人们的收入与生活水平,也影响着各国之间的政治经济关系。因此,这门学科更容易受到意识形态的影响,其研究目标与研究范式的转变也在深层次上反映着意识形态的要求。卡尔·马克思被称之为"资本主义的病理学家",在他的博大精深的思想体系中,除了劳动价值理论、地租理论、货币理论、剩余价值理论外,他对于资本主义的发展和经济增长有着丰富且独到的思想观点,对发展经济学产生了深刻的影响。斯蒂格利茨指出:不论思想是由国外引进的还是在发展中国家内部产生的,它们都应避免意识形态的偏见。意识形态的信仰已经非常容易地渗透到了发展思想当中。在战后殖民地的背景下,发展经济学最初常常被看作是关于怨恨或不满的经济学。作为一个政策导向型和解决问题型的学科,发展经济学也是易受到意识形态影响的学科,无论意识形态是左翼的还是右翼的。对国家与市场之间适当平衡的严谨思考常常被忽略掉了(Stiglitz, J. E., 1999)。事实上,发达国家以及世界银行等国际组织意识形态的转变曾经而且现在还在深刻地影响着发展经济学的理论演进和政策选择。

全球化作为一种文化现象,是人类的一种新的意识形态。全球化,意味着世界是一个整体,全球是一个地球村。这种全球意识和世界的压缩,促使发展中国家和地区将参照整个世界而不再是参照世界的一部分(国家或地区)来研究发展中国家和地区的发展现象。全球化促进了多种意识形态之间的相遇和对话,这就对经济发展理论研究提出了新的课题。

三、全球化时代的发展难题

斯蒂格利茨指出全球化有三种明显的好处:一国产品的需求不再局限于一国自己的市场;一国投资不再限制储蓄的来源;一国的厂家能(以相当高的价格)获得最先进的技术。外国直接投资(FDI)不仅可以带来资本,而且可以带来市场和技术,这不同于给国家带来巨大的不稳定的短期金融资本。但是与这些机会相应的是一些重大的挑战:发达国家已经学会运用各种各样的非关税壁垒阻挡发展中国家的商品进口。由于劳动力不能自由流动(但是那些受过良好训练的劳动力可以更自由地流动),发展中国家面临的一个困境是:要么发展中国家按照国际惯例支付它们不能承受的竞争性工资,这将导致严重的不平等现象;要么它们失去这些训练有素的工人。在一些东欧国家,熟练工大规模地外流(仅留下那些年龄较大不能转移和没有技术的工人)推动了这些国家的螺旋式衰退。同样,资本和劳动的不对称流动迫使对资本减税,从而留给对劳动更多的税负,导致全世界的不平等加剧(斯蒂格利茨,2004)。全球化时代不仅给发展中国家提供了全新的发展实践,而且也使发展中国家出现了一系列新现象和新问题,提出了众多的发展难题,迫切需要发展理论创新。

一是全球化时代发展中国家和地区仍然存在多层次性和多样性,发展中国家和地区发挥后发优势的条件不同,在追赶先发国家的竞赛中不可能同时到达终点。伯利兹、克鲁格曼等建立的"蛙跳"模型表明,后发国家的后发优势不局限于跟随性的模仿创新,在一定条件下后发国家可以直接进入高科技领域,抢占经济发展的制高点,在某些领域或产业超过先发国家(Brezis, E. S. , Krugman P. R. and Tsiddon, D. , 1993)。范艾肯构造了开放条件下的经济追赶模型,探讨了全球化、信息化条件下后发国家发挥后发优势与先发国家经济趋同的问题(Elkan, R. V. , 1996)。这些理论对于发展中国家实施追赶战略具有启发意义。在经济全球化条件下,随着商品、劳务和资本的国际流动规模的迅速扩大,生产要素的全球配置将凸显发展中国家在自然资源、劳动力成本低廉等方面的比较优势,从而使更多的投资从发达国家流入发展中国家,发展中国家确实具有一定的后发优势。但是,由于发展中国家的经济、政治、社会发展状况以及其他各种内外条件差异很大,不同后发国家的后发优势是有很大差异的。这就意味着在全球化时代,不存在可以同时适用于所有发展中国家和地区的单一发展理论,这是对发展理论的重大挑战。

二是全球化时代传统的发展理论已经不能解释和解决发展中国家面临的全球性问题,全球化的实践呼唤适应全球化的发展理论创新。20世纪90年代以来,冷战结束为全球市场和市场同一规则的形成提供了可能,为全球贸易的繁荣与发展创造了空间。由于跨国公司的经济活动范围不断扩张,FDI成为世界经济中最为活跃的因素,并成为将各国经济联系在一起的重要方式。与此同时,全球竞争政策、宏观经济失衡条件下的外部冲击、技术差异下的全球分化、全球治理及全球生态环境保护等全球性问题凸显。对于全球性问题,必须由适应全球化的新的发展理论做出解释和进行应对。

三是全球化时代如何促进世界经济的协调发展,是发展理论创新的重要内容。在全球化进程中世界各国的联系愈加紧密,发展成为一个世界性的互动过程,一国的发展除了考虑国内因素,更要考虑到众多复杂的国际因素。全球化加深了区域经济一体化和贸易集团化的发展,但并没有能够改变贸易保护主义加剧和贸易冲突增多的趋势。因此,如何有效解决贸易争端,实现世界经济的协调发展,是对发展理论创新提出的挑战。

四、全球化、企业家精神与经济发展

全球化意味着企业和政府以及居民面对的是一个国际市场和全球规则以及全球治理体系,必须在全球范围内配置和整合资源,做出消费和投资选择。如果说工业革命和科技创新是全球化的根本动力,而工业革命和科技创新是由具有企业家精神的社会群体推动的,这就意味着全球化的真正动力来自全人类的企业家精神。"企业家"一词在1730年最早由法国经济学家理查德·坎蒂隆(Cantillon, R., 1931)在《商业性质概论》一书中首次提出。18世纪初到1870年前后,古典经济学侧重于探讨企业家的职能。J. B. 萨伊指出,企业家的职能是把生产要素组合起来,把它们带到一起。20世纪10年代至30年代熊彼特把新组合的实现称为"企业",把职能是实现新组合的人们称为"企业家"(约瑟夫·熊彼特,1990,第82-83页)。这种新组合是指:(1)采用一种新的产品。(2)采用一种新的生产方法。(3)开辟一个新的市场。(4)掠取或控制原材料或半制成品的一种新的供应来源。(5)实现任何一种工业的新的组织。熊彼特认为,执行新的组合,就是发展(约瑟夫·熊彼特,1990,第73-74页)。

根据Hébert和Link(1989)对企业家精神的研究归类,有三个经典的学派:一是以熊彼特(1934)和杜能(1826)为代表的德国学派,强调企业家的创新精神。熊彼特系统地阐述了企业家的创新者角色,认为企业家善于创造性毁灭。杜能将企业家的收入分为承担风险的报酬和创新的报酬。二是以奈特(1921)和舒尔茨(Schultz, 1980)为代表的芝加哥学派,注重企业家的风险承担能力和冒险精神以及应付市场失衡的能力。奈特将企业家与风险承担者联系在一起,强调企业家是处理未来不确定性的主体。舒尔茨认为,经济的长期增长是一个充斥着各种类型失衡的过程,企业家才能就是应对失衡的能力。三是以米塞斯(1951)和柯兹纳(1979)为代表的奥地利学派,着重关注企业家对市场机会的识别能力。米塞斯认为,由于市场的不完美,人类行为的结果常常是不确定的,企业家就是努力消除蕴藏在人们行为中的不确定性的行动者。柯兹纳指出,新古典经济学描绘的均衡世界不可能自动实现,市场常常处于非均衡状态,正是这种非均衡状态的存在才使得企业家有用武之地。

从19世纪70年代中期至今,虽然企业家精神受到越来越多的重视,但是很难用传统的数理模型和最优化理论来分析企业家精神。研究企业家精神的难点不仅在于其数量的不稳定,而且还在于其含义的不稳定。事实上,企业家精神的含义很广泛,除了熊彼特所分析的创新性以外,有人提出它还包括了节俭性、竞争性、开放性、冒险性等很多方面。由于企业家精神的主体包括了多个层次,所以其含义也有多个层次。

我所理解的企业家精神,包括五个"元素":创新精神、契约精神、合作精神、敬业精神和开放精神。创新精神是企业家精神的核心元素,契约精神、合作精神、敬业精神和开放精神是企业家精神的基本元素。

首先,创新精神是一种知识创造,是价值观的连绵突破和持续创新。熊彼特认为企业家都是在玩新的组合游戏,称他们为"经济领域的革命者"。这些人比一般人更早感知不平衡的魅力,接受现实世界的不可逆性,展现出充分的信任和包容力,具有独特的企业家才能。他们依据现有的资源,将其重新排列组合,然后推到市场上。他们能够改变消费者的消费习惯,改变生产方式,推出新的产品组合。或者说,创新精神是一种科学精神,意味着创新者具备强烈的创新意识、浓厚的创新兴趣、超常的创新胆识、坚强的创新决心、高超的创新思维,勇于突破旧思想、旧事物,持续创立新思想、新事物的"创造性毁灭"的价值观体系和行为方式。创新过程也是一个知识创造的过程。正如阿罗(Arrow, 1962)所言,在企业新的生产活动的过程中,知识将得到积累。在某个时间 t 的技术水平与在此之前该国整体的投资的积累额有关。企业在生产资本品(而非消费品)的过程中增长了知识,而这种知识会难以阻遏地成为一种全社会都可自由享用的公共知识。这种知识则能提高后续的生产活动的生产率。罗默(Romer, 1986)将资本视为知识而非工厂和机器设备。知识是通过 R&D 过程创造出来的。企业投资于私人知识,使用私人知识和劳动力生产最终产品和新知识,同时对公共知识的积累做出了贡献。公共知识存量的增加提高了生产要素的生产率,促使长期经济增长。当然,创新精神并不只是指科学技术上的发现与发明,而更为重要的是价值观的持续创新。

其次,契约精神是一种文化信仰,是市场经济的支柱精神。亚当·斯密的《国富论》中"经济人"的活动是"经济与道德"的统一。如果不具备这些必要的伦理道德,仅仅追求自利是无法促进社会财富增进的。从特定的"经济人"出发,斯密指出,任何市场经济只有在共享的道德观,即信守契约、履行支付承诺、尊重市场伙伴的基础上才能正常运行。市场经济是一种以"契约"为基础的经济形态,市场经济下的各种交易行为都是由契约来完成的,生产者、经营者和消费者之间所进行的一切活动必须建立在自由竞争、等价交换、恪守允诺的基础之上。

再次，合作精神是一种道德素养，是现代社会人们的立身之本。这是诺斯等的新制度经济学的研究领域。企业家要实现创新方案，需要说服和感动资源的所有者把他们支配的资源汇集到一起，这就是合作。因此，合作精神要求企业家具备某种"以德报怨"的道德素养，要求企业家有这样的道德勇气去承担第一次合作可能被对手"出卖"的后果。合作精神是现代社会人们必须具备的一种基本素养，顾全大局、精诚协作、乐于奉献，追求个体利益和整体利益高度统一，进而实现组织的高效率运转。

第四，敬业精神是一种职业习惯，是精益求精的行为方式。中华民族历来有"敬业乐群""忠于职守"的传统，敬业是中国人的传统美德。春秋时期的孔子主张人在一生中始终要"执事敬""事思敬""修己以敬"。马克斯·韦伯对新教伦理和资本主义精神的研究，阐述了这种敬业精神。韦伯认为资本主义精神出自新教，他的论点是：现代资本主义精神，以及全部现代化文化的一个根本要素，即以天职思想为基础的合理行为，产生于基督教禁欲主义（马克斯·韦伯，2010，第110—119页）。当企业家把所从事的工作看作是天职思想的合理行为时，敬业精神油然而生。敬业精神是人们一种基于对职业的敬畏和热爱基础上而产生的全身心忘我投入的工作态度和精神境界，脚踏实地、恪尽职守、精益求精、追求卓越的行为方式。

最后，开放精神是一种学习态度，是立足全球的战略思维。早在170多年前，马克思和恩格斯在《共产党宣言》中指出，"过去那种地方的和民族的自给自足和闭关自守状态，被各民族的各方面的互相往来和各方面的互相依赖所代替了。物质的生产是如此，精神的生产也是如此。"这是对全球化的一种真实写照。全球化带来的溢出效应，对于企业家如何在开放学习中开拓进取、获得比较优势、并建立竞争优势，提出了挑战。E·赫尔普曼在《经济增长的秘密》一书中指出，"干中学国际溢出的程度既影响外贸结构又影响各国的增长率。尽管此类学习在某些行业可能是国家特定的，在其他一些行业可能是国际范围的"（2007，第55页）。所以说开放精神意味着，企业家善于利用国际货物和服务贸易、FDI、OFDI、人力资本投资等方式，学习和交流先进经验、先进科学技术和技能。在一个全球化的开放系统中，人们能以一种开放求实的心态，不断主动与外界交换信息和能量，海纳百川、有容乃大，善于学习、持续学习、持久提升学习能力，进而引入或建立新的生产函数，持续获取溢出效应和学习效应。

企业家精神是一种文化价值观,是持续的文化资本的积累。企业家是那些具有更多文化资本积累的人,他们所提供给社会的是创新的观念。企业家精神是一种极其稀缺的资源。这是因为进行文化资本投资是极其困难的,人们要突破传统价值观念的束缚绝不容易。企业家精神并非特指具有企业家身份的人所表现出来的精神特质。现实中具有企业家精神的人,除了企业企业家,还有知识企业家、政治企业家、社会企业家,等等。正是这种不屈不挠、擅长进取的企业家精神,驱动了世界的第一波全球化和第二波全球化。当前,世界经济出现周期性下行,正处于全球化停滞、亟待突破的关键时期,更要激发和兴起全人类的企业家精神,勇于创新、信守承诺、精诚合作、精进敬业、开放包容,世界各国人民携手奋进、攻坚克难,聚力新一轮科技革命和第三波全球化发展,促进世界经济走出底部、进入新周期。

五、全球化、竞争与合作:发展理论创新的内核

全球化促使世界经济相互依赖、相互制约、相互融合、相互竞争和相互合作,全球化确定了世界范围内竞争的规则,创造了全球合作的平台。对于发展中国家和地区来说,在全球化过程中,必须十分注重降低经济活动的风险,有效解决与发达国家及其他国家的贸易争端,努力防止加剧国家之间及国家内部的贫富分化,维护国家主权。这种实践要求,导致国家、市场与发展理论,贸易与发展理论,投资与发展理论,金融与发展理论,产业与发展理论和可持续发展理论等,针对全球性发展问题发生创新,并获得了长足发展,使全球化时代的发展理论具有全新的内容和视野。

1. 国家、市场与发展:融合和制度至上

国家与市场作为经济发展的两种可供选择的机制,二者之间的关系一直是发展理论研究者高度关注和激烈争论的话题。20世纪40年代末以来,发展经济学的主流理论经历了结构主义、新古典主义和新制度主义的复杂转变,而发展政策取向则经历了"政府至上""市场至上"和"制度至上"的演变。

按照新古典主义以及新制度主义的理论,政府的职能是明确界定产权,保护产权,执行合同,执行法律,维护竞争,部分地规制市场,当好裁判,等等。一个自由的市

场要靠政府来创造条件。政府维护市场秩序的内容可以分为三类：第一类是界定产权、保护产权、执行合同。这是所有经济学公认的内容，即通常所说的"守夜人"作用。第二类包括某些法律和规制。如反垄断法、金融市场、金融机构、公司治理结构有关的规制和一些与人体健康安全有关的环境保护法律法规。虽然有很少一部分经济学反对政府在这些领域的干预，但大多数经济学认为对这些领域适当的规制的正面作用大于干预带来的成本。第三类是政府对价格（房租、工资、股价、汇率等）的管制，对贸易的管制，以及有一定倾斜的产业政策等。没有充分的证据证明这些干预对经济发展有明显的正面作用，但其导致的负面作用（如市场扭曲、寻租、腐败）常常十分明显。一般而言，对第一、第二类内容政府可以发挥积极的作用，对于第三类内容则应极为慎重。而对除此之外的市场规制都应视为过度（钱颖一，2003，第 23－66 页）。此外，在处理新市场失灵（不完全的信息、不完全的市场、动荡的外部性、规模收益递增、多重均衡和路径依赖性），提供公共物品，满足教育、健康、减少贫困和改善收入分配等发展要求，提供物质和社会基础设施，以及保护自然环境等方面，政府仍然具有广泛的功能。目标是使政府去做它能做得最好的事。面对的挑战则是如何以最低的代价获取政府行动的好处（杰拉尔德·迈耶，2003）。

对于市场的看法，新古典主义认为，价格是经济发展的核心问题，要素是流动的、供给曲线是富有弹性的、制度影响是有限的，这些确保了产品和要素市场的充分竞争，市场价格这只"看不见的手"可以自动实现资源配置和刺激经济增长。充分发挥市场机制的作用，主要有三点：一是保护个人利益，强调私有化的重要性。个人利益的存在是市场机制发挥作用的前提，也是激励个人付出努力的基础。二是反对国家干预，实行自由竞争、自由放任。认为发展中国家政策的重点应放在市场竞争上，即使是不完善的市场也要胜过不完善的计划；政府干预应尽可能少。只有这样，政府行为才可以激励投资者的竞争，从而提高经济获得的价值。三是经济自由化，包括贸易自由化和金融自由化。从比较优势理论出发，贸易自由化对所有国家都有利，尽管它不是经济增长与发展的充分条件，但在很多情况下却是一个必要条件。

然而，在全球化时代，政府与市场的边界更加模糊，政府与市场的功能日益融合。世界银行在 1997 年的发展报告《变革世界中的政府》中强调："市场与政府是相辅相成的:在为市场建立适宜的机构性基础上,国家是必不可少的。绝大多数成功的发展范例,不论是近期的还是历史上的,都是政府与市场形成合作关系"的结果。该报告在探讨政府可能发挥的作用和如何最好地做好它应做的事情时指出:应使政府的责任与其能力相适应,而政府的能力可以通过重振公共机构的活力得到改善。而不同国家由于市场的发育程度、政府的组织效能的不同,政府的职能也就并不是一成不变的了。

在一些全球性协调发展等问题上,应该更充分地发挥政府的作用。在谋求本国利益方面,发展中国家的政府可以更有作为。最近的经验表明,在应对金融危机中,政府的作用是不可替代的,政府适时适当干预市场是遏制金融危机的有效手段。当然,政府干预并非完美无缺,也有其局限性。政府干预在时间、范围、手段、程度等方面的局限性,客观上决定了政府干预市场的作用也是有限的,政府干预有助于市场的稳定发展,却不能确保市场的持续健康发展;政府干预有助于化解市场系统性风险,却难以消除产生系统性风险的根源;政府干预有助于缓解市场发展面临的主要矛盾,却难以解决市场发展的根本问题。因此,在强调国家宏观调控的同时,必须确保市场机制对经济的基础性调节作用得以发挥。政府和市场都存在缺陷,要促使政府与市场在发展过程中进行动态的、有机的结合,谋求二者在比较优势上互补。政府和市场互补的关系,必须在政策制定过程中得到重视。

因为市场、技术和企业是全球性的,而民族国家的管辖权仅仅是地方性的,所以世界银行、国际货币基金组织和世界贸易组织必须采取新的行动。作为国际公共部门的主要组成部分,它们必须设计出新的规划,以保证全球一体化的利益被更平等地分享,保证避免做出相互冲突的决策,保证不完全风险市场的问题能随着国际一体化程度的提高而得到缓解(杰拉尔德·迈耶,2003)。

20世纪80年代以来,新制度经济学的基本假设和理论观点被引入发展经济学,将制度作为经济活动中的一个重要的内生变量,强调人们行为的有限理性,逐渐形成了发展经济学的新制度主义理论。"已为人们普遍认可的事实是,经济发展不存在普遍适用的模式,要考虑非经济因素。因此,在确定一个国家经济是繁荣还是停滞时,需要考虑产权、文化和政治方面的因素"(詹姆斯·A.道,2000,第3页)。现实的世界是一个正的交易费用的世界,在这个世界中,政治、法律等制度结构对于资源配置和经济增长的影响非常显著。制度是内生的,制度不仅决定了人们之间的相互关系,而且构造了政治经济和社会方面的交易的激励结构,因而将注意力集中在制度、激励和信息这些决定经济绩效的因素上。在发展中国家,既能促进又能适应变革的制度,是特别重要的。由于制度变迁决定了经济发展和社会变迁,为了对经济发展的历史进程给出一个一致的、有逻辑性的解释,要充分考虑时间因素和历史条件。新制度主义假定存在着约束个人利益最大化行为的政治法律制度。一些在政治和经济市场上的各种非生产性寻利活动在本质上是制度现象,只有通过制度的手段才能根本解决。因此,将政府行为纳入经济分析,关注政府采取补贴和其他更直接的干预方式在转型和发展中的作用。结构主义者认为制度是外生障碍,新古典经济学家假设制度问题不存在,新制度经济学则宣称"制度是重要的"。

2. 贸易与发展:培植国际竞争优势

随着实践的发展,国际贸易理论依次经历了传统贸易理论、新贸易理论和新新贸易理论三个阶段。传统贸易理论的核心思想是用技术的绝对或相对差异来解释国际贸易的发生以及对贸易国双方福利的影响,进而指出国际贸易模式应该是发达国家和发展中国家的垂直贸易。从 20 世纪 80 年代开始,以 Krugman & Brander 为代表的学者提出了规模经济、不完全竞争和产品差异化假说,建立了战略贸易理论和垄断竞争贸易理论,即新贸易理论,改变了传统贸易理论的规模报酬不变、完全市场竞争和同质产品等假设,指出传统理论模型无法解释现实国际贸易中发达国家间的产业内贸易占大多数的典型化事实。

进入 20 世纪 90 年代,全球化的深度发展使人们再次反思新贸易理论对现实的解释力,大量的经验证明,并非所有的企业都选择对外贸易。1999 年美国对 30 多万家企业的普查发现,仅有不到 5% 的企业存在出口业务,而在出口企业中排在前 10% 的企业出口总额占到全国出口总额的 96%。与此同时,对众多国家的企业的研究发现,同一产业内部,往往是从事出口业务的企业有较大的生产规模和较高的劳动生产率,同时工资水平也较高。对此现象,无论是传统贸易理论还是新贸易理论都无法提供令人置信的解释。因此,近年来,以异质企业贸易模型和企业内生边界模型为代表的"新新贸易理论"应运而生,该理论对国际贸易结构和贸易量给予了足够的解释力,成为当前国际贸易理论研究的新热点。

(1) 贸易成为发展中国家和地区实现比较优势的重要方式。在二战后结构主义的发展理论中,强调计划化、强调国家干预、强调资本积累和工业化,经济发展建立在独立自主的基础上,并没有将贸易作为发展的重要手段。在新古典主义的发展理论中,强调国际贸易的重要性,认为如果对外贸易自由化,穷国和富国都会得益;富国向穷国投资,借方和贷方同样有利;富国向穷国传播管理和技术,双方都会有好处。因此,他们认为不是南北冲突,而是维持自由化的国际经济秩序,将实现南北双方共赢。

从全球化的实践来看,贸易作为实现比较优势的重要方式再一次得到证明。全球化带来的更重要变化是市场的扩大和技术创新的加速,新的市场、新的分工将提供更多的比较优势。更多的人口进入国际市场意味着需求的显著增长,这就对人们从事复杂工作和使用专门技术的能力提出了更高的要求。事实上,世界上生产资源密集型产品的工作岗位有可能是有限的,但生产知识密集型产品的工作岗位却是无穷无尽的。因为知识密集型产品的特点是,市场越大,产品的销量就越大;市场越大,细分程度就越高。如提供咨询服务或金融服务,提供音乐产品、电脑软件、市场管理,工程设计,研制新兴药品等都可以在全球市场同时提供给每一个人。随着世界经济的扩大,随着服务部门的工作越来越复杂,将会出现更多的新产品、更多的细分市场,同时更多的人的收入将会提高,从而有能力购买这些产品。每当进入一个新的领域时,某个国家或地区将获得比较优势,直到下一次创新来临。

与此同时,全球化推动了静态的比较优势向动态递进,发展中国家和发达国家将不断地沿着产业链向上移动,获得新领域的比较优势。当发展中国家沿着产业链向上移动,并开始制造那些曾经是发达国家所具有的比较优势产品即知识密集型产品时,发达国家在一些领域的相对优势无疑会减少,但发达国家可以转换到更新的产业领域去。

(2) 在经济国际化过程中,全球化的竞争和学习,促使发展中国家和地区向产业链高端攀升和实现比较优势的演进,进而培植国际竞争优势。根据新兴工业化国家和地区的经验,发展中国家和地区创造国际竞争优势,必须实现两个转变。一是从以资源禀赋为导向转变为以国际市场需求为导向,主动参加国际竞争。二是从充分发挥比较优势转变为着力培植竞争优势,把传统的比较优势与高新技术相结合,以高新技术产品打进国际市场。发展中国家和地区劳动力资源丰富的优势,不会直接成为国际贸易的优势。将从国外引进的先进生产要素,包括从国外引进的高新技术与丰富的劳动力资源结合,使出口的劳动密集型产品包含了更多的高新技术含量,并在国际市场上具有强大的竞争力,从而产生真正的比较竞争优势。这种比较优势是指,同是高技术产品,在发展中国家生产的劳动成本含量比在其他国家生产的低,具有明显的价格竞争优势。由于生产的产品具有较高的国际竞争力,相应地形成了国际竞争优势。全球化赋予了发展中国家和地区的那些明智者,把低成本劳动和先进生产要素及高技术结合起来的能力,这种结合对发达国家构成了真正的挑战。

(3)具有独特能力的大企业和大企业集团是获得贸易竞争优势的平台,发展中国家培植竞争力强的大规模企业是获取贸易竞争优势的重要途径。新新贸易理论指出,国际市场竞争远比国内市场激烈得多,那些能在全球市场站稳脚跟的企业有着更为顽强的生命力,这种生命力是国际竞争带来的效率、技术和管理的提升,来自企业自身的异质性核心技术。契约和组织制度是企业的软实力,一种合理的契约和组织效率不但可以降低管理成本,也可以降低交易成本。新新贸易理论承认规模经济的作用,大企业相比小企业有着更大的规模效应。在全球化进程中,特别是在近几起席卷全球的金融风暴中,众多小企业面临破产倒闭的风险,这意味着那些不具备规模经济优势的小企业必须借助行业整体的规模优势。

(4)由于战略贸易或垄断竞争贸易对于发展中国家的利益造成一定损害,发展中国家要制定和实施科学的贸易政策。自由贸易条件下的优胜劣汰是自发的机制,企业的贸易行为单方面受市场调节。但在全球化的现实中,完全自由贸易的条件难以实现,大量关税贸易壁垒、技术贸易壁垒、绿色贸易壁垒以及反倾销活动的存在使得国际贸易的效能经常受限。在这一情况下,贸易政策对企业的影响是非常明显的。对于发展中国家来说,贸易政策在促进贸易平衡、改善贸易条件、保护民族工业、引导贸易流向以及形成良性有序的外贸竞争环境等方面发挥着极其重要的作用。

3. FDI 与发展：获取知识和技术的溢出效应

全球化时代，国际间的直接投资从发达国家之间为主转向发展中国家，这一过程是由发达国家进行全球性产业结构调整所决定的，最终目的是获得高于本国生产的回报。长期以来，形成了多种多样有关对外直接投资的理论，包括：垄断优势理论、产品生命周期理论、比较优势投资理论、内部化理论、国际生产折衷理论、投资发展阶段论等。

传统的关于 FDI 与经济发展关系的理论，是基于通过外国资本弥补国内资金短缺的双缺口模型，该模型为发展中国家利用对外直接投资弥补资金短缺来发展经济奠定了理论基础。如果东道国存在储蓄不足和外汇短缺，进口外国的资本品，加速本国的资本形成，FDI 的流入可以刺激经济增长。而且，FDI 可以提高东道国出口产品的效率，带动本国出口，刺激本国进口，对国际贸易有促进作用。FDI 作为私人投资的一部分，将推动社会总投资需求的增长；虽然 FDI 与贸易有着显著的替代效应，但是它同样具有贸易创造和市场扩张效应，影响东道国的出口绩效。因此，FDI 通过投资乘数和贸易乘数的作用，可以引起收入和消费的成倍增加，拉动东道国的经济增长。

20 世纪 80 年代中期，罗默借鉴阿罗的思想，用知识和技术外部性理论来解释经济增长，提出每个企业的知识都是公共品的假设，知识一经发现就立即外溢到整个经济范围内，知识作为一个内生变量，是长期经济增长的原动力。发达国家不断增加 R&D 投入，促进知识和技术创新，并充分利用知识和技术的溢出效应，获得先发优势和先发利益，实现经济增长。而发达国家的新知识和技术，可以通过 FDI 向发展中国家转移。对于发展中国家来说，全球化时代，吸引 FDI 是实现知识和技术增长的重要途径，从而获取知识和技术的溢出效应，促进经济增长。为了应对东道国的市场竞争，与国内资本相比，FDI 通常技术含量更多，效率更高。随着 FDI 的进入，使东道国不断引入更先进的生产知识和管理技术。FDI 显示出的知识和技术禀赋优势，迫使东道国本土企业投资于学习和创新，以增强竞争力。而本国企业竞争力的增强，又迫使 FDI 引入更先进的知识和技术。由此可见，FDI 隐含的知识和技术，提高了东道国资本存量的边际生产力，促进了经济增长。

全球化时代，FDI 并不是一方受益一方受损的"零和游戏"，而是双方获益的"正和博弈"。对于发达国家而言，对外直接投资有利于实现产业转移，获取高额利润。

对于发展中国家而言,利用外资不仅能解决国内资源不足,实现经济增长,又可以学习和吸收发达国家的先进知识和技术,利用知识和技术的溢出效应,促进产业升级。

全球化改变了企业竞争格局,FDI选择的依据更多的是高级生产要素指向、产业集聚指向、先进制度指向,从而提高资本效率,获得集聚效应,降低交易成本。人力资本是吸引FDI的重要因素之一,发展中国家和地区加强教育和培训,提高本地的人力资本存量,不仅能够吸引更多外资,也可以把外资由劳动密集型行业流向高新技术产业,从而吸引更多跨国公司在东道国设立研发中心。同时,改善投资环境,加强对知识产权的保护,对于吸引跨国公司投资,特别是高科技投资者具有显著效果。

4. 金融与发展:金融制度内生化

20世纪60年代末期以来,雷蒙德·W.戈德史密斯、爱德华·肖和罗纳德·麦金农等人开创了对金融发展理论的研究。1969年,雷蒙德·W.戈德史密斯最早尝试并倡导了金融发展理论的研究,他指出:各种金融工具和金融机构的形成性质及其相对规模共同构成一国的金融结构,而金融发展则是一国金融结构的变化。他提出了一个重要的概念——金融相关率。他的理论为发展中国家金融自由化的实践提供了指导(雷蒙德·W.戈德史密斯,1994)。1973年,爱德华·肖摒弃了新古典理论,提出了"金融抑制(financial depression)"和"金融深化(financial deepening)"的思想。他认为金融抑制是发展中国家经济落后的主要原因,有效的经济发展战略必须立足于完全的金融自由化来实现金融深化。因此,要摒弃金融抑制而推行金融深化(爱德华·肖,1988)。与此同时,罗纳德·麦金农也对新古典理论进行修正。他分析了发展中国家经济欠发达的根源之一是实际利率的金融抑制,实际利率使货币与实物资产存有"互补"和"替代"关系,适度的实际利率有助于投资,从而促进经济发展。发展中国家不能过分地长期依赖外国资本,而要通过金融自由化求得资金上的"自助"(罗纳德·麦金农,1988)。在金融深化理论的影响下,在20世纪70年代初,智利、阿根廷、乌拉圭等国进行了较为急速的金融自由化改革,并未取得预期的效果。而亚洲国家和地区的金融自由化采取了温和、渐进的改革,虽取得了比较成功的经验,仍存在不少问题。

1997年,赫尔曼,穆多克和斯蒂格利茨从不完全信息市场的角度提出金融约束论,重新审视了金融体制放松限制与加强政府干预的问题(Hellmann, T., Murdock, K. and Stiglitz, J. E., 1997)。金融约束是指政府通过一系列金融政策,在金融部门和生产部门创造租金机会,刺激金融部门和生产部门的发展,以达到既防止金融抑制的危害又能促使银行主动规避风险的目的,并促进金融深化。事实上,金融全球化和金融自由化,对发展中国家和地区带来了灾难。有报告指出,从1970年到2007年,全球共发生124起银行危机、208起货币危机、63起国家主权债务危机(Laeven, L., Valencia, F., 2008)。2008—2017年全球又发生了27次银行危机、28次货币危机和11次主权债务危机(Laeven, L., Valencia, F., 2018)。而发展中国家的金融危机更是有规律地频繁发生。由于银行对储户不足够透明以及防止银行行骗的管制和监督不到位,金融自由化普遍导致坏账、内部人问题、银行的系统性风险等。在全球化情境下,金融全球化与金融危机的联动效应,使国际金融危机对发展中国家和地区的经济运行产生了重大的负面影响。发展中国家国内经济走势与政策,往往要受制于国际金融市场的波动。贸易开放对经济增长的好处是比较确定的,但金融开放却不确定,快速的金融自由化政策非常不稳定。这意味着对于发展中国家来说,金融开放程度越高,金融自由化速度越快,经济和金融风险越大。因此,一直以来大力推行金融全球化的IMF,似乎也不像以前那样急于在发展中国家推行资本账户自由化了。金融全球化和金融自由化需要慎重对待,稳步推进,谨慎地阻止资本市场的全面自由化。

现有的国际货币秩序基本上是在第二次世界大战后建立起来的。布雷顿森林体系从国际货币体系的制度建设上保障了美元的长期霸权地位。马歇尔计划的推出推动美元迅速成为国际贸易与国际金融领域最重要的计价计算货币,从根本上颠覆了英镑的国际储备货币地位。之后日元、欧元等货币先后完成了货币国际化过程,即使如此,尚不能动摇美元的地位。进入21世纪以来,国际货币秩序存在重大调整改革的要求。一是美元的长期霸权地位正在受到挑战。美国政府债务与对外债务高居不下,对美国经常账户赤字与财政赤字的担心将在中长期内削弱美元资产的吸引力,2007年次贷危机的爆发进一步削弱了全球其他国家对美国金融市场的信心,加剧了美国政府的债务负担以及未来美元贬值的可能性。二是欧洲债务危机泥潭中的希腊、葡萄牙、西班牙等国带来较大的债券到期支付压力,加大了人们对政府财政赤字的忧虑,使欧洲债务危机恶化,欧元难以替代美元。三是20世纪90年代初期泡沫经济破灭以来,日本经济长期一蹶不振,日本在世界经济中的地位不断下降,日元很难发挥更大的作为。而发展中国家的迅速群体崛起,他们在国际货币体系中的地位和发言权必须得到相应体现,这就要改革和调整国际货币秩序。

从实践来看,对于发展中国家和地区来说,在短期内超越既有的制度条件,从成熟市场经济国家整体复制或移植它们的金融体系,快速推进金融全球化和金融自由化,埋下了危机的祸根(如20世纪70年代的拉美和20世纪90年代的东南亚)。一个看似高效率的金融体系移植到一个新的陌生的制度环境之中,试图去替代原来的低效率金融体系,不仅不能增进金融资源配置效率,还将因制度替代失败而引发冲突,甚至导致金融体系解体而诱发金融危机。因此,无论是金融全球化和金融自由化,还是在国际货币体系中担当更重要的角色,都不能一厢情愿急于求成,而是要逐步融入全球金融制度体系中不断寻求成长的机会。这是因为从制度金融学的角度来看,金融制度具有内生性和积淀性,从而决定了不同金融制度之间很难相互替代或简单移植(Stiglitz & Greenwald, 2003)。而金融制度的内生性和积淀性,决定了金融开放和金融自由化必须是一个渐进的过程,金融全球化和金融自由化的发展状况,是一系列金融交易和金融制度变迁的内生结果。

5. 产业政策与发展:促使产业升级

在全球化和信息技术的推动下,产业间的分工已经从一国内部向国际扩展,发展中国家与发达国家在产业间实现了全面融合,而国际分工已延伸到产品内分工。各个产业间的联系日益紧密,这种联系通过产业链和产业集群的形式发生。从产业链的空间布局来看,一般劳动密集型的价值环节布局在发展中国家,而劳动生产率较高的技术与资本密集环节和信息与管理密集的价值环节则分布在发达国家。发展中国家虽然没有主导建立全球产业链的力量,但可以把自身产业链的某些节点融入由国际大买家或跨国公司所主导和控制的"全球价值链"(简称GVC)的生产分工体系中,利用全球资源来提升自身的竞争优势。产业链在全球扩展导致各个价值环节在全球空间上呈现离散分布格局,但是分离出去的各个价值片段一般都具有高度的地理集聚特征,而不是随机分布。准确地说,全球产业链的地理分布特征是"大区域离散,小地域集聚"。正是各个价值环节的地理集聚特性使很多地方产业集群成为全球产业链的一个从属部分,产业集群通过不断调整自身嵌入全球产业链的位置和方式,创造、保持或捕捉价值,进一步强化产业链的分工。迈克尔·波特指出运作良好的产业集群,是使发展中国家迈向发达经济体的根本阶段(迈克尔·波特,2003,第248页)。可见,产业链与产业集群共同构成了产业的竞争优势,决定了产业升级的走向。

在全球化时代,发展中国家和地区根据自身在GVC所处的位置,促进产业向产业链高端攀升和在相应的产业链的价值环节大力培育产业集群,主要从以下四个方向实现产业升级。(1)继续从传统的劳动密集产业向资本技术密集产业的产业升级。在产业结构的不同层面,其升级渠道包括:在三次产业结构中,增加第三次产业的所占份额;在工业中,改造提升传统产业,加快发展高新技术产业;在服务业中改组改造传统服务业,大力发展现代服务业;在工业内部,重工业比重不断提高,轻工业比重不断下降并趋于稳定;在资源密度上,从劳动集约型向资本集约型再向技术集约型演进。这是基于不同产业升级,该过程在发展中国家还要长期存在。(2)沿着GVC从劳动密集的价值环节向资本与技术密集的价值环节提升。这是基于产业链的升级过程,其前提条件是发展中国家具备一定的经验和强大的学习能力。(3)沿着GVC从劳动密集的价值环节向信息与管理密集的价值环节的提升。这一方向的转变离不开信息技术的扩散和管理知识的传播,可以应用于发展中国家的各个产业中。(4)根据自身嵌入GVC的位置,培育具有强大竞争优势的产业集群,形成全球竞争优势。

6. 可持续发展:全球合作走向低碳经济

从第二次世界大战以后到20世纪60年代末期,世界经济经历了一个空前的繁荣,20年间世界国民生产总值翻了一番,世界人口增加了40%。但与此同时,由于世界石油和煤炭消费的增长,有机化学工业的发展和核能的利用,造成严重的大气污染、水污染。西方民众在享受了从未有过的物质富裕之后,更加注重生活中的非物质因素,特别是环境质量。1962年,蕾切尔·卡逊(Rachel Carson)发表了《寂静的春天》,在世界范围内引发了关于发展与环境问题的大讨论。1980年,世界自然保护联盟(IUCN)的文件《世界自然保护战略》,首次提出"可持续发展"及"持续性"的概念,该文件从生物资源保护的角度提出"可持续发展强调人类利用生物圈的潜力"(IUCN, UNEP, WWF, 1980)。1985年,英国科学家公布了一份研究报告,指出北极上空的臭氧层浓度急剧减少,从而确认了"臭氧空洞"的存在。1986年,切尔诺贝利核电站的核泄漏事故更是惊动了整个世界,导致核辐射扩散至21个国家,再次提醒人们环境污染的跨境性质,并提出了相关的国家责任和义务问题。1987年,世界环境与发展委员会(WECD)发表了《我们共同的未来》,把可持续发展定义为"既满足当代人的需要,又不对后代人满足其需要的能力构成危害的发展"(世界环境与发展委员会,1997,第52页)。1992年,联合国"环境与发展大会"通过《21世纪议程》,使可持续发展成为当今世界各国普遍接受的经济发展思想,它是经济发展观从以人为中心转向关注自然与人协调发展的重大转折。

由于环境和气候问题的跨境性质,必须采取包括各国政府和国际组织参与的政治行动,才能处理越来越复杂的气候环境问题。发展中国家与发达国家在人均排放和人口方面存在巨大的不平等。发达国家对全球气候变暖负有主要历史责任,并有经济和技术能力解决这一问题。因此,发达国家应主动向发展中国家提供低污染发展的资金和技术,帮助发展中国家应对全球变暖,从而使发展中国家在减少排放增长速度的同时能保持自身发展。全球终于在保护地球环境和气候这一根本问题上能够达成共识,逐渐确立了当前解决气候问题的国际合作机制。2005年2月16日,具有执行性和约束力的《京都议定书》正式生效,这是人类历史上首次以法规的形式限制温室气体排放。这种外部性问题,已经由国家内部的政策选择转变为全球性的协调性难题。

六、全球化时代中国的转型和发展

改革开放以来,中国主动融入第二波全球化,获得了显著的溢出效应。全球化推动了中国经济体制的市场化改革和有效实施开放战略,积累了全球化时代的发展经验。全球化给中国的追赶式增长带来了两个关键要素:知识和市场,使中国逐步在世界范围内进行资源配置。全球化促进中国融入了全球产业链,并在 GVC 中找到了适合自己的位置,进而实现产业升级。全球化过程中,中国成为世界第二大经济体,奠定了牵动全球经济大局的地位(迈克尔·斯宾塞、林重庚,2011,第 86 页)。中国要充分利用全球化带来的重大发展机遇,主动迎接全球化的巨大挑战,快速走向世界经济强国。

1. 政府体制改革:向政府与市场融合的市场经济转型

改革开放 40 多年来,中国基本建立了政府主导的市场经济。但是,中国政府掌握的社会资源比例在逐年增加,2009 年广义的宏观税负率已经高达 30%(满燕云、郑新业,2010)。政府规模不断膨胀,而公共服务水平却未得到改善。因此,必须全面推进经济、政治、文化、社会等领域改革,特别是政府体制改革,朝政府与市场融合的市场经济转型。(1) 加快建设服务型政府,减少政府对微观经济干预,推动政府公共服务朝更加规范有序、高效便民、公开透明方向转变。(2) 以法律方式明确界定各级政府的角色、职能、规模、边界和权力。(3) 根据事权、财权相对称的原则改革政府内部关系,改革财税体制,增强地方政府的发展能力,使所有层级的政府具有相匹配的资源和动力。(4) 改革国有企业的范围和功能,取消产业进入壁垒和其他竞争障碍,削弱国有企业的行政垄断,改善公司治理。(5) 不断推动土地产权制度、知识产权制度等市场经济体制的建设与完善。

2. 创新驱动发展:建设创新型国家

中国正在经历由生产要素驱动和投资驱动向创新驱动的发展阶段转变的过程中,创新活动已成为中国经济增长的决定因素之一。实现创新驱动发展,建设创新型国家,是中国在全球化条件下和作为世界第二大经济体为保持持续高速增长所面临的一个重要战略选择,是中国成功跨越"中等收入陷阱"的根本途径。事实上,中国在载人航天、探月工程、载人深潜、超级计算机、高速铁路等领域取得了重大突破,表明创新驱动经济增长已取得显著成效,但科技创新能力不强的问题仍然非常突出。因此,必须充分理解创新这一"创造性破坏"过程在微观企业中的运行机理(熊彼特,1990),促进创新驱动发展,特别是大幅提升科技创新的能力,发挥创新在增强产业竞争力和国家竞争优势方面的重要作用。(1) 围绕构建创新型国家,促进文化创新。

文化创新是增强国家软实力,建设创新型国家的基础和重要条件。创立富有生命力的核心价值观,不断激发出企业家精神,为制度创新和技术创新提供动力,增强人们对中国发展方向的认同度,使全社会的智慧和力量凝聚到创新发展上来。(2) 不断建立自主创新体系,以全球视野谋划和推动创新,提高原始创新、集成创新和引进消化吸收再创新能力,更加注重协同创新,突破重大技术瓶颈。(3) 大力培育知识资本,完善知识创新体系,不断提高知识创新对经济增长的贡献率。(4) 创新是企业家的天职,企业家是指那些具有企业家精神的人,包括企业企业家、知识企业家、政治企业家等等,而企业家精神是创新驱动发展的根本。必须充分发挥企业家创新驱动的主体作用,营造促使企业家精神成长的经济、政治、社会、知识和文化环境(高波,2011,第275-282页)。

3. 贸易和投资发展:建立国家竞争优势

全球化背景下,中国把握和利用全球化带来的发展机遇,结合本国的独特国情和优势,营造内外资企业公平竞争和发展的良好制度环境,大力推进贸易和投资自由化,贸易和投资取得重大进展。2011年,中国进出口总额为36 418.6亿美元,位居世界第一。2014年,中国进出口总额更是高达43 015.3亿美元;外商直接投资规模达1 195.62亿美元,外资流入量首次超过美国成为全球第一。2017年FDI达到1 310.35亿美元。2016年中国境内投资者对外直接投资总额高达1 961.49亿美元,超过了外商在中国的FDI总额。

中国在贸易和投资自由化进程中,以现实的要素优势为基础,不断获取高级生产要素,持续提升国家竞争优势。中国最突出的要素优势是廉价劳动力优势,当代国际分工的新特点为中国利用劳动力优势参与国际分工提供了良好的机遇。中国以丰富的劳动力资源吸引跨国公司资本和技术的流入,不仅扩大了劳动力就业,促进了传统产业生产能力的提升,而且资本和技术的"溢出效应"和本土企业界的"学习效应"促进了产业升级和新兴产业发展,并形成了产品加工向上游和下游延伸的趋势。但是,中国建立国家竞争优势的任务十分艰巨。(1) 不断改善进出口结构,全面提升出口竞争力。(2) 有选择地引进FDI,提高外资利用质量。(3) 大力促进对外投资发展。(4) 积极主动参与制定国际规则。

4. 金融发展:融入全球金融体系

在全球化过程中,中国的资本市场和金融体系发生了深刻变化,并基本实现了经济金融稳定。2014年底,中国外汇储备最高达3.843万亿美元。但是,中国的金融领域存在严重的金融抑制,金融市场正在逐步走向全球化,而支持金融市场发展的各种制度和机构却仍然是本土化的。中国要与世界第二大经济体的地位相称,必须融入全球金融架构,担任全球金融领导角色,并促使人民币成为主要储备货币。(1)健全财政政策和货币政策,保持稳定的经济增长,防止通货膨胀和资产泡沫,确保经济金融安全。(2)深化金融体制改革,加强金融监管,不断提高金融市场的深度和流动性。(3)自主、有序地推进资本项目的自由化。(4)有效推进人民币汇率体制改革,使汇率更具灵活性。(5)扩大中国在国际金融架构中的影响力,获得更大的话语权,在全球金融规则制定和调整中发挥重要作用。

5. 产业升级:主导GVC

在过去40多年中,中国制造业凭借低廉的要素成本和不断降低的交易成本优势,在优良的基础设施支持下,以贴牌代工或加工贸易的方式,融入由国际大买家或跨国公司所主导和控制的GVC的生产分工体系,推动了中国尤其是东部沿海地区经济全球化的深入和地区工业化水平的提高。然而,随着近年来中国人民币汇率升值、要素成本大幅度上涨、环境承载能力下降以及美国次贷危机等一系列因素的综合影响,这种定位于"GVC底部"的增长战略正面临着来自内外部的严重挑战。价值链高端的跨国公司的俘获、控制和盘剥,其他发展中国家以更低成本加入激烈的国际竞争,迫使中国推进全球价值链攀升和产业升级。从国内产业来看,要加强农业基础地位,加快发展先进制造业和现代服务业,特别是加快发展物流、商务、金融、保险、研发等生产性服务业,大力培育战略性新兴产业,促进经济增长向依靠一、二、三次产业协同带动转变。从GVC来看,必须从被"俘获"的GVC中突围,促进"中国制造"向"中国创造"演变,推行主导GVC的战略。

6. 可持续发展:建设资源节约型和环境友好型社会

1992年,中国政府向联合国环境与发展大会提交了《中华人民共和国环境与发展报告》,系统回顾和总结了中国环境与发展的状况,阐述了中国关于可持续发展的基本立场和观点。2005年,中共中央十六届五中全会,进一步明确提出了中国建设资源节约型和环境友好型社会的目标。中国正在积极向低碳经济转型,在发展符合低碳经济要求的技术和产业方面扮演先锋角色。在确保能源安全的前提下,中国对生产替代能源和改进能源效率进行激励,促使更多地利用可再生能源,大力培育新能源产业。严格限制能源消耗高、污染严重的产业发展,鼓励资源节约型和对环境无害或有益的产业(包括环保产业)的发展。在可持续发展技术政策上,强调大力开发和推广使用节约资源和能源、减少废弃物排放的生产技术和工艺,通过技术进步解决可持续发展难题。2012年,中国共产党第十八次全国代表大会进一步明确提出生态文明建设的目标,要求树立尊重自然、顺应自然、保护自然的生态文明理念,把生态文明建设放在突出地位,融入经济建设、政治建设、文化建设、社会建设各方面和全过程,努力建设美丽中国,实现中华民族永续发展。

七、未来展望

在第二波全球化的鼎盛时期,呼唤一个以全球或人类发展问题为研究对象、以协调世界经济发展为核心内容、以多学科研究方法为特征的广义发展理论的创新和应用。随着"金砖国家"等发展中国家的崛起,国际经济形势正在发生着深刻变化,这些变化与发展中国家内部的制度、政策紧密结合,共同推动经济发展和经济发展理论向着一个新的阶段演变。新阶段,企业企业家、知识企业家、政治企业家、社会企业家等的企业家精神和全世界企业家精神的自由迸发,将推动全球经济地图的繁荣,为人类创造一个更加美好的世界。

改善不公平分配、减轻贫困仍然是发展理论创新的核心问题。在全球化的冲击下,发展中国家广泛存在的非规范的保障系统往往会加深社会阶层的隔离性,穷人无法从这种不正规的保障机制中获得保障,而富人却可以存在于这种保险网络内,这显然将加剧社会的不公平分配。因此,建立公平有效的财富分配制度,完善社会保障体系,对调整不公平分配的再分配政策的设计,制度保障和执行是发展理论政策研究的重要课题。

推进贸易、投资、金融和产业的协调发展。全球化为贸易自由化、投资多元化、金融自由化和产业升级创造了良好条件。与此同时,贸易、投资、金融和产业的关联日益紧密,如果发展失衡将引发全球金融或经济危机。在经济周期上升阶段,贸易增长刺激投资需求,投资扩张渴求金融创新,进而推动产业升级。反之,在经济周期下降阶段,贸易萎缩、投资逃逸、产业停滞,以至发生金融危机。2007年,美国次贷危机引发的全球金融危机,是一个活生生的发展失衡的教训。面对新的全球化态势和竞争力量,如何促进贸易、投资、金融与产业平衡协调发展不仅是对各国政府的严峻考验,也是对发展理论提出的新挑战。

缩小国家之间知识技术差距和实现平衡发展是发展理论关注的新焦点。在全球化过程中,发展中国家与发达国家之间的差距继续扩大("数字鸿沟"),而且还造成了发展中国家间的不平衡发展和分化(一些最不发达国家加速"边缘化")。发展中国家如何在经济全球化、信息化的发展环境下,缩小知识技术的差距,减缓全球不平衡发展,是未来发展理论创新的重要内容。

重视非物质因素在经济社会综合发展中的作用。当前,经济社会综合发展理论研究越来越深入,非经济因素的研究越来越突出,非经济分析也越来越多地被纳入发展理论。这种经济社会综合发展理论以"人"为中心,研究如何满足"人"的物质需要和精神需要;涉及经济、社会、政治的参与,人权的维护,劳工标准的制定,反恐怖,反毒品,反走私,反腐败等方面。这使发展经济学的研究范围不断扩大,由经济逐渐向政治、文化、社会等领域深化。

构建全球可持续发展的运行机制和协调方式。从可持续发展由科学理念到经济目标,再到政治博弈的演变来看,在全球范围内实现可持续发展目标依然任重道远。还需要深入研究的问题包括:如何建立可持续发展的运行机制?根据可持续发展的运行机制,发展中国家如何调控宏观经济,如何调整产业结构布局和确定企业发展方向?世界各国如何处理全球利益和国家利益,在平等互利基础上实现合作,等等。

本文原载于《南京大学学报(哲学·人文科学·社会科学)》2013年第1期,编入本书时做了适当修改。作者:高波。

第一篇

企业改革与企业发展

第一章　企业产权结构变革与市场主体发育

一、多元主体所有制结构：市场主体发育的基本前提

在市场经济条件下,商品交换和要素转移是时刻发生的。这种商品交换和要素转移,是通过某种形式进行的产品所有权和要素所有权或部分所有权的有偿转移,也即产权的买卖。由此我们引申出两个紧密相连的命题,也即产权交换的两个前提条件:(1) 存在多种多样的所有权主体;(2) 产权明晰化。而市场主体的成长和发育总是在商品交换和要素转移的过程中逐步成熟的,这就意味着市场主体的发育同样需要上述两个前提条件。然而,问题的关键在于如何创造出这些基本条件。

不难理解,只有存在多种多样的所有权主体才能产生商品交换或产权交换,相同所有者之间只是一种调拨关系。因而相同所有者之间的资源配置范围总是极其有限的,这正是商品交换有必要产生、存在并得以发展的客观基础,也正是多元所有权主体形成和成长的根本原因。发达的商品交换和产权交换是一个社会走向发达的标志,它可以使每个生产单元或消费单元不同的生产需求目标在交换中得以实现。假如没有多元所有权主体,商品交换和产权交换就难以发展,市场经济就难以存在,更谈不上发展。而拥有财产权的独立的产权主体具有市场主体的基本特征,因而多元所有权主体的产生和发展可以直接生长出市场主体,并促使其发育成熟。

与此同时,产权主体必须同时具有明晰的产权界定,这是市场经济运行的又一个前提条件。现代经济学普遍认为,不解决产权界定问题,市场经济难以深入发展。其实,多元所有权主体与明确界定产权是密不可分的。这里讲的产权,一是法人财产权明确;二是资产的数额明确。产权界定清晰,资产所有者就会对经营者加强监督和约

束,产权主体就会最大限度地保障资产的保值、增值,通过技术创新、加强管理等办法,不断提高资产收益率;产权界定清楚,产权才能在市场上流动,通过产权流动,促使产权向效益好的产业转移,提高资产的经营效益。市场主体作为产权交换的行为主体,在产权明晰的条件下,则会以效率为目标,节约交易费用。而且,市场主体本身可以在规范化的商品交换也即产权交换活动中逐步成熟起来。

在现实的所有制形式中,私有制同时创造出市场经济条件下产权交换的两个条件,即所有权主体多元化和产权明晰化。规范的股份制企业、经济联合体、合作企业,以及企业集团等混合所有制也同时具备上述两个条件,因而是市场经济条件下重要的制度形式。因此,私有制和混合所有制可以并且已经与市场经济相结合,而且各国具体的结合方式多种多样。在上述制度条件下,市场主体成长和发育的条件已经具备,在长期的商品交换和产权交换实践中,市场主体变得日益成熟。

可是,公有制似乎与市场经济是水火不相容的,因而过去实行公有制的国家,近乎无一例外地都与计划经济相结合,而排斥市场经济。特别是传统的公有制,主要采取了单一的国家所有制和单一的集体所有制形式,政府对公有制又实行直接管理和直接控制,企业成了有关行政部门的附属物,而不是独立的商品生产者,企业之间不存在自由的等价的产权交换。因此,这种公有制形式不可能生成市场经济运行的两个前提条件,也就不可能与市场经济相结合。其实,公有制与市场经济既有相矛盾的一面,也有相兼容的一面,公有制与市场经济是可以结合的,并正在进行结合。但是,在公有制与市场经济的结合过程中,必须尽力缓解二者在结合方面的矛盾。而缓解矛盾乃至消除矛盾的唯一途径就是通过改革,创造市场经济运行的两个条件:所有权主体多元化和产权明晰化。

从公有制本身的改革来说,就是要确定公有制作用的范围和改革现有的公有制形式。对于非排他性的产权来说,这种产权在个人之间是完全不可分的,是人们共同享有的,因而要采取公有制的产权安排。同时,某些适合于政府垄断经营或关系国计民生的行业则宜选择公有制的产权形式。对于具有排他性的产权而言,必须改革现有的公有制形式,使每个劳动者都实实在在地占有一份财产。排他性产权的公有制形式绝对不仅仅是劳动者对生产资料的公共占有,更为重要的是使劳动者切实感受到拥有财产的一份。只有这样,这种公有制条件下的产权主体才有可能成长为具有活力的市场主体。

但是,如果仅止于此,中国的市场经济和市场机制的充分发展便会受阻,市场主体难以真正成熟起来。真正的商品交换是发生在不同所有者之间的,因此,建立市场经济首先必须构造多元主体所有制结构,积极发展多种所有制形式,以弥补公有制经济与市场经济结合的不足。第一,一个企业是否有效率既取决于企业内部的经济关系,又取决于外部的市场环境,竞争的市场环境是企业产生活力的关键。而竞争的市场环境仅靠公有制企业是难以形成的。只有通过发展多种所有制形式,构造多元主体所有制结构,促进非公有制企业的发展,并改革国有企业内部经营机制,在竞争中提高公有制经济效率,发展公有制经济。第二,构造多元主体所有制结构,激励各种所有制主体之间的相互融合与竞争,在竞争中发展非公有制经济,可以使产权界定问题、要素市场的形成问题和政府管理职能的转变问题都变得迎刃而解。由此可见,构造多元主体所有制结构,各种产权主体就能更快更好地成长为充满活力的市场主体。所谓多元主体所有制结构,包括公有制、混合所有制和私有制,表现为所有权主体的多元化。在现阶段,构造多元主体所有制结构,就是要在积极推进公有制经济特别是国有经济改革的同时,积极发展公司制企业、合营企业、合资企业、合作企业、私人企业和个体经济等,使之成长为所有制主体。实践表明,我国的非公有制经济与市场经济的结合是紧密的,改革所有制结构,发展混合所有制经济,是市场经济发展的重要动力。

因此,我们决不能无视生产力的发展水平,通过行政手段人为控制不同所有制之间的比例和发展趋势,以此来确定所谓公有制的主体地位,我们应该使所有制结构的变革适应生产力发展的要求,在市场竞争中自然地形成多种所有制主体。

二、企业产权制度创新:市场主体发育的动力源泉

在市场经济体制下,企业是市场活动的主体。一个完整或成熟的市场主体,一般具有四个特征:(1)以法人资格拥有自己独立的财产权;(2)全权占有、使用和处置

自有资产或法人财产;(3) 自主决策,独立经营;(4) 以市场盈利最大化为主要目标,以市场信号为导向,自由进入和退出市场竞争。上述条件哪一条不具备都不是一个成熟的市场主体。没有大量成熟的市场主体,也就不可能形成发达的市场经济。

在现阶段,上述条件的创造,只能通过企业制度创新来实现。这就要构造新型的企业产权制度,发展多种企业组织形式,使企业真正拥有充分的独立和自由。从所有制角度看,目前中国的企业制度形式已经多元,但所有制结构和企业产权结构并不合理,同时普遍存在企业制度不规范的问题。不同类型的企业所面临的问题不同,因而所要进行的体制改革和制度创新的内容也不相同,但改革的目标是一致的,那就是要构造自主企业制度,使企业成为一个完整的市场主体。

1. 大力推进国有企业股份制改革,使其成长为充满活力的市场主体

国有企业发展的最大障碍是企业没有真正获得法人财产权。企业没有实在的法人财产权,就不能自主占有和支配资产,也就不可能实行自主经营、自负盈亏和确保资产保值、增值。一句话,就不可能使企业真正成为市场主体。因此,国有企业体制改革和企业制度创新的关键是企业法人产权,使企业以法人资格拥有法律所认可的全权占有、使用和处置财产的权力。这样,企业就可以是充分独立和自由的。为此,国有企业的改革主要必须在两个方面下功夫。第一,彻底切断企业与政府部门的行政隶属关系,而不是只在界定权力上兜圈子。政府与企业脱钩后,不得直接干预企业的任何经济活动。第二,在确保国有资产最终所有权的基础上,明确界定企业的法人财产权。这不难理解,确保企业法人财产权,是促进国有企业改造为完全自主经营和自负盈亏的商品生产者和经营者的先决条件。从国有企业改革的情况来看,承包制是推广范围最大的一种国有制实现形式,但承包制是不能完成上述任务的。正如世界银行专家所指出的,承包制只是一种扩权让利方式,是一种委托经营制,目标决策权,特别是投资权不下放,而只把实现目标的手段下放给企业,让企业只有责任而没有经济权力,不可能真正做到自负盈亏。主管部门在承包中签订的指标,主要是解决税收问题,而没有也不可能解决企业的长期发展问题。而且,承包制在世界上也不是一种典型的企业制度,有些不伦不类。由此看来,承包制不可能成为国有企业改革的目标模式。

而从理论上分析,股份制则可以有效地促进国有企业成长为完整的市场主体。第一,股份制是在生产社会化、经济市场化条件下的一种财产组织形式,在实行股份制的企业里,把资产划分为等额的股权,界定产权归属,使终极所有权和法人财产权彻底分离,企业拥有真实的法人财产权,并可以实现产权人格化。第二,实行股份制,可以在国有制条件下企业法人财产权集中在董事会,使董事会成为国家和企业关系的缓冲器,政府与企业的行政隶属关系被切断,从而有效地避免政府部门对企业经营活动的直接干预。由此可见,推进股份制改革就从根本上创造出国有企业成长为市场主体的条件。此外,国有企业通过股份制改造还可以带来如下一些好处:可以通过非政府渠道筹集资本;可以充分体现企业作为经济实体的完整性,使企业行为长期化;可以促使企业建立自我管理、自我约束的机制;可以使社会政治目标从企业目标中分离出来;可以使国有财产所有权管理专业化。

但在现实中,股份制改革的绩效并不十分理想。究其原因,一是现行股份制企业规范性差;二是国有企业改革的外部环境不理想。因此,必须促进股份制企业的规范化。同时,在国有企业改革中,努力为现代企业制度的建立创造一个良好的外部环境。

现阶段,国有企业产权制度改革的基本思路包括以下几个方面:一是对于少数关系国计民生或经营状况良好的大型、特大型国有企业,由政府推行委托代理制,经理人员通过经理市场公开选拔,接受政府和公众监督,实行国家垄断和国有国营。二是大多数具有竞争性的国有大中型企业,按照公司制的规则改革为公司制企业,并提高股权分散化的程度,除部分国家控股要求强烈的公司中的国有股比重较高外,一般公司国有股的份额控制在5%—20%即可。三是大量的国有中小型企业采取拍卖、兼并、联合等方式,推动产权重组,基本取消国有小型企业组织。四是以产权为核心纽带,核心企业采取赎买、兼并、控股、参股等方式组建实力雄厚的企业集团,尤其是建立若干大型、特大型企业集团。

这种产权改革的思路,具有以下一些特点。(1)政府可以根本上从企业经营者的角色中撤出来,主要从事社会管理、提供社会服务、实行企业监督和进行宏观经济调控。(2)企业拥有明确的法人财产权,具有充分的独立和自由,自主经营,自负盈亏,成为真正意义上的市场主体。(3) 政府和企业的利益关系十分清晰,政府的收入主要包括国有资产的经营所得、国有股权的股息收入、国有资产出售收入、税收收入以及地租收入等,政府可以使用政府收入向社会提供公共产品,推行收入再分配,实现社会公平,特别是支持社会保障制度的建设。(4) 企业的信息成本和社会监督成本大大降低,从而使国有财产和全社会的经济效率得以提高。

2. 彻底改革乡镇企业的社区所有制,建立股份合作企业

乡镇集体企业普遍植根于农村集体经济母体和社区政府的发展冲动之上,社区构成了乡镇工业的组织环境,并对乡镇企业发展产生了极大的推动作用。但乡镇企业的社区性意味着乡镇企业带有明显的血缘特征和地缘特征而表现出某种封闭性,同时导致企业财产关系模糊,产权界定不清,企业利益不独立,布局分散化,这些已成为农村工业发展的主要障碍。因此,打破社区所有制并以此为突破口,推进乡镇企业产权制度创新,将会带来较好的制度绩效。(1) 打破社区界限,明确界定产权,使乡镇企业拥有明确的法人财产权,可以促进企业摆脱社区的强制约束,成长为独立而自由的市场主体。(2) 突破社区所有制就是要改革单一的集体所有制,揉进多元所有制主体,形成以个人占有为基础的共同经营,所创造的财产的共同占有、使用和支配,从而可以实行更大范围的联合,实现规模效益。(3) 打破社区所有制,乡镇企业可以在更大范围内进行空间配置,更有利于产权流动和产权的重新组合,提高资源配置效率。(4) 改革社区所有制,切断企业与乡土社会的血缘、地缘关系,可以提高市场的透明度,建立公开的、统一的市场行为准则,形成统一大市场和促进城乡经济互通。

如何改革社区所有制,促进乡镇企业制度建设是一个重要的研究课题,需要进行广泛的改革试验,总结经验,逐步推广。从改革的实践和发展的要求来看,要通过产权关系的界定和重组,使企业逐步脱离对行政权力系统和传统血缘、地缘关系的依附,成长为独立的市场主体,为契约关系的普遍建立和政府间接调控创造前提。为此,在乡镇企业中揉进股份制机制,创建股份合作企业,逐步完善股份合作企业的内部组织机制,似乎是一条现实的途径。

通过组建股份合作制企业,改革社区所有制的基本思路如下。(1) 明确规范乡镇企业现有集体资产存量归乡镇农民集体所有,将公有财产折股量化依一定原则以股权形式分配到社员名下,社员在集体共有财产中的股份为社员股。同时建立社员大会制度和相应的经济组织。(2)乡镇企业实施股份制改革以后,企业股份由乡镇社员集体股、社会法人股和个人股组成。上述所有股份中,除了社员股仍具有社区所有制特征外,其余均打破了社区的限制。因此,通过这种股份制改造,乡镇企业的社区约束大大减弱,企业将成长为真正完整的市场主体。与此同时,乡镇企业要通过股权转让、拍卖、兼并、联合和组建企业集团等形式,推进产权交换和产权重组。

3. 持续推进私人企业发展,建立规范的私人企业制度

私人企业产权界定清楚,企业利益独立,具有极强的内在动力与外在压力,经营主动灵活,即使在不利的环境条件下,也有顽强的生存能力。私人企业在财产制度上的优势是明显的。社会主义市场经济的特征不能简单地理解为以公有制为主体,而应认识到公有制是主体,混合所有制同样是主体。"一公"(公有制为主体)不是社会主义市场经济,"四公"(公有制主体+公开、公正、公平)才是社会主义市场经济。只有确立了这种新观念,才具备私人企业植根的土壤。

与此同时,要加强企业立法,用法律来规范私人企业的行为。在中国现阶段鼓励私人企业发展是多目标的,其中一个很重要的目标就是建设规范的企业制度。私人企业具有财产制度优势,更利于建立规范的企业制度。关键是要通过强有力的立法和监督,建立私人企业的信用,制止非规范的企业行为和避免损害公众利益。如果在私人企业的规范企业制度建设上取得突破的话,那么,对其他非公有制经济和公有制经济的企业制度建设都将产生巨大的推动。因此,要为私人企业的发展创造一个公平竞争的环境。应当营造一种对各类企业一律平等的氛围,所有企业一律不定性,不定级,实行无行政上级和按法律法规管理,铲除一切由人为因素造成的事实上的不平等。这样,私人企业才能与其他经济组织形式公平竞争,既可以有效地促进私人企业的发展,又可以激发公有制经济特别是国有经济的活力。

三、结　语

市场主体的成长和发育是我国市场经济发展的根本问题。在市场经济条件下,

政府既是市场的调控者和管理者,又是一个重要的市场主体。但随着市场经济体制的逐步完善,政府作为市场主体作用的范围将不断减小,作用的方式也将发生变化,各种新型的充满活力的市场主体则将逐步成熟起来。在市场经济体制的构建和完善过程中,政府是推动市场主体发育的十分重要的力量,特别是政府在强制性制度供给和政府自身改革等方面的实质性作为,对市场主体的发育具有巨大的促进作用。而且,这种推动力是其他任何组织所不能够完成的。因此,政府应把主要精力集中于为市场主体的成长和发育提供规范的制度,创造市场主体发育的法制基础和良好的制度环境。

市场经济体制要求清晰界定产权,市场主体必须进入广泛而有效的产权交换活动中,在游泳中学会游泳,才能得到更充分的发育和发展。因此,在市场体系的培育和完善过程中,要把产权市场的建设放到极其重要的位置上,通过充分发挥产权市场机制的效能来促进市场主体的发育。与此同时,开放和发展产权市场,以市场机制推动国有企业和集体企业的产权改革,促进所有制结构和企业产权结构的合理化。随着市场主体成长和发育条件的改善,市场主体不断发展和成熟,市场经济体制亦将日趋完善,市场经济则会得到长足发展。

本文原载于《江苏社会科学》1997年第4期,编入本书时做了适当修改。作者:高波。

第二章 结构调整的机制设计、制度创新与企业重组

结构变革是经济发展的主线,现实经济运行中的诸多难点都与经济结构及其制度结构的缺陷直接相关。改革开放以来,我国经济发展在经济总量高速扩张的条件下,通过制度创新实施结构矫正,较好地弥补了改革前经济结构中所留下的一些缺口,短缺经济的状况得到了很大改善,获得了广阔的发展空间。在世纪之交,由于经济规模扩大和收入水平提高,导致需求结构趋向升级,相当一部分产品市场已经转变为买方市场,而产业结构并未适应这种转变,现实中产品积压、企业效益不高、失业严重等现象都是由经济结构的深层缺陷所引起的。同时,由于体制的惯性,近20年的改革和发展,反而使企业结构和地区结构失衡问题变得日益突出。因此,中国改革和发展的轨迹,已把产业结构升级和经济结构高级化推向前台。特别是在国民经济总供求趋于平衡,通货膨胀压力逐步缓解和释放,而由经济结构等因素造成的高速度、低效益等问题并未取得实质性改善的背景下,推进经济结构调整则是今后一定时期改革和发展的关键。

我国经济结构调整的传统思路是主要依靠增量投入和更多地借助于行政干预,是一种补缺口式的适应性调整。现阶段,由于改革和发展向纵深推进,大量经济参数已经发生了很大变化乃至实质性的变化,因而经济结构调整的思路必须适应这种变化。而如何在推进产业结构升级的同时,促进企业结构和地区结构优化已成为经济结构高级化的中心议题。本章在对经济发展中结构性障碍实证分析的基础上,从市场、企业和政府等角度对结构调整机制和结构调整的制度创新进行讨论。

一、经济发展中的结构性障碍

进入 20 世纪 90 年代中后期,由于市场化改革的深化和短缺经济时代的结束以及激烈的国际竞争态势,使中国经济结构调整的压力比以往任何时期都显得更加迫切。目前,中国的经济结构在所有制结构、产业结构、就业结构、投资结构、企业结构、地区结构以及经济国际化等方面,都不同程度地存在经济运行和制度安排两个层面上的障碍。在此,主要对企业结构、产业结构和地区结构进行考察。

1. 企业小型化、生产分散化、市场集中度低、大中小企业严重失衡的企业结构

我国目前的企业结构,是在要素市场特别是资本市场不发达和大量存在产品卖方市场,主要由地方政府推动项目投资的情况下形成的。大量的国有企业、乡镇集体企业是在资本规模偏小、技术水平较低、产品档次不高的基础上创立的。这种在短缺经济和过渡体制背景下形成的企业结构,是一种企业小型化、生产分散化、市场集中度低,大型企业过少、中小企业过多,企业普遍缺乏规模经济和竞争优势的状况。

从企业的市场结构来看,在我国国有企业中,大企业占总数的 2.6%,中型企业占总数的 13%,而小型企业占总数的 84.4%。我国当前的这种企业结构,对经济发展带来的主要影响是:(1) 由于缺乏足够的巨型企业和大型企业,而且企业并非真正意义上的企业,经济运行中这种企业所具有的产业组织功能缺乏。由于中小型企业过多、产业集中度低,大量中小企业与大企业形成无序竞争,增加了市场的交易费用,不仅降低了国民经济的效率,也很难形成企业的竞争优势。(2) 在规模起点要求高的行业中,小规模企业在产品质量、产品成本、新产品开发和市场开拓等方面都处于劣势,导致规模不经济。(3) 从国际竞争的角度来看,即使是我国目前最大的企业在国际竞争中仍是小企业。这种企业结构不能与跨国公司争夺海外市场,而且由于买方市场的出现即使要保持国内市场的份额也十分困难,根本不能适应强大的国际竞争。(4) 在以中小企业唱主角的情况下,客观上降低了企业的进入壁垒,新的小企业不断出现,而由于客观经济环境和体制方面的原因提高了企业的退出壁垒,老的小企业很难退出,加大了企业集中的成本,阻碍了企业的成长。

2. 产业组织程度差,支柱产业和先导产业缺乏产业优势,产业结构层次低

改革开放以来,在经济总量快速增长的条件下,三次产业结构的偏差得到了一定的矫正,但产业结构的层次不高,现有产业中的技术含量和附加值低。1997年,我国人均GNI达到750美元,处于低收入国家跨入下中等国家行列的临界点,第一、二、三次产业的产出结构是17.90%、47.10%和35.00%,第一、二、三次产业的就业结构是49.90%、23.70%和26.40%。我国产业结构层次低的最突出表现是,服务业产出比例过低,第一产业就业比重过高、农业劳动生产率低下。近年来,我国需求结构发生了从传统消费品向耐用消费品的升级,虽然供给结构也发生了相应变化,但与实现产业结构升级还有相当大的距离。(1) 供给结构不能主动适应需求结构的变化,在一定程度上与市场需求相脱离,不能以市场需求为导向,更做不到合理地引导需求和有效地创造需求,缺乏国内、国际市场的开拓能力。(2) 现有产业的技术层次比较低,技术密集的工序通常由进口解决,国内产业主要从事劳动密集的组装工序,技术创新不足,缺乏高新技术进入产业的通道和由技术升级推进产业升级的机制。(3) 一种有较强的市场扩张能力和较高的产业关联水平、具有规模经济和能够带动国民经济长期持续增长的支柱产业尚未得到充分培育,不能向更高形态及时转换,阻碍了产业结构的升级。(4) 先导产业和新兴产业未得到充分开发,不能迅速形成产业竞争力和产业竞争优势。

3. 区域经济结构雷同,空间结构严重失调

在我国,地方政府是推动地区经济增长的发动机,而重复建设和区域结构雷同为特征的地区产业结构亦呈刚性化,资源配置的空间结构失调问题十分突出。目前,经济结构在空间配置方面主要存在以下几个问题:一是各地区没有形成自己的产业特色和独特优势,地区之间出现了低水平的重复建设,区域经济结构趋同。二是在大中城市普遍存在城市功能分区不明显,城市基础设施投资不足,造成了城市的经济能量集聚不充分和辐射功能不强。如在一些城市的中心区段并没有真正形成中央商务区(CBD)。三是在农村区域,乡镇工业分散化布局,农民居住区与生产区几乎没有功能分区,影响了经济效率和农民生活质量的提高。农村工业企业这种空间布局上的分散性,伴随着缺乏集聚效应、外部不经济和规模不经济的现象,导致乡镇企业的经济

效率难以提高,资源浪费不能控制,社会成本居高不下。四是城乡分割的状况尚未得到根本改善,城乡统一大市场和城乡一体化发展的格局并未真正形成。

上述这种经济结构状况,是短缺经济环境和过渡体制背景下的产物。(1)现行企业制度总体上还不是自主企业制度,企业的产权结构和治理结构存在缺陷。国有财产的所有者非人格化和国有企业产权的多级代理经营机制,使国有产权的效率与政府官员和经营者的个人利益关系不大,从而出现了行政权对国有企业产权的损害和企业的内部人控制问题。在政府行使国有企业产权时,甚至利用行政权力和对产权的控制权来约束或阻碍企业行为。而在企业内部,由于来自所有者的约束动力不足和激励功能不强,尽管企业在结构调整中具有信息优势,但是经营者缺乏足够的动力去推动结构调整。(2)在政企不分和条块分割的体制下,政府部门要追求行政边界的利益最大化,地方政府作为经济运行中极其活跃的利益主体着眼于本地区的经济利益,难免寻求本地区产业结构布局的完整性。由于90%以上的国有企业都是隶属于地方政府的,地方政府在追求本地区经济体系完整目标时,通过降低进入壁垒,上马投资少见效快的项目,造成企业数量多、规模小,对资本、技术、劳动等生产要素的要求下降,这就必然形成低水平的重复建设,并阻碍社会化程度高、规模经济显著的行业跨区域的企业联合,形成中小型企业占主导的格局和地区结构雷同的现象。(3)长期以来,我国经济发展的背景是产品市场不断完善,而生产要素市场尚未充分发育。即使1990年我国在上海和深圳先后成立了两个证券交易所,资本市场对经济改革和发展仍未产生深刻的影响。这是因为股票市场的规模很小,也不规范,不能对众多的企业产生直接影响。资本市场是企业进行收购、兼并的重要场所和机制。由于资本市场不发达,大量中小企业不能通过企业并购实现企业高效率扩张,因而难以在企业重组中形成大型企业和巨型企业,并使企业小型化趋势长期延续下去。由于不发达的资本市场发生作用的范围有限,难以冲破坚固的行政壁垒和区域壁垒,地区结构矛盾十分突出。(4)在短缺经济条件下,供给结构是在适应低层次的需求结构中确定下来的,又由于资本的约束,这种供给结构只能是低层次的,并确定了低层次的产业结构。这种产业结构具有较强的结构刚性,并使市场结构难以改善。

二、结构调整机制:市场、企业和政府的分工及交易

根据我国现实经济结构状况和需求结构向高级化发展的趋势,经济结构调整的趋向是实现产业结构升级和经济结构高级化。在过渡体制条件下,如何建立起高效的结构调整机制,是进行经济结构调整和推进经济结构高级化的关键。

从结构调整活动的实质来看,结构调整意味着产权重组、资产重组和企业重组,以及改变资源的空间配置格局,这就必然会发生相应的交易行为。在以交易推进的结构调整活动中,市场、企业和政府的角色作用是有所差别的,因而形成了相应的分工,并构成了结构调整机制。因此,构建结构调整机制,必须运用交易费用理论,合理地确定市场组织、科层结构、政府管制的活动边界,从而提高结构调整的绩效。

1. 结构调整机制运行的交易费用经济学解释

结构调整是要通过交易活动来进行的,交易是权利转移或产权重新界定的过程。康芒斯将交易概念一般化,明确为基本的制度分析单位。科斯最先发现交易是一种稀缺性资源,交易是要发生费用的,即存在交易费用。科斯认为,交易费用是市场的运行费用。阿罗对交易费用概念作了一般化,指出:"交易费用是经济制度的运行费用。"结构调整机制的运行是要发生费用的,这种费用实质上就是交易费用。市场、企业、政府都是一种交易机制,各种交易的集合形成了运行机制。因此,构建结构调整机制的准则是在市场、企业、政府等交易管理机制中进行选择和组合,使结构调整的交易费用最小化。

市场作为构造和组织交换活动的机制,促进市场信息的传递、影响交易者预期和形成均衡的市场价格。市场本身是一个节约交易费用的装置,但市场作为一种交易管理机制,也是会出现市场失灵的。科斯在1937年发表的《企业的性质》一文中认为,企业和市场是两种可以相互替代的制度安排。"市场的运行是有成本的,通过形成一个组织,并允许某个权威(一个企业家)来支配资源,就能节约某些市场运行成本。"企业的存在可以降低交易费用,企业规模的变动取决于交易费用。企业规模能否继续扩大取决于能否继续降低交易费用。企业规模的临界点或边界是企业内部组

织的交易费用与在市场别的企业组织同样交易所需要的费用相等的那点。在科斯看来，交易费用是决定企业规模变动的唯一决定性因素。

而在威廉姆森看来，市场失灵的原因主要有四个方面：一是人的理性有限性；二是机会主义行为的存在；三是不确定性；四是市场上的角色数目小。这四个方面综合作用时，市场的交易费用增加，市场作为一种交易管理机制失灵，节约交易费用的企业组织便应运而生了。威廉姆森指出：企业在信息处理上具有规模效应的优势；企业在产权界定不完全和需要规避风险时可以进行制度适应。对于复杂的、市场交易成本很高的资源配置过程，就可能不由市场机制来进行，而通过企业之间的合并，把原来属于市场的交易转变为企业内部的资源配置过程，即"内部化"，从而可以降低交易费用（威廉姆森，1996，第1—19页）。阿罗认为，"市场失灵"使得企业（或其他组织）有存在的必要，并特别强调不完全信息带来的外部性是市场失灵的主要原因，企业组织内部的信息系统可以优于市场上的信息系统。而张五常则认为，"企业的发展可看作产品市场被要素市场所代替，结果是节约交易费用"（张五常，1996，第241页）。

企业的一体化是能对付市场失灵的，企业这种内部组织在对市场交易进行替代时，将原来属于市场的交易"内部化"了。而市场失灵的存在，是政府干预的重要依据。政府是一个集中决策、人为设计、分层管理的行政组织体系。但是，政府干预和政府管制在克服市场失灵时与企业是有差别的。政府的基本经济功能在于充当经济活动的监督者和管理者，通过各种政策手段和宏观调控工具，创造平等竞争的市场环境。不难理解，政府在确定市场规则、控制垄断、提供公共产品、解决外部效应、消除"合成谬误"等方面所做的贡献是可以节约交易费用的。

政府是一种对依法使用强制性手段具有垄断权或比较优势的组织和制度安排。根据诺斯悖论，一方面政府权力是保护个人和企业行为的最有效的工具，可以产生规模经济，节省交易费用；但另一方面，政府权力也是个人和企业权利最大和最危险的分割者，因为政府是由具有福利或效用最大化行为的若干有限理性的"经济人"组成的，政府权力具有扩张的性质，政府扩张总是依靠侵蚀个人或企业的权利实现的，在政府侵权面前，个人是无能为力的。因此，政府在克服市场失灵的同时，又难免导致政府失败，加大经济运行中的交易费用。政府失败通常表现为政府在弥补市场缺陷时的政府低效率、政策失误、政府部门的过度自我扩张,以及导致寻租活动等。当出现政府失败时,可以采用市场机制或企业组织来替代,从而降低经济运行的交易费用。

总之,市场、企业、政府组织的运行都是要发生交易费用的,但在不同的条件下交易费用的大小是不相同的。在结构调整机制的运行中,当市场机制运行的交易费用大于"内部化"的企业运行的交易费用和政府组织运行的交易费用时,则应由企业和政府中运行的交易费用更小的组织来承担;当企业组织运行的交易费用大于市场机制运行的费用和政府组织运行的交易费用时,则应由市场和政府中运行的交易费用更小的组织来承担;当政府组织运行的交易费用大于市场机制运行的费用和"内部化"的企业运行的交易费用时,则应由市场和企业中交易费用更小的组织来承担。因此,结构调整机制的运行,必须在市场、企业、政府等交易管理机制中进行选择和组合,使结构调整的交易费用最小化。

2. 结构调整机制的设计

现实中,对结构调整机制的构造,有两种不同的看法:一种思路认为,结构问题是市场化改革过程中权力分散化的结果,因此必须通过集中权力、强化计划控制来调整结构。另一种思路认为,我国的市场化改革已经取得了较大进展,经济运行的市场化程度日趋加深,因而应该加快资本市场发育,主要通过市场竞争来进行投资选择和实行结构调整。我们认为,从交易费用理论角度来分析,这两种思路都有失偏颇,第一种思路忽视了我国的转型体制背景,在现行体制下我国的利益主体和经济权力已经高度分散,计划机制的运行或行政性手段的运作所发生的交易费用较高,甚至阻碍经济结构调整。第二种思路是符合我国市场经济体制建设和结构调整机制构造的基本方向的,但主要依靠市场机制而忽视了我国要素市场机制不发达的现实,事实上即使是完善的市场经济也存在市场失灵,导致结构调整的交易费用升高,因而企业和政府在结构调整中具有重要作用。

交易费用理论是结构调整机制构造的理论基础。在此理论指导下,根据我国转型体制的实际状况和改革的取向,进行结构调整机制的设计。结构调整机制设计的总体思路是:加快资本市场发育,推进企业的资本运营,在主要通过市场竞争和企业重组来进行投资选择和实行结构调整的同时,充分发挥政府管制在结构调整中的独特调节功效。具体地说,包括以下三个方面。

首先,市场机制是结构调整机制的基础,关键要发挥资本市场和产权市场等要素市场的作用。市场机制具有激励和约束功能、信息传递功能,是一种管理工具,市场机制本质上是一种节约交易费用的装置。因此,市场机制在结构调整中具有其他组织难以直接替代的功能,结构调整机制必须建立在市场机制的基础上。在一个资本市场比较完善的市场经济体系中,初始投资选择以需求为导向由资本市场来完成,通过利用资本市场的筹资功能可以为结构调整不断提供增量资本。而一旦市场配置投资资源与需求结构发生偏差时,可以通过资本市场来推动资本存量的流动和再配置,在资本市场中发生收购、兼并、联合等产权交易和破产等活动,以存量资产重组实行经济结构调整。特别是突破地区界限的、统一的资本市场的建立和完善,为克服区域壁垒和行政壁垒,解决盲目重复建设等问题提供了有效机制。由此可见,以培育资本市场作为构建结构调整机制的基础条件,可以最大限度地发挥资本市场的结构调整功效。

其次,企业组织是结构调整机制的核心,要充分激发巨型企业、企业集团等产业组织中领头者的活力。企业作为市场主体,在由市场机制运行推进的结构调整中具有主导作用。同时,企业组织的有效扩张(纵向一体化和横向一体化)在使市场交易"内部化"过程中产生了对市场的替代作用。从这个角度来看,企业是市场的替代机制,因而企业和由企业在市场运行中形成的产业组织是结构调整机制中不可或缺的自调整机制。我国企业改革的深化,可以使企业产权清晰,形成企业预算硬约束,由企业在投资活动中自主决策、自担风险,从而建立起经济结构微观自调整机制。产业组织中的领头者通常采取兼并、收购、参股、控股等方式进行企业重组。G.J.施蒂格勒指出,"没有一个美国大公司不是通过某种程度、某种方式的兼并而成长起来的,几乎没有一家大公司主要是靠内部扩张成长起来的"(施蒂格勒,1996,第3页)。企业重组的过程本身是一种结构调整的过程,企业重组机制是经济结构微观自调整机制中最活跃的成分。

再次,政府管制在结构调整机制中具有独特的调节功效,必须明确界定政府的职能。政府管制是政府在微观层次对经济的干预。在经济结构调整中,政府管制可以发挥较大的调节功效,特别是利用政府在依法使用强制性手段具有的垄断权或比较优势来降低结构调整的交易费用,具体包括制定产业政策引导结构调整,对资本市场进行公共管制,培育新兴产业,制定鼓励企业兼并的政策,建立和完善企业并购的法律体系,促进竞争和避免寻租等。但在现实中,政府还不习惯于管制而习惯于参与,因此必须进行政府的职能转换。政府应尽快退出竞争领域,主要从事公共产品的供给。

三、制度创新的重点是培育资本市场,实现企业重组

现阶段,由于大量经济参数已经发生了很大变化乃至实质性变化,我国主要依靠增量投入和更多地借助于行政干预的经济结构调整的传统思路,已经不能适应我国改革和发展的趋势,必须推行经济结构调整的新思路。我们认为,我国经济结构调整的新思路是:在市场需求结构向高级化发展的导向下,以存量调整为突破口,以增量调整为配合,通过培育资本市场,大力推进产权重组和企业重组,在政府职能转换中打破区域壁垒和行政壁垒,从而实现产业结构升级和经济结构高级化。从我国市场化改革的程度和经济发展的水平来看,要推行这种经济结构调整的思路,关键是要推进培育资本市场和企业重组方面的制度创新,真正使市场、企业和政府在结构调整中都充分发挥其功效。

资本市场的发展是企业从产品经营向资本经营转型的基本市场条件,资本市场的成长和发育,为企业进行收购、兼并提供了重要的场所和工具。而企业的收购、兼并等资本经营可以推动产权重组和企业重组,实现经济结构调整和企业的规模扩张。以培育资本市场为契机推进结构调整是一种具有战略意义的选择。在我国,加快资本市场的成长和发育,促使有经济实力的企业特别是上市公司,实施企业并购战略,在既节省资本又节省时间不必铺新摊子的条件下,可以实现企业高效率扩张,通过企业重组形成大企业集团。目前仅国有企业需要盘活的资产存量已在1万亿元左右,必须采取兼并、收购、参股、控股等方式进行资产重组。这对于进入资本市场运作的

企业来说,具有非常好的发展机会。

从发展的角度来看,企业在资本市场上进行企业购并,实施资本经营会产生多种正面效应:(1) 企业并购可以获得经营协同效应和财务协同效应,不断扩大市场份额,使企业获得更快更好地发展。这种企业重组在使被并购企业摆脱困境的同时,促进并购企业迅速壮大并实施大公司战略,以适应跨国公司在购并浪潮中飞速增长对我国企业所形成的国际竞争压力。(2) 企业并购的过程本身是一种结构调整的过程。当前我国经济运行中的市场割据化、结构雷同、集中度过低、行政和区域壁垒坚固等结构性矛盾,在企业并购、产权重组的运作中可以得到较好地解决,从而实现产业结构、地区结构、企业结构和市场结构的优化。(3) 通过资本扩张力强大的企业并购行为,可以有效地实行部分企业的债务重组,使企业尽快走出债务危机。(4) 企业并购促使存量资产在产业部门间再配置和再流动,可以盘活沉淀资产,提高资本效率。

因此,围绕经济结构调整,推进资本市场培育和企业重组的制度创新,是现实经济环境下的合理选择。

1. 大力培育证券市场,支持企业重组

我国培育资本市场的关键是重点发展直接融资的证券市场,在资本市场的规模扩张中提供向企业注资的条件,以增量调整激活存量调整,以盘活存量资产为中心发展资本市场。从国际经验来看,我国未来直接融资的发展空间还很大。1997 年我国的证券化率(股票市值占当年的 GDP 之比)只有 23% 左右,这还包括不流通的法人股和国家股,如果扣除这两部分,我国的证券化率不足 7%;目前尽管我国的股市发展很快,但这个比率也不会在短时间内有一个较大的提高。1995 年初,香港的证券化率是 213%,日本为 86%,法国为 136%,韩国是 53%,菲律宾为 87%。由此可见,在国民储蓄水平不断提高(1997 年末,居民储蓄存款余额 46 280 亿元)而政府财力不足的背景下,通过证券市场扩容,以直接融资的方式向企业注入资本金来促进结构调整的空间是十分广阔的。近年来国有企业的资产负债率为 75%—80%,国有企业的负债中 85% 是银行贷款,而银行贷款的主要来源是居民储蓄,企业负债实际上是向居民负债,因此居民储蓄进入证券市场相当大程度上是变居民的债权为股权,并不意

味着是一种简单的增量扩张。现代证券市场的发展,尤其是资产证券化的趋势,不仅使社会资产的增量证券化,而且使社会资产的存量资产证券化了。因此,实际上经济结构的调整可以通过证券资产和实物资产的相互转化来实现,通过在证券市场上的买卖活动形成的价格波动来引导社会资源流向效益高的产业部门和企业,使社会资产的增量和存量都不断得到调整和重新优化配置。

当前我国资本市场发展的制度创新有以下几个方面。(1) 重构资本市场体系,建立一个包括全国性证券交易所和区域性证券交易中心在内的、多层次的证券交易市场体系;积极、谨慎地开发新的直接融资工具,进行金融创新,以满足不同层次的市场需求。(2) 促进市场主体的成长和发育,加快培育机构投资者如投资银行、投资基金等中介机构。截至1997年6月底,全国共有证券公司94家,信托投资公司245家,财务公司69家,融资租赁公司16家,另有230家证券兼营机构和2 600家证券营业部。目前全国批准以国有企业为主改建或新设的股份公司约9 200家,股本总额约6 000亿元。1997年末,沪、深两个证券交易所的A股市价总值为17 529亿元,A股上市公司745家。近年来市场主体的成长较快,但必须不断推动市场主体的完善和提高,规范其行为。(3) 加快资本市场的国际化,拓展进入国际资本市场的通道,充分利用国际资本市场的功能。目前在谨慎推进顺向国际化(海外资本进入中国资本市场)的同时,应积极发展逆向国际化,直接在国际资本市场上发行股票、债券以及进行企业并购。

2. 创造企业购并的制度条件,充分发挥企业重组的企业家才能

进入20世纪90年代以来,国际上又掀起了新一轮企业购并浪潮。国际上企业的收购、兼并是提高世界范围内的产业集中度,实行全球经济结构调整的具体表现,进一步增强了企业的国际竞争力和竞争优势。1995年美国的企业兼并资产达到3 500多亿美元。1996年,全球发生超过10亿美元的跨国企业并购交易约有45起,跨国企业并购总额比上年增长16%,达到2750亿美元。国际上企业并购的发展,对我国进行经济结构调整有很大的启示,我们必须尽快创造条件推进企业并购。(1) 改革国有资产管理体制。建立相应的国有资产公司、投资公司、控股公司,由这些公司作为出资人代表行使国有资产所有者的权力,对国有资产进行资本经营。(2) 加

快企业产权制度改革。改革的趋向是使国有经济起主导作用,将国有经济集中于自然垄断部门、社会公益部门、先导产业部门、战略产业部门,以及对经济规模要求较高的部门。对大量竞争性的国有大中型企业,国家不必处于控股地位,可以通过股份制改造等多种方式吸引多种投资主体,进行企业的资本重组、产权重组,形成合理的产权结构。对于有较好的经营业绩和发展前景的企业应争取成为上市公司,真正建立起现代企业制度的治理结构。而大多数竞争性中小型国有企业,可以在资本市场上进行产权拍卖,把拍卖所得用于清偿债务和政府投资,把资本集中投向国家需要控股或独资的大型、特大型国有企业。(3)建立健全企业破产制度。对于确实无望的资不抵债的企业坚决实施破产;对于那些虽已资不抵债但有一定的市场潜力和通过加强管理、一定的资本投入仍有发展前景的企业,可以采取部分破产的方法,剩余资产由其他企业兼并,债务随之转移。国家应推行涉及企业兼并破产时呆坏账核销、债务清偿时免息的优惠政策。(4)制定实施企业并购政策。在国家产业政策的指导下,引导资产存量向支柱产业、新兴产业、有市场前景的企业流动,国家在股票上市、发行可转换债券、增加技术改造投资等方面,加大对企业重组的支持力度。

从现实来看,要求被并购的企业和资产量大,愿意并购又具备并购资本实力的企业较少。在买方市场的条件下,企业并购不能操之过急,特别要避免过多地利用行政干预,重点要加速资本市场的发育,逐步使并购真正成为一种企业行为和市场行为。

企业家是决定企业规模的重要因素,企业家擅长于对付由不确定产生的问题,企业家才能在企业重组中发挥关键作用。企业家的才能不同,在运作企业重组的平均成本亦会有差异。一个杰出的企业家,他的长期平均成本低于所有潜在的竞争对手,在运作企业重组时更容易成功(如图2-1)。所以,创造适合企业家成长的制度环境,激发企业家的创造性,充分挖掘企业家的潜能,对于实现效率提升的企业重组至关重要。

3. 加快政府体制创新,促进跨区域的企业重组

政府通过宏观调控和有效干预,引导经济资源的空间合理流动。经济结构的调整,大量牵涉产业和企业在广阔空间的重新布局和流动,如果说实施产业结构调整或企业重组在同一行政区划范围内还相对容易,那么跨行政区的产业结构调整或企业

成本

长期平均成本
（其他人）

长期平均成本
（杰出企业家）

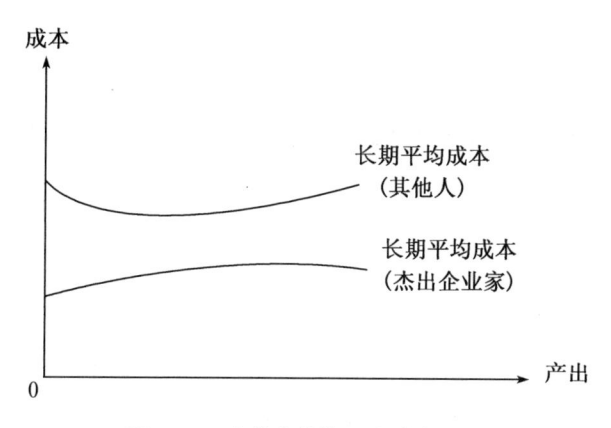

0　　　　　　　　　　　　　产出

图 2-1　企业家长期平均成本曲线

重组的难点将明显增大,地区利益将受到触动,因而必须改革条块分割的体制。(1)正确处理好中央和地方的关系,科学界定、划分中央与地方的事权、财权,在提高地方政府自主权、激发地方经济活力的同时,加强中央对地方经济的有效调控,拆除地方行政壁垒,为跨地区的资产流动和企业重组创造有利条件。(2)围绕跨地区的资产重组和企业重组,广泛开展区域经济联合与协作。以企业的跨地区资产重组为主,进行多层次、多形式的区域经济联系与协作,实现优势互补,共同发展。企业的跨地区合作要突出资本经营的特点,尤其要重视以产权为纽带、以优势企业为龙头,突破地区、部门、所有制界线,通过兼并、收购、参股、控股等方式,组建一批能将各地区、各行业的分散优势聚合成强大的综合整体优势的大公司、大集团。(3)国家加强对国民经济区域布局战略性调整和改组的宏观指导,主要通过国民经济发展规划和相应的产业政策、区域政策来统筹安排调整和改组,利用政治手段和经济手段整顿盲目重复建设。(4)推进金融体制、税收体制、就业体制等改革,以有利于国民经济区域布局的战略性调整和改组,推动跨地区的资产重组和企业重组。

本文原载于《江苏社会科学》1998年第6期,编入本书时做了适当修改。作者:高波。

第三章　企业理论的新发展：基于文化视角

文化是任何一个企业组织都具有的特性,文化不仅使得各个企业组织呈现出异质性,而且内在地约束了企业的经营业绩、成长路径和组织结构。这意味着要全面揭示企业的性质,更好地理解企业与市场的边界,必须引入文化因素,从企业文化的视角提出假说,并加以经验验证。

一、企业理论的演进和文化因素的引入

随着科斯《企业的性质》一文在20世纪后期的重新发现,企业这只"黑箱"终于被打开了,围绕着企业性质、企业发展、企业组织和企业边界等问题,形形色色的企业理论成为研究的热点。这些研究被总结为四个主要的观点:一是企业的合约理论;二是企业的能力理论;三是企业的资源理论;四是企业的知识理论。这些观点基本上代表了当前主流经济学对企业组织的分析成就。这些企业理论不仅继续关注企业存在、企业边界等问题,而且进一步扩展了企业研究的深度,试图解释企业绩效的异质性根源以及企业持续竞争优势形成等现象。

上述理论从不同角度分析了企业的实质与演进,取得了许多深刻的认识和洞见。但随着企业文化研究的兴起,人们日益认识到企业并不仅是一台自动运转的机器,实际上由具有特定文化价值观的人组成的企业也被赋予了特定的文化价值观。因此,对企业性质的认识绝不能忽略和舍弃文化因素。如果说以前研究假设中忽略企业文化是为了分析的方便,那么,在这些理论得到完善的今天,将包括文化价值观等因素加以逐步恢复就成为必然的选择了。事实上,在企业性质的认识上引入企业文化变量和更广泛的文化因素不仅是对其他主流企业理论的补充和发展,也是增强企业理

论解释力的需要。

第一,企业的合约理论。尽管企业的合约理论存在差异极大的多种观点,但这些观点都是将科斯的思想作为出发点。科斯的核心论点是,制度运作的成本(交易成本)差异导致出现了企业来取代市场。一方面,市场交易涉及产品或商品;另一方面,"企业交易"涉及生产要素。因此,可以把企业的成长看作是由要素市场代替产品市场,从而节约交易成本(张五常,2000,第354页)。张五常追随科斯对合约的论述,强调了发现价格的成本,当这些成本发生变化时,就会出现不同的合约安排。从这一视角出发,他得出结论:说"企业"代替了"市场"并非完全正确。确切地说,是一种合约代替了另一种合约。张五常强调了企业合约的结构性,认为放弃使用权是程度问题,界定授予的权利是签订合约时所要做的事情,并常常辅之以默契的理解、习惯和普通法。从这一认识出发,企业合约可以分为正式合约与非正式合约两部分,后者通常是心理合约,它包含了企业文化方面的要求。随着企业文化理论研究的深入,现在需要更为全面地解剖企业的结构性合约,特别是与文化价值观、风俗习惯等有关的心理合约的内容。缺少了这些因素,企业的合约性质将是不完善的。而这样的分析不仅是对企业合约性质的一个发展,也是对真实企业的逼近。

第二,企业的资源理论。该理论认为企业是特殊的资源束,是异质资源和能力的集合体,是有形的、人力和无形资产等组合的行政组织。资源难以复制的属性作为经济租源泉、绩效和竞争优势的基本驱动器。企业产生短期的租金和持续的竞争优势,是由于其所拥有的独特的资源状况,因为该资源状况创造了低成本、高质量或超额绩效的产品。当前研究者不仅详细分析了有形资源,也开始强调对无形资源,如品牌、声誉以及企业文化的研究。并且将企业的竞争优势和规模、边界更多地与无形资源联系在一起,深入分析无形资源所具有的独特性、竞争的有限性和要素不完全流动性。随着这种研究的深入,企业文化作为一种重要的无形资源也必将被用于解释企业竞争优势及规模、边界的决定。

第三,企业的能力理论。该理论的核心概念是动态能力(Dynamic Capabilities),它是指企业在复杂多变的环境中建立、整合和重构内外竞争力形成持续竞争优势的能力。从这一概念出发,该理论较一致的观点认为企业是一个能力的体系和集合,能力决定了企业竞争优势和企业的规模、边界。主张企业竞争力和能力能够提供竞争优势或产生租金,它们基于难以模仿的惯例、技能和互补性资产的集合体的基础之上。解释异质性是熊彼特竞争不均衡、路径依赖、先发优势、不可逆合约和互补或专业化资产的一个结果。1990年普拉哈拉德和哈默发表了《企业的核心能力》,能力理论进入应用和实践领域,对动态能力的探讨又转向对核心能力的分析。随着企业能力特别是核心能力探讨的深入,越来越多的研究者认识到企业文化因素在形成企业能力中的重要性。一些研究阐述了企业文化成为核心竞争力源泉的内在机制。可见,企业文化本身就是企业能力构成不可缺少的要素,企业能力理论的完善同样无法忽视对文化价值观因素的引入。特别是当涉及企业的学习能力时,就更需要分析文化价值观对于组织学习的影响了。

第四,企业的知识理论。该理论继承和发展了能力和资源理论的观点,将知识视为企业最重要的资源,认为企业的知识存量是企业竞争优势的源泉。组织吸收、整合、应用、创新、外溢知识的不同导致了企业边界、结构与行为、绩效的差异。具体来说,该理论认为企业在合并知识作用方面胜过市场,能够更好地创造和共享知识资本和建立知识库,企业绩效的差异是因为创造和利用社会资本的能力不同等。由于知识可以划分为两类:可复制、便于交易的显形知识和无法复制、难以交易的隐性知识。企业的知识理论强调了企业存留隐性知识的能力,认为高度隐性知识只能存在于企业,而企业的边界由交易成本和隐性知识的复制性决定。无疑,企业文化应该作为一种重要的隐含知识、意会知识或者默会知识而存在于企业之中,且对于企业持续竞争优势起着重要的决定作用。可以说,从知识的角度来认识企业性质,同样不能忽视引入文化价值观因素。

总之,上述几种主流企业理论在深化发展过程中都显示出引入企业文化或价值观因素的必然性。因为人们逐渐认识到企业本身是一种文化载体或文化共同体,是人类文化积累的产物。共同的价值观和信仰在企业内部本身就是一种心理合约、一种稀缺资源、一种独特能力和一种默会知识。深入分析表明,将文化因素引入企业性质的解说中有助于使下述企业的特性在统一框架内得到解释。一是从企业合约所具有的正式合约与心理合约特性出发,发展合约结构理论。二是将企业的学习特性和基于学习的企业演进、适应问题纳入分析之中。三是将企业组织内部的持续创新和停止创新两种趋势加以分析。四是将企业性质的讨论与企业的竞争优势形成、延续联系起来。这也就意味着从企业文化视角讨论企业的性质能够有机地将比较静态分析与动态演化分析结合起来，既比较均衡状态下决定企业状况的重要因素，也注重企业在促进个人学习、技术创新和变革演进的独特功能。

二、企业文化视角的企业性质

事实上，少数研究者已经从企业文化视角对企业性质进行过探讨，最有代表性的是克瑞普斯和吉奥弗雷·M. 毫森(1994)。克瑞普斯将企业声誉称之为企业文化，认为企业的核心是声誉。他的分析从不完全合约出发，指出良好的信誉可以减少市场交易费用。只要有一个企业长期存在且具有良好的信誉，交易者就能够观察到它的商业行为，就可以同它签订合约，接受它的权威指令。因为声誉是一种无形资产，处于企业的核心地位，可以起到减少交易费用的作用，为此，任何企业都努力建立自己的企业文化。克瑞普斯的分析虽然加深了人们对企业性质的认识，但仅从声誉的文化角度还不能将企业同其他组织形式区别开来。

相比之下，毫森的解释更为全面和深入，他提出：解释资本主义厂商的存在、边界、性质和发展的"主要的但并非唯一的"因素是该组织对其内部群体、个人能力的保护和开发能力。因此，厂商的主要特性就是它在塑造其员工的工人感觉、偏好、能力和行动中表现出的能力。这首先体现在厂商创建一定信任度的能力。因此，理解厂商性质的关键，就是认识厂商塑造个人偏好和行动，并因此实现更高的员工忠实度和信任水平的能力。另一个要点是厂商作为公司文化的持久贮藏器和随时间迁移的公司文化传输带所发挥的作用。这一文化传输促进了群体和个人的学习，并因此提高了厂商内部的生产率。拒绝方法论个人主义和给定个人的分析起点，我们可以将学习构想成一个发展和重构的过程。公司文化不仅是分享信息：通过分享实践和思想习惯，它提供了学习的方法、氛围、价值观和语言，并推动了群体和个人能力的提高(吉奥弗雷·M. 毫森，1994，第325—354页)。尽管毫森没有能发展出更具体的范畴来从文化视角解释企业的存在、边界及其竞争优势的源泉,但是他的研究富有启发性。

在充分吸收前人研究成果的基础上,本章试图基于文化成本范畴对企业性质做出拓展性的解释。所谓文化成本,是指人们选择或遵从某种习得的文化信念(或价值观体系)时所放弃的最高的主观心理或货币代价。由于人们普遍地遵从特定文化观念,因此,文化成本也是同样广泛存在的。具体来说,文化成本一般包括认知成本、心理成本、认同成本、信仰成本等内容。有时,人们宁可放弃拓展交易所带来的潜在收益也不愿意放弃自己习得和遵行的特定文化取向,只有当潜在的边际收益超过他的边际文化成本时,他才愿意做出这样的选择。事实上,这种无形的主要是心理上的文化成本往往高得惊人(高波、张志鹏,2005)。

需要说明的是,基于文化成本范畴解释企业性质,应在方法论上进行拓展。首先,承认理论的多元化,即对复杂的企业现象的研究应当考虑多种因素,而不仅使用单一的通用理论,如交易成本决定论来解释。其次,坚持现实主义的假设,无论是对于个体还是企业组织都不能只用"机会主义"这样的核心假设,而是恢复其具有文化价值观的现实面貌。再次,发展个人主义方法论,不仅从静态的特定的个人出发,也强调通过学习个人可以实现自身的发展和重构。

深入的分析是在企业合约理论基础上进行的,这是由于合约理论具有较确切的范畴和完整的理论体系,有利于理论的连续性。相反,虽然企业能力理论至今只有一些较常用但有异议的概念和命题,企业资源理论尚无统一的理论分析范式,企业知识理论只讨论了企业的部分要素,而目的和规则方法没有达成充分的一致。但这些理论所揭示和强调的企业现象和特性都应当有机地吸收进企业的合约理论的框架中。

命题 1:与市场合约相比,企业组织合约不仅能够节约交易成本,而且能够有效地降低文化成本。

企业组织合约与市场合约,一个关键的不同在于前者的结构性合约中包含了文化价值观在内的心理合约,而后者基本上很少包括这一内容。具体来说,企业合约是正式合约与非正式的心理合约组成的结构性合约,心理合约一般包括了企业利益相关者对于企业目标、企业活动正当性、企业利益分配公平感、企业行为合理性等内容。

一份心理契约主要是通过相互交换或共享的信仰、价值标准、期望值和满意度来衡量的。这种对企业文化做出约定的非正式心理合约对人的行为具有重大影响,它通常能依靠包括信任、忠诚等一系列价值观念在企业成员间建立起一种相互制约的关系。而任何一方对心理合约的放弃则意味着其所投入资源的数量及努力程度上的变化。

由于在市场上个体之间的价值观差异很大,不同的人对于生产的目标、经营的合理性及分配的公平性等难以达成一致的意见。由于市场合约没有规定这些内容,这也就意味着单个生产者进行合作生产是极其困难的。或者说,过高的文化成本会导致大量的交易难以实现,一个生产者很难指挥其他单个生产者向着一个共同目标活动。

企业组织的一个重要功能是区别和集聚那些拥有相近价值观的个体。核心文化价值观可以在确定谁是和谁不是内部人员方面发挥作用。它通常吸引了那些个人价值观与企业的核心价值观一致的人,排斥了那些不一致的人。也就是说,企业通过集聚文化价值观相近的个体而实现了组织内生产过程中文化成本的降低,这一优势是市场合约所不具有的。无疑,企业文化在实现企业成员文化成本降低上起了关键性作用,这些企业合约的签订者通常能够从企业文化中找到自己的特定文化价值观,在工作中实现个体的目标和获得成就感。而当企业成员发现企业的文化价值观与自己的价值观差异太大时,其文化成本就会增加,直到其边际增量与边际收益相等后,他们就可能做出退出的选择。

当资本所有者(物质资本或人力资本)签订合约加入企业时,他不仅预期相对于其他选择而言收入会增加,而且他还预期在企业组织中他的价值观能够得到更大限度的实现,也就是说,他要付出的文化成本相对是最小的。当企业组织提供了包括文化价值观内容的结构性合约后,它就能够使投入所有者的文化成本比市场交易时更低。因此,准确地说,企业取代市场是一种结构性合约(正式与心理的)对另一种结构性合约的取代。在很多情况下,正式合约可能并不变化也就是说交易成本并没有变化,但心理合约的变化同样会改变资本所有者的文化成本,从而导致企业与市场之间的替代。考虑到文化成本的广泛影响,可以说,企业的存在是由包括交易成本与文化成本在内的总成本状况决定的,正是企业组织具有降低这些成本的功能,从而使分工专业化的收益得到持续增长。

三、学习、创新与竞争优势

从文化视角理解企业,不仅要静态地说明企业替代市场的原因,而且还需要分析企业所具有的动态效率以及文化与企业竞争优势之间的关系。

命题2:企业组织通过对文化价值观等隐性知识的学习,实现了企业成员价值观体系的扩展,提高了企业组织内部的文化认同度。

在企业成员进入企业后所进行的学习并不仅是专业技能,更多的是对企业文化的学习和灌输。事实上,组织必须有一项明确的和集中的共同任务才能把其成员凝聚起来。组织成员为组织做贡献的绝对先决条件就是让其知道组织的任务和使命。这就是企业文化的源头和基本的假设。

企业的核心价值观(包括经营目标与经营理念)是企业中最主要的难以复制的隐性知识,它不仅体现在文字标语上,也弥漫于日常的经营行为中。当企业新成员通过签订合约进入组织后,会接受到有意识或无意识的企业文化的教育。这种文化资本投资的行为首先是由企业家来完成的,而后又不断地扩展到企业的员工中去。诺斯强调说,大的利益集团、公司和社团都会在意识形态教育方面进行投资以说服它们的成员相信它们的合法性。企业成员对企业文化的学习则意味着个体价值观体系的扩展与文化成本的降低。因为通过对企业隐性的文化价值观的学习,企业成员找到了自己的工作目的和成就感、公平合理感,使个体的价值观与企业文化更为接近或一致,提高了他们对企业文化价值观的认同度。

由于对企业文化的学习改变和强化了企业成员对于特定文化价值观的认同和信仰,因此,企业成员很容易在文化价值观上和思维模式上表现出强烈的路径依赖特性,企业成员所具有的心理合约日益制度化或明晰化。这一特性极大地增强了企业成员对于企业文化的认同度,使企业的经营行为和管理方法日趋模式化。

可见,从学习的角度来看,企业的存在是由于它们能提供一个更为广泛的群体和个人学习的条件。相反,市场化的关系将减少人际沟通和个人、群体学习。事实上,企业文化影响着对信息的储存和传播、知识的获取和保留、决策框架的构建以及人类学习的性质和程度。

命题 3：企业成员文化认同度的提高会增强组织内部的创新动力，从而改变组织绩效水平，形成核心竞争能力。

通常公司会鼓励它们的员工发挥全部的创造力和聪明才干。但为什么员工要奉献所有的一切？这不仅是为了物质上的报酬，尽管那也很重要，但仅靠金钱是无法激励出员工的主动创造性来的。真正能够激励员工主动创新的是提高他们对企业文化的认同度，使他们感觉到对企业组织的奉献同时也就是实现自己价值观的行为。德鲁克指出，最好的和最具奉献精神的员工，是彻底的志愿者，因为他们有机会做一些除了谋生之外的事情。这种志愿者实际上同企业只签订了心理合约的内容而基本上没有正式合约的内容，因而会更为明显地表现出企业合约与市场合约的区别。

企业成员文化认同度的提高不仅改善了企业内部资源配置的状况，也促进了企业组织内部持续性创新的实现，从而使企业能够获得超额利润。这一关系显示，企业文化是企业核心竞争力的真正源泉。所以，企业比过去更需要明确地了解自己的目的，以使工作更有意义，从而吸引、激励和留住出色的员工。

命题 4：当企业成长导致企业文化与企业的实际经营行为出现不一致时，企业成员的文化成本通常会增加，并会寻求心理合约的变更。

企业文化是一种无形资源，也是一种隐性知识，不论其核心价值观是什么，只要能够获得组织成员的高度认同，这些资源和知识就会转化为核心竞争能力。这也就意味着，当企业成员对企业文化的认同度降低时，或者说他们的文化成本增加时，文化价值观这种无形资源与隐性知识就难以转化为竞争优势。当企业成员对企业文化的认同度降低时，虽然他们与企业签订的正式合约内容并没有变化，但心理合约会发生较大改变。这具体表现在他们不仅改变自己主动创新的行为，而且降低了劳动的努力程度，甚至会做出与企业目标相偏离的行为。

企业文化是一种在企业成长、分权、全球扩展、实行产品多元化、开放工作场所多元化的过程中把组织聚合起来的黏合剂。当企业实现发展与变革时，没有及时调整合约签订者的心理合约内容，则容易导致他们文化成本的增加。具体来说，企业成员对文化认同程度的下降主要与下列情况有关。一是随着加入企业新成员的增多，他们会对企业传统核心价值观持较低的认同度,这将导致他们文化成本的增加。由于通过组织学习使企业文化具有强烈的路径依赖特性,企业内部的核心价值观得到不断的强化。而企业的新来者在接受这一"强势文化"时需要付出更高的文化成本,这往往导致他们在工作中投入资源数量的减少和创新动力的降低。当更多的成员文化成本增加时,企业的创新就会丧失,其核心竞争力的源泉也会枯竭。二是当企业持续成长后出现了组织结构变化以及分权行为,这些活动反映了组织内部利益的重新划分,通常会改变企业成员的心理合约。三是当企业的任务发生巨大变化时,也会导致对企业传统文化价值观的改变,从而降低了部分成员的认同程度。四是当企业实现自上而下的变革时,往往只重视正式合约的变化,而容易忽视对成员心理合约的改变,通常会造成大部分成员对变革的强烈抵制。

正是企业成员对于心理合约的极大重视,所以可以观察到许多矛盾的现象:当企业保守僵化、停滞不前时,容易造成大批成员的离去和反对;而当企业进行任何激烈的技术革新、管理制度改变时,都会遇到强烈的反对。当出现这两种情况时,企业组织的竞争优势就会失去根基。相反,只有那些成功实现了价值观体系扩展的企业才能不断创新。只有当企业文化价值观本身就具有极大的包容性,或者说当它进行持续扩展时,才能保持员工的文化认同度和企业的核心竞争力。

四、文化成本约束下的企业边界与结构

上文简要分析了文化成本存在条件下企业形成的原因,描述了通过企业文化认同促使无形资源、隐性知识转变为核心竞争能力的一般过程。虽然这些分析显示了文化因素对于企业理论的重要性,但尚未能深入企业的内在结构变化与规模边界的决定。只有将文化成本这一重要的约束条件引入对企业组织创新与规模扩张的解释,才能较全面地揭示企业组织所具有的文化性质。准确地说,文化成本只是决定企业与市场边界的一个重要因素,对企业结构与规模的影响程度也并不确定。但是,引入文化成本这一约束条件,无疑会深化人们对企业的认识。

1. 文化成本约束下的企业边界与规模

多西曾指出：公司边界不仅应从交易成本角度去理解，也应从学习、路径依赖、技术机会、选择和互补资产的角度分析。这表明，除了交易成本和技术经济、企业家才能等因素外，在考虑企业规模边界时还应涉及更广泛的内容。文化成本就是这样一个需要得到重视的因素，实际上，真正将不同的企业区别开来的不是产品而是其不同的文化，而企业合约与市场合约最大的差异也在于企业文化。

本章的假说是：当交易成本与技术经济因素一定的情况下，文化成本对于企业的有效边界以及企业与市场之间的边界有着重大的影响作用。虽然说企业通过心理合约可以降低组织成员的文化成本，但是通过企业文化建设来提升企业成员文化认同度，本身也是有成本的。这些成本随着企业规模的日趋扩大而不断增长。具体表现如下。一是企业核心价值观总是难以包容越来越多新成员的价值观取向，在企业文化变革停滞的情况下，对企业文化的投资会出现边际收益递减。二是企业规模增大后，内部会形成一些次文化群体，这些群体之间的文化认同差距越来越大，导致了整个组织文化成本的上升。三是企业规模的扩张伴随着组织层级的增加，这往往造成了信息费用和协调费用的增加，使得企业文化投资增加的同时成员的文化认同度却难以提高。

上述种种组织成本的存在，导致企业在规模扩张的同时如果不实现企业文化的有机变革就会使其降低文化成本的优势逐渐丧失。在交易成本及要素成本不变的情况下，当企业组织降低的边际文化成本等于递增的边际组织成本时，企业的最大规模就会内在地决定了。当企业文化实现了改革与创新，就会导致原先的静态均衡被打破，企业规模继续趋于扩张；反之，当企业文化停滞甚至其核心价值观日益颓废，企业的规模就会缩小乃至最终消失转变为市场合约。

事实上，在全球化与信息化的市场环境中，企业组织的形态获得了更为复杂的发展，企业的规模与有效边界更为模糊，这种变化越来越显示出文化成本约束在企业边界决定中的作用。如企业形态出现了战略联盟、特许经营、外包、动态网络等，在这些多样化的企业模式中，市场合约与企业合约已相互纠缠在一起，单纯从交易成本出发很难区分出市场与企业的边界。然而，从企业合约所具有的心理合约特性出发，却可以较清楚地看到企业与市场的边界。因为,在这些复杂组织形态中的成员,通常会将自己与某个特定的企业文化相联系在一起,以此表明自己的身份。

企业发展的极端形式则是 C 型组织(Community-Based Organization),这种组织是基于互联网存在的。项目最初源于兴趣,组织没有正式的边界,所进行的工作没有物质报酬,没有商业秘密,却有追求更高目标的强有力的团队文化。事实上,只有从文化的特性上才能将这样的网络联系看作一种企业组织。而这种网络组织规模最终能够扩张到什么程度也主要取决于其成员对特定组织文化的认同度,或者说依据其文化成本的高低。

2. 文化成本约束下的企业组织结构变化

现代企业曾先后采取过三种内部管理层级制:第一种是控股公司结构,简称 H 型结构;第二种是以权力集中为特征的功能垂直型结构,简称 U 形结构;第三种是事业部结构,即 M 型结构。这三种结构的相继演变反映了企业组织合理划分权力,有效衔接产、购、销环节,降低管理成本,提高生产效率的持续努力。从深层次来看,企业组织结构的变化实质上反映了企业管理层及其他成员价值观的改变,体现了他们对于企业资源管理、权力划分以及分配标准的重新评价。例如,在家族企业中,通常各种权力被集中在企业主的手中,外来人员很难获得独立的管理权;而随着企业多元化的发展,各业务部门也逐步形成与企业主流文化有差异的次文化,围绕着这些次文化,组织结构也发生分化和独立。

当然,企业组织结构的变化只是企业成员在企业文化主流之下部分价值观的变化,因此,尽管采取 M 型结构的企业的事业部具有较大的独立性,但共同的企业文化仍将它们归属于总公司之中。事实上,广泛存在的组织刚性就反映了企业成员对企业文化形成的路径依赖性。在这种情况下,企业如果单纯从节约管理成本和提高效率的角度来实行结构调整,当这一做法被企业成员认为与企业文化不相符合,是不合理的或不公平的,就会遇到大部分成员价值观"惰性"的抵制,改革就会难以实现。

从企业文化的视角考察企业组织结构的演变还可以提出一个假说:小企业的出现能够因其独特的核心文化价值观吸引更多的成员加入,但当小企业逐渐成长为大企业时,其文化价值观越来越转向满足大多数成员的需要,提高他们的文化认同度,会导致一些对企业文化主流认同差距大的成员逐步分化出去,或者自己创立新的小企业,或者在原来企业中形成较为独立的部门。这就出现了企业产生、转型、分化、再生的无休无止的周期。可以说,对于企业文化的认同与否一直成为企业结构变迁与组织分化的重要决定因素。这一特征在一些高科技公司中非常明显,一些将创业作为追求的人总是在创业获得成功之后离开原来的大公司,从头开始建立小公司。这表明,大企业与小公司之间的转化是有其内在机制的,组织结构的创新是受人们的文化价值观影响的。

3. 文化成本约束下的企业并购、跨国投资现象

文化成本不仅成为划分企业组织与市场之间边界的重要因素,它通常也是形成企业之间边界的重要因素,对企业的并购与跨国投资行为形成约束。因为企业文化是许多有形和无形特点的总和,它不仅体现在有形"物件"中,比如开放或封闭的办公室、正式或随意的穿着和行为、市场声誉、薪资结构以及业绩衡量标准,也反映在企业及其员工如何做事的假定上。例如,在没有明说的情况下,我们也都可以理解,如果某家企业员工个个"争夺第一",那么该企业肯定不是非常倡导团队精神。这就必然造成企业在并购中的困难。

有时因企业之间文化差异而导致风险和成本太高,以至于并购交易不能完成。例如,如果薪资和奖励计划造成的巨大差异不能够得到迅速有效的协调,合并后的企业将很有可能面临着有价值经理和员工的叛离。在戴姆勒·奔驰(Daimler-Benz)与克莱斯勒(Chrysler)合并的早期,这个问题尤其妨碍了企业整合的努力。合并、收购决策的最终问题是:实现交易的期望价值将需要花费多长时间。因此,文化差距最终会归结到时间和金钱上:如果文化差距越大,两家企业实施整合所需的时间越长,最终实现的价值越小。可见,文化成本甚至可以导致有些有利可图的并购交易不能实现。

同样,在国际投资研究领域,认为文化差异对国际直接投资的进入模式以及海外子公司的绩效水平都有很大的影响。具体来说,这种影响一方面体现在跨国公司对海外分支机构所有权结构的安排上,文化差异使得合资经营比独资经营更有可能性;另一方面体现在投资者如何选择投资模式,影响了对新设投资与并购投资的选择。

从企业绩效来看,一般认为文化差异较大时,跨国公司在东道国投资的绩效水平会较差,原因在于文化差异会造成交易效率的下降、敌意的产生或显著的不适应、经常的文化冲突等(胡浩,2004)。为了克服文化差异,跨国公司一般采取包括产品当地化、销售当地化、资本当地化、经营管理当地化、人才当地化和研发当地化等为内容的本土化战略,其目的是减少文化冲突,降低企业在发展中遇到的文化约束。

文化成本约束在企业并购以及跨国投资上的影响虽然并不占主导地位,但它是划分企业有效边界,限制企业扩张的重要因素。这些事实也证明了,把企业的实质说成是合约并不全面,普遍存在的心理合约也内在规定了企业的规模与边界。

五、含义的进一步推广

企业的文化性质对于理解形态多样的组织提供了可能的视角。虽然这些组织与企业组织在具体目标上存在差异,但就其能够凝聚各种资源特别是人员上来看,却又具有相通之处。从组织文化的视角出发,下面集中探讨两个现象,一个是分析为什么宗教、大学等组织的寿命比企业要长得多;另一个是分析国家存在的文化基础。

1. 宗教、大学等组织长期存在的组织文化原因

美国前加州大学校长克拉克·克尔做过一个统计,发现在1520年之前建立的组织,"至今还以同样的方式、使用同样的名字、做着同样的事情"的现在只剩下85个,其中有70个是大学组织,其他15个是宗教团体。相对而言,企业能够存在50年以上的都很少(张维迎,2003)。因此,企业如何成为一个长治久安的、持续生存的组织,我们应该从这些宗教团体、大学里受到一些启发。

如果仅从大学组织、宗教不是以营利为目的来解释它们的长寿,可能并不全面。事实上,这些组织实质上不过从事的是特殊的教育产业与宗教产业而已,没有赢利它们根本无法生存下去。从竞争的激烈程度来看也并不能说明全部问题,虽然在大学组织和宗教中的竞争似乎没有企业之间竞争那么激烈,但这种竞争的压力在世界范围内存在,并且竞争压力正在日益加大。其他的解释,如交易成本也能够在一定程度上说明企业寿命较短的原因。但是如果忽略了对组织文化的分析,就很难真正看到

企业组织与大学组织、宗教之间的差异。

与企业相比,大学组织和宗教组织的核心价值观具有极大的包容性,这不仅体现在大学与宗教内部的多个学派、教派的和平共存,也体现在组织核心价值观本身的不断扩展上。例如,在许多大学组织中学派林立,许多大的宗教组织中分化新生出许多小教派并对教义提出了新的解释。但是,由于这些组织实现了价值观体系的扩展,使得各种信仰和文化认同的人都能够选择到自己的价值观,从而聚集了更多的人加入组织。相反,一些强调思想一致的企业组织却因成员的不断退出而难以长寿。

2. 国家组织存在的文化基础

科斯认为列宁将国家看作一个大公司是有道理的。从合约理论出发,张五常也提出了自己的国家理论,表明从企业合约推广到政府、国家不过是一个大公司。从文化视角出发,我们还可以发现国家这个"大公司"存在、发展及解体也是心理合约与文化成本约束的结果。

从国家组织的形成来看,通常是共同的文化价值观为前提的,当然,这一共同的文化价值观也往往是以独特的地理位置、生活习俗以及共同语言为基础的。尽管国家组织在界定产权、降低交易成本上发挥着重大的作用,成为人们选择的关键,但是,如果缺乏共同文化价值观的支持,也很难形成国家组织。国家兴起的历史也表明,除了国家组织提供安全等公共产品的原因外,国家也通常提供了一系列独特的文化产品。因此,在氏族部落向民族国家成长的过程中,通常会发现特定宗教或意识形态的形成。此外,国家的存留与发展也与文化密切相关,文化价值观的冲突往往也能够导致国家的分裂乃至消亡。

对上述两个现象的简要推论,不仅表明了文化对于组织存在的重要作用,也反映了文化变迁与组织成长的内在关系。这意味着对企业文化的深入研究,可以为理解各类组织提供依据,同时说明解释企业组织的性质对于理解其他非营利性组织、军队行政组织,以及国家、国际组织都有着借鉴意义。

原载于《南京社会科学》2006年第11期,中国人民大学复印报刊资料《企业管理研究》2007年第1期,编入本书时做了适当修改。作者:高波、张志鹏。

第四章　企业文化创新与企业竞争力提升

一、引　言

改革开放以来,中国经济增长取得了举世瞩目的成就,但高速的经济增长仍然是靠高额的资源消耗来维持的,而生产率的增长并不尽如人意,同时社会经济发展的矛盾日益突出。因此,中国经济增长进入一个新的发展阶段,不仅要求保持适度的经济增长速度,更为重要的是要求实现社会经济的全面统筹发展。这就要扩展对经济增长收益与代价的评估范围和时期,在经济增长的过程中促进多方利益主体平衡受益和实现"共赢"。如通过制定环保政策、提供公共产品、调节社会收入来解决发展中的难题。但是,要实现社会经济的全面统筹发展需要以企业组织为重点。这不仅因为企业是现代经济增长的主要微观主体,而且因为企业承担了大部分因经济增长所导致的问题与后果。如果不能够在企业的层面上确立科学的经济增长观,不断提升竞争力,政府的任何努力都很难取得预期的效果。因此,政府制定政策时必须以提升企业竞争力为出发点,促使企业成长与经济增长的协调统一。

事实上,在企业层面上,传统的经济学理论与思维模式的普遍看法是"发展病"不可避免,经济增长必须付出高昂的代价。深入探究这些理论模式,可以发现一系列并非真实的假设被人们轻易地接受。从企业的角度来剖析这些假设,则主要包括五个方面。一是认为生态环境保护与经济增长处于对立状态,环境保护必然会增加企业的成本,导致更高的价格而降低竞争力;二是认为公平与效率二者不可兼顾,经济增长必然导致收入差距拉大,低成本的员工是提高企业竞争力,增加股东收益的基础;三是认为企业之间利益相对立,强调竞争和通过价格战等方式将对手淘汰才能保持竞争优势；四是认为企业只是一个追求利润的机械性的组织，道德与利润绝不相容，对顾客、社会的道德行为必然减少企业的利益；五是认为企业主与职业经理人之间的信任难以建立，需要强有力的制约和激励机制来解决委托—代理问题。这些假设或观念的泛滥导致了实践中大量"病态"发展现象的存在，如生态环境恶化、贫富分化严重、恶性竞争频繁、造假坑害顾客、社会诚信缺乏。在这些问题的背后则潜藏了人与自然关系恶性循环、社会人际关系紧张，并可能产生经济增长停滞的危险。

然而，无论是实践还是深入的理论分析都表明，这些假设仅是事物的一个方面，是狭隘价值观的产物。从动态的经济理论来看，在经济增长过程中，企业能够在实现利益相关者共同发展的同时提升竞争力，其关键的解决方法是企业文化创新。

二、以文化创新促进企业竞争力提升

一般而言，竞争力强的企业，在解决企业成长过程中存在的环境保护、员工利益、顾客价值、竞争对手等方面问题时，都采取了企业文化创新的思路。这些企业文化创新的做法在解决外部性问题的同时，又恰恰是提升企业竞争力的源泉。中国企业在成长过程中，必须善于学习这些企业文化创新的做法，从而增强在国际市场中的竞争力。否则，单纯依靠高污染、低成本劳动力和低质量来降低产品成本，不仅无法形成可持续的竞争力，而且使增长的代价逐渐超过了增长的利益。

1. 以科技工艺创新达成环境保护与竞争力提升的双重目标

传统观点是将保护生态环境与企业成长看作二者择一的两难境地。如果企业致力于降低污染，就必然会增加其成本，降低其竞争力。然而这一说法并不正确，大量的事实表明，企业完全可以通过科技、工艺、原料及经营方式等方面的创新在降低污染的同时也降低了成本，提高了产品质量。例如，荷兰在发展花卉产业过程中，为了应对杀虫剂、除草剂和肥料污染环境的问题，创造性地发展了封闭式循环系统，将花卉培育在水中和石棉中。这样的做法不仅降低了污染的风险，而且也降低了处理成本，提升了花卉的质量。不仅如此，荷兰花卉业还创新出了高效的拍卖销售方式、迅捷的物流和处理系统。正因为如此，荷兰的花卉业形成了强大的全球竞争力。

荷兰的花卉产业并不是特例,一项对 29 家化工厂创新活动的调查发现,它们成功地利用提高资源生产力而抵消了环境保护的冲击,在 181 项防止浪费的活动中,只有一项活动导致了成本增加。这些创新的投资成本低,回收期短。在更为广泛的重污染行业中,纸浆与制纸产业、油漆与涂料产业、电子制造业、电冰箱、干电池与印刷油墨等,采取创新方案后,都可以使产品具有新的竞争优势,污染成本降到了最低程度。如造纸业使用氯漂白会释放出致癌物质二噁英,创新的解决方案是改善加热和洗过程,从而可以因更高的能源使用,在减少污染的同时使成本变得更低(迈克尔·波特,2003,第 363—368 页)。

中国企业同样面临着环境保护与提升竞争力的两难选择,在全球产业结构调整的过程中,石油化工等高污染的产业被转移到中国,这无疑加大了环保压力。同时,中国的农产品也因污染问题难以进入国际市场,污染本身就加大了成本。为此,通过科技工艺创新实现降低污染的同时提升产品质量和减少成本的思路,应当是中国企业可以借鉴的。而这种科技工艺创新的前提是文化观念的创新,同时也是提升企业竞争力的唯一可行途径。

2. 树立高薪资—高竞争力良性循环的企业价值取向

世界经济发展实践证明,"根据低成本的本地劳工或自然资源,采用进口的技术等方式,固然能让出口有一时的成长,但这类方法终究有其限度。要改善获利、薪资和生活标准,假以时日的挑战是提高生产力和增加产品价值"(迈克尔·波特,2003,第 248 页)。也就是说,一个地区的经济发展,需要在产品、服务、生产方法上真正创新,以支持升高的薪资,并以改善效率来促进增长。深入企业层面,低薪资同样并不与高竞争力必然联系,相反,高薪资往往会激发企业强大的竞争力。而员工的低薪资、低收入只能导致更低的创造性,并增大社会收入分配的差距。

实现低薪资—低竞争力向高薪资—高竞争力循环的转变,重要的是推动企业价值取向的变革。这种变革所强调的价值取向是多方利益相关者,在这样的企业里,管理者、股东和员工都受到同样的重视。这种企业文化不仅重视员工的价值,而且尽力去通过培训和教育来提高员工的人力资本,使员工的个人发展成为企业持续增长的不竭动力。与此相反,传统的理论只是静态地考虑企业内部的收入分配,将利润与员工工资收入对立起来。依据这一理论所形成的企业文化只能是单向的,以管理者价值或股东价值为取向,而员工价值往往得不到重视。但在不完全合约条件下,这不仅降低了员工的工作努力程度,更为可怕的是抑制了他们的创造精神。

中国企业利用劳动力低成本优势在发展本国产业与吸引外资上取得了许多成就,但是随着竞争环境的改变,仅仅依靠低成本战略是不够的。因为随着时间的推移,本地的要素成本上升,而其他地区能提供更低成本的生产要素,或有更大的补贴机会出现时,外资及本地的企业和产业就会整个迁出。也就是说,一个地区如果无法在高生产力与高薪资产业中获得竞争优势,它的发展将可能出现停滞。这一状况不仅导致人才等资源出现外流,而且低生产力与低薪资也难以吸引外来资本的投资,进一步加剧了地区产业升级的困难,影响了竞争力的提升。

3. 以企业道德创新推动伦理维度与经济维度获得优异绩效

在 2001—2003 年间,国外的安然、安达信造假丑闻与国内的诈骗富豪落马事件导致了人们对商业界诚信度的怀疑。人们开始反思"企业经营究竟要不要讲道德",对企业只追求利润而无道德的假说产生了深刻的怀疑。林恩·夏普·佩因(2004,第49 页)经过深入的研究表明,企业道德在改善风险管理、提升组织效能、增加股东信心和提升社会声望等方面对于企业创造杰出业绩做出贡献。道德伦理与经济效益不再是平常人们所认为的矛盾关系。过去所看到的"道德成本",在今天变为"道德回报"。随着逐渐增多的学术研究和企业实践,对于企业的价值观与它们的经济效益之间的关系有一个更清晰的认识。一项关于美国公司的研究包括了 1950 年前建立的18 家公司,其结果表明,连续的价值观系统是长期经济行为的关键驱动。另一项对《商业周刊》上前 1 000 名中的 500 家美国最大的公司调查研究表明,那些有着固定伦理道德义务的公司业绩是超过同行的。

事实上,企业的超道德性只是一个虚幻的说法。那些实现了道德创新的企业可以收获更多的经济利益。这些经济利益来自一个简单的事实,那就是在同等条件下,多数人还是愿意与那些诚信、可靠、公平与细心的企业打交道。这一方向的道德创新是企业调动员工能力、建立信任、保持客户信心的根本。通过企业伦理道德创新,即使付出暂时的巨大代价,完全可以获得伦理维度与经济维度的优异绩效。例如,1982

年强生公司的首席执行官发现公司无法对 7 起与公司生产的泰诺胶囊相牵连的神秘死亡事件做出解释时,他们采取了激烈的且没有先例的措施:立即在全美国范围内回收 3 100 万瓶泰诺止痛药。虽然这次回收令公司蒙受了 1 亿美元的损失,但强生公司的行为赢得了顾客的信任。仅在 6 个星期后,新包装的泰诺胶囊就重新获得了市场份额而且品牌更加闻名(林恩·夏普·佩因,2004,第 31 页)。相反,安然公司的造假则导致了破产及广大投资者、雇员们以及债权人数以百亿计美元的损失。

而中国企业在快速成长的同时也一直被伦理道德缺失所困扰,并直接制约了企业竞争力的提升。其后果集中体现在:假冒伪劣产品损害消费者利益;上市公司损害股东利益;职业经理人损害委托人利益等。消除这些问题必须以企业道德创新为基础,在企业中建立起诚信、公平与负责的道德观念,进而提升企业竞争力。

4. 以竞争观念创新实现与竞争对手、相关企业间的共赢

经济学家主张自由竞争,然而现实中许多企业却形成了狭隘的竞争观念,如"商场如战场""肥水不流外人田""市场竞争就是淘汰对手"等。在这些观念的支配下,市场中不正当竞争越演越烈,价格战与地方保护主义给竞争双方都带来损害。在这种竞争形式下,企业的竞争力不仅没有真正得到提升,反而消耗了大量资源。

实现竞争观念创新就是要形成平等互利、合作共赢、优势互补的观念。这样的竞争观念在大量的产业集群中存在并发挥着重要作用。在一个产业集群中往往集聚了大量生产相同产品的企业,这些企业间的竞争越激烈,所创造的压力会使竞争优势持续升级。在竞争中,每个企业都想方设法去提供满足顾客特殊需要的产品,使得产品的差异性不断增大。然而这些企业间的竞争目的并非要将其他对手都赶出市场,产业集群代表了一种合作与竞争的组合。企业间合作不但有助于内部技术、人员的交流,而且能够形成新的准公共物品——地点声誉,为所有的企业带来利益。

企业在同其他地区及国外企业的竞争中同样需要树立优势互补的新观念。例如中国企业与跨国公司相比可能不具有资本、技术和管理上的优势,却具有熟悉本土市场及完善的营销网络的优势。在这种情况下,如果所采取的竞争观念是决不利用营销渠道卖跨国公司的产品,那只能导致双方潜在利益受损。而创新的竞争观念则是让跨国公司利用自己的渠道卖它的产品,换取的是,中国企业在外国利用跨国公司的

渠道销售中国企业的产品,从而实现双方的竞争优势整合。

三、企业家文化观念创新与文化成本约束

理论分析表明,文化观念创新是技术创新与制度创新的前提,企业文化观念创新的主体是企业家。企业家是企业文化、企业道德以及由此决定的企业行为的塑造者、组织者、传播者和实践者。企业家的文化观念决定了他对资源、技术与制度的选择。企业能否实现多层次的持续创新主要取决于企业家的文化观念创新能否实现,从这个意义上说,企业家的文化观念创新是保持企业竞争优势的基础。

既然创新对于企业的收益巨大,那为什么大部分企业难以通过创新来实现竞争力的提升呢?或者说为何企业家难以实现其文化观念的持续创新呢?这样的分析实际上要深入企业家的"大脑"中,对其判断决策做出猜测。研究者往往将原因简单地归结为观念落后、思想保守,或者强调制度与技术状况对企业家的制约。这样的回答显然是缺乏说服力的。首先,企业家是最集中体现经济学理性假设的利润最大化追求者,他们不应该坚守落后的观念而放弃潜在的收益。显然,他们在选择特定的文化价值观念时经过了仔细的计算,并非是无知或非理性的结果。其次,企业家精神突出表现为创新,这种创新总是发生在各种约束之下,企业家与其他人的区别就在于他能够突破这些约束而非被动等待。如果企业家总是因为制度与技术状况的约束而无法创新,则我们难以解释那些在同样制度与技术条件下企业创新的持续实现。

答案似乎在特定文化观念本身的价值上,企业家选择了某种文化并且愿意为它付出高昂的代价是因为这种文化本身能给他带来回报。文化观念的回报在于它提供了一种认知世界的模式和解释,能够为人们的行为提供指导并简化了人们决策的程序,降低了决策的成本。正如宗教信仰为人们提供了解释功能一样(罗德尼·斯达克、罗杰尔·芬克,2004,第106页),各种思想和主义也同样具有重要价值。同样,企业家选择了"降低污染必然增加成本的假设"可以使他在思考和决策这方面问题时极大地减少精力与时间的投入。

正因为特定文化能够带来回报并具有很高的价值,因此,人们在接受或放弃特定

的文化时需要付出一定心理上或货币上的成本。这一成本我们可以称之为文化成本,它一般包括认知成本、心理成本、认同成本、信仰成本等内容。

从文化成本的概念出发,可以提出这样一个假说:企业家选择特定的文化是在文化成本这一约束条件下实现其最大收益的结果。企业家宁可放弃拓展交易所带来的潜在收益也不愿意放弃自己习得和遵行的特定文化取向。这并不是说企业家绝对不能放弃或转变自己的特定文化取向,而是只有当潜在的边际收益超过他的边际文化成本时,他才愿意做出这样的选择。事实上,这种无形的主要是心理上的文化成本往往高得惊人,大量的企业家甚至为此而承受破产的代价。

若考虑到文化成本的约束,则包括企业文化在内的企业内资源配置是实现了帕累托最优的状况。若忽略了文化成本的存在,我们就会得出资源利用在边际上不相等的结论。也就是说,如果企业家改变文化取向不需要成本的条件下,企业采用或投资于任何类别的文化观念在资源配置效率上是无差别的。在私人产权与竞争的约束条件下,各种企业文化的经济效率是一样的。然而,文化成本为零的假设并不现实,即使那些最具有创新精神的企业家,其文化成本依然为正。所不同的是,企业家之间的文化成本差距是极大的。

事实上,不仅企业家对企业行为具有特定的文化观念,其他利益相关者如员工、顾客、股东、合作商、地方政府及社区都对企业行为具有特定的文化观念。例如,员工认为企业应该给予公平的报酬;顾客认为企业应该提供高价值的产品;股东认为企业应该提供较高的红利;合作商认为企业应该利益共享;地方政府及社区认为企业应该减少污染;等等。如果企业家具有了一个扩展和包容了其他利益相关者的文化观念,则其文化成本就较低;如果其文化观念仅考虑了自己的利益追求,文化成本则较高。例如,一个企业家忽视了员工的文化观念,就会采取不合理的薪资甚至对员工的不人道使用;如果一个企业家的文化观念里缺乏对当地社区居民利益的考虑,则可能采取违法违规手段来掠夺土地、造成环境污染且缺乏公益性行为。

较低的企业文化成本体现为:企业的利益相关者的利益在企业家的文化观念中得到了重视。或者说,这些企业家扩展了他的文化观念体系,将股东价值取向、员工价值取向及顾客价值取向等多种文化取向都包容在一起。这一认识意味着多种文化取向并不是完全对立的,而是可以相互包容与扩展的,随着企业家个人的利益偏好与利益相关者的利益偏好逐步接近融合,企业文化观念就会发生质的变迁。从另一角度来看,企业家文化观念的扩展过程实际上是他个人文化资本的积累与增长,这种文化资本不仅十分稀缺,而且决定着企业中对管理制度、技术、人员、资金采取何种态度,是原生性的企业成长要素。

上述的分析结论得到了实践的有力支持。研究者从国际上三大杰出企业框架——马尔科姆·波多里奇国家质量奖、欧洲质量管理基金会、澳大利亚杰出企业框架中总结出了 10 大杰出商业原则。而其中最重要的原则是:为所有的利益相关者创造价值。公司能否持续发展取决于公司为所有的利益相关者创造和提供价值的能力(杰弗里·贝尔,2003,第 336 页)。另一项研究表明,人们正逐渐认识到领导权、雇员满意度、雇员拥有权利、客户满意度、客户拥有权利、销售利润之间的密切关系。将员工、客户和股东价值结合起来,将成为公司获得长期成长的关键(马丁·克里斯托弗、西蒙·克劳克斯,2002,第 270 页)。

企业家文化观念的扩展与企业竞争力的提升之间的关系是十分清楚的。忽视利益相关者文化观念的企业行为,必然导致员工的离开与缺乏努力、顾客减少消费、股东的不满与改变投资、政府法律的制裁,以及当地社区、居民的强烈反对。这样的企业可能获取短期的利润,然而难以形成持续的竞争优势。只有那些实现了文化观念扩展和创新的企业家与企业,才能获得多方的合作与支持,才能实现从技术、管理到文化、道德的创新。由此可见,企业家的文化成本从高向低进行转变,也就意味着企业成长与企业文化变革、企业内部与外部交易的不断扩展,企业竞争力的提升。

对中国企业家价值观的权威调查中反映出,企业经营者把先进技术、产品和营销能力及"良好的背景与关系"视为企业成功的最主要因素,而将"重视客户的需求与满意度"及"团队""人力资源"这些非常重要的因素排在较后的位置。其中,东部和中部地区较西部地区更为重视"客户的需求和满意度"(中国企业家调查系统,2004,第 31 页)。这一状况从一定侧面反映了制约中国企业竞争力的深层原因,准确地说,狭隘的文化观念使企业具有极强的文化成本约束,并最终限制了企业家的创新精神。

四、政府的选择：以文化创新推进制度创新

文化创新和文化观念的不断扩展，是对文化成本约束的突破，在这方面政府同样可以有所作为。首先，各级政府应鼓励和吸收多种文化观念，减少对文化观念市场的管制，促进思想竞争与交流。为企业家精神的形成准备条件，为企业的文化创新提供资源。其次，各级政府应在经济发展过程中考虑到各方面群体的利益偏好及其价值观念。为此，政府需要拓展自身的文化观念，充分包容各阶层与地区的诉求和愿望。特别是在经济增长过程中需要关注农民群体和其他弱势群体的利益与观念。

当然，政府并不是文化观念的高效率供给者，因为权力与观念的结合，极容易形成垄断和对创新的压抑。政府（包括立法、司法和行政部门）的首要职能是提供正式规则和执行制度。从这一意义上讲，在社会分工中，政府实质上是一个生产和供给制度的"大企业"，而这些制度一般都以法律法规或政策的形式出现。随着政府部门的文化创新，在提供制度这一重要产品的过程中也会产生一系列创新性的做法。这些创新性的做法不但提高了政府的工作效率，而且为企业创新提供了诱因和引导。当前政府所能够和应该进行的制度创新主要包括以下几方面。

一是吸收企业及相关利益群体参与制定法律的内容与技术标准。经济立法在很大程度上是对产权的界定与利益的分配。为此，在立法前应广泛向业界进行咨询，使政府与法律影响群体之间形成互动、信任的关系。这样既有助于保证法律与现实情况的一致，又有利于法律内容、技术标准和执法程序的正当性。例如，在房屋拆迁立法中应切实考虑到居民的利益偏好；在环境保护立法中应对相关技术有准确和全面的了解。

二是将立法目标放在结果上，而非特定技术上。例如在环保法规上经常规定企业使用某类特定的补救技术，然而这样死板的规定不利于技术的动态创新，也使企业缺乏创新的动力。

三是立法持续稳定且可预期，坚持执法从严。法律政策的连续性能够促使企业尽力去解决问题；相反，法律政策变化太大则使企业举棋不定。一旦法律政策形成

后,执法的严格程度则决定着法律的效果,如果执法不严,则通常使一些企业缺乏创新的动力。例如,对产品质量监管部门执法不严就会导致假冒伪劣产品的泛滥;土地管理及环保部门执法不严或以法谋私同样会造成寻租与破坏性活动的盛行而不是创新。

四是尽量整合各类法律法规,并与国外法律同步发展。随着新的大量经济法规的颁布,企业面临着更多的约束。如果这些法规政策相互矛盾,则使企业往往无所适从。只有将各政府部门的法规政策尽量整合起来,才能降低企业执行的成本。此外,在中国企业面临全球竞争的条件下,环保、产品质量及企业竞争方式等方面的法规政策要尽快与国际接轨。

五是大量运用市场诱因,降低立法成本。例如国外已开始采用污染费用和回收退费、许可执照等解决办法会促使更环保的生产方法。市场诱因往往较严格立法更容易导致技术创新。对于企业而言,也希望能降低在执行或面临诉讼时的成本,这就要求政府提高立法效率,减少立法、执法的时间和资源。例如,在诉讼前按照强制性的仲裁程序或严格的仲裁步骤,有助于降低成本并鼓励创新。通过促进产权纠纷双方的直接谈判以取代诉讼也是降低成本的有效方式。

事实上,制度创新不仅是文化创新的产物,而且良好的制度创新有利于维护和强化文化创新,使文化创新逐步为全社会所接受和遵循。在这样一个互动的过程中,不但企业的竞争力获得极大提升,而且政府及地区、城市的竞争力也将同样获得增进。

本文原载于《南京社会科学》2004年第9期。中国企业家调查系统编著,《企业家与企业文化——2005中国企业家成长与发展报告》,机械工业出版社2005年版。作者:高波。

第五章　中国家族企业成长：文化约束与文化创新

一、引　言

马里斯增长模型表述了决定企业成长的四个主要因素，包括需求约束、管理约束、财务约束和经理所追求的目标(多纳德·海、德理克·莫瑞斯，2001，第603页)。将这些因素具体化到中国家族企业上，研究者先后提出了多种成长约束假说，从不同侧面解释了中国家族企业的现状。例如，制度约束假说认为，行业准入的禁区过多和家族企业的私有产权没有得到法律的有效保护，使家族企业主缺乏发展信心。融资约束假说提出家族企业融资困难不仅体现在国有商业银行对信贷规模的控制上，更为重要的是家族企业封闭式的产权制度从内部增加了融资的难度。管理约束假说认为是管理资源而不是其他生产性资源限制了家族企业的成长，也就是"彭罗斯效应"中吸收和集成新管理能力的问题。一些研究者进一步指出，企业家控制企业的成长主要受到企业家个人经营能力和控制能力的约束。而这种企业家能力很难由人力资本市场来提供(李新春，2000)。

最近的研究则表明，管理资源不足只是制约中国家族企业成长的表面原因，信任"瓶颈"才是决定其持续成长的内在因素。储小平、李怀祖(2003，第99—100页)提出："真正制约家族企业成长的是信任资源。由于信任不足，家族企业主难以从经理人市场吸纳管理资源，因为有效的经理人市场的缺失也就是社会缺少制度来保证企业能吸纳到守信的经理人。由于信息不对称和信任不足，企业家授让控制权时心有疑虑，对授权后可能导致的风险、成本有很高的敏感度和预期。因此，大量的家族企业发展陷入以下困境：爱也经理人，恨也经理人，授权—失控—收权成为民营家族企业中一个较普遍的现象。"对此,弗朗西斯·福山(1998,第296页)认为,"因为华人文化对外人的极端不信任,通常阻碍了公司的制度化,华人家族企业的业主不让经理人担任管理重任,宁愿勉强让公司分裂成几个新公司,甚或完全瓦解"。上述认识不仅意味着要将"信任"这一社会资本的概念引入对家族企业成长的分析,而且还启示人们,企业和市场的运行实际上包含着远比规则制度更为广泛的内容。

围绕着中国及华人家族企业的信任"瓶颈"问题,大量研究集中分析了华人社会信任资源的特征及其缺失的原因。这些研究强调中国社会的信任不同于西方社会的信任,提出华人社会信任资源的特征是"在血缘基础上形成的以家族及泛家族信任为核心内容的伦理信用规则"(储小平、李怀祖,2003)。或者认为华人社会是个人之间的信任(雷丁,1993),中国独特的"家族主义信任"不同于西方基于"信心"的普遍信任,家族主义的信任是建立于"忠诚"之上的(李新春,2002)。而对华人社会及中国家族企业信任资源缺失的研究则表明,家族信任极大地限制了社会资源的引入。具体来说,一方面体现为中国缺乏有能力又讲信用的职业经理人(张维迎,2003);另一方面则强调中国家族企业主的信用道德水平,使他们不愿或不能与外人经理分享企业机密信息,不肯信任和授权给经理人(储小平、李怀祖,2003)。

引入以信任资源为核心的社会资本来解释中国家族企业的成长过程虽然是一个有启发性的思路,但尚未深入问题的实质。这不仅因为信任缺乏只是一个表面性的原因,更重要的是,信任资源约束假说混合并掩盖了人们在选择时受到规避风险和特定文化价值观念两种不同的制约。因规避风险而产生的信任问题可以转化为信息费用问题。人们总是根据一定的经验概率和合作收益水平来判断因信任而导致的风险状况,对风险的评估最终可以通过信息费用的高低来体现。无论是中国社会还是西方社会,人们在决定合作与信任时,都同样是依据风险状况与信息费用高低而定。在不同的发展阶段,信息费用事实上制约了人们选择信任资源范围的广度。因此,中国及华人的家族企业所反映出的信任资源不足只是他们对风险判断和规避的一个结果,而非不变的特性。从现实来看,家族企业主与职业经理人之间没有绝对的信任,如果有信任,也是来自严密的企业管理体系,仅凭家族企业主与职业经理人之间的"关系"或指望职业经理人以"道德"自我约束是无法杜绝管理危机的。

除了对风险的规避外,信任问题的实质是人们具有特定的信任文化差异,即在人们的价值观体系中信任的地位是不同的。中外研究者也认识到信任资源的内在文化根源,并试图发掘中西方文化观念所蕴含的差异及其对家族企业主的影响。如胡军等人(2002)提出,以儒家文化为主体的中国传统文化所形成的社会心理积淀仍然深刻地影响着当代华人社会和华人家族企业。由于儒家文化是一"缘约"文化,……由这些关系组成的群体很容易获得彼此的信任与认同。李新春(2002)认为"信任是与家族主义(特殊主义)还是普遍主义的价值取向直接相关的"。"家族主义融入了一系列的儒家文化价值体系,如仁义道德,同时也发展出内容丰富的功利和实用主义原则。"不仅中国及华人社会家族企业的特殊主义信任中存在着明显的文化制约,即使制度化信任与系统信任也会受到该社会中特定文化传统的影响。从马克斯·韦伯(1995)对新教与儒教、道教的比较研究开始,到对"亚洲价值观"的争论,研究者虽然可以感觉到文化差异对人们选择的巨大影响力,却缺乏对文化观念这一因素进行经济学分析的有效工具,因此至今未能取得深刻的认识。越来越多的证据表明,对中国及华人家族企业成长问题进行深入研究,首要的是发展出一种有效的文化的经济学分析范式。

尽管交易成本分析范式大大深化了人们对企业的性质、组织控制与其规模扩张的认识,但这一范式并不能很好地解释文化这样一个"非正规制度"对企业的深层影响。而从中国以及华人家族企业的发展过程来看,文化对于企业的成长有着重大的制约作用。因此,本章将分析的重点转向文化因素,证实是文化成本对企业家的行为产生约束,并决定着中国家族企业的成长路径。

二、中国家族企业成长中的阶段性文化约束特征

当代中国家族企业具有两方面的特征,在财产权方面体现在家庭成员对资产和经营管理保持临界控制权,在内在的文化观念上则表现为"文化伦理契约与一般企业内部长期正式契约的集结",特别是"家"文化的集中体现,其中的文化伦理契约所体现出的"特殊主义"文化特征正是识别中国家族企业的关键(姚耀军、和丕禅,2003)。

从上述界定出发,可以发现现实中存在着大量规模不等、形态各异、组织方式不同的家族企业。家族企业的这种多样性正反映了其成长过程的阶段性特征,按照一定的成长阶段来考察,则可以发现众多形态的家族企业实际上是相互联系的。如果将中国家族企业的成长标志确定为资本规模的扩大、组织结构的扩展和市场盈利能力的提高,则可以认为家族企业成长的核心是如何实现与各种社会资本的融合(储小平、李怀祖,2003)。

家族企业与社会资本实现融合的能力和程度,虽然会受到多种因素制约,但在同样的产权制度与市场结构条件下,文化约束就成为主导性约束条件。来自文化价值观方面的内在约束使得中国家族企业的成长轨迹呈现出三个不同的阶段。这三个阶段并不同于一般的企业生命周期,而是家族企业逐步突破文化约束和实现规模与性质演变的过程。

第一阶段为创业期,通常是由一个有创新精神、冒险精神和权威的创业者创办一个企业。在这一阶段,无论是企业的管理者还是员工、资金来源都相对局限在家庭、家族或者朋友同乡中,在一定程度上企业所面对的顾客也是较为熟悉的。这时企业的形态主要是家庭企业或较紧密的家族企业。由于企业规模较小,基于"缘约"的企业组织体现出了容易沟通、协调成本低等优点。在这一阶段,中国的家族企业与发达市场经济国家的许多企业差异并不大,其成长所受的约束也较小。

第二阶段是突变期,企业形态由家庭企业、家族企业向泛家族企业转变。具体来说,分化随着企业出现生存发展困境或者创业者自身退休死亡而开始。在前一种情况下,为了改善企业在市场竞争中的不利局面或存在的难题,创业者面临着是否引进职业经理人和外籍员工等外部资源的重大选择。在后一种情况下,创业者则面临着究竟将企业交给哪个子女继承的难题,或者在子女能力较弱时,需要考虑是否让外人来接班。

第三阶段是分化期,即在大量家族企业被淘汰、消失的同时,极个别的家族企业实现了转型。那些消失的家族企业主要是没有能够完成向职业化管理的转变,而少数能够向现代企业制度成功转型的企业即使仍然保持着家族控股,也能够获得持续的成长。这些实现了持续成长的家族企业的共同特征是:所有成功的家族企业则普遍都存在了三代以上;随着企业发展,股权不断被分散、稀释,外部资本被吸引进入企业中来,董事会内部有相当部分家族外部成员,由家族成员所掌控的股权都没有超过50%;这些企业的董事会非常善于聘请职业经理人,并通常能够运用家族成员的威望稳定企业(刘冀生、周悦,2003)。这表明,能否真正推进家族企业与社会资本融合是其持续成长的关键。

上述家族企业成长的三个阶段,虽然在世界各国都有不同程度的表现,但不同的是,中国以及华人家族企业中存在着较明显的阶段性文化约束特征。具体来说,在中国家族企业的每一个成长阶段,其深层次的文化价值观会导致企业在融合社会资本时面临困难,从而使企业或多或少地表现出制度约束、融资约束、管理约束等。当文化约束日益强烈且难以突破时,以何种方式以及能否突破这种约束,就集中决定了家族企业向新的阶段转换的态势。这样就出现了家族企业在创业期实现持续成长的因素在突变期难以发挥作用;而在突变期成功运用的一些策略也无法解决分化期出现的问题。如,随着创业期的顺利成长,与外部社会资本结合不足的问题就集中体现出来,特别是对"接班人"的选择直接决定了家族企业以何种状态进入第二阶段。那些实现了成功交班的家族企业经过一定时期的发展又会面临着新的管理约束以及融资约束,而能否突破这一阶段的约束则决定着中国家族企业究竟是继续保持纯家族形态还是实现向家族临界控股公司、公众上市公司的转型。尽管在各个时期的具体约束条件不同,但其实质都是文化约束引致的家族企业与外部社会资本无法有效融合的后果。

阶段性文化约束特征的存在导致了中国的家族企业同西方发达国家的家族企业之间存在巨大差异。一是中国的家族企业随着创业者的离开而难以持续发展。研究中国家族企业史的学者发现,至少有80%的家族企业在第二代手中完结,只有13%的家族企业成功地被第三代继承。二是中国的家族企业寿命较短。综观全世界的家族企业,平均寿命是20~30年,而中国的家族企业的寿命只有七八年。全国每年新生15万家民营企业,但同时每年又死亡10万多家;民营企业有60%在5年内破产,有85%在10年内死亡。过短的寿命不仅导致华人企业很少有世界知名品牌,同时也形成了中国以及华人家族企业不断产生、繁荣、消亡的过程。三是中国家族企业成功实现向现代企业制度转型的很少。国外的许多家族企业能够持续地成长为社会化的公众型的公司,如美国的埃克森公司、福特公司、杜邦公司、摩根公司、沃尔玛公司、通用汽车公司等。

家族企业成长中在融合外部社会资本时,西方发达市场经济国家的家族企业与中国的家族企业存在较大差异。尽管西方发达市场经济国家的家族企业在成长中也一定程度地存在着家族企业融合外部社会资本时面临的困境,但中国家族企业在融合外部社会资本时表现出显著的文化约束。中国家族企业所表现出的文化约束是由家族企业主具有的特定文化价值观念和认知模式决定的。正是这种来自更深的文化层面的约束导致了中外家族企业在成长轨迹上的差异。

三、文化成本约束:假说与应用

为了深入分析家族企业中文化约束的内在机制,本章给出了一个文化的经济学界定,认为文化是指人们所习得的与遵从的特定价值观体系,它构成了人们的主观模型。无论这些价值观体系的习得是来自家庭还是学校教育或教会,它都会形成一种稳定的预期而支配人们的选择行为。在这个价值观体系中,人类生活所能涉及的一切要素都给予了评价并在价值体系中赋予一定的地位。具体来说,人们依靠这一价值观体系来对事物和行为做出是否平等、合理与公正的判断;这个价值观体系告诉了人们生活的目标是什么,以及如何才能达到这些目标的途径等。

对于企业主而言,同样积累了特定的文化价值观念,并且他们依赖这些价值观体系而生活与工作,他们投入生产中的不仅仅是物质资本及人力资本,更为重要的是其独特的文化资本。由于所处地区、民族、时代的不同,企业主所习得与遵行的价值观体系必然会差异较大,这也就决定了西方的企业主同成长在儒家文化背景下的中国或华人家族企业主具有不同的文化资本。例如,在大多数中国家族企业主的价值观体系中家庭或家乡就更为重要,他们对传统道德的追求或许超越了对利润的单纯获得,这一点在许多晋商和徽商的身上可以看到,他们往往在经商取得成功后要实现的梦想仍是"耕读世家"。而经过"文化大革命"的中国当代家族企业主经常暴露出"搞运动"与闹革命的做法。这些特点与在西方文化背景下成长起来的家族企业主截然不同。

人们信奉或遵从某种习得的文化信念（或价值观体系）时所放弃的最高的心理或货币代价可以被定义为文化成本。由于人们普遍地遵从特定文化观念，因此，文化成本也是同样广泛存在的。具体来说，文化成本一般包括认知成本、心理成本、认同成本、信仰成本等内容。对于家族企业主而言，他们往往因遵行某一特定的文化取向而形成偏见或固执己见，这种偏见所造成的收益损失就是其文化成本。从文化成本的概念出发，可以提出这样一个假说：约束中国家族企业成长的是文化成本。

这表现在家族企业主宁可放弃拓展交易所带来的潜在收益，也不愿意放弃自己习得和遵行的特定文化取向。这些可拓展的交易与潜在收益主要来自企业引入外部资源特别是管理资源，如增加职业经理人、引入外籍员工以及将收益与其他的资金提供者分享。文化成本约束的存在并不是说企业家绝对不能放弃或转变自己的特定文化取向，而是只有当潜在的边际收益超过他的边际文化成本时，他才愿意做出这样的选择。事实上，这种无形的主要是心理上的文化成本往往高得惊人，大量的企业家甚至为此而承受破产的代价。若考虑到文化成本的约束，则中国及华人家族企业的许多独特行为都可以得到解释，企业的资源配置也是实现了帕累托最优。若忽略了文化成本的存在，我们就会得出中国家族企业的资源利用在边际上不相等的结论。也就是说，在私人产权与市场竞争中，如果家族企业主改变文化取向不需要成本，中国家族企业在资源配置效率上与其他国家企业是无差别的。

首先看家族企业的创业期，创业过程实际上反映了家族企业主价值观体系的拓展。无论是一次偶然的发现或者是长期的思考，创业总是对一些具有更高价值行为与物品的发现，或者说创业总是伴随着文化价值观念的变化。通过价值观念的更新，创业者拓展了与外部的交易并获取了收益。从这一角度来看，可以发现企业家所具有的最重要的是文化资本而非人力资本，尽管这种文化资本被一些研究者称之为异质型人力资本。或者从文化成本的角度看，这些创业者的文化成本得以降低，实现了对文化成本约束的突破。例如，在改革开放之初他们往往需要努力放弃"无商不奸""唯利是图"等成见，这些成见和传统观念往往是制约许多人创业的最大障碍。这也就决定了中国最早的一批家族企业主中知识分子或官员占极少一部分，而绝大部分是受正规教育较少被传统价值观念束缚较小的群体。如1994年的统计表明,当时我国的30位亿万富翁中,70%的是农民出身且70%的只有小学文化水平,这绝不能说他们的人力资本高。同时他们的启动资金也少得可怜,他们的"成功秘诀"被归结为"最具有市场经济的意识",共同所凭借的是"誓死一博"的理念。

在家族企业的突变期,家族企业主的重大决策关系到企业以何种状态对待外部资源。在中国或华人家族企业中,所观察到的更多的是企业主排斥外部资源的进入,在企业的继承权上也经常因为内部纷争而四分五裂。对于家族企业主来说,引进外部资源意味着他们要拓展或改变自己的价值观体系,例如,在原来的价值观体系中认为自己的家庭、自己的资金、老的员工对于企业的发展是最重要的,而现在则面临着承认职业经理人所拥有的人力资本或知识更为重要或同样重要。对于在儒家文化背景下成长起来的家族企业主而言,虽然他们没有受到正规教育义利观的束缚,但是家庭教育和社会熏陶使他们具有了较深厚的家文化的观念,将家庭、亲人与同乡看得更重要。加上创业的艰难更使他们形成了对企业中各要素价值排序的独特看法。因此,他们中的绝大多数人难以突破这种文化成本的约束。这就决定了大部分中国家族企业主在引进职业经理人和选择接班人上总是犹豫不定,既无法建立起对职业经理人的真正信任,也难以培养出称职的子女担负重任。我们可以观察到大部分的家族企业主仍然将企业交给了自己的子女(如表5-1)。这表明,文化成本的约束不仅意味着家族企业缺乏外部资源的支持,更重要的是这直接导致了在大多数家族企业中建立不起现代企业治理制度,企业的管理只能处于依赖经验的阶段。

表5-1 中国部分家族企业继承关系

企业	创业企业家	继承人	二者关系
万向集团	鲁冠球	鲁伟鼎	父子
红豆集团	周耀庭	周海江	父子
华西集团	吴仁宝	吴协东	父子
横店集团	徐文荣	徐永安	父子
兰州黄河	杨纪强	杨世江	父子
天通股份	潘广通	潘建清	父子

在家族企业发展的分化期,一方面看到的是企业的消亡;另一方面则是极少数的中国及华人家族企业在这一阶段有效地引入和整合了外部资源,在企业中建立了完善的管理制度,企业得以持续地成长。对于消亡的中国家族企业,研究者总是批评他们观念的落后和保守,这也正反映了文化成本的存在。考虑到文化成本已高过家族企业消亡的代价,这些家族企业主的选择就能够被理解。而那些实现成功转型的家族企业主则体现了文化成本的持续降低。例如,在香港这一中西方文化结合紧密的地方,既有中国传统文化的发扬,也有西方现代文化的播衍,李嘉诚、包玉刚、郑裕彤、李兆基等企业家同他们的家族企业获得了持续的成长。独特的文化环境实际上为这些华人企业家文化观念的扩展提供了条件,这也就意味着他们具有较低的文化成本。从他们的企业广泛引入外部资源的事实可以清楚地证实这一点。从中国内地来看,有些家族企业主已突破了文化成本的约束,推动了企业的成长,但是其代价也是相当大的。例如1998年,浙江金义集团的业主陈金义对企业家族制进行革命,金义集团内担任管理职务的30多位家族成员,包括他的妻子、兄弟等几乎全部从集团中退出,引起社会很大的轰动。这些家族企业不仅在治理结构上打破了家族的垄断,从而实现了执行机构、董事会和股东对家族制的全面突破,更为重要的是在这些转变的背后是企业家文化价值观念的更新。

上述理论分析刻画出了中国家族企业在文化成本约束下的成长轨迹,如图5-1所示。随着家族企业主文化成本的降低,家族企业的规模将获得持续的成长。在三个不同阶段(创业期、突变期、分化期),显示了家族企业主所受到文化成本约束的内容不同,在每一个阶段,当家族企业主的文化成本约束较强时,企业就会走向衰落。而只有那些持续进行价值观体系扩展和创新的家族企业,最终才能在激烈竞争的市场上获得持续创新和发展。

文化成本约束假说的应用,较好地解释了中国家族企业为何能在传统体制下得以生长、发展,而又为何在市场经济体制逐步完善的时期难以有效融入外部资源,成长为大型的现代企业。这一分析通过文化成本范畴的引入,有助于将家族企业的多种形态和独特行为纳入经济学分析的框架,而不只是借助于社会学的概念。

```
        文
        化
        成
        本
                \
                 \___
                     \____
                          _____
                                   _____

   创业期    突变期        分化期      家族企业成长
```

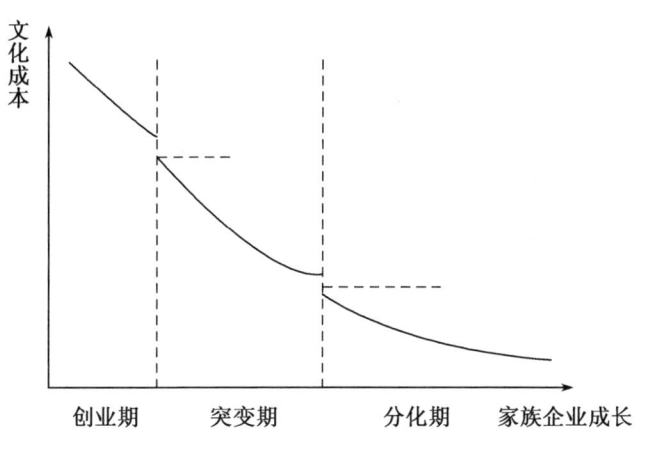

图 5-1　文化成本约束下家族企业的阶段性成长

四、案例分析：文化创新与家族企业成长

为了进一步证实文化成本阶段性约束的假说,本文对三位企业家在家族企业的不同发展时期的观念变化和行为变化进行比较(如表 5-2),具体材料来自苏小和(2003)的访谈及《南方周末》相关报道。我们可以发现,在家族企业发展的不同时期,这些企业家的观念是不断创新和发展的,观念创新的基础则是持续地向实践或书本学习。正是对原有价值观的突破,才使得他们的企业能够缓解各种约束,获得不断成长。

表 5-2　家族企业主阶段性观念变化比较

家族企业主	创业期	突变期	分化期
王振滔（奥康集团）	当时温州人的观念都是一样,努力赚钱,然后享受生活,我觉得没有什么错,很正常。	在管理上摆脱家族式的人治的阴影,结果成功了,但是代价也很大。虽然奥康是家族控股,但是现代管理。	引进外部资源进入家族企业;更新企业的行为准则;推进家族企业的国际化。

(续表)

家族企业主	创业期	突变期	分化期
刘永行（东方希望集团）	"第一个阶段是20世纪80年代初期，那时候创业很艰辛，但是也比较容易。那个时候最需要的就是勇气，因为创业者大多数文化水平都不高，有一点文化的人只要有勇气，都可以成功。"	1995年，刘氏兄弟分家。刘氏兄弟承认"分家"的积极意义：从传统家族企业向现代企业的演进蜕变。兄弟们均称，这是主动的选择，也是理性的选择。	"我们希望集团能有今天的成就，就是向外资企业学一点，向国有企业学一点，向个体户学一点，我们自己再创造一点。"企业多元化投资的格局已然展开，把第二主业锁定在重工业立体化。
黄宏生（创维集团）	"创维是个民营企业，刚开始完全依靠经验主义，知识结构比较低，就算我学历最高。"	"我们从1995年以后，开始进入了一个叫作财务管理为主题的管理阶段。公司开始提倡控制风险、监督、制约、上市等等，这需要一批财务经验丰富的人才。"	"我们创维在发展过程中，利益留人、感情留人多了一些，事业留人少了一些。陆（华强）走了以后，我们推行了整个公司管理层的股份化，让一部分高层管理者进入董事会。"

为了更深入具体地了解家族企业主文化价值观扩展的过程，我们对浙江温州的家族企业奥康集团的总裁王振滔的观念和行动进行剖析（苏小和，2003，第193—204页）。从中也可以发现温州家族企业在不同时期的价值观取向及其行为特征。

在创业期，家族企业主都有各自观念上的优势。奥康集团总裁王振滔在谈到创业时的背景说："当时温州人的观念都是一样，努力赚钱，然后享受生活，我觉得没有什么错，很正常。"如果联系到改革初期中国社会的主流价值观念，我们就能够理解温州这种"努力赚钱"的新观念所具有的突破性，也能够认识到温州经济发展的秘密。实际上，从"耻于言利"向"努力赚钱"的转变正是中国大多数家族企业创业者的基点。实际上，这些认识反映了中国家族企业的创立往往是基于传统的集体致富、经商致富和勤劳致富等观念，所不同的是这些观念都在一定程度上进行了创新和变迁，突破了"重义轻利"信条的约束。

进入突变期，家族企业大多在选择继承人、摆脱家族控制上付出了代价。奥康集团进入突变期的一个重要标志就是公司如何对待外部社会资本的融合上。王振滔讲述道:"奥康最初是我和几位亲戚朋友合股设立,在公司发展之中有过一次动荡,就因为我在管理上摆脱家族式的人治的阴影,结果成功了,但是代价也很大,一些股东退股,公司也因此停滞了三个月。虽然奥康是家族控股,但是现代管理。"与奥康不同的是,中国大多数家族企业主并未能实现这一变化,他们往往受自身的文化观念、亲情友情以及社会舆论的压力的限制。这种文化成本不仅限制了家族企业主的选择,也真正阻碍了企业的成长。

在分化期,家族企业要实现全面向现代企业管理制度的转型或者是保持原有的规模。奥康集团正在努力促使这一家族企业向着规范化、国际化和公众化的方向发展。深入分析奥康集团实现的转型,我们可以发现总裁王振滔通过持续地扩展自己的价值观体系,不断降低文化成本是一个重要条件。尽管王振滔只读到高中一年级,但是他"一直在不断地学习,保持学习的精神"。他坚持从温州这个"社会大学堂"中学习做人。这使得他的价值观念不断更新,一是引进外部资源进入家族企业,不但吸引不同来源的管理人才,而且积极与北大纵横咨询公司合作,试图利用外部力量来帮助企业定位。二是更新企业的准则,强调诚信第一,例如对税收态度的转变,"以前温州人觉得逃税光荣,而现在是踊跃上缴"。三是推进家族企业的国际化。奥康集团不仅要在产品、营销上国际化,而且"生产、管理、人力资源也要国际化,在世界范围优化各种资源的配置"。上述这些制度、管理上的深刻转变,实际上反映了家族企业主个体价值观念体系的拓展和创新。

五、启示与建议

对企业家的研究表明,其成长受到特定的人生经历、人文教育、社会交往及家庭习俗等影响与规定。尽管没有任何两个企业家具有同样的经历,但是他们存在一个共同点,那就是具有能够持续扩展的价值观体系,或者实现对文化成本约束的突破。

对中国家族企业文化成本约束的揭示,不仅启示我们认识到存在管理、制度与信任等外部约束背后的深层次的源于企业主认知的内在约束,而且加深了我们对文化本身的理解。传统的文化研究总是隐含地或明确地对不同文化做出好坏优劣之分，并进一步得出某种文化适合经济发展而另一种文化不适应经济发展的粗浅结论。然而基于儒家文化的东亚经济的兴起对欧洲文化优越论提出了挑战。本研究则表明，以特定价值观体系为核心的文化并无优劣之分，但个人的文化成本有高低之别，区别的关键在于习得某种文化的个人能否扩展和创新自己的价值观念体系。

对于中国家族企业主而言，要实现企业的持续成长，不应只强调突破外部的约束，最重要的是解除其自身的文化成本约束。这不仅对于当前的家族企业主是有益的，更重要的是为今后大批中国家族企业主的成长提供支持。具体来说，首先要不断提高企业家个人的修养，主要是通过持续的学习来开阔视野，接受来自企业利益相关者的不同观点，积极理解与吸取不同的文化观念。其次要革新企业家培养的方式和内容，将家族企业主的教育任务从社会转向学校，革新教学内容，特别是在价值观念体系的灌输上应注重兼容并蓄。第三要营造利于企业家成长的社会环境，不仅要推动思想言论的自由，而且要在全社会形成一种包容新观念和外来文化的心态，尊重人们选择的自由和思想的自由。

中国经济的转型与发展推动着传统文化与现代文化的冲突与融合，这在中国家族企业主的身上得以集中体现。只有那些注重沟通与交流，努力去理解和包容的企业家才能实现对自我的突破，也才能够为企业的成长提供不竭的动力。随着中国开放度的不断加大和中国家族企业主群体素质和观念的变迁，可以看到越来越多的企业主对文化成本约束的突破。而这一点也预示着，中国的家族企业将获得真正的国际竞争力，因为在全球化的今天，文化竞争力已成为竞争优势的核心。

原载《南京社会科学》2005年第3期，中国人民大学复印报刊资料《乡镇企业、民营经济》2005年第5期，编入本书时做了适当修改。作者：高波。

第二篇

产业创新与产业发展

第六章 论农业发展的大趋势
——兼论中国农业的出路

农业的发展历经了原始农业→传统农业→石油农业三个阶段。用耗散结构理论对农业发展历程的考察表明:农业具有有序发展的不可逆性规律,即农业的发展总是朝着一个目标——"负熵"增、有序度聚高方向逼进。这一规律决定了未来农业(农业发展的第四阶段)必然是耗散结构农业,兼具十个方面的特质:生态农业、集约农业、合作农业、规模农业、设施农业、市场农业、信息农业、开放农业、协同农业、综合农业。对中国农业问题做出科学系统诊断后得出结论:符合本国国情和适应世界农业发展潮流的中国农业,摆脱困境和持续发展的新思路是,对国家宏观经济政策和农业内部政策做出根本调整,推行农业与整个国民经济协调发展的战略,实施以建设和发展生态农业为核心的综合对策。对如何克服当前令人困扰的农业生态环境、粮食和农业投入问题等,本章力求见解独到。

一、耗散结构理论与农业发展轨迹

纵观世界农业发展的历史,不难发现,由农业阶段性演替所表现的农业革命,无不与当时的技术革命紧密相连。面临世界新技术革命的挑战,农业又步入了新的十字路口,农业遵循怎样的规律进行演替发展?农业将向何处去?这些亟待我们从事理论研究和实际工作的人们进行严肃思考,给出科学答案。

考察农业革命与世界技术革命伴生发展的轨迹,可以认为,人类农业系统的发展历程是农业由封闭系统向开放系统演进的历史,它所表现出的明显阶段性和可能的发展趋势一直受耗散结构律的支配和作用。

耗散结构理论最早由比利时科学家伊里亚·普利戈金于1969年提出,这一理论认为,孤立系统,熵增导致无序,如果系统平衡只是一种"死"的有序结构的维持,这种系统结构不可能发挥最优功能。只有远离平衡的开放系统,才能形成一种"活"的高度稳定有序结构及耗散结构,使系统发挥最佳功能。耗散结构的产生则是由于系统开放条件下所形成的一种负熵流,使系统各子系统间的促协力增强。系统自动产生一种自组织现象,则开放系统各子系统间的协同作用力也随之增强,其达到一定阈值时,就会形成这一高度稳定有序的"活"的组织。耗散结构一旦形成,它所具有的高度抗干扰回归力,能保持系统的高度稳定有序。

耗散结构律支配农业系统从无序向有序发展的历程。原始农业时期,人类以采集、渔猎为基本生产方式,对农业系统只有索取,没有物质和能量的补充,因而是一种全封闭式系统。土地的肥力则是纯自然肥力,其恢复方式完全靠休耕等自然循环来恢复。这种原始生存方式使系统在熵增机制作用下由极低的有序向完全混乱状态过度,冲击农业系统的涨落因子一旦出现,原始农业的平衡即被打破。随着铁器时代的到来,第一次技术革命则成了打破原始农业平衡、促使农业向传统农业发展的外部涨落因素。由原始农业向传统农业的转变,彻底改变了人类的游牧生活,推动了人类文明的发展。"全封闭农业系统"改造成了物质、能量"低消耗、低投入、低产出、半封闭农业系统"。与原始农业相比,传统农业有序度大增,因而有较高的生产率和较大的人口承载量,它所形成的较合理的内部循环及少量的内、外交换机制,使传统农业系统在一定条件下实现了生态和经济的稳态。但传统农业的致命弱点正是半封闭循环,这一循环不可能形成耗散结构,也就逃避不了系统由有序走向全面混沌的厄运。系统的半封闭循环导致系统内物质、能量的低层次、低水平循环,最终得到的只能是低产出,导致"生态—社会—经济"巨系统的混乱。工业革命发生以后,打破了农业半封闭循环,农业有序发展的不可逆性所产生的内部扩张力,与工业技术革命对农业所产生的外部拉动力之合力,使农业转变成为"高投入、高产出"的开放农业系统——石油农业。石油农业为农业耗散结构的形成提供了可能性,源源不断的负熵流,使农业处于有序发展之中。石油农业通过充分利用现代科技,大幅度地提高了劳动生产率,使农业剩余劳动力向非农产业的大规模转移转变成了现实,促进了现代社会经济的高速发展;石油农业的开放循环构造了一个比较合理的内、外部物能循环机制,基本克服了传统农业伴存的环境经济与生态社会的极大外部不经济性。石油农业在许多方面所表现出的进步性是前所未有的。但是,石油农业由于在生态上和技术上存在着一系列固有矛盾,使其自组力和子系统间的协同作用不能逾越一特定阈值,而形成耗散结构。石油农业技术主要是把一些工业技术、工业生产的原则和方法搬到农业中来,实行高度机械化、化学化,其实质是石油化,而适合农业本性的科学技术——生态技术和生物技术则发展和应用都不够,因而必然影响到农业系统内的自组织发展。此外,石油农业高能耗的特点则在某种意义上阻碍了本身的进一步发展。而石油农业的"开放"循环是以大量牺牲宝贵资源——石油为代价的,石油的高度稀缺性决定了人们不可能将更多的石油投入农业,一旦用于农业的石油耗竭,这种农业的"开放"循环就不能维持,农业将走向全面崩溃。石油农业正面临着最严峻的挑战。

综上所述,人类农业的发展大致已经历了原始农业→传统农业→石油农业三个阶段,表现了显著的农业有序发展的不可逆性规律,即在人类历史长河中,农业的发展总是朝着一个目标——"负熵"增,有序度聚高方向演进。但农业发展迄今,尚未形成农业耗散结构,而当代最先进的农业——石油农业"自组织"发育难以健全,加上维持其"开放"循环的根基——"石油"日趋于竭,可毫不夸张地说,石油农业的末日即将来临,它将被一种能形成农业耗散结构的未来农业所取代。

二、未来农业的基本构想

耗散结构农业的建设是农业有序发展的必然趋势。随着世界新技术革命的发展,一场促进形成农业耗散结构的新农业革命的出现已势不可挡,它将使农业发生又一次质的飞跃。考察未来耗散结构农业与古今农业特征之异同,其图景可以择要从以下诸方面加以描绘。

生态农业。生态农业是以综合效益为目标集,导向最优化的人工耗散结构农业系统。生态农业的建设,即视农业为一开放的复合人工系统,切实根据生态经济学理论和系统论、控制论、信息论及耗散结构论、协同论、突变论原理,应用现代系统工程方法及其他先进科学技术对农业实行因地制宜、全方位、立体规划、组织和开发；对系统实行高度集约化经营，发展并采用高新技术，通过系统物质和能量适量适度循环和转化，充分合理地利用一切自然资源和社会经济资源，包括信息资源和一切废弃物，变消费处理为生产处理，实现无废物、无污染生产，使农业系统取得最佳的生物产量和最优的经济绩效，提供丰富的、营养充分和十分清洁的食品及其他高产优质的商品；建立清洁的、优美的、健全发展和高度文明的人类环境；满足人类多种生理、心理和精神的全面需求。

集约农业。未来的生态集约型农业，是以生态农业技术密集、知识密集和信息密集辅之一定的资金密集和劳动密集之高效结合为特点的密集型经营农业。生态农业技术集约以适合农业本性的生态技术，生态技术和系统工程技术的最佳组合为主体，并吸收一切适合于农业的高新技术结合而成。农业是知识和信息密集容量持续扩大的产业，未来农业必然具有最大的知识集约度和信息集约度。资金集约和劳动集约将随着农业技术内容的变革而赋予新的内涵，其资金投向主要用于生态工程和生物工程方面，高度智能化的机器系统将取代现代机械系统，劳动密集则绝非数量扩张，实赖于质的加深。

合作农业。未来的耗散结构农业系统及其环境将普遍存在合作活动，农业系统将出现多形式、多层次合作共存的局面。农业生态系统、农业技术系统和农业经济系统内部与其间的物质、能量、信息的流转体现为互惠共生性合作。在经济活动中，产、供、销合作和其他各种专业服务合作普遍加强，区域内部合作和区域间的合作显著增强，而国际性合作尤为加强。农业系统将结成彼此渗透，相互依托，交叉发展，纵横有机联系的农业合作网络。

规模农业。农业经营规模是指由农业系统的调控者——人，把一定数量和质量的农业生产要素，按一定比例和组织机制进行配置组合向规模目标运动的表现形式，规模的产出数量和产出效率统一为规模水平，分别反映规模质和量的特征。未来的耗散结构农业是最适规模农业，即规模农业系统的最优化目标导向和最稀缺资源涨落导致系统的成分、结构、运行及其环境趋向合理，从而最有效地利用资源和环境条件，最充分发挥系统调控者的能动作用，最大限度地实现规模效益的一种规模农业。

最适规模农业的规模水平不仅以规模大小而论,其核心是规模效率最高。

设施农业。 农业发展日益趋向精细化,农业基础设施建设非但不可削弱,还将注入新的活力,设施农业是农业工程系统目标优化的表现形式。未来的农业工程系统将由单一农业理化工程发展为农业生态工程、生物工程与理化工程相结合的有机体,与此相应的设施农业则发展成高级系统——农业生态工程设施、生物工程设施与理化工程设施优化匹配的"活"组织。这一"活"组织具有极强的抗逆调节力,对外界不良干扰具有强大的抵抗力和适应性,并具很强的回归力,设施农业巧妙地协调农业与自然的关系,根本改变农业生产极大程度上受自然因素控制的状况。

市场农业。 耗散结构农业与市场是密不可分的,良好的市场秩序和健全的市场机制利于农业系统负熵增机制的发育和发达,产生强大的系统协同力,导致农业的持续有序发展。市场农业以广义市场(全方位、立体市场、经济商品与生态商品交易相融合,区域性和国际性市场相渗透,有形与无形市场相交织的高级阶段的市场)为导向,以系统综合效益最优为目标,一切参与农业生态经济循环的要素均以不同层次的平等的商品资格出现,通过市场交换的各类商品具有多种功能,既可满足人类生存所需的生产与生活资料消费,还能使人类享受到美好的生态消费。农业通过市场来满足人们在生理、心理和精神方面的需求。

信息农业。 随着农业的发展,信息在农业系统中的容量无限扩张,农业生态经济系统中,信息表现为物质、能量和价值在时空结构上的分布不均匀性,信息通过其实现过程,将系统中无序的物质、能量和价值有序地组织起来,系统中广泛、复杂的信息联系是形成农业耗散结构的前提条件。生物科学的发展以及广泛应用于农业,将使农业系统从外部获得大量的信息输入,未来农业集信息生产、交换与消费于一体,从一定意义上讲,它又是信息农业。

开放农业。 农业系统从外界连续不断地取得负熵流是实现系统开放循环的条件。未来农业开放循环的能源基础将以农业生态工程和生物工程所提供的可再生能源为主与适量的化石能源和核能进行合理重组,它把适于农业本性的高新技术与高质量的劳动力和丰富的能源资源及充足的资金进行合理配置输入农业生态经济系统,使系统获得源源不断的负熵流,以实现持久开放循环。

协同农业。协同效应是系统自发地对其子系统进行组织和协调的内协力与系统开放所获得的外协力之协和而产生的促协作用,协同作用力为正且越大,则越有利于形成高度稳定有序的耗散结构。协同农业是指农业系统内部子系统间协同配合、协同同步,彼此促进、协同增长,各子系统具有高度的专业化和密切的协作关系,系统与其环境则相得益彰,协同发展。从本质上讲,协同农业就是农业耗散结构系统。

综合农业。综合不是拼盘,是有机的结合,精密的综合能强化系统的整体性,保持系统具有整体大于局部之总和的放大功能。综合农业以整体功能的完善为主要目标,一切对此有效的理论、观点和方法都加以吸取而有机结合形成农业发展的综合思路,采用综合对策,立足综合发展,使之发展成结构合理,功能最优,综合效益最大的农业系统。

上述未来农业可能的十个方面的特质,并非单方面独立存在,而是相互并存渗透,它们也不是可以等同替代的概念。从农业发展的趋势看,可能正是这十个方面有机组配、网络叠加和多维交织而形成未来的耗散结构农业。

三、摆脱我国农业困境的新思路

在人类农业正迅速走向新的发展阶段的今天,我国农业却波折迭起,陷入了困境之中。我们要想从农业困境中解脱出来,建设现代化的农业,就必须弄清农业的问题与症结所在,看准世界农业发展的总趋势,形成符合中国国情和适应世界农业发展潮流的农业发展的新思路,以促进我国农业的健康发展。

当前,我国农业系统内部和农业系统环境中存在着的农业问题,可做如下的系统判断。

农业问题在系统内部的表现如下。

——农业生态系统:大片良田仍被乱占滥用;农用水资源短缺,但仍旧用水无度,浪费惊人,灌溉面积每年减少;对农业生产具有多种调节作用的森林资源大幅度减少,森林覆盖率下降;水土流失严重,每年流失的土壤养分与全国化肥总用量基本相当;绿肥面积和有机肥用量剧减,部分地区土壤肥力下降;大量使用农药,农产品、水产资源受污染,城市污染大量向郊区和广大农村转嫁,农村环境污染问题在有些地方已十分突出。

——农业技术系统:由于农业比较利益不断下降,致使质量较高的农业劳动力单向转移,造成农业劳动力素质降低;农业科技商品贬值;农业技术推广工作弱化现象严重;农业教育和科研经费紧缺,致使农业科技进步和农业高新技术的研究和发展受到阻碍。

——农业经济系统:工农产品比价严重不合理,农产品价格低廉;农业市场发育不良,农业商品化程度低;农用资金严重缺乏,农业物质投入降低;土地等农业自然资源产权不清,资源配置不合理现象严重。

农业系统环境条件对农业发展日益不利,表现如下。

——国家宏观经济政策对农业缺乏有效的支持,全社会范围内的社会风尚和民族心理形成了对农业根深蒂固的歧视,农业在整个国民经济中处于不利地位。

——在全国工业高速增长的情况下,农用工业萎缩,农用生产资料供应不足,普遍大幅度提价。

——农村基础设施严重匮乏,水利年久失修,农村运输能力差,贮藏、销售设施差。

——社会需求对农业的压力愈来愈大。

中国农业要跳出"低谷",真正摆脱困境,走上建设现代农业的轨道。我们在认识农业和研究发展对策时都必须有根本性的转变。即国家宏观经济政策应由过去的向工业、重工业倾斜战略调整到农业与整个国民经济协调发展的战略上来,农业内部政策调整则应以富裕农民、改善环境和有益社会的统一为宗旨,以支持和促进生态农业发展为核心,以科学合理增加投入为手段,完成农业由"人口—耕地—粮食"的恶性循环向"人口—土地—商品"的良性循环转变。

根据我国农业的现状,结合世界农业发展的大趋势,我国农业的根本出路在于走以建设和发展生态农业为核心的综合发展之道。我国农业的腾飞赖于我们在观念上和实践中做出如下一系列新的转变。

第一,从单纯着眼经济效益的观点和实践向以生态、环境、经济和社会效益的高效综合与协调统一为目标转变。人类在处理与自然界的关系时,常常出现偏颇之举,从历史到现实都告诫我们要严肃反思:那种把人与自然视为分离对抗的观点,那种人类对自然界进行蹂躏统治的愚蠢举动,那种人类在开发利用自然时急功近利的短期行为,给人类造成了无数灾难,并留下许多隐患。人类在觉醒,中国公民更应清醒地懂得人类是自然界的一部分,必须树立起"人—自然—社会"协调统一的系统整体观念,自然界是人类物质和精神财富的源泉,但自然界并不乐于任人宰割,当人类的暴行使她难以忍受时就会报复人类。因此,我们在开发利用自然的同时,还要对自然界进行精心的培育、保护和管理,从人类社会与自然环境相和谐中获得美的精神享受和丰富的物质享受。生态农业的思想,则具备如此高尚的生态境界,生态农业的目标,追求生态、经济、社会效益相互兼顾,协同增长。发展生态农业在追求生态效益、经济效益和社会效益的统一时,以经济效益为中心,以生态效益为基础,以社会效益为出发点和归宿,坚持关键增长,发挥"瓶颈"效应,促使三者相互协调和最佳组合以取得最好的综合效益。发展生态农业则是达到上述新转变的根本途径。

第二,从农业投入的低水平、单一化、孤立化和不求产投效率向讲究农业投入的高水平、多元化、科学化、系统化和着眼提高产投效率转变。近年来,我国有些地区农业投入,特别是粮食投入急剧减少的现象已引起全社会的重视。要解决对农业投入不足和投入不合理的现象。一定要增加农业投入,在实践中往往只注意物质投入,而忽视与人力、科技、信息投入的配合,轻视与政策配套,在物质投入中则重短期效益投入轻长期效益投入,重单项投入轻综合投入,难以取得显著的产投效率。必须改变这种严重不合理的农业投入状况。生态农业原理是严格遵循投入决定产出规律的,它讲究的是科学合理的系统化投入,建设生态农业在尽可能提高系统投入水平的同时,十分重视对各类投入资源的优化组合。生态农业在寻求稀缺替代资源和最充分发挥资源潜力,提高自然生产力和劳动生产率方面将是卓有成效的。

用生态农业原理指导农业投入,应坚持下列基本原则。(1)优化政策与合理投入密切配合原则。农业政策的得当与否可以调动或者限制各方面投入的积极性,影响潜在投入的有效化,政策可以调节资源的投向与投量,政策直接影响投入的合理程度。合理投入的理论和实践也有助于政策优化,把农业政策体系纳入生态农业系统内部进行最优化是农业合理投入的保证。(2)多元投入原则。农业投入的多元化是农业开放循环,综合发展的客观要求。多元投入必须根据农业系统合理循环的要求,科学地进行能量、物质、资金、劳力、技术与信息的投入,并对各种投入因素在质和量上进行优化配置组合。(3)优先投入与协调同步相结合的原则。在农业投入因素中,有些属于关键资源,它的投入量制约着整个系统的效益,对于这类资源必须尽其所能进行优先投入,对于一些影响农业系统长远发展的部门,也应依据实力进行重点投入。在投入比例上则必须做到协调同步。在投入的过程中有效地调整比例关系,以达到各投入因素彼此促进,最佳组合。(4)战略性原则。为了达到农业的持续稳定发展,必须从长远战略意义出发,安排农业投入。随着农业的发展,智力投资应是农业投入的战略内容。既要努力从基础抓起,普遍提高农民的文化科学水平,又要加强智力开发,十分重视适合农业的高新技术在农业中的应用。

第三,防止忽视协调发展,走以发展生态农业为中心的综合发展之路。过去和现在,粮食问题一直困扰着我们,粮食短缺问题一旦出现,便阻碍经济发展,危害社会安定,引发生态危机。新中国成立以来,40年风风雨雨,我们费尽心思也未能甩掉粮食短缺的帽子,可见过去解决问题所采取的种种措施是很值得我们反思的。深究粮食危机之症结,可以认为,长期以来我们切断了粮食生产子系统与整个农业巨系统的有机联系,孤立地抓粮食,势必陷于粮食困境之中而不能自拔。今后若干年内,人口对资源的压力还会加剧,若粮食上不去,农业的出路又何在?我们绝不能再不觉悟。粮食的出路在整个农业系统的持续稳定发展,粮食的出路取决于农业的出路,而农业的出路则受制于农业生态经济系统的综合功能。我们解决粮食问题与农业问题的任何措施若利于农业系统综合功能的提高则应推广和坚持,碍之则应坚决摒弃。我国生态农业建设一直把粮食生产放在重要的位置上,把粮食生产的增长放在农业生态经济系统整体之内合理安排,与整个农村经济的综合发展求得协调,既可有效地解决粮食不足和品质下降问题,又能大幅度地提高农业系统的综合效益,发展生态农业对根本解决粮食问题具有特殊功效。综观农业发展理论,考察人类农业实践,可以得出这样的结论,中国农业的根本出路是走以生态农业为中心的综合发展之路。

运用生态农业原理来指导农业的综合发展,必能取得最优的综合效益;反之,违背生态农业原理的综合发展则必将造成农业的低水平、低层次、低效益、高熵增的综合发展。以建设生态农业为中心的农业综合发展的思路,可概括为如下一些基本点。(1) 着眼于全部国土资源,在充分利用人均 2 亩耕地的同时,充分开发利用人均 18 亩国土。(2) 依据各生物种群对环境的生态适应性,对植物、动物、微生物三大生物群体进行科学组合,在同一立体空间建立起多物种共生共栖,多层次搭配的梯级立体物质循环体系,充分而有效地利用不同层次的生态资源和经济资源进行综合生产,充分发挥其群体优势,实现生物能量和经济价值的高效流转。(3) 实行生态、经济、技术、工程、政策等措施的综合开发。通过技术密集、知识密集、劳动密集和资金密集合理组合的高度集约化经营,实现最优投入和最高的产投效率。(4) 选择科学的资源策略。立足于可更新资源的研究、开发和利用,充分合理地利用一切有用资源,将农药、化肥等化石能源的投入纳入生态农业科学体系,循环利用"废弃物",减少污染,杜绝浪费。(5) 农工商综合经营,产供销密切配合,强化运销组织,重视"产前""产后""产中"的社会化服务,专业化与综合化结合,大力发展经营性和服务性规模农业。(6) 生态效益、经济效益、社会效益相互统一,协调增长,农业生产力的持续稳定发展与保护和改善生态环境相结合,实现农业系统的综合目标。

中国的农业,只要重心不偏离生态农业建设,采取全面而科学的综合对策,坚持充分而高效的综合发展,不但当前的农业困境可以摆脱,而且农业耗散结构的形成也将指日可待。

本文原载于《农业现代化研究》1989 年第 6 期,编入本书时做了适当修改。作者:高波。

第七章　世纪之交的中国工业化、城市化战略

步入20世纪90年代末期,中国经济由低收入进入中等收入阶段。从工业化、城市化过程来看,中国工业化已走完霍夫曼以消费品工业为主的第一阶段,而进入以资本品工业加速发展的第二阶段;中国工业化已从钱纳里等人以初级产品生产为主的第一阶段转向以制造业为主的第二阶段;中国城市化则从以乡村经济为主的第一阶段步入以城市经济为主的第二阶段;中国工业化、城市化已走完以初级产品生产为主的乡村经济阶段(第一阶段),而进入工业化、城市化相互调适的第二阶段。① 总之,跨世纪的中国经济发展正处于工业化—城市化阶段(第二阶段)。今后,中国要在21世纪的前30年时间内走完这段历程。面向世界,面对21世纪,中国面临着特殊的处境。中国工业化、城市化的机遇和挑战同在,风险和利益共有,希望及困难并存。中国应该借鉴工业化、城市化的国际经验,根据本国的现实背景,谋划、设计和走出一条具有自身特色的工业化、城市化道路,成功进入结构高级化的发达经济阶段。

一、工业化、城市化的新格局:理论支持与背景分析

概括地说,中国40年的工业化、城市化历程走完了工业化、城市化的第一阶段,结果是城市化滞后于工业化。如果说,在农村工业化、农村城市化尚未真正发动的工业化、城市化初期(1952—1978),这种滞后表现得还不明显的话,那么,由于20世纪80年代的农村工业化是以分散化为特点的,农村城市化严重滞后于农村工业化,到

---

① 作者认为,可以将工业化、城市化与经济发展划分为三个阶段,即以初级产品生产为主的乡村经济阶段,工业化、城市化相互调适阶段和结构高级化的发达经济阶段。

了 20 世纪 90 年代初期,城市化滞后于工业化已成为工业化、城市化与经济发展的严重障碍。20 世纪 90 年代进入工业化——城市化阶段以后,必须彻底改变城市化滞后于工业化的局面,形成工业化与城市化协调、同步发展的新格局。在工业化过程中,形成合理的三次产业结构,尤其是第三次产业必须大力发展。在城市化过程中,建立合理的城市体系,特别是农村工业应迅速向中、小城市和小城镇集中。一个工业化、城市化与经济发展协同共进的局面必将产生。

世纪之交,中国工业化——城市化第二阶段所要走过的道路,不可偏离由以下若干要素编织的发展逻辑而推进。

1. 工业化与城市化协调推进

这是一条十分重要的国际经验。工业化过程与城市化过程既不能超前,也不宜滞后,否则,将阻滞其他过程的推进。人口过度城市化所引发的"城市病"和人口过慢城市化所染上的"农村病",都是工业化、城市化过程不协调而患上的经济发展的病症。

20 世纪 80 年代中国的农村工业化浪潮和小城镇的发展,无疑对农业剩余劳动力的转移、农民收入的提高、农村发展和国民经济的发展,做出了历史性贡献。但是,在农村工业和小城镇的发展过程中,城市化过程滞后程度加剧了,一种"农村病"便生成并蔓延。"农村病"的主要病症如下。(1) 农村工业布局过于离散化,具有浓厚的乡土色彩,传统产业的特征明显。(2) 从农业中转移的劳动力仍大量滞留在农村,享受不到现代城市文明。(3) 农业成为务工经商者的副业和妇女、儿童、老人从事的产业。(4) 乡镇工业环境成本日趋加大,农村生态环境遭到不同程度的破坏。由于城市化滞后而引发的"农村病",不仅严重阻碍了农村经济的进一步发展,而且对中国通盘工业化、城市化及经济发展带来许多负面影响。(1) 我国分散的农村工业化过程,导致基础设施利用的不经济、规模不经济和土地利用不经济,这种社会成本是巨大的。如果农村城市化滞后的条件不改变,农村工业的进一步扩张,则会造成更大的浪费。(2) 我国第三次产业的十分不发展和基础设施的过分落后,实际上是城市化进程滞后的后果。没有城市化进程的加速发展,也就不可能使第三次产业得到正常发展,基础设施条件也很难得到改善。(3) 农业发展和农业现代化的进展缓慢甚至停滞是与人口城市化过程缓慢，农业无法获得应有的规模经济分不开的。(4)由"农村病"所导致的前三个后果，削弱了我国经济结构转换中吸纳农业剩余劳动力的能力。(5)人口城市化过程滞后，难免影响人口素质的提高和人力资本的积累。中国城市化过程滞后和"农村病"的产生，主要与城乡隔离的一整套制度框架，农村市场取向改革的有效推进有关。城乡隔离的一系列制度屏障，阻断了乡—城人口迁移的路径，农村改革使农民不再被束缚在耕地上，获得了选择职业的自由，农村不得不以"离土不离乡"的方式"就地消化"，不得不以一种"病态"形式推进非农产业的发展。随着市场经济体制的逐步健全和完善，城乡隔离的制度安排正由城乡融合的制度变迁所替代，这种变化对工业化、城市化的相互调适是具有深刻影响的。

进入工业化城市化阶段，中国的工业化必须以相应的城市化进程为条件，农村工业化也应伴随城市化，使农村非农产业逐步集聚到中小城市和小城镇这种经济空间中。在城市化滞后的条件下，要实现工业化与城市化的协调，必须加速推进城市化进程。在这一进程中，城市化应充分利用农村工业资源，培植新的增长极和生长点，并吸引农村非农产业向此集聚。

2. 结构调整与结构升级

工业化—城市化阶段是结构剧烈变革的时期。制造业的结构转变、技术进步和外向发展，三次产业的结构调整，传统产业的改造和新兴产业的发展将是这一时期面临的任务。从中国产业结构与同等收入水平产业结构的国际比较中我们发现，中国产业结构存在严重的结构偏差。在工业结构中，能源、原材料等基础工业发展不足，产品数量和品种不能适应需要，要依靠大量进口；而加工工业则重复建设、重复引进，盲目发展；中间需求产品的生产部门也出现过度膨胀的现象。这种不合理的工业结构主要是由工业产品的比价不合理和国家调控乏力引起的。在工业化、城市化第二阶段的进程中，必须把建立合理的工业结构放到重要的位置上，而且要以推进技术进步和促进外向发展来带动结构调整。这种结构转变可以使中国工业产生新的生命力和增强国际竞争力。(1)充分发挥市场机制的作用，通过市场形成工业品价格，用价格信号引导结构转变。同时，政府全力支持基础工业的发展。(2)大力推进技术进步，通过技术创新和组织创新，着力改造和发展传统产业。(3)实行进口替代工业向出口替代工业的转变,充分利用国际市场以发挥本国的资源优势。(4)抓住机遇加速高新技术产业等新兴产业的发展。在世纪之交,中国应着重发展三个新兴产业:电子信息工业、生物工程技术产业和新材料工业。与此同时,要重视激光、新能源、海洋工程以及航天技术的研究开发(国家计委长期计划司,1990,第115—117页)。工业内部的结构转变及其高度化是中国工业化的新趋向。

从三次产业结构来看,中国结构偏差的突出表现是第一次产业的就业份额过高,第三次产业严重滞后。要降低第一次产业的就业比重,加速非农化,与促进第三次产业的发展是紧密联系在一起的。若第三次产业得到正常发展,第一次产业的就业份额就会相应下降。中国第三次产业滞后的原因是多方面的。一是城市化滞后。城市是第三次产业的载体或容器,没有城市化的相应进展,第三次产业的扩张就很难进行。二是资本紧缺和投资效率低下。这就使交通运输业、邮电业的发展和教育的发展受到约束。三是市场发育不完善,市场经济不发达。这是制约金融和商业、服务业发展的主要因素。四是土地非商品化和住房福利化。不动产绝大部分长期游离于市场经济领域以外,第三次产业的支柱——不动产业的发展就会失去活力。迅速改变中国第三次产业滞后的状况,就可以处理好工业化、城市化进程中的非农化问题,推进经济发展。

3. 农村剩余劳动力就业空间扩张

中国农业剩余劳动力极大的就业压力,是工业化、城市化进程中面临的特殊难题。从中国工业化、城市化发展趋势看,如果说,20世纪80年代中期以前农业剩余劳动力在农村内部的就地转移和20世纪80年代中期以后到90年代初期的就地转移与区际流动并重是在特定约束条件下的必然选择的话,那么,在20世纪90年代和21世纪初叶,应该把重点放在向城市转移上。这是中国加速城市化和促进第三次产业发展的必然要求和正确选择。要推进农村剩余劳动力向城市转移和乡—城人口迁移的进展,关键在两点:一是改革农民身份管理体制,使农民有足够的择业自由和迁居的自由;二是培育城乡劳动力的统一市场,为农民和市民提供平等竞争的机会。

改革农民身份管理体制就是要从现有的户籍制度改革入手,把粘连在户口关系上的各种经济、社会利益差别逐步剔除,使全国公民获得统一的社会身份,为农民的流动提供制度性保障。具体表现如下。(1)要拆除各种阻止落户的禁令,除了对那些人口已过度膨胀的部分大城市应实行比较严格的限制措施外,一般不再设置行政禁令,主要通过经济措施调节人口迁移。(2)进行与户籍制度相关的财产制度、分配制度、社会福利制度、城市制度的配套改革,实行劳动收入货币化、生产资料和产权商品化以及福利保险社会化,使户口与特权和利益剥离。(3)允许户口关系随人身一致流动,随走随迁随落,同时依法接受管理。

建立和完善城乡劳动力统一市场是迟早的事,迟建立不如早建立。当前,建立城乡劳动力统一市场的条件已经具备。市场经济关系已经渗透到城乡生活的各个领域,劳动力等生产要素在城乡之间的流动日趋活跃。新型户籍管理制度与城乡劳动力统一市场组建相配合,可以开拓一个农村剩余劳动力就业的广阔空间;可以开创一条工业化、城市化的正确道路;可以为农业规模经营提供足够的空间,为农业技术变革和组织创新创造条件,为农业现代化铺平道路。

4. 农村发展和城市发展同步

城乡一体化发展是中国工业化、城市化第二阶段的主旨。改革开放以来,中国城乡关系发生了深刻变化,城乡交往日益密切。特别是乡镇企业和小城镇的发展,奠定了城乡交融的基础。在工业化、城市化进程中,促进农村发展已成为中国经济发展的特色。农村发展主要是农业发展和农村工业化与农村城市化进展,农业发展要以农村工业化和农村城市化发展来支撑。在现阶段,必须彻底改变农村工业极其分散的格局,大力发展小城镇和工业园区,促进乡镇工业打破社区的局限性,向小城镇和工业园区适当集中。这对于那些特别不适合于分散的乡镇企业获得规模效益和集聚效益,具有特殊的意义,对第三次产业的发展也具有深远的影响。

在工业化、城市化过程中,农村发展与城市发展同步,就是要把农村工业化与农村城市化纳入国家整体工业化、城市化的轨道,促进整体发展。农村发展与城市发展相结合,就可以使城乡交流由一般商品或最终消费品的相互买卖,走向以生产力诸要素(资本、劳动力、土地、技术、信息、资源等)在城乡之间重新组合为特征,实现城乡生产过程的高度交融。通过城乡之间的密切交流,就可以实现城乡一体化发展。

5. 市场经济体制和市场机制的创建与完善

建立和完善市场经济体制是中国工业化—城市化阶段的现实背景。

在中国工业化—城市化阶段的前10年,资源配置方式要实现由计划兼市场的二元机制向市场机制转换,任务是相当艰巨的。首先,要围绕市场经济体制建设进行一系列制度创新。其次,要进一步完善市场经济体系和市场机制,培育城乡统一市场。当前,完善市场体系的重点是形成统一的资本市场,全面开放劳动力市场,加速发育不动产(土地)市场,进一步培育生产资料市场,并把生产要素市场与消费品市场和服务市场有机地联系起来。与此同时,要从供求机制、价格机制和竞争机制等方面完善市场机制,拆除城乡要素流动的藩篱。要全力打破地方封锁和割据,清除地方保护主义,使供求机制能够有效运行;必须加速价格改革,全面放开竞争性商品和服务的价格,充分发挥价格机制的作用;应当尽快制定和实施各种市场法规,规范企业和个人的竞争行为,抑制垄断势力的发展,使竞争机制的正常功能得到发挥。再次,按照市场经济条件下的政府职能界定和规范政府行为,实行对市场经济运行的有效宏观调控。

总之,中国工业化—城市化阶段的进程取决于上述五种因素变化的程度。这些因素构筑起第二阶段中国工业化、城市化的发展空间。

二、中国工业化、城市化的战略思路

工业化、城市化战略是一个国家经济社会发展战略的核心战略。因为工业化、城市化作为世界发展的现实主题,促使一个社会由以初级产品生产为主的乡村经济阶段进入结构高级化的发达经济阶段,由传统落后的乡村社会转化成为现代先进的城市社会。这正是中国工业化、城市化第二阶段发展战略的实质性内容。

因此,中国工业化城市化发展战略,主要包括三项内容:一是农村发展战略;二是城市发展战略;三是城乡一体化发展战略。这三项内容有机地融合于一体,构成中国工业化—城市化阶段一个统一的工业化、城市化整体战略。在总体战略中,每一项分战略都有特定的战略重点,各自突破,推进整体发展。农村发展战略的重点是建立发达而又稳定的农村基础,推进农村工业化和非农化与农村城市化,实现农村综合发展,在城市发展进程中,推进农村繁荣。这是在中国现实背景下的自然继承和发展。在农村发展和城市发展的双重推动下,农业发展的空间大大拓宽,农业转化为采用集约经营、规模经营和现代化生产方式的持续发展模式。城市发展的战略重点是建立强大的现代化的基础设施,实现工业现代化和第三次产业的长足发展。城市形成强大的对乡村人口的吸纳能力,城市发展开放化和国际化。城乡一体化发展的战略重点是进行城乡融合的制度创新,形成城乡统一大市场,逐步建立城乡人口双向自由流动机制。

(一)中国工业化—城市化阶段的战略目标

中国工业化—城市化阶段的战略目标是:从 1990 年到 2020 年,用 30 年左右的时间,完成以初级产品生产为主的乡村经济社会向结构高级化的发达经济社会的过渡,推进工业化与城市化同步发展,使第一次产业的产出份额降到 15% 左右,就业份额降到 20% 左右,城市人口份额上升到 60% 左右(如表 7-1),基本完成数量型变动的使命,同时促进质量型改善,实现中国社会由传统落后的农业和乡村社会向现代先进的工业和城市社会转型。与此同时,在这个过程中,要建立并完善国际化的市场经济制度,围绕工业化、城市化进程推进技术创新、组织创新和制度创新,实现总体步入现代化。

表 7-1　中国工业化—城市化阶段(1990—2020)的工业化、城市化进程

年份			1990	2000	2020
人均国民生产总值(1980 年美元)			610	1 200	4 200
三次产业结构%	产出	第一次产业	28	25	15
		第二次产业	44	40	35
		第三次产业	28	35	50
	就业	第一次产业	60	45	20
		第二次产业	21	25	35
		第三次产业	19	30	45

(续表)

年份		1990	2000	2020
城市人口占全国人口%		28	35—45	55—65
总人口(亿)	城乡	11.4	13.0	15.0
	城市	3.0	5.2	9.0
	乡村	9.4	7.8	6.0

注：表中数字由作者根据有关资料调整估算，这些数字只能说明在一定时期内可能达到水平的一种大致的趋势，它并不一定确切。鉴于中国目前的经济资料还不具备用数学模型来精确进行计量分析的良好条件，作者在很大程度上采用了中国与国际横向比较，中国历史、现状与未来纵向比较的方法进行粗略测算，2000年人均GNP是以1980—1990年人均GNP年增7.35%为参照，按年增长率7%推算的，2020年人均GNP是假定2000—2020年年平均增长率6.5%推算的，2000年总人口按14‰的人口自然增长率测算(1980—1990年实际人口自然增长率是14.8‰)，2020年总人口按7‰的人口自然增长率推算。其他数字均由比较估算。

完成了这一战略目标，中国就成为一个基本实现了工业化、城市化的国家，但工业化、城市化的全部过程尚未结束，其整个过程的结束是在结构高级化发达经济阶段走完以后。工业化—城市化阶段是整个工业化、城市化过程的关键时期。这个时期要妥善解决工业化、城市化第一阶段遗留的问题，要进行工业化与城市化的相互调适，推进工业化与城市化协调发展，要历经高速增长和剧烈结构变动，从而为进入结构高级化发达经济阶段奠定良好基础。

中国处在以满足温饱为中心的必需品消费阶段刚刚结束，国民经济正走向一个以结构大变革为显著特征的新成长阶段，有着特殊的好处(大国优势)，面临特殊的难处(遗留的难题，人口压力)。这种背景，要求中国工业化—城市化阶段的战略目标分步骤实施，而每一步又具有不同的战略重点和任务，并相互有机地联系在一起。第一步，在20世纪90年代，用整整10年的时间，清理和解决前40年来特别是20世纪80年代没有城市化的农村工业化政策造成的种种难题。20世纪90年代初，几千万农民工涌入大中城市，上千万人愿花高价购买城市户口，各地大量冒出了不同规模的开发区，这一切既含有城市化过度滞后的一种阴影，又表明加速城市化进程的潮头正在涌动。因此，整个20世纪90年代的战略重点是：用兴办工业园区的方式，把农村工业化积蓄起来的能量，引入城市集中释放，并推动乡村人口向城市迁移，加速城市化进程，校正城市化滞后的偏差，促使工业化与城市化协调发展，与此同时，积极推进企业制度创新和城市新体制建设。这是一个重要的历史性选择。

具体地说，要完成五项任务。第一，奠定农业长期持续发展的基础。关键是要通过农业与土地制度创新解决农业投资动力问题，通过工业化、城市化进程推动农业剩余劳动力转移，为扩大农业经营规模，提高农业劳动生产率创造良好的外部环境条件。第二，实现农村工业在高起点上的新跨越。鉴于分散的农村工业化的种种弊端，90年代应着力于以集中的方式发展农村工业。兴办工业园区，对起点较高，在不长时间内能成长为骨干企业的，优先引入开发区。同时，促进农村工业企业的外向化、国际化经营，上档次，上台阶。第三，重点建设一批实行新体制的中小城市、县城关镇和小城镇。这个过程与工业园区的开发同时进行。第四，在加速城市化进程的同时，大力推进第三次产业的发展。把大量的农村剩余劳动力转移到城市从事第三次产业。第五，建立新型的城乡关系体制，城乡之间相互开放，各种要素合理流动。上述五个方面做好了，就可以使第一次产业的就业份额下降到50%以下，第三次产业就业比重上升到30%左右，人口城市化比重达40%左右。

第二步，从21世纪初开始到2020年，在前10年发展的基础上，全力推进工业化、城市化，全面完成工业化—城市化阶段的战略目标，逐步向结构高级化发达经济的工业化、城市化阶段过渡。这个时期战略目标的重点是推进工业结构高级化和新兴产业的发展，加强城乡第三次产业的发展，建立强大的基础设施，农业改造的方向是实现现代化，农村发展的动力是城乡融合。经过这个阶段的发展，第三次产业的产出和就业份额分别达到50%和45%左右，人口城市化水平上升到60%左右。同时，要进一步完善企业制度和城市体制，加大原有城市体制改革的力度，在推进各类城市全面发展的基础上，普遍实行新型的城市体制。

概括地说，中国工业化—城市化发展战略是一项"外向化，复合型，全方位突破式推进，持续发展"的战略。这是中国成功地跨进现代化行列的必由之路。这里，外向化是就中国工业化、城市化的走向而言的，经过工业化城市化阶段中国将形成全面开放的格局。对于工业化来说,中国要全力实施出口替代的工业化战略,巧妙地利用国际市场,充分发挥中国劳动力长期丰富的优势,增强国际竞争力;同时更好地利用大国优势,满足本国非必需品消费市场的需求。从城市化方面看,城市发展以开放化为特点,走向国际化,各类城市都与国际市场普遍发生商品交换和资本、劳动、土地(产权)、科技等生产要素的流动,进行文化、教育、艺术、体育等各个领域的广泛交流;同时城市与乡村的联系更为紧密,实现城乡高度融合。中国工业化、城市化外向化导向战略的实施,旨在促使中国的工业化、城市化及中国经济融进世界潮流,既在国际环境中发展自己,又在世界多极化的发展中贡献力量。

复合型是针对发展模式来说的,强调要诱发多元主体的各种动力并复合成一体,推进工业化、城市化进展。就工业化来说,在积极推进工业城市化发展的同时,努力支持乡村工业的发展;而工业化的主体包括国有企业、股份制企业、集体企业和私人企业等多元主体,特别要支持股份制企业和私人企业的健康发展,形成工业化的新的生长点。对于城市化而言,复合型城市化模式是"集中型"与"扩散型"城市化战略的有机结合,大、中、小城市及小城镇全局发展,从而形成一种现代化的城市体系;而城市建设的主体是多元的,包括中央政府、地方政府、各类企业和个人。中国工业化、城市化复合型战略模式,着力于从全局角度调动各个方面的动力,充分发挥各地区、各行业、各个人的潜力。全方位突破式推进,是总体战略的一种分阶段实施战略。全方位强调的是在实施总体战略的条件下实现全面发展,推进城乡三次产业和新兴产业的协调发展,推进城市与乡村的共同发展,促进工业化与城市化同步发展,协调、共同、同步发展不是同速发展,各个时期又有不同的突破口,实行跳跃式发展,这就是所谓的突破式推进。在近10年,工业化的突破是实行农村工业集中发展,第三次产业加速发展和企业制度创新;城市化的突破是通过多渠道筹资,重点建设一批中小城市和县城关镇,推进城市新体制建设和城市体制改革。在后20年,工业化的重点是工业结构高级化和第三次产业化,同时要培植新兴产业的发展;城市化的重点是建设强大的基础设施,推进新型城市体制建设。

持续发展是就目标而言的,要求推进工业化、城市化阶段性、持久性的稳定、协调发展,要求自然发展与经济发展,当代发展与未来发展的统一。从工业化方面看,不宜追求短期快速增长,而要促进长期稳定发展,避免因短期增长牺牲长期发展,前期的工业发展要为后期的工业发展提供条件,而不是设置障碍。就城市化来说,要十分重视城市发展的长期投资,特别是长久发挥作用的基础设施的投资,加强城市环境建设和生态保护,构筑美好的人文景观,注重保护历史文化遗产和培植城市文明。持续发展的结果是完成向结构高级化的发达经济阶段过渡,实现向现代先进的工业和城市社会转型。

综上可见,本章提出的中国工业化—城市化阶段所推行的工业化—城市化发展战略,是一种推进工业化、城市化同步协调发展的积极的开放的全新战略。它与中国的传统发展战略和大多数发展中国家正在推行的战略相比,有着根本的差别。突出地表现在中国的传统战略和目前多数发展中国家所实施的战略是限制城市化进程,而中国所要推行的战略是一项促进城市化加速发展的战略。1978年,联合国对116个发展中国家中的90个国家的调查表明,发展中国家已经开始制定政策以放慢或扭转人口由农村向城市迁移的倾向(迈克尔·P. 托达罗,1992,第232页)。而中国的这项战略则强调在推进工业化过程中,加速城市化进程;在推进工业结构高级化过程中,加速第三产业的发展;在突破式扩张中,实现全局发展,是一项长期发展战略。中国工业化—城市化发展战略的真实宗旨是要建立一个结构高级化的发达经济,现代先进的工业和城市社会。

(二)中国工业化—城市化阶段发展战略的现实性与可行性

工业文明是一种世界性文明,从农业社会进入工业社会是人类社会进步的必由之路。20世纪90年代初,中国农业的产出份额已降到28%,就业份额为60%,从就业角度看,仍属于农业社会。但是,中国进入工业社会已是不可阻挡的历史趋势。由工业化推动农村人口大规模向城市迁移,从而引起整个社会的历史性变迁——从乡村社会向城市社会转型,普及城市文明是世界各国社会经济发展的共同道路,是一种国际性趋势。目前,中国人口城市化率还不到30%,城市化水平亟待提高。中国不应该也不可能脱离世界文明发展的主线而独道孤行,中国已进入由农业和乡村社会向工业和城市社会过渡的时代,中国工业化—城市化阶段的发展战略,就是要成功地推进这一变迁。这是一项现实且可行的战略。

1. 根据国际经验,中国工业化—城市化发展战略是切实可行的

第一,从国民生产总值的增长趋势看,战略中所提出的人均国民生产总值增长目标是完全可以实现的。到 2000 年和 2020 年要使中国的人均 GNP 分别达到 1 200 美元和 4 200 美元,意味着要求前 10 年和后 20 年人均 GNP 年增长率分别达到 7% 和 6.5%,考虑进中国的人口增长因素,国民生产总值年增长率要分别达到 8.5% 和 7.5% 左右。这个增长率似乎比较高,但实际上是能够做到的,世界上不乏这样的先例。日本 1955—1975 年 20 年间国民生产总值年增长率超过 8.5%,其中 1961—1965 年年平均增长率为 9.7%,1966—1970 年年平均增长率高达 11.6%。韩国 1953—1985 年国内生产总值年平均增长 8%,1962—1985 年年平均增长 8.7%(基思·格里芬,1992,第 162 页)。更何况中国在 1980—1990 年国民生产总值已经达到 8.9% 的年增长速度,目前正处于新成长阶段的高速增长期。

第二,根据经济发展水平来看产业结构变革和工业化的程度,要达到战略中所提出的有关数量指标难度不大。从表 7 - 1 中 2000 年三次产业产出结构预期状况与表 7 - 2 中 900 美元时标准结构的三次产业产出结构状况的比较中可以发现,对 2000 年产出结构变革的要求是留有余地的。从产出结构看,2000 年第一次产业的份额与标准结构相比基本上是一致的,10 年只下降 3 个百分点。在经济高速发展过程中,采取缓慢的第一次产业份额下降的策略,体现了支持第一次产业特别是农业发展的战略思想。第三次产业产出份额上升到 35%,仍未达到标准结构的水平,是充分考虑到中国第三次产业落后的现实的,在大力发展第三次产业的进程中完全有条件高于这个份额。从就业结构看,与标准就业结构相比,第一次产业、第二次产业稍偏高,第三次产业稍偏低,这也是从目前中国就业结构的现实考虑的,是完全可行的。同样,根据比较研究,2020 年产业结构变革趋向也是合理的。

表 7 - 2 世界发展模型标准就业结构(%)

人均 GNP(1980 年美元)	第一次产业	第二次产业	第三次产业
小于 300	71.2	7.8	21.0
300	65.8	9.1	25.1

(续表)

人均 GNP(1980 年美元)	第一次产业	第二次产业	第三次产业
600	55.7	16.4	27.9
900	48.9	20.6	30.4
1 200	43.8	23.5	32.7
1 500	39.5	25.8	34.7
2 400	30.0	30.3	39.6
3 000	25.2	32.5	42.3
大于 3 000	15.9	36.8	47.3

资料来源：H. 钱纳里等，1988：《发展的型式(1950—1970)》，经济科学出版社，第 64 页。原为 1964 年美元，这里按 1∶3 换算成 1980 年美元。

第三，本战略中提出的人口城市化指标是有较大的实现余地的。据国外专家对 111 个国家的实例调查，发现当人均收入从 250 美元上升到 1 500 美元，再上升到 5 000 美元或者更多，城市化的人口比例就从 25％上升到大约 50％，再上升到超过 70％。提出 2000 年和 2020 年人口城市化率分别达到 35％—45％和 55％—65％，与前者比较，是偏低的。再用美国学者埃德温·米尔斯等(埃德温·米尔斯等，1989)介绍的公式计算我国 2000 年和 2020 年的城市化比重应达到的水平：

$$U_t = 73.028\,6 - 0.715\,7A_t + 13.370\,6Y_t - 6.688\,6Y_t^2 + 1.033\,8\,t$$

其中：U_t 为第 t 年的城市化百分点；Y_t 为第 t 年人均 GNP/1000；A_t 为第 t 年农业劳动力比重(百分点)。t 的取值：(1) 在计算 2000 年 U_t 时，1990 年时为 0，2000 年时为 1；(2) 在计算 2020 年 U_t 时，2000 年时为 0，2020 年时为 1。所有数字按表 7-1 给定数字计算。计算结果是：2000 年的城市化比重应为 43.36％，2020 年的城市化比重应为 64.18％。与此对照，本战略中提出的城市化指标仍然是偏低的。可见，中国城市化的战略目标是有较大的实现空间的。

如此看来，根据工业化、城市化的国际经验，我们提出的中国工业化城市化发展战略是积极而稳妥的，有很强的可行性。诚然，国际经验只具有参考价值，不等于中国未来的现实,中国工业化、城市化战略能否成功实施还要看中国的国情。但是,我们不能背离世界一般性规律的指向,而要善于借鉴国际经验,遵循一般性规律,并结合国情研究本国的特殊规律。

2. 从中国国情来考察,中国具备了实现工业化—城市化发展战略目标的基本条件

中国工业化—城市化发展战略是在改革和发展的深刻背景下推进的,随着改革和发展的进程,中国工业化—城市化发展战略两步走的战略思路和实施方案是完全切合实际的。

首先,分析20世纪最后10年:中国工业化—城市化发展战略的第一步。

实现第一步战略目标的主要限制因素是资本和就业,这里集中对这两个因素加以论述。如前所述,2000年要使城市化比重达到40%,也即使城市人口达到5.2亿人,意味着在此期间要从农村净迁入城市1.8亿人,要解决2.2亿新增城市人口的基础设施投资和住宅投资,以及1.1亿新增城市劳动力就业的生产性投资。假设每增加一个城市人口需基础设施投资3750元(邓英淘,1993),住宅投资3 720元(1989年住宅投资每平方米372元,人均住房建筑面积10平方米)(陈吉元,1992,第240页),合计为7 470元,新增2.2亿城市人口,需总投资16 434亿元(其中城市基础设施投资8 250亿元,住宅投资8 184亿元)。假定每增加一个城市就业岗位需投资2万元,1.1亿新增城市就业人口需要投资11 000亿元。两项合计需要资本27 434亿元。根据预测,从1991年至2000年中国GNP年均增长8.5%,到2000年当年GNP达到40 008亿元(1990年价格,下同)。若以积累占GNP25%来计算,则10年积累总额为71 205亿元。其中可作为住宅和城市基础设施的建设资本(一般占GNP的10%)(孟昕,1988,第313—315页)约为28 482亿元,而新增城市人口所需的这方面投资占该数额的57.7%。城市新增劳动就业投资占积累总额的15.5%。这期间,2.2亿新增城市人口所需的总投资占总积累的比例是38.5%。

照此来看,加速城市化进程和增加非农产业就业的资本来源虽不宽裕,但基本是有保障的。而且,在投资主体多元化的条件下,这笔资本的筹集变得更容易了。这与我们所要做出的制度供给紧密相关,在中国工业化—城市化发展战略实施的第4个

因素,要通过政策导向兴办工业园区,促进农村工业向城市集中;同时,要建设一批实行股份制新体制的中小城市、县城关镇和小城镇,城市基础设施建设的资本,主要以多渠道集资和股份制形式获得,进城农民成为市民但没有被国家"包下来的身份"。显然,这使资本对城市化和非农化(工业化)的约束大大软化了。

在城市化加速发展的背景下,2000年劳动力就业转移和就业结构变革的难度减小了。假定2000年劳动力是人口总数的50％,需要安排就业6.5亿人,比1990年多0.8亿人,加上10年内要从第一次产业转移出0.5亿人,即要安排1.3亿劳动力进入第二、三次产业就业。其中,4 000万人进入第二次产业就业,9 000万人进入第三次产业就业。从80年代仅农村工业和农村建筑业就新增4 641万多劳动力就业的事实看,90年代第二次产业新创造4 000万个就业机会是不成问题的。至于第三次产业就业人员的大量增加,是以加速城市化为条件的。而且,由于过去40年第三次产业发展十分不足,本身就空余一定的就业空间。再根据前面的分析,第三次产业创造就业机会的资本是有保障的。这表明,第三次产业的就业空间是十分广阔的。

其次,分析21世纪最初20年(2000—2020):中国工业化—城市化发展战略的第二步。

从总体上看,第二步战略目标实现的难度并不大,但涉及的因素较多,显得有些复杂。下面从几个方面进行阐述,以阐述其可行性。

第一,关于土地与自然资源。我国土地资源潜在的自然生产力约为每年72.6亿吨干物质,其理论最大承载人口能力约为15—16亿人(胡鞍钢、王毅,1989)。若把技术进步的因素考虑进去,中国土地资源潜在的生产能力要比这大得多。而且,随着制度改革和发展的深入,对土地的长期投资能力增强,资本替代土地成为可能,土地供给条件和能力将改善。可见,现有土地资源养活中国2020年15亿人口不成问题。至于工业化、城市化所需要的土地资源数量肯定是可以满足的。事实上,世界上没有一个国家因土地供给问题而阻碍工业化、城市化进程。工业化、城市化本身是一种集约利用土地的生产方式。中国过去的工业化、城市化已经占用了大量土地,今后通过农村工业集中发展和小城镇整合,配合土地整治,不必再多占用土地。从总体上看,按人均计算的自然资源,中国与世界水平相比是相当少的,但并不是最小的国家。更何况,中国外向化的发展战略将使中国经济融入国际经济格局中,国内资源的余缺可以通过国际市场调剂。到21世纪,中国国内自然资源的多寡,不再是工业化、城市化与经济发展的唯一决定性因素。不过,工业化、城市化发展过程中可能造成的环境污染问题,与本国环境资源的自净能力有关,环境自净能力是不可能通过国际市场来进口的。因此,中国工业化、城市化过程中应该十分重视环境建设和环境保护,以免引起不良后果。

第二,关于人口与就业。到2020年,城市人口比重达到60%,城市人口达到9亿人,在20年内,新增城市人口3.8亿人,要新创造城市就业机会1.9亿个。与20世纪90年代相比,新增城市人口和城市就业的任务并不艰巨。况且,中国的城市化框架是一种大、中、小城市及小城镇全局发展的模式,人口容量和就业容量都较大。这期间,农村第二、三次产业劳动力增加到1.5亿人,新增就业0.6亿人,根据过去农村发展的经验,这部分劳动力的就业是有保障的。再从就业结构看,到2020年,第一次产业的就业人员为1.5亿人,第二、三次产业就业人员分别约为2.62亿人和3.38亿人。与2000年相比,第一次产业就业减少1.4亿人,第二、三次产业就业分别增加1亿人和1.4亿人。显然,随着中国工业化—城市化发展战略的实施,可以创造出足够的就业机会满足第二、三次产业的就业需求。

第三,关于资本。长期以来,人们一直认为,中国工业化、城市化及经济发展的最大约束是资本短缺。然而,进入21世纪,情况并非如此。按照前文提供的有关数据计算,到2020年当年GNP达到169 948亿元。仍以25%的积累率算,20年内积累总额为465 618亿元。3.8亿城市人口所需要住宅和城市基础设施投资为28 386亿元,新增2.4亿个第二、三次产业就业岗位需要投资24 000亿元,两项合计52 386亿元。这部分投资仅占积累额的11.25%。可见3.8亿人口城市化和2.4亿劳动力就业转移的资本是充足的。

总的来看,中国工业化—城市化发展战略目标的实现,所面临的难题主要不是来自人口、资本、土地、资源、环境、技术、交通、住宅、设施等方面的困难和问题。中国目前所具有的物质条件和资本存量,以及面临的国际大气候和世界技术进步条件,都充分说明中国工业化—城市化发展战略目标的实现条件是良好的。我们认为,实现战略目标的真正难点还是集中在体制、机制、效率方面，因而要在改革与发展两大主题的协调上，推进中国工业化和城市化进程。

本文原载于《管理世界》1994年第4期，编入本书时做了适当修改。作者：高波。

第八章　跨国公司研发国际化与中国世界制造中心成长

随着经济全球化和新经济浪潮的深入发展,跨国公司研发(R&D)活动国际化趋势日益增强。跨国公司研发活动国际化是技术国际化的主要内容和推动技术创新全球化的最重要的角色。20世纪90年代以来,进入中国的外商直接投资(FDI)经历着快速结构升级的过程,其中从制造业转移向研发机构和地区运营总部扩展,跨国公司在华设立研发机构,成为最为引人注目的现象之一。随着中国作为全球重要制造基地地位的逐渐形成和加强,向中国转移研发能力,已成为众多跨国公司的共识。中国正处在世界制造基地向世界制造中心转变的过程中,应抓住机遇,最大可能的发挥跨国公司研发国际化给中国技术进步带来的积极作用,提升中国制造业自主技术创新能力,实现向世界制造中心升级。

一、跨国公司研发活动的国际化趋势日益增强

全球研发开支在过去的十年中迅速增长,2002年约达6770亿美元。跨国公司是全球研发的驱动者。保守的估计,跨国公司占全球研发开支的近半数,占工商研发开支(估计为4500亿美元)的至少三分之二。事实上,一些大型跨国公司的研发支出高于许多国家的研发支出。2003年研发支出超过50亿美元的跨国公司有六家(福特汽车、辉瑞制药、戴姆勒-克莱斯勒、西门子、丰田和通用汽车),而发展中经济体中,研发总支出接近或超过50亿美元的只有巴西、中国、韩国和中国台湾。

20世纪80年代以来,跨国公司在海外设立大型实验室明显呈加快趋势,其目的在于充分整合全球的技术创新资源,开拓全球市场。在一些发展中国家和东南欧及独联体国家,跨国公司的研发活动日趋以全球市场为目标,并努力与跨国公司的核心

创新结合为一体。总的来看,跨国公司研发呈现出以下特点:一是跨国公司研发机构分散化;二是跨国公司海外研发投资明显增长;三是跨国公司研发战略联盟大量增加;四是研发人员本土化倾向。

2005年9月,联合国贸发会议(UNCTAD)在其发布的《2005世界投资报告》(World Investment Report 2005)中指出,在研发国际化过程中,跨国公司的研发活动在发展中东道国的增长非常迅速,越来越被引起重视。在研发国际化扩大的过程中,外国子公司在许多东道国的研发活动中发挥了较为重要的作用。数据表明,在1993—2002年期间,全世界外国子公司的研发支出从大约300亿美元上升到了670亿美元。其中外国子公司在发展中世界工商研发中的份额从1996年的2%上升到2002年的18%。在2003年,外国子公司占爱尔兰、匈牙利和新加坡全部工商研发的半数以上。研发联盟数量的上升和专利报批活动的增加等其他指标也同样表明,研发活动加大了在发展中国家的国际化力度。联合国贸发会议在2004—2005年期间对世界研发活动支出最大的公司所做的调查显示,所调查的跨国公司有50%以上已经在中国、印度或新加坡开展研发活动;做了答复的公司中把中国作为未来研发拓展目的地的数目最多,接着是美国和印度。种种迹象表明,跨国公司研发有向发展中国家转移的趋势。

从理论上说,研发活动进入发展中国家是出于两个原因:第一,由于跨国公司不断扩大在发展中国家的生产,可以预期一些调整适应型的研发活动会随之跟进;第二,研发活动是服务活动的一种形式,与其他服务一样,具有"分解性",可以把其中某些部分放在能够以最高效率实施的地方开展。大体来看,决定研发活动向发展中国家发展的因素有以下两种:首先,竞争的不断强化、发达国家研发成本的上升和科技人力的短缺以及研发活动复杂性的不断提高,增强了研发国际化的必要性;其次,制造过程正在向全球化发展、一些发展中国家有着庞大和迅速扩张的市场,这些因素提高了这些国家作为新地点的吸引力。

跨国公司研发活动在向发展中东道国转移过程中,中国逐渐成为跨国公司海外研发活动的重要支点。在进入中国市场过程中,跨国公司随着在华企业的增加,在华业务迅速膨胀,根据其对中国市场潜力的判断、对中国研发环境的分析以及其经营和研发全球化的综合考虑,它们开始在中国建立专门的研发机构。1993 年,摩托罗拉公司就在中国设立了第一个外资研发实验室。1994 年,北方电讯投资成立北京邮电大学—北方电信研究开发中心。1995 年,贝尔实验室在上海设立分支机构。同年,IBM 中国研究中心也随之成立。1996 年起,知名跨国公司掀起了在华独资建立 R&D 机构的热潮,相继在华建立研究院、研究中心、技术开发中心、实验室,或宣布大型 R&D 投资计划。而微软中国研究院和英特尔中国研究中心的成立,则将这一热潮推向了顶点。① 由此,中国已经成为跨国公司 R&D 海外基地,其研发重心也从贴近本地市场向基础性技术创新转变。联合国贸发会议在《2005 世界投资报告》指出,目前中国的国外研发单位数目约为 700 个。由此,中国已经成为跨国公司研发海外基地,其研发重心也从贴近本地市场向基础性技术创新转变。跨国公司在中国建立研发海外基地,弥补了中国研发投入的不足,同时也带来了世界先进技术,有利于培养出高水平的科研人才,引进了先进的研发经营管理经验,使中国有机会参与和分享全球研发活动及其成果,更新和提升技术层次。

二、跨国公司研发国际化对东道国技术发展的影响

经济全球化要求所有的企业必须具备提升或保持竞争力所需的技术和创新能力。我们知道,研发只是创新的来源之一,却是一个非常重要的来源。没有一个国家能够独立生产出保持竞争力和持续增长所必需的全部知识。因此,各国都有接入国际创新网络的迫切意愿。与研发活动相关的外流外商直接投资和内流外商直接投资是实现这一目的的重要途径。从东道国的角度看,研发国际化不但为转让在其他地方开创的技术,而且也为技术开发进程本身打开了大门。这将帮助一些东道国加强自己的技术和创新能力。无疑,研发国际化在一定程度上激活了发展中东道国的技术进步。

---

① 参见《跨国公司在中国研发机构素描》,网址 http://www.citso.net/bbs/posting.php? mode=quote&p=102。

研发国际化为发展中国家带来了新的机会。第一,可借以获得技术,生产高增值产品和服务,开发新的技能,也可以通过向本地公司和机构溢出的效应培养创新文化。第二,投入研发的外国直接投资能够帮助各国加强自身的创新体制,提升产业和技术,有利于它们发挥要求更高的职能,操作更先进的设备,生产更复杂的产品。必须明确的是,研发国际化对发展中东道国技术进步产生外溢影响的一个关键因素是吸收能力。一方面,国内企业和技术机构的技术能力是吸引研发活动的必要条件;另一方面,它也是获得研发活动外溢利益的必要条件。从研发的外部溢出效应来看,积极作用的大小取决于本地企业和机构在什么程度上能够通过接触来吸收和学习研发方法和技能。此外,研发活动类型和研发活动是否与生产活动相挂钩也是一个重要的因素。跨国公司与东道发展中国家本地企业和研发机构之间的互动越多,本国的创新体制越先进,东道经济体技术进步受到积极影响的可能性也就越大。

跨国公司研发活动中,往往大量雇用东道国优秀的技术人员、管理人员和市场开拓人员。如果东道国有足够吸引力的政策和制度改进的措施,在一定程度上将增强东道国的技术创新能力,为东道国储备和开发有质量的人力资源,加大东道国企业的竞争动力从而为东道国企业获取先进制造技术创造条件。Kokko(1994)将技术外溢向外扩散的途径归纳为:第一,外资经济的出现,促进当地厂商技术效率和产品质量的提高;第二,外资企业将相关技术提供给东道国上游和下游企业;第三,外资企业培训的技术工人和管理人员在将来可能进入当地企业;第四,外资企业带来的市场竞争压力,促使当地厂商使用新技术以提高效率。一般地,技术外溢是附着在具体的载体(如人员、设备等)之上,通过载体的移动而实现的。从长期来看,外商直接投资的流入会通过对人员的培训而有助于人力资本的培养与增加劳动市场上技术人才的供给。对技术与管理人才的竞争以及人员的流动也将使他们成为技术外溢的载体。应当指出,外溢效果的大小是与当地企业之间的竞争强度直接相关联的。

研发国际化对东道国技术进步的作用机制。跨国公司研发机构对于带动东道国的研发活动,无疑具有或多或少的技术"溢出效应"。因为跨国公司在海外进行研发活动一开始就定位在比较高的水平,装备了先进的设备和技术,派去了高级技术专家。同时,也带去现代的管理经验,并通过其全球信息系统及时享用其研发总部的科技信息,这就有可能使在东道国的研发工作处于同一领域的前沿。具体来看,跨国公司研发国际化将给东道国带来的好处有以下几方面。第一,跨国公司研发机构提供的国际水平的薪酬和尖端科研工作条件,可以吸引大量国际水平的科研人才进入东道国服务。同时吸收部分本土科研人才参与其研发活动,可以大大提高本土科研人才的水平。第二,研发机构人才的合理流动,以及跨国公司研发机构与本土科研机构的合作,将促进先进科研技术、信息的扩散。第三,跨国公司研发机构对本土企业和科研机构具有示范作用,有利于提高本土研发机构的管理水平和面向市场开发产品的能力。第四,同行业的本土公司可以从外资公司的基础研究所开发的新产品、新工艺中得益。值得注意的是,通常跨国公司中央实验室和其海外研发分支机构间,技术和知识是相互流动的,这种相互作用将使东道国的研究与开发活动在长期中受益。

就跨国公司在中国设立研发机构而言,跨国公司与当地企业、高等院校以及科研机构广泛的技术合作,将有助于中国增强技术创新能力。通过广泛而密切的合作,跨国公司与我国科研机构、高等院校建立合资研发中心的市场指向性,研发行为的经济效益性,增强了我国科研机构的市场观念。也为生产与科研之间的产、学、研相结合起到引导作用。对当地科研人员了解所在领域的研究动向、存在的问题以及寻找解决问题的可能方法等将提供帮助。对当地科研机构的研发管理水平的提升也将起着积极作用。毫无疑问,跨国公司在中国开展研发或多或少将有助于增强我国技术创新能力。

另一方面,跨国公司研发国际化也有可能给发展中东道国带来负面影响。比如说,外国直接投资接管东道国国内企业可能会使现有的研发活动萎缩;与跨国公司开展研发领域协作的当地企业和机构可能得不到公平的补偿;为了吸引与研发有关的外商直接投资而出现各国出台优惠政策的恶性竞争;以及跨国公司自身的不道德行为。此外,在跨国公司力图保留专有知识和东道国政府力求尽可能扩大溢出效应之间,两者可能发生冲突。从实际情况来看,迄今为止,外商直接投资在制造业中主要集中在技术含量较低的加工领域。

在全球生产体系中,发达国家把产品制造和装配等低增值部分放在低工资的发展中国家,自己则控制着新产品、新工艺和新装备的开发设计及产品营销等高增值环节,并通过知识产权保护以确保其新产品、新工艺和新装备的开发设计等方面的领导地位,从而保证其高额利润。不仅如此,发达国家还通过将中低端制造技术向发展中国家转移而强化后者的技术依赖性,从而获得实际的控制权。例如,20世纪90年代中期以来,在生物技术、新材料和新能源技术领域,美国早已确立了领先优势。美国利用信息革命和知识经济的技术创新优势完成了制造业中心与科技中心的相对分离,开始了以科技中心控制制造业中心的新时代。作为全球最重要的信息产业制造中心,东亚地区的信息产业在技术、生产及市场等方面对美国有着明显的依赖性。在实际运行中,全球科技中心对制造业中心的控制主要通过跨国公司内部分工、扶持委托加工制造中心、强化低端产品对高端产品的依赖、核心技术对生产性技术的控制以及市场需求等方式来实现(唐杰、蔡增正,2002)。

从工业化进程来看,自主创新能力不强已成为制约中国经济社会持续健康发展的瓶颈和隐患。从国际竞争来看,先进技术是一个国家综合国力的根本体现,而事实上,先进技术、特别是先进的战略高技术几乎是不可能从国外引进的。因此,提高中国的自主创新能力已经刻不容缓。而中国要想真正成长为世界制造中心,必须提高自主技术创新能力。

三、自主技术创新能力与中国世界制造中心成长

总体来看,中国制造业发展的基本情况是自主技术创新能力仍然比较薄弱。中国制造业没有掌握大部分核心技术,关键技术及其装备、生产工艺、零部件依赖进口,管理水平和学习能力较低,有国际竞争力的自有品牌很少。大部分先进技术依赖从国外引进,自主创新的技术极少,缺乏消化吸收及创新的资金和人才,基本停留在仿制、实现国产化的低层次阶段。据统计,光纤制造装备的100%、集成电路芯片制造装备的85%、大型成套石油化工装备的80%、轿车工业装备、数控机床、纺织机械、胶印设备等70%由进口产品占领,主要机械产品的技术来源57%依赖于国外进口。

自主创新能力差与中国研发投资比重偏低有直接的关系。1990—2004年,中国研发费占GDP的比重在0.7%~1.5%,而1997年日本、美国和德国的上述比重分别为3.08%、2.54%和2.3%。从企业研究开发费占销售额的比重看,1998中国大

中型工业企业为 1.28%,2000 年为 1.49%,最高的 2002 年为 1.73%,2004 年为 1.49%。如果包括几乎不进行研发的中小企业,则上述比重就更低了。由于研究开发投资不足,尽管中国在引进技术方面投入不少,但在引进技术的消化吸收方面花费极少,无法有效地掌握先进技术。1997 年中国技术引进额为 236.5 亿美元,而消化吸收方面的支出仅为 13.6 亿美元,只相当于前者的 5.8%;2000 年这一比例上升至 7.4%,2004 年为 15.2%。一方面,由于存在着较为显著的技术势差,引进的先进技术无法发挥应有的效能;另一方面,引进技术无法成为自主创新的起点,因而强化了对国外先进技术的依赖,不利于国内产业技术进步。

有学者认为,一国最具竞争能力的产业和技术结构是由其禀赋结构所决定的。对于发展中国家,持续的技术进步并不是通过科研投资或人力资本积累来实现的,而是通过厂商在选择产业和技术结构时向发达经济学习来实现的。但是,单纯被动地迎接外商直接投资而没有本地企业技术创新系统的支撑是无法从根本上提升整体制造业竞争力的;而单纯地指望外资企业的技术扩散效应也是不切实际的。应当承认,改革开放以来,引进国外技术一直是中国提高技术与产业水平的重要途径,也确实收到了明显的成效。但随着国际产业和产品的竞争越来越成为技术的竞争,以及中国产业升级对先进技术需求的快速增长,如果不加强自主创新,继续依靠大量引进国外技术来提高产业水平,不但将要付出更加巨大的成本,而且还将会丧失竞争的先机。因此,提高中国制造业的自主创新能力已经刻不容缓。

在全球经济的巨大变革中,制造业生产能力的重要性已是第二位的,而具有对迅速变化的环境做出综合反应的能力则显得越来越重要。从这个意义上来看,创新已成为新产品、新技术、全球化的发动机。Ettlie(1998)阐述了研发与全球制造业的关系,发现市场份额的增长与制造业的敏捷程度具有明显的相关性,而敏捷程度又与研发强度具有明显的相关性。随着生产力的发展,创新对推动社会经济发展的重要作用日显明显。20 世纪末以来美国经济的持续增长并始终牢牢占领世界主要市场的制高点,正是缘于美国持续的知识创新能力。分析美国的情况,我们发现,美国制造业竞争优势的升级来源于持续的技术创新。20 世纪 70 年代受第三次浪潮冲击,美国一度把制造业视为夕阳产业,20 世纪 80 年代初期第三产业占 GDP 的比重升至

60%，大批大型工业企业破产。到了 20 世纪 80 年代末，美国对信息时代的制造业作用有了新的认识，意识到信息革命的到来并不意味着制造业的衰退，从而开始大力推动先进制造技术的研究与应用，为其 90 年代的持续经济扩张打下了基础。因此，专家认为，技术创新是美国新经济产生的一个重要原因（萧琛主译，2003）。

世界制造中心是指一个国家的制造业在其科技力量的支撑下，有一大批企业和众多产品在世界市场上占有主要地位，其一系列产品在世界市场上占有主要份额，但不一定具有唯一性和处于垄断地位，是世界制造中心、营销中心和研发中心的统一，以本土的研究和开发力量为主，即制造中心首先源于科技创新活动的开展，在制造业的整个环节都具有竞争优势。世界制造中心是制造业发展成熟阶段的表现形式。毫无疑问，世界制造中心，其核心应是技术，其依托应是科技进步和技术创新。

经过多年努力，中国已形成较为发达的制造业存量基础、较强的技术吸纳能力，相当比例的制造业已深入国际产业分工价值链的重要环节，并且已形成日益增强的区域创新基础和技术变革力量，持续增长和结构升级的市场需求，构成了不断升级的区位竞争优势。当前，中国制造业仍处于国际分工的低附加值环节，具有世界制造基地的基本特征。随着众多大型跨国公司研发向中国的转移，中国有机会成为其海外研发的重要节点，在自主创新的牵引下，向世界制造中心升级。

理论和实践已经证明，东亚新兴经济体在迅速发展过程中，在技术能力长期积累基础上产生的技术变革起着非常重要的作用，其内在机制是从模仿到创新的技术战略实现过程。由于科技水平的限制，在可预期的较长一段时期内，中国很难产生原发性的技术革命。而在当今的全球生产体系中，世界制造中心与科技中心已分离，通过跨国公司的海外研发布局而以新的方式融合，这就要求世界制造中心必须具备强大的技术吸纳能力，在制造技术上具有明显的竞争优势。

中国的高端制造技术与世界先进水平相比尚有明显差距，由于技术引进对技术受体的专业素质、技术环境的要求较高，因而促进整体企业技术进步的效率较低。尽管当前中国制造业的整体优势主要体现在要素禀赋层面，但越来越多的像海尔、华为等为代表的中国制造自主品牌的国际竞争力持续增强，制造业的技术含量日益增强。随着跨国公司海外研发投资日益增加和区域创新系统的成长和日益完善，长江三角洲、珠江三角洲、环渤海地区已成为跨国公司海外研发投资的热土。这在客观上使中国加入动态的全球技术进步过程,成为中国积累技术变革力量和实现制造技术跨越的重要途径(胡景岩,2002)。

尽管中国绝大多数制造业的行业集中度非常低,产业组织结构高度分散,但在沿海地区形成了一定规模的制造业集聚态势,具备了较为发达的制造业的物质基础和技术基础及技术吸纳能力,已基本构建了相对稳定且低成本的资源获取渠道。应该指出,就中国目前的实际情况来看,目前外资研发机构的溢出效应尚不明显。有研究表明,从苏州的情况看,外资研发活动与本地合作的不到1%(隆国强,2004)。外资研发机构人员较稳定,少量的人员流动也局限于外资企业之间,很少流向国内企业。溢出效应不明显的原因是多方面的,既有跨国公司自身战略的原因,也有我国政策、体制方面的原因造成的溢出渠道不畅,还有本地企业、研发机构接受辐射能力不足的原因。

因此,在跨国公司加速在中国建立研发基地的同时,我们必须采取政策措施,营造鼓励自主创新的微观基础,提高我们的吸收能力。要积极鼓励本土企业加大研发投资,提高整体研发能力;鼓励本土企业加强科技人力资源的开发和培养,提高研发人员的素质和能力。充分利用跨国公司研发机构的溢出效应,要加强几个方面的工作:一是要鼓励并规范研发人员的合理流动;二是加强本地企业与跨国公司的合作;三是鼓励跨国公司研发机构与本地科研机构在基础技术、技术信息等方面的交流以及建立联合研发机构;四是完善技术交易市场,便于研发成果扩散。同时,必须做好政策协调工作。那些正成为跨国公司知识网络中比较重要节点的发展中国家的最重要经验之一就是做好了政策协调。亚洲新兴经济体之所以能取得成功,是因为它们成功地采取了目标明确的能够促进创新和知识流入总体框架的政策。这些国家都积极地争取从海外吸引技术、专门知识、人力和资本,同时对人力资源进行战略性投资,为研发活动进行基础设施开发投资,在吸引外商直接投资进入专项活动的总体战略当中使用了业绩要求和鼓励措施,并战略性地实施了知识产权保护政策。

本文原载于《学术月刊》2006年第12期,编入本书时做了适当修改。作者:毛中根、高波。

第九章 制造业集聚对企业家精神的影响研究：基于产业周期视角

一、引 言

中国特色社会主义进入新时代,实现两个百年目标,建设社会主义现代化国家,必须依靠创新驱动发展。引领创新驱动发展,必须全面激发企业家精神。企业家精神是实现"创造性破坏"内生动态过程的关键,是整合各类生产要素实现创新驱动发展的稀缺无形资源。全面激发企业家精神,有利于深化供给侧结构性改革、释放经济增长内在潜力和持续提升整体竞争力。党的十九大报告明确提出:"激发和保护企业家精神,鼓励更多社会主体投身创新创业。"那么,如何弘扬优秀企业家精神,更好发挥企业家作用,正是本章关注的焦点。

长期以来,国内外学者从不同层面探讨了激发和保护企业家精神的影响因素,大致可以归结为以下三类。一是个人层面,主要研究了创业动机、教育背景、社会经验、期望信念、性别差异、风险偏好等个体特征对企业家精神的影响(Lu & Tao, 2010; Djankov et al., 2006; Yueh, 2009);二是企业层面,主要集中于企业组织结构、企业管理、企业文化等对企业家精神的影响(Kuratko et al., 2008;李新春等,2006;蒋春燕,2011);三是社会和国家层面,主要考察了制度安排、贸易开放、金融发展、文化资本、宗教信仰等方面对企业家精神的影响(李后建,2013;朱彤等,2015;李磊等,2014;高波,2007;阮荣平等,2014)。事实上,作为世界性经济现象,产业集聚是经济活动最突出的地理特征。产业集聚可以通过分享效应、匹配效应和知识溢出效应等影响企业家精神,与没有形成产业集聚的区域相比,产业集聚促使区域内企业家精神水平更高(Acs & Armington,2006,第45页;Glaeser et al.,2010;欧雪银,2013)。2015年,《国务院关于大力推进大众创业万众创新若干政策措施的意见》明确提出:"依托自由贸易试验区、国家自主创新示范区、战略性新兴产业集聚区等创业创新资源密集区域,打造若干具有全球影响力的创业创新中心。"这些构成了本研究的研究动机。

综上所述,本研究着重探讨了制造业集聚影响企业家精神的机制与渠道,明确了影响企业家创新和创业精神的主要矛盾和主要问题,为激发和保护企业家精神提供决策参考,这无疑具有重要的理论价值和现实意义。本研究的贡献主要体现在以下三个方面:第一,将制造业集聚纳入企业家精神影响因素的分析框架,通过理论分析阐述和经验数据验证,对于深入理解企业家精神的成因和培育企业家精神的情景机制提供了一个新的分析视角;第二,基于产业发展的生命周期,考察了制造业集聚对企业家精神的非线性影响,为深入剖析二者之间的动态演进关系奠定了研究基础;第三,从行业技术异质性角度实证检验了不同技术密度行业集聚对企业家精神的影响,并考虑到我国制造业集聚在不同区域之间的不均衡表象非常明显,通过空间异质性的考察,建立起产业与空间的匹配规则,对于制定合理的产业发展政策和区域发展政策具有重要的实践指导价值。

余下部分的内容安排如下:第二部分讨论了产业集聚影响企业家精神的作用机理,并提出了理论假说;第三部构建了计量经济模型,并介绍了选取变量和数据来源;第四部分为实证检验和回归结果分析;最后提出本研究的结论和启示。

二、理论分析与研究假说

米勒(Miller,1983)将企业家精神定义为"冒险、预见性和剧烈的产品创新活动"。伴随社会经济的持续发展,企业家精神被赋予了多种多样的含义,至今尚未形成一个公认的定义。尽管不同学者持有不同的观点,但企业家精神是衡量企业家创造就业机会和激发创新潜力的关键性指标,获得了众多学者的认同。基于这一认知,本研究重点论述了制造业集聚对企业家创新和创业精神的影响机制。

世界经济发展经验表明,产业集聚演进过程本质上是企业家精神的培育机制。产业周期理论重点揭示产业的演进及发展规律。通常情况下,产业发展在萌芽、成长、成熟、衰退等阶段呈现不同的特征。故而,不同产业生命周期阶段孕育了企业家精神的形成、发展和消失的过程(见图9-1)。有鉴于此,下文着重探讨了产业集聚与企业家精神的演进机制。

(一)产业集聚影响企业家创新精神的内在机制

经济发展理论表明,产业集聚会导致大量具有专业技术的工人汇聚一地,为企业相互模仿、学习、交流等活动提供了充足条件,有利于加快新技术、新思想、新观念在企业之间的传递,进而改善现有产品、工艺等科技水准,助推企业的增进性创新。除此之外,产业集聚范围内的企业还可以共享商业服务、金融机构和某些特殊的基础设施等地方公共产品。概况来讲,产业集聚能产生专业化的经济、劳动力供给和技能等外部规模经济,在被地理临近的其他企业获得后,有助于促成知识外溢,形成企业创造和创新的基础(Acs & Armington, 2006, 第 21 页; Feldman et al., 2005)。从产业生命周期理论来看,在产业集聚的初期,集聚区域内创新企业数量的增加有利于提供更多的信息,完善上下游产业链,促使企业间的知识溢出,有利于降低企业研究开发与技术商业化的成本,减少创新的风险和不确定性,进而提升企业家创新精神。与之相对,在产业集聚的衰退阶段,集聚区域内的创新企业趋于依赖传统的技术轨迹和产品路径,对创新鼓励不足,不利于企业家精神的持续提升(Britton, 2004)。换言之,在产业生命周期的后期,绝大多数企业具有相似的资源储备、知识结构和发展能力,原先有利于企业发展的专业化外部性,会由于技术与企业常规演变的路径依赖以及认知锁定等问题,最终不利于企业响应市场需求的动态演变和产业技术的更新,抑制了企业家创新精神的发挥(霍春辉、杨锐,2016)。除此之外,在产业生命周期的后期,集聚区域内企业竞争加剧,也不利于企业将技术外部性内部化以获得更多的创新收益,更不利于激发企业的创新活力。

研究假说1,产业集聚与企业家创新精神间存在"先扬后抑"的倒U形关系。

(二)产业集聚影响企业家创业精神的内在机制

经济发展理论表明,产业集聚可以获取较大的市场规模、较低的生产和运输费用、较多的熟练劳动力以及专业化的生产设备,在生产要素、社会网络、知识信息溢出、柔性专业化和竞争等方面创造优势,形成了丰富的创业资源和良好的创业环境,是企业家启动地区大规模创业活动的关键条件。Krugman(1991)从中心—外围理论视角论证了产业集群依靠集聚效应可以降低创业者进入产业集群的壁垒和成本,进而有利于吸引优秀人才和创业。产业集聚还能产生外部需求效应,通过系统的社会网络体系、知识网络体系和生产网络体系,降低交易成本,为孵化新企业创造了良好的外部环境,大幅提升了企业家创业精神(Frenken et al., 2007)。借助产业集聚,企业可充分利用区域具有比较优势的独特资源,发挥知识信息溢出优势,抗击市场风险、识别新的技术和市场机会,增强创业主体之间的联系,促进培育企业家创业精神。然而,产业集聚并非总能促使新企业的产生,产业集聚对企业家创业精神也可能产生负面影响。在产业生命周期的初期,集聚区域内宽松的外部市场竞争环境,降低了新企业的进入"门槛",对新企业的成长往往发挥正面影响;而在产业生命周期的后期,不断扩大的产业集中度及垂直分离程度,提高了新企业的进入"门槛",造成了较高的企业竞争淘汰率,极易导致产业集聚的负面效应占据支配地位(Sorenson & Audia, 2000)。胡安俊(2016)指出,产业集聚对于企业家精神的作用是一把"双刃剑",一方面产业集聚存在专业化效应、竞争效应和多样化效应,有利于企业数量和就业的增加;另一方面产业集聚程度高的地区往往市场的拥挤效应较为显著,不利于企业数量和就业的增加。

研究假说2:产业集聚与企业家创业精神间存在"先扬后抑"的倒U形关系。

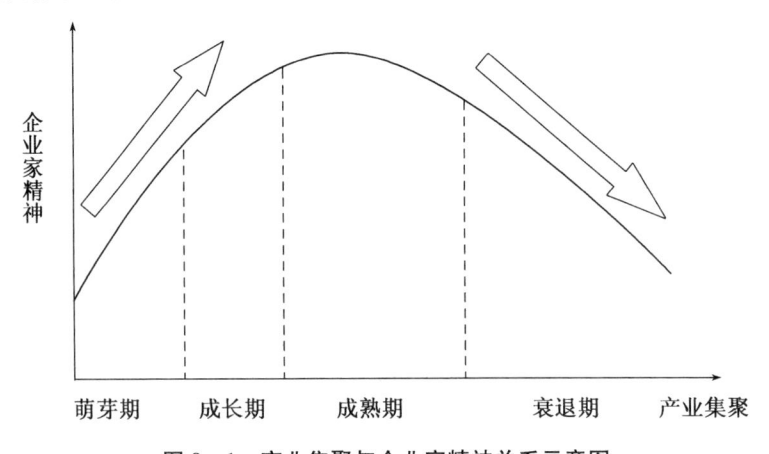

图9-1 产业集聚与企业家精神关系示意图

三、研究设计

上文从理论上阐明了产业集聚与企业家精神之间的非线性关系,接下来基于制造业 20 个行业样本①,重点考察产业周期视角下制造业集聚与企业家精神之间的动态演进关系。

(一)计量模型设定

根据上文的研究假设,设定如下待检验的计量模型:

$$IE_{it} = \alpha + \beta_1 aggl_{it} + \beta_2 aggl_{it}^2 + \beta' X'_{it} + \mu_i + \varepsilon_{it} \tag{9-1}$$

$$BE_{it} = \theta + \varphi_1 aggl_{it} + \varphi_2 aggl_{it}^2 + \varphi' X'_{it} + \mu_i + \varepsilon_{it} \tag{9-2}$$

上式中,i 代表各省、市、自治区,y 代表考察期内的各个年份。被解释变量分别为企业家创新精神(IE)和企业家创业精神(BE)。$aggl$ 是制造业集聚水平。β、φ 为待估参数,X'_{it} 为控制变量。μ_i 为不随时间变化的非观测个体效应,ε_{it} 为随机误差项。

(二)变量测度与数据说明(见表 9-1)

本章选取 2000—2015 年我国 30 个省、市、自治区(剔除数据严重缺失的西藏自治区和港澳台地区)的制造业面板数据,深入分析了制造业集聚与企业家精神之间的关系。其中制造业的相关数据,删除了部分缺失数据的行业,最终选取了 20 个制造业二位码行业作为样本。如无特殊说明,其他数据均来自 Wind 数据库、中国国家统计局网站和历年各省、市、自治区统计年鉴。

1. 被解释变量

企业家精神:企业家精神主要包括企业家创新精神和企业家创业精神,这里借鉴李宏彬等(2009)的方法,选取发明、实用新型和外观设计三种专利的授权数之和作为

---

① 20 个制造业二位码行业分别是:农副食品加工业、食品制造业、饮料制造业、烟草制造业、纺织业、造纸及纸制品业、石油加工、炼焦及核燃料加工业、化学原料及化学制品制造业、医药制造业、化学纤维制造业、非金属矿物制品业、黑色金属冶炼及压延加工业、有色金属冶炼及压延加工业、金属制品业、通用设备制造业、专用设备制造业、交通运输设备制造业、电气机械及器材制造业、通信设备、计算机及其他电子设备制造业、仪器仪表及文化、办公用品机械制造业。

企业家创新精神(IE)的测度指标;企业家创业精神(BE)则采用个体和私营企业就业人数占总就业人数的比重予以衡量。企业家创新精神数据来源于《中国科技统计年鉴(2001—2016)》。

2. 核心解释变量

考虑到数据的可获得性以及认知水平,这里借鉴孔令池等(2016)的方法,利用基尼系数(Gini)衡量制造业行业集聚水平,地区平均集中率(Acr)衡量制造业集聚的空间分布特征。具体计算公式为:

$$Gini_{jt} = \frac{2}{n} \sum_{i=1}^{n} (i \times s_{ijt}) - \frac{n+1}{n} \quad (9-3)$$

$$Acr_{it} = \frac{\sum_{j} s_{ijt}}{m} \quad (9-4)$$

其中,i、j、t 分别是地区、行业和年份,n 代表地区数,m 代表行业数。s_{ijt} 指的是地区 i 行业 j 的就业人员占全国行业 j 总就业人数的比重,地区 i 按照 s_{ijt} 大小递增排序。Gini 和 Acr 的取值范围是[0,1],取值越大代表制造业集聚程度越高。制造业数据来源于《中国工业统计年鉴(2001—2016)》。

3. 控制变量

(1) 人均受教育年限(Hc):(小学学历人口数×6+初中学历人口数×9+高中学历人口数×12+大专及其以上学历人口数×16)÷6 岁以上人口数。(2) 固定资产投资(Invf):全社会固定资产投资额占 GDP 的比重。(3) 居民消费水平(Consum):按常住人口平均计算居民消费水平。(4) 对外开放度(Open):进出口贸易额占 GDP 的比重,其中进出口总额根据年鉴上以美元表示的数据按当年年均汇率换算成人民币金额。(5) 政府干预能力(Gov):地方财政支出占 GDP 的比重。

表 9-1 变量的描述性统计

变量	符号	样本数	均值	标准差	最大值	中位数	最小值
企业家创新精神	IE	480	15 877.83	34 059.48	269 944	4 397	70
企业家创业精神	BE	480	0.59	0.16	1.24	0.60	0.10
地区平均集中率	Acr	480	4.12	3.14	24.52	2.97	1.49

（续表）

变量	符号	样本数	均值	标准差	最大值	中位数	最小值
劳动密集型制造业行业集中度	L_gini	480	2.70	2.94	24.52	1.96	0.65
资本密集型制造业行业集中度	C_gini	480	3.01	2.21	12.19	2.10	0.80
技术密集型制造业行业集中度	T_gini	480	2.11	0.89	5.27	1.90	0.62
人均受教育年限	Hc	480	8.35	1.02	12.03	8.35	5.92
固定资产投资	$Invf$	480	0.55	0.20	1.24	0.51	0.25
居民消费水平	$Consum$	480	8 844.35	6 620.66	43 007	6 858.50	1 947
对外开放度	$Open$	480	0.32	0.40	1.72	0.13	0.04
政府干预能力	Gov	480	0.19	0.08	0.61	0.17	0.07

四、实证检验和结果分析

（一）全样本回归

1. 基准回归

为了形成对照，本研究先进行基准回归。根据 Hausman 检验，结果表明应采用优于随机效应模型的固定效应模型进行估计。回归结果如表 9-2 所示。其中，第(1)(2)列的被解释变量是企业家创新精神，第(3)(4)列的被解释变量是企业家创业精神。

表 9-2 基准回归结果

	企业家创新精神(IE)		企业家创业精神(BE)	
	模型(1)	模型(2)	模型(3)	模型(4)
Acr	−0.036 4*** (0.011 1)	0.022 7** (0.010 9)	−0.005 7*** (0.002 4)	0.025 6*** (0.008 2)

(续表)

	企业家创新精神(IE)		企业家创业精神(BE)	
	模型(1)	模型(2)	模型(3)	模型(4)
Acr^2		−0.003 9** (0.001 8)		−0.004 5** (0.002 2)
Hc	0.351 3*** (0.063 2)	0.357 7*** (0.064 1)	0.075 3*** (0.010 4)	0.075 3*** (0.011 5)
$Invf$	1.521 4*** (0.350 8)	1.110 1*** (0.142 5)	0.187 5*** (0.057 2)	0.173 1*** (0.060 2)
$Lnconsum$	1.359 8*** (0.080 9)	1.334 7*** (0.081 8)	0.105 5*** (0.026 1)	0.096 8*** (0.025 6)
$Open$	0.413 4*** (0.152 1)	0.436 3*** (0.123 4)	0.015 8** (0.007 3)	0.013 9** (0.006 7)
Gov	−0.720 5* (0.414 2)	−0.689 6* (0.367 5)	−0.076 4*** (0.023 6)	−0.105 7*** (0.027 8)
常数项	−6.215 1*** (0.344 5)	−6.236 1*** (0.346 3)	−0.101 8 (0.131 4)	−0.284 0** (0.114 1)
R^2	0.439 1	0.432 9	0.402 7	0.430 8
F	125.35***	124.29***	44.25***	43.49***
地区固定效应	Yes	Yes	Yes	Yes
时间固定效应	Yes	Yes	Yes	Yes
观测值数	480	480	480	480

注：括号内是稳健标准误。***、**、*分别表示在1%、5%、10%的水平下显著。

从表9-2的结果可以看出，模型(1)—(4)中可决系数在0.40—0.44之间，具有一定的解释力。模型(1)和模型(3)的回归结果表明，在不考虑制造业集聚水平的二次项时，制造业集聚与企业家创新和创业精神之间是显著负相关的，即制造业集聚受制于拥塞效应、路径依赖等，对企业家精神的培育起阻碍作用。但根据本研究的理论分析表明，仅仅考虑制造业集聚与企业家精神之间的简单线性关系显然是不科学的。

故而,模型(2)和模型(4)考虑加入了制造业集聚的二次项,回归结果显示制造业集聚的一次项系数显著为正,二次项系数显著为负,表明制造业集聚与企业家精神之间存在非线性的倒 U 形关系。这较好地验证了本研究提出的假说 1 和假说 2。使用数学求导公式计算模型(2)和模型(4)制造业集聚水平的顶点位置分别为 2.91 和 2.84。也就是说,当制造业集聚程度超过顶点位置的水平时,随着集聚的进一步扩张将抑制企业家精神的提升。根据前文制造业集聚水平的描述性统计可知,中位数为 2.97,也就是说,目前绝大多数省、市、自治区的制造业集聚水平位于倒 U 形曲线的下降阶段,这从侧面印证了一次项回归系数的方向。

控制变量方面,人力资本的系数均显著为正,说明创新是人力资本积累和合理配置共同作用的结果,具备特定专业知识、管理才能与创业经历等人力资本对企业家创业具有正面影响。固定资产投资的系数均为正,这表明较高的投资水平能够为企业提供创新和创业所需要的大规模基础设施投入,创造良好的创新和创业环境,有助于提升企业家精神。提高居民消费水平的关键是激活企业家精神和民间投资,反过来居民消费水平的不断增长也会助推企业家的创新和创业活动,故而居民消费水平的估计系数均显著为正。对外开放的系数均显著为正,而政府干预的系数均显著为负,对比说明经济自由有助于催生企业家精神,而政府过度干预则会造成企业家精神的流失。

2. 动态面板回归

企业家精神的培育从长期来看是个动态过程,既受当前因素的影响,也与过去因素有关。因此在模型中加入被解释变量的滞后性,进一步采用系统 GMM 方法估计(见表 9-3)。然而,一个不容忽视的问题是,不仅制造业集聚能培育企业家精神,企业家精神也可以促进制造业集聚,即制造业集聚属于内生变量。此外,如果采用一般的面板数据模型回归,理论上还存在两个方面的内生性问题,一是被解释变量滞后项与随机扰动项相关,可能产生的内生性问题;二是遗漏变量可能导致的内生性问题。因此,为了避免所得到的回归结果是有偏的,本研究采用 Arellano & Bover(1995)提出的系统广义矩估计方法(System GMM)来克服动态面板数据中出现的上述内生性问题。此外,还对差分方程随机扰动项进行二阶序列相关检验,并对工具变量的有效性进行 Hansen 过度识别约束检验。

表 9-3 动态面板回归结果

	企业家创新精神（IE）		企业家创业精神（BE）	
	模型（1）	模型（2）	模型（3）	模型（4）
被解释变量的滞后项	0.7885*** (0.0186)	0.8251*** (0.0198)	0.8242*** (0.0354)	0.8228*** (0.0402)
Acr	−0.0089** (0.0045)	0.0028** (0.0014)	−0.0078*** (0.0021)	0.0074*** (0.0036)
Acr^2		−0.0005** (0.0002)		−0.0013** (0.0006)
控制变量	控制	控制	控制	控制
Hansen 检验	0.5475	0.5657	0.3731	0.4576
AR(1) 检验	0.0014	0.0042	0.0033	0.0120
AR(2) 检验	0.4721	0.6712	0.2374	0.2326
地区固定效应	Yes	Yes	Yes	Yes
时间固定效应	Yes	Yes	Yes	Yes
观测值数	450	450	450	450

注：括号内是稳健标准误。***、**、*分别表示在1%、5%、10%的水平下显著。

如表9-3所示，模型(1)—(4)中的 Hansen 过度识别检验接受了原假设，说明工具变量是有效的。Arellano-Bond 差分后的 AR(1)检验均拒绝原假设，AR(2)检验均不拒绝原假设，说明差分后的残差存在一阶自相关，不存在二阶自相关，模型设定合理。滞后一期的制造业集聚水平的系数均呈正显著，表现出明显的惯性特征。模型(1)和模型(3)制造业集聚的估计系数均为负且显著，表明制造业集聚程度的加大，抑制了企业家精神的提升。模型(2)和模型(4)制造业集聚的一次项估计系数为正，二次项估计系数为负，与上文的研究结论一致，这里不再赘述。综上，上述两种不同的计量模型，估计结果均不发生明显变化，说明本研究结论具有较强的稳健性。

3. 制造业影响企业家精神的行业异质性检验

制造业行业存在构成多样、性质差异和目标多元等复杂性，并且各行业的资源禀赋、技术水平存在差异，那么不同要素密集度的制造业行业的集聚对企业家精神的影响是否也存在差异？本研究进行了行业异质性检验①，在此只报告了滞后期与制造业集聚的回归结果（如表9-4）。

表9-4 行业异质性的检验

	企业家创新精神（IE）			企业家创业精神（BE）		
	模型（1）	模型（2）	模型（3）	模型（4）	模型（5）	模型（6）
被解释变量的滞后项	0.7545*** (0.0185)	0.8176*** (0.0176)	0.8318*** (0.0117)	0.8643*** (0.0181)	0.8598*** (0.0182)	0.8588*** (0.0180)
L_gini	0.0026** (0.0012)			0.0042*** (0.0014)		
L_gini^2	−0.0008*** (0.0003)			−0.0012*** (0.0005)		
C_gini		0.0197* (0.0113)			0.0062** (0.0026)	
C_gini^2		−0.0051** (0.0025)			−0.0015*** (0.0003)	
T_gini			0.0778* (0.0453)			0.0216** (0.0106)
T_gini^2			−0.0167 (0.0106)			−0.0053 (0.0044)
控制变量	控制	控制	控制	控制	控制	控制

---

① 劳动密集型包括农副食品加工业、食品制造业、饮料制造业、烟草加工业、纺织业和造纸及纸制品业等6个行业；资本密集型包括石油加工炼焦及核燃料加工业、非金属矿物制品业、黑色金属冶炼及压延加工业、有色金属冶炼及压延加工业、金属制品业、通用设备制造业、专用设备制造业和仪器仪表及文化办公用机械制造业等8个行业；技术密集型包括医药制造业、化学原料及化学制品制造业、化学纤维制造业、交通运输设备制造业、电气机械及器材制造业、通信设备计算机及其他电子设备制造业等6个行业。

(续表)

	企业家创新精神(IE)		企业家创业精神(BE)			
	模型(1)	模型(2)	模型(3)	模型(4)	模型(5)	模型(6)
Hansen 检验	0.577 5	0.422 0	0.504 6	0.426 5	0.326 4	0.351 2
AR(1) 检验	0.008 7	0.002 6	0.006 5	0.001 7	0.021 7	0.007 3
AR(2) 检验	0.330 4	0.326 9	0.314 2	0.242 2	0.377 5	0.368 9
地区固定效应	Yes	Yes	Yes	Yes	Yes	Yes
时间固定效应	Yes	Yes	Yes	Yes	Yes	Yes
观测值数	450	450	450	450	450	450

注:括号内是稳健标准误。***、**、*分别表示在1%、5%、10%的水平下显著。

如表9-4所示,就不同要素密集程度而言,劳动密集型和资本密集型制造业对企业家精神的影响均显著表现为倒U形关系,技术密集型制造业与企业家精神也存在倒U形关系但估计系数并不显著。这主要是因为,我国技术密集型制造业相对于劳动密集型和资本密集型制造业的发展起步较晚,集聚程度相对较低。根据数学求导公式计算可知,绝大多数省、市、自治区的技术密集型制造业集聚水平位于倒U形曲线的上升阶段。因此,持续发挥技术密集型制造业的规模经济效应和知识溢出效应,将有助于培育企业家精神。与之相反,绝大多数省、市、自治区的劳动密集型和资本密集型制造业集聚水平位于倒U形曲线的下降阶段,主要是由于这两种制造业处于产业生命周期的后期阶段,过于依赖原有的技术轨迹和产品路径,对创新的需求和要求较低,显然不利于企业家创新精神的提升。此外,这两种制造业较高的产业集中度及垂直分离程度,提高了企业的进入"门槛",导致了较高的企业竞争淘汰率,妨碍了新企业的成长。分行业的检验结果表明,只有不断向价值链高端攀升,积极推动产业结构的转型升级,才能维持制造业集聚对企业家精神的提升作用。

(二) 分样本回归

中国具有大国经济特征,区域发展不平衡。本研究将分区域进一步讨论制造业集聚性与企业家精神之间的关系①。表 9-5 中模型(1)和(4)是东部地区,模型(2)和(5)是中部地区,模型(3)和(6)是西部地区。

表 9-5 地区异质性的检验

	企业家创新精神(IE)			企业家创业精神(BE)		
	模型(1)	模型(2)	模型(3)	模型(4)	模型(5)	模型(6)
被解释变量的滞后项	0.850 2*** (0.022 5)	0.884 3*** (0.036 2)	0.839 5*** (0.019 8)	0.832 8*** (0.029 5)	0.849 3*** (0.048 0)	0.836 4*** (0.034 9)
Acr	0.087 6** (0.039 5)	0.055 5* (0.031 2)	0.011 3*** (0.004 2)	0.007 6*** (0.001 2)	0.011 6** (0.005 7)	0.001 1* (0.000 6)
Acr^2	−0.012 7** (0.004 4)	−0.012 2** (0.005 2)	−0.000 4 (0.000 6)	−0.001 2*** (0.000 3)	−0.002 5*** (0.000 9)	0.000 1 (0.000 5)
控制变量	控制	控制	控制	控制	控制	控制
Hansen 检验	0.563 1	0.503 9	0.545 3	0.564 2	0.459 6	0.555 6
AR(1) 检验	0.020 8	0.022 1	0.010 5	0.010 9	0.014 7	0.020 7
AR(2) 检验	0.308 3	0.326 8	0.304 1	0.295 5	0.441 4	0.339 5
地区固定效应	Yes	Yes	Yes	Yes	Yes	Yes
时间固定效应	Yes	Yes	Yes	Yes	Yes	Yes
观测值数	165	120	165	165	120	165

注:括号内是稳健标准误。***、**、* 分别表示在 1%、5%、10%的水平下显著。

从分区域的估计结果看,制造业集聚的一次项的系数估计值均为正,二次项的系数估计值均为负,即制造业集聚与企业家精神之间呈倒 U 形关系,但西部地区的二次项的系数估计值并不显著。根据前文的理论分析,在发展初期制造业集聚会提升企业家精神,在发展后期制造业集聚会延缓企业家精神提升的步伐。西部地区的倒 U 形关系并不显著,主要原因是西部地区通过承接东、中部地区产业转移,正逐步构

---

① 东部地区包括北京、天津、河北、辽宁、上海、江苏、浙江、福建、山东、广东、海南;中部地区包括山西、吉林、黑龙江、安徽、江西、河南、湖北、湖南;西部地区包括内蒙古、广西、重庆、四川、贵州、云南、陕西、甘肃、青海、宁夏、新疆。

建起专业化市场,发挥区域独特资源的比较优势,识别新的技术和市场机会,产业基础仍然较为薄弱,正处于产业生命周期的萌芽阶段。东、中部地区产业发展起步较早,大部分省、市制造业集聚对企业家精神的影响位于倒 U 形曲线的下降阶段。制造业集聚对企业家精神影响的区域差异性检验结果表明,发挥我国制造业集聚对企业家精神的培育作用,一方面需要识别各自的比较优势;另一方面需要充分考虑各区域制造业集聚的现存状况、发展阶段和未来发展趋势等,最终在制定产业发展政策时因地制宜、充分考虑区域特点的比较优势,形成区域间的专业化分工与合作。值得说明的是,本研究的异质性检验进一步验证了制造业集聚对企业家精神影响的稳健性,增强了实证结论的可靠性。

(三) 稳健性检验

为了检验模型结果的稳健性,本研究采用区位熵测算制造业集聚程度后,对计量模型进行重新估算(如表 9-6)。表 9-6 中,模型(1)(5)是全国总样本,模型(2)(6)是东部地区,模型(3)(7)是中部地区,模型(4)(8)是西部地区样本。回归结果显示,各项系数均通过了显著性检验,有效地支持了制造业集聚对企业家精神的非线性影响效应。无论从稳健性检验的变量符号还是显著性上看,结果与前文并不存在显著的差异,这证明了本检验过程和结论的稳健性。

表 9-6 稳健性检验

	企业家创新精神(IE)				企业家创业精神(BE)			
	模型(1)	模型(2)	模型(3)	模型(4)	模型(5)	模型(6)	模型(7)	模型(8)
被解释变量的滞后项	0.8910*** (0.0170)	0.8504*** (0.0147)	0.8413*** (0.0364)	0.8025*** (0.0280)	0.8581*** (0.0457)	0.9227*** (0.0532)	0.8744*** (0.0513)	0.8474*** (0.0436)
Acr	0.0658*** (0.0254)	0.0762** (0.0312)	0.0512* (0.0302)	0.0315* (0.0107)	0.0092*** (0.0031)	0.0351** (0.0121)	0.0148*** (0.0021)	0.0244** (0.0105)
Acr^2	−0.0095** (0.0042)	−0.0111*** (0.0035)	−0.0106* (0.0063)	−0.0039 (0.0189)	−0.0013*** (0.0003)	−0.0080*** (0.0016)	−0.0009** (0.0004)	−0.0001 (0.0001)
控制变量	控制	控制	控制	控制	控制	控制	控制	控制

（续表）

	企业家创新精神（IE）				企业家创业精神（BE）			
	模型(1)	模型(2)	模型(3)	模型(4)	模型(5)	模型(6)	模型(7)	模型(8)
Hansen 检验	0.6184	0.5218	0.5974	0.4175	0.4326	0.5379	0.5776	0.5522
AR(1) 检验	0.0529	0.0432	0.0358	0.0207	0.0055	0.0239	0.0373	0.0113
AR(2) 检验	0.3636	0.3829	0.4795	0.3121	0.2827	0.3563	0.3692	0.2387
地区固定效应	Yes	Yes	Yes	Yes	Yes	Yes	Yes	Yes
时间固定效应	Yes	Yes	Yes	Yes	Yes	Yes	Yes	Yes
观测值数	450	165	120	165	450	165	120	165

注：括号内是稳健标准误。＊＊＊、＊＊、＊分别表示在1%、5%、10%的水平下显著。

五、结论与启示

本研究利用2000—2015年中国30个省、市、自治区制造业面板数据，深入剖析了制造业集聚与企业家精神之间的非线性关系。研究结论如下。(1)从整体来看，制造业集聚与企业家精神之间存在倒U形关系，制造业集聚达到一定水平后，会不利于企业家精神的提升。现阶段，我国绝大多数省份位于倒U形曲线的下降阶段。只有不断向价值链高端攀升，积极推动产业升级，才能维持制造业集聚对企业家精神的提升作用。(2)分行业来看，由于产业生命周期的阶段不同，劳动密集型和资本密集型制造业集聚与企业家精神之间呈现倒U形关系，技术密集型制造业与企业家精神之间的倒U形关系并不显著。当前，我国绝大多数省、市、自治区的劳动密集型和资本密集型制造业处于倒U形曲线的下降阶段，技术密集型制造业处于倒U形曲线的上升阶段。(3)分区域来看,由于区域制造业发展的起步阶段不同,东、中部地区的制造业集聚对企业家精神的影响效应,与全国总体基本一致,西部地区的制造业集聚效应存在空间异质性。现阶段,我国东、中部地区的绝大多数省、市、自治区制造业处于倒 U 形曲线的下降阶段,西部地区的绝大多数省、市、自治区制造业处于倒 U 形曲线的上升阶段。

从上述研究结论中,我们得出以下三个方面的政策启示。第一,不断完善制造业集聚区域中企业内部的社会网络对企业家精神的传播渠道,发展外部网络的制造业集聚效应,更好地发挥企业家精神。不断向价值链高端攀升,积极推动产业结构的转型升级,维持制造业集聚对企业家精神的培植作用。第二,因地制宜地制定产业发展政策。东、中部地区应该积极围绕主导产业发展配套产业,向上下游产业链延伸,向高技术含量、高附加值的环节攀升,提高产业链整体竞争力;西部地区应该注意利用产业政策手段,积极承接东、中部地区的产业转移,同时注重发展具有地方特色的主导产业。第三,培育企业家精神,关键是实现经济自由,深化对外开放等有利于培育企业家精神的制度环境。制定负面清单、权力清单和责任清单,推进简政放权,政府保护产权、维持公平交易的法律和规则,逐渐淡化其经济主体意识,为培育企业家精神创造良好外部环境。

本文原载于《云南财经大学学报》2018 年第 9 期,编入本书时做了适当修改。作者:孔令池、高波。

第十章 长三角服务业城市集聚化与区域服务中心形成

20世纪90年代以来,长三角地区都市圈的特征日趋显著,城市间的职能分工与功能依存不断加深。在这一过程中,服务业发展起到了基础性的作用,一方面区域内交通状况和信息网络条件获得持续改善,为城市间直接或间接的产业联系提供了平台;另一方面,服务业的集聚有效提升了城市功能,在空间上实现了服务业资源的合理配置,形成了区域服务中心及区域次服务中心,并对各城市之间重新评估和调整相互间的功能关系提出了更高要求。

一、服务业在长三角都市圈的集聚化

改革开放以来,长三角地区的传统服务业和现代服务业都获得了快速发展,为这一地区的城镇化及城市功能升级奠定了基础,使得城市成为培育、发展和集聚服务业的主要平台。

(一)服务业的城市集聚化

已有的研究发现,与工业相比,服务业有更为明显的空间集聚特征。如洪银兴(2003)指出:与制造业相比,服务业的生产和消费在时间和空间上具有不可分性,以及非物化、不可储存性等特点,从而服务业比工业更依赖本地市场,有更强的空间集聚效应。服务业是典型的城市产业,城市则是服务业(尤其是知识密集型的现代服务业)集聚的首选之地。服务业的特性决定了该产业必须与消费群体接近,在城市中进行集聚。一般来说,生产服务业的主要对象是城市企事业单位,生活服务业的主要顾客是城市人口,服务业的发展离不开城市这一空间。城市不仅是服务产品的供给基地,而且是服务业产品的主要消费场所。

从经济学角度来看,服务业城市集聚化主要基于以下几方面原因。

1. 城市所具有的密集型劳动力市场为服务业提供了必需的人力资源

服务业需要大量的多层次的具有一定技能的劳动力,而城市不仅是教育培养专门人才的地方,也是吸引集聚人力资源的主要空间。在城市中人力资源数量众多而且分工多样,既有从事信息、金融和高科技的专门性人才,也有掌握一定技能的服务工作者,还有许多以体力劳动为主的服务人员。良好的人力资源状况为服务业发展节约了人才的搜寻成本。此外,城市中还有多种多样的教育培训机构,这些服务行业能够为专业化人才提供更多的选择和学习机会,为服务业的持续创新和升级准备人力要素。

2. 城市有利于服务业寻找合理的质量和价格信息

对于服务业而言,依据不同的服务质量状况确定合理的价格水平具有很大困难。为了降低质量和价格的信息费用,服务业需要在城市中的特定地域集聚。尽管集聚增加了服务业之间的竞争,但有利于向顾客提供便利的信息。即使在同一服务业中,又会进一步依据质量标准形成集聚,例如高档次的品牌店,总是避免与杂货店共处,而是寻求与类似档次的店铺聚集在一起。服务业的质以类聚同样是为了向顾客传达高品质的信息,降低顾客寻找价格的信息成本。显然,城市为服务业以行业、质量和规模为依据的集聚提供了条件,有利于品牌的形成和提升。

3. 城市中较完善的制度体系有利于降低服务业的交易费用

城市是人类的组织形式和制度体系更为完善的地方,当城市制度的建立使交易费用降低到一定程度时,就会为服务业带来赢利的机会。虽然说服务业本身就有降低交易费用的效用,但是明确的法律体系、高效的司法执行、成熟的公共治理都能够在更大范围上降低服务业运营的成本。由于城市通常也是政府部门、司法部门和其他社会治理部门的集中地,无论是在正式制度的实施上,还是在新制度的变革上都能够及时地适应服务业的发展。

4. 城市中密集的消费者群体有助于实现服务业的规模效应

服务业规模对当地的市场容量依赖性很强,市场容量越大,越有利于服务业实现规模效益。城市具有密集的消费者群体,城市规模越大,特定服务行业的消费者群体就扩大到一定规模。随着城市中消费者群体的增加,一方面会促使新的服务行业分化形成,传统的服务产业也逐步被现代服务业所替代;另一方面,当消费者群体因收入水平和偏好差异而逐步分化时,服务业也会在品质上进一步细化和升级,原来的低档次的服务业与具有更多功能的新型服务业开始在不同地域集聚,各自面对不同层次的消费者。

5. 良好的城市基础建设有助于服务业形成外部经济

产业集群的外部经济成因一般被归为以下三点:丰富的专业劳动力供求、专业化供应商的存在、技术知识的外溢。服务业要实现外部经济,一方面要依赖集聚区内数量众多的中小企业形成网络化合作,实行高度的分工协作;另一方面则要借助城市所创造的良好环境,包括城市可以使同类服务企业建立专业化程度更高的协作,可以使服务企业享受到良好的公共服务设施,使许多企业活动得以外置化。

上述服务业的城市集聚化现象在中国也得到了证实,江小涓和李辉(2004)、程大中(2003)、倪鹏飞(2004)等人利用中国或美国的数据进行实证研究,发现服务业发展水平和集聚效益受城市化相关因素的影响很大,这些因素主要包括城市化水平、城市人口密度、城市人口规模、人均GDP等。吉昱华等人(2004)对中国城市的集聚效益进行的研究表明,城市规模的扩大不会显著地导致工业部门效率的提高,生产率的提高主要来源于第三产业,其效率随着城市规模的扩大而显著提高。这就是说,相对于制造业而言,服务业在城市的集聚效应更为明显。李井奎、钱陈(2007)从省级层面来考察服务业与城市化进程,表明浙江省城市化进程对服务业发展的影响较为显著,其中城市化率的提高有利于提高服务业的就业和产值比重,而城市规模的提高则有利于增加服务业的总产出。据测算,若浙江省的城市规模平均提高1个百分点,则服务业总产出能提高约0.88个百分点。另一项研究的回归结果表明,城市化水平的高低对南京人均服务业增加值的大小有正向影响,即城市化率越高,人均服务业增加值也越高。服务业的发展还表明,特别是随着信息技术的飞速发展、社会分工越来越细,以及城市服务业非基本需求规模的扩大等原因,中心城市新兴服务行业不断涌现,服务业多样化趋势日益明显,服务业的城市集聚化特征更为突出。

（二）服务业集聚与城市化的互动发展

依据新经济地理学的认识,规模效应、报酬递增和产业聚集是促进城市化水平提高的重要动力。在市场经济高度发达的今天,产业分工进一步细化,产业结构不断调整,服务业不仅成为国民经济的重要部分,而且服务业的集聚也上升为推动城市化的突出因素。服务业集聚与城市化水平提升之间形成了密切的互动关系。

1. 服务业集聚成为推动城市化的后续动力

城市化的基本特征是要素集聚。从城市诞生之日起,服务业就与城市结下了不解之缘。早在前工业社会时期,城市作为周边地区农副产品交易中心、行政管理控制中心等服务功能开始形成。工业社会时期,工业的发展和工业的集聚是激发城市化的第一推动力。随着现代服务业逐渐取代工业而成为城市产业的主角后,城市化的"接力棒"由第二产业传到了服务业,服务业成为推动城市化的后续动力,服务业得到了进一步巩固和发展,成为城市不可缺少的重要经济部门。进入后工业社会以来,城市服务业迅速发展,逐步取代了制造业的地位,成为中心城市的主导产业,经济服务化开始出现。其中生产性服务业发展最快,并集中在国际性城市与区域中心城市。

在众多的服务产业中,房地产业的集聚和成长对于城市化进程具有基础性的作用。房地产业的发展不仅能够满足人们的基本居住需求,提升生活品质,而且还通过建设商业和办公楼宇、形成 CBD 来增强城市的功能,通过改善基础设施建设,为城市的交通、环境、旅游等产业发展提供条件。房地产业的发展还表明,在城市化的过程中,多种服务业之间存在着互补的关系,城市化的实现必须依靠多种服务业的协调发展。可以说,以房地产业为核心的服务业的快速集聚与成长为城市化创造了基本要素,促进了城市功能的不断升级。

现代服务业的集聚不仅推动了单个城市的发展,而且还有利于促进都市圈的兴起和区域经济的成长。在都市圈的形成过程中,既存在着由多个中小城市服务业进一步集聚形成中心城市的方式,也存在着中心城市的服务业逐步向中小城市分流、辐射而促进农村城镇化、城镇城市化的方式。更为重要的是,服务业的集聚大大加强了区域内原有城市之间的经济联系,强化了城市间的人才、资金和技术的流动,促进了城市间经济的合作与竞争。可以说,在服务经济的时代,都市圈的密切合作是围绕着现代服务业而展开的,各个城市竞争优势的体现也反映在现代服务业的发展水平上。

2. 服务业集聚是城市现代化的重要载体

洪银兴(2003)指出:"服务业是城市化特别是城市现代化的载体和依托。城市需要通过服务业成为主导性产业还城市的本来面目,变工业型城市为贸易型、服务型和消费型城市。强化城市的市场功能与提高城市中服务业比重相关。城市作为要素和产品的市场中心和集散地,这里的集就是聚集,散就是扩散。集聚和扩散的依托就是服务业。"城市的现代化,在某种意义上,更要求通过城市服务的社会化、专业化和现代化建设来体现,如城市交通服务的轨道化,城市信息服务的数字化等。城市发展与能级提升的过程就是服务业不断发展的过程,城市发展的一个主要表现是人们的生活方式、行为方式、价值观念、文化素质等的全面改变和提升的过程。而这一过程的实现则是服务业在城市各方面、各领域的全面渗透。从城市发展的一般规律来说,城市发展的规模、扩散作用,以及外部效应与城市服务业的发展呈强相关关系,因此一些具有全球影响力的城市,如纽约、东京、中国香港,均是现代服务业比重很高的城市。

服务业集聚促进城市现代化还主要表现在生产配套性服务的增加及生活消费性服务的增加,表现在大量先进的服务性生产要素流向城市,并通过城市集聚。如:企业总部及其研发中心、营销中心在城市的聚集;银行、保险、中介服务等现代服务业项目在城市的集聚;高素质的专门性人才、新型技术、独特劳动技能、高效流通资金在城市的集聚。由此可见,由服务业集聚所推动的城市化不仅能够带领城市规模的扩张和城市数目的增多,而且更主要体现在城市功能的转变,城市核心竞争力的提升,促进了城市软硬件设施的完善和人民生活水平的提高,实现了城市"质量"的升级和功能的健全。

3. 服务业集聚是城市经济发挥扩散效应的重要条件

城市往往可以发挥其增长极的作用。中心城市的崛起一般都对邻近地区的发展有较大的扩散效应。现代服务业是实现经济扩散和影响扩散范围的重要条件,而且服务业越发达,城市经济的扩散范围越大。英国、美国、日本先后出现过这种现象。在信息时代的今天,由于中心城市具备发达的交通通信等信息基础设施、雄厚的经济实力、大量高素质人才、完善高效的经济体系和遍布全球的贸易网络等,在全球或某一区域发挥经济中心的作用,是推动区域发展的引擎,因而越来越成为信息密集服务业、生产性服务业企业的首选区位。可以说,中心城市对周边区域的支配力和扩散效应更多取决于它的服务业发展水平与结构层次。这就是为什么高级生产性服务业越来越集中在国际性城市与区域中心城市的根本原因。

从长三角地区来看,服务业的集聚与城市化水平提升之间形成了良性的互动关系。一方面,都市圈的存在为服务业集聚提供了良好的平台,使得各类服务业都能够在长三角地区找到适合的"栖息地";另一方面,服务业的集聚也加快了长三角地区城镇化的进程,提升了这些城市的功能。表10-1的数据表明,改革开放以来,长三角地区的城市化率从1980年的23.9%提高到2004年的46.4%,长三角主要城市的城市化率都经历了稳步上升;与此同时,长三角的服务业也获得了快速发展,统计数据表明在1980年,长三角地区的第三产业占国内生产总值的比重只有19.8%,低于全国平均水平;但是到2004年,长三角地区的这一比重已上升到39.5%,高出全国平均水平较多。在长三角的16个主要城市中,城市化水平与服务业的增长也是一致的,例如,上海在2004年的城市化率为81.2%,在所有城市中最高;同时上海的第三产业占国内生产总值的比重也居16城市之首,为47.9%。从中可以反映出,在长三角服务业的成长状况与城市化进程是密切相关的,也反映了服务业集聚对长三角城市的推动作用。

表10-1 长三角主要城市城市化率与服务业增长情况

地区	第三产业占国内生产总值的比重(%)				城市化率(%)			
	1980	1990	2000	2004	1980	1990	2000	2004
中国	21.4	31.3	33.4	31.9	19.4	26.4	36.2	41.8
长三角	19.8	27.3	41.0	39.5	23.9	30.2	39.5	46.4
上海	21.1	31.9	50.6	47.9	61.3	67.3	74.6	81.2
南京	21.4	36.0	46.2	43.7	42.1	47.1	56.8	71.7
苏州	16.7	21.7	37.6	32.1	19.0	24.9	42.6	49.7

(续表)

地区	第三产业占国内生产总值的比重(%)				城市化率(%)			
	1980	1990	2000	2004	1980	1990	2000	2004
无锡	17.2	22.0	39.1	40.2	23.0	34.5	42.2	62.5
常州	15.8	20.3	36.4	36.5	18.1	25.1	43.3	45.8
镇江	15.4	20.8	37.5	36.7	16.3	27.8	37.8	41.4
南通	22.3	23.1	34.3	33.7	8.2	19.8	32.2	31.1
扬州	16.7	22.3	37.7	36.6	13.2	18.7	27.8	38.1
泰州	17.1	19.6	36.5	34.3	9.3	13.0	24.0	27.0
杭州	17.6	33.0	41.2	41.5	25.0	29.4	36.5	43.3
宁波	18.0	24.5	35.8	37.3	15.6	20.2	26.3	31.9
嘉兴	18.4	19.4	33.5	32.1	13.8	18.5	23.7	32.5
湖州	19.6	21.8	32.7	34.2	14.4	17.8	25.6	29.7
绍兴	19.8	23.1	30.7	33.1	9.4	13.0	18.6	27.9
舟山	26.2	32.0	39.2	38.9	17.1	21.3	28.8	35.7
台州	22.5	28.5	29.2	33.3	6.8	9.1	16.6	17.4

资料来源：中国江苏省、浙江省及16城市统计年鉴(2005年)。

（三）服务业集聚与长三角城市间的功能关系

长三角都市圈的形成与发展离不开服务业的集聚，显示了服务业集聚与城市化之间的互动作用。但是，长三角各城市在细分的服务业形态上有显著差异，各自有优势产业，也有相对较弱的服务业。基于这一差异，在对长三角城市的研究中，较多地关注了城市的职能特征，这些研究通过分析各产业的从业人数、增加值，来确定各城市在各细分行业上的比重与区域平均值的关系，从而依据区域内各城市的优势产业或强势产业，进一步得出各城市的"优势职能"和"强势职能"。

当代上海研究所(2006，第6—7页)的分析表明，在长三角的16个城市中各行业的职能地位有明显差异，在交通运输业，职能地位居前三位的依次是南京、宁波、台州。在批发零售业,职能地位居前三位的依次是无锡、绍兴、宁波。在金融业,职能地位排序前二位依次是上海、宁波。在房地产业,职能地位第一位的是上海。在教文影视业,职能地位居前三位的是上海、南京、杭州。反映了这些城市在具体的服务业上的发展状况及其在长三角区域的地位。

职能地位仅显示了各城市产业结构的"外观",并未能揭示出城市间的产业联系。事实上,不但长三角区域中的大多数城市各自都有先进的服务业,而且各城市间也是通过服务资源的共享而实现紧密协作的,这些城市因服务业的集聚和分工合作而形成复杂多样的联系。也就是说,长三角都市圈作为一个"集群",首先是基于其空间上的近距性和连续性,但更为重要的是这些城市间存在的功能关系的紧密性。而在服务经济的时代,这种功能关系是通过服务业集聚而实现的,是通过服务业的协作而加强的。

在长三角地区,一个拥有众多金融、保险机构的城市为其他的城市开发投资提供资金;一个集聚了研发机构的城市为另一个工业制造的城市提供技术服务;一个具有"喂给港"功能的城市为另一个具有"枢纽港"功能的城市提供大量的集装箱箱源;一个具有大量出口贸易功能的城市为另一个加工城市的产品提供营销服务;一个"通道性"的旅游城市为另一"目的性"的旅游城市中转大量的游客(当代上海研究所,2006,第8页)。长三角都市圈的成长,正是得益于服务业在区域经济的集聚和发展。如果不存在上述的由服务业所构成的城市间功能关系,即使城市间的距离很近,也难以形成联系密切的都市圈或区域经济。

二、服务业资源在长三角都市圈的空间配置

长三角城市间的功能关系表明,服务业的发展并不是孤立的,任何一个城市也并不需要在所有的服务业上都取得优势,而是应当从区域整体出发来考察和分析服务业资源的配置,并进一步揭示出不同城市在服务业配置中的地位和作用。

(一)服务业空间配置的一般规律

对于服务业集聚现象,经济学通常从两个方面进行解释,一是分析推进地理和空

间集聚的力量,即"向心力";二是分析阻碍经济集聚的因素,即"离心力"(保罗·克鲁格曼,2007,第 24 页)。从实践中来,影响经济活动在地理空间集聚的因素主要有以下几类(见表 10-2)。

表 10-2 影响地理集聚的力量

向心力	离心力
市场规模效应(关联效应)	生产要素的非流动性
密集型劳动力市场	地租
纯外部经济	纯外部不经济

资料来源:保罗·克鲁格曼,2007:《地理在经济发展中的作用》,载《比较》第 28 期第 24 页,中信出版社。

在表 10-2 中属于"向心力"因素的主要有:规模经济及"后向关联"和"前向关联"效应;效率更高的密集型劳动力市场;信息溢出带来的外部经济等。属于"离心力"的因素则包括:土地、自然资源和人力资源等要素的不可流动性;逐步提高的地租;交通拥挤等外部不经济问题。在现实生活中,几乎所有产业的分布都受到了上述两种力量的影响,例如,一些大城市往往由于其客户众多、专业人才荟萃等原因而成为金融中心,但随着地租和交通、犯罪等外部不经济的增多,一些金融行业也将会转移到其他的中小城市。

但是,经济活动在空间的分布不仅由某一城市的资源禀赋单独决定,它往往还受到该城市所在的更大的经济区域的影响,在多个城市竞争与合作的过程中配置资源。例如许多产业通常在都市圈以及地区板块中形成集聚、互补和一体化发展的密切联系。这一趋势不仅出现在传统的制造业中,而且随着现代服务业的迅速崛起,服务资源在城市空间上的配置也显示出更为明显的分工、合作与一体化特征。例如,在 A 城市形成制造业集聚的同时,B 城市所形成的物流、研发等服务业会为 A 城市的经济发展提供强有力支持,这样就在城市间演化出共生双赢的经济体系来。在这种情况下,城市之间的服务业集聚就不单纯是分离的,而是具有一定的功能关系。

从服务业的空间配置来看,它不仅要受到产业自身特性的影响,也要受到产业所在城市、经济板块,以及都市圈发展的制约。当主要的"向心力"因素和"离心力"因素共同作用时,服务业在城市间的配置往往在形成城市集聚的同时表现出区域服务中心的特征。也就是说,服务业通常会在城市集聚,其中个别城市中的一些服务产业成为都市圈或经济板块中的中心,其功能可以辐射和影响到周边的多个城市。服务业的城市集聚以及区域服务中心的形成,既由服务产业的独特性质所决定,也受到城市资源禀赋的重要影响。

(二)长三角服务业空间配置的影响因素

从长三角的服务业空间配置状况来看,除了上述的"向心力"和"离心力"两方面主要因素外,还要受到以下三个方面力量的影响。

1. 国际及国内对特定城市的功能定位

对于一个城市而言,其功能定位直接决定了服务业的类型及集聚状况。例如,当一个城市定位为全球金融中心时,金融及相关的服务业就会得到高度集聚;当被定位为旅游观光城市时,交通、旅游及餐饮、娱乐等服务业就会得到重视。更为重要的是,从国际和国内经济活动的视角出发,人们是如何对特定城市进行定位的。对于长三角的城市而言,在全球经济网络中扮演了什么样的角色? 在全球化的城市体系中,是定位为区域性工商城市,还是定位为世界经济中心城市,对于城市的功能和产业结构具有决定性的影响,对于特定城市与国内外其他城市之间的联系也做出规定。

从实践来看,长三角地区参与全球产业分工的主要特征是从产业间分工转向产品内分工,一方面,长三角地区的制造业集聚区得以不断发展,被视为"世界工厂"及"全球制造中心";另一方面,跨国企业和国内大型企业基于集中控制和指挥分散化产业运行的需要,把其管理总部、分支机构和金融机构纷纷迁到上海等大城市,使这些城市越来越具有成为现代服务业中心的趋势。但是对于那些将功能定位在制造业的城市,则需要与具有多种服务职能特别是生产性服务业较发达的城市进行紧密合作,从而得到服务业的支持和保障。在长三角都市圈中,服务业资源也会因各个城市的功能定位和核心产业选择而进行空间配置。

2. 政府竞争驱动的服务业发展政策

在城市产业的发展上,政府政策具有重要的引导作用,因为政府政策通常会伴随着投资环境的改善和基础设施的加强,从而会影响企业的收益状况和投资行为。在长三角地区,各城市之间的竞争已经深入产业政策层面,当服务业成为城市产业政策的重要目标时,推动服务业发展的相关优惠措施、基础设施及技术革新就会得到加强。当然,由于各城市原有的服务产业种类有差异、优势有差异,所采取的服务业发展政策的取向也存在不同。各地政府的服务业发展政策一方面强化了本地原有的服务业集聚状况,提升了具有优势的服务行业;另一方面也影响了在区域内服务业资源的流动,改变了区域服务业空间配置的状况。虽然这一过程中,有些城市之间在发展服务业上有显著的竞争关系,但是在具体服务行业上还是体现了城市分工协作的特点。

3. 与服务业相配套的其他产业的基本状况

从产业关系来看,生产性服务业的发展是以发达的制造业为基础的,长三角地区服务业的快速成长正是建立在制造业兴起的基础上。但是,生产性服务业并不需要与制造业处于同一城市中,随着交通条件和信息技术的进步,生产性服务业能够在更广阔的区域进行空间配置,以最有效地为多个城市的制造业提供支持。从服务业的产业内部来看,各细分服务行业之间也存在着复杂的协作配套关系,例如,消费性服务业为生产性服务业提供良好的运行环境,也能够从生产性服务业中得到品质的提升。从长三角区域来看,那些具有较好产业配套条件的城市就会在服务业资源配置上获得优势,实现特定服务行业的集聚。

(三) 长三角服务业空间配置的特征

1. 随着生产性服务业的迅速崛起,长三角地区服务业在空间配置上呈现出与制造业密切依存的特征

现代服务业的主体是生产性服务业,它是从制造业中分化独立出来的一个行业,是生产力发展到一定程度社会分工合作的结果。生产者服务作为商品生产企业和服务企业的一种中间投入,因而它对制造业具有很强的依赖性,在空间分布上都与制造业有很强的依存性。现代制造业的高度的空间集聚特性,也导致现代服务业的空间集聚特性。生产性服务业一方面要尽可能与制造基地在一起,另一方面则要充分利用城市中的信息、知识和技术资源。由于不同的增值环节,所要求的要素和区位偏好

并不相同,这就导致了生产性服务业在集聚地点上与加工活动不同(见表10-3)。这就形成了在长三角地区的中小城市或郊区发展制造业,在大城市集聚和提供服务业的格局。

表10-3 制造业不同增值环节对要素和区位的偏好

增值环节	可能的要素偏好	可能的区位偏好
研究与开发活动	科技人才、技术、知识、信息等高级要素	接近科研机构、接近高素质的劳动力供应地、接近新产品的使用者
生产加工活动	廉价劳动力、便宜的土地、原料或零部件、交通枢纽	接近廉价劳动力供应地和低地价处、接近原料供应地、接近交通枢纽、较强的产业配套能力
销售服务活动	市场、需求信息、通达性	有较大的市场需求、完善的销售网络、便利的交通运输

2. 一些规模经济显著的服务业在长三角经济板块中形成寡头竞争格局

现代服务业的最突出的一个特点是规模经济性。现代服务企业经营的规模效应就使得一定的区域市场只能容纳少量的企业来经营。这样就会产生两种后果:一是行业进入的门槛比较高。行业外的企业要进入一个已经由少数企业占据的服务业市场的难度很大;另一方面就是地区进入的门槛比较高。由于在位企业在长三角地区或经济板块的先入优势使得后来者的进入成本增加。这就使得在一些服务产业上只具有区域或经济板块的服务中心就足够了,而不需要每个城市都发展该服务产业。

3. 各城市的科研、人才条件和政策支持对长三角服务业资源空间分布的影响较大

现代服务业的高科技特性主要是由其面对的问题的高复杂性所决定的。现代服务业面对的往往是高度复杂的生产流程和高度多元化的需求。所以,这就要求所提供的服务产品具有高效率、缜密、精确性。这就对服务业的生产设备、特别是管理提出了高要求。只有高技术含量才能保证服务质量的到位,实现对生产的有效服务。所以,现代服务业最显著的特征是知识密集程度较高。不管是金融证券业,还是信息技术软件业,这些行业已经成为高层次人才聚集的行业。因此,现代服务业更倾向于向那些科研条件好、人才资源广、创业政策优的城市集聚,而当服务产业集聚到一定程度时,又会促进当地科研基础的提升和政策的优化,进一步增强产业集聚的"向心力"。这一特征在长三角地区也非常明显。

4. 长三角地区的一些传统服务业受城市文化传统影响较大,往往集聚于特定城市而难以转移

服务业不完全是配合和满足生产活动的进行,有一部分服务业以满足人们的心理和精神需求为主要诉求,如与文化遗产密切相关的旅游和文化产业。即使有些服务业虽然更侧重于物质服务,但通过与当地文化习俗结合后,也会形成难以复制的独特产业,如一些具有地区文化特色的房地产业。这一类的服务业往往不会形成区域服务中心,而是与各地的文化传统相结合,更倾向于在各城市的集聚和延续。

三、长三角都市圈区域服务中心的形成

以上海为核心和龙头的长三角都市圈,是世界最大的都市圈之一。从城市定位来看,长三角的主要城市都力争抓住国际服务业转移的机遇,大力发展服务业,从而成为区域服务中心。但是,从资源禀赋、城市功能及服务产业发展态势来看,上海具备了长三角区域服务中心的地位,南京、杭州则具有区域服务副中心的职能特征。

(一)长三角各城市的服务业发展比较

上海在 2005 年初就推出了《上海加速发展现代服务业实施纲要》,这确定了上海服务经济的新"坐标系"。同年,江苏省人民政府颁布了《关于加快发展现代服务业的实施纲要》,此后南京市也制定了南京加快发展服务业行动纲要,南京市提出要加快构筑与区域中心城市相适应的现代服务业体系,大力增强城市综合服务功能,把南京市培育成为长三角区域性现代服务业中心。杭州市政府高度重视服务业的发展,提出要将杭州建设成为机构齐全、市场发达、辐射功能强劲的"长三角"区域性金融中心和中介服务中心。当然,能否成为长三角地区的区域服务中心,不仅要取决于政府的目标和规划,还要取决于各城市的服务业规模与质量。

从 2005 年的第三产业增加值来看,长三角 16 个城市可以划分为三个层次:第一层次为年第三产业增加值超 4 000 亿元的上海;第二层次包括苏州、杭州、无锡、宁波、南京等年第三产业增加值在 1 000 亿元左右的 5 个城市;第三层次包括台州、绍兴、南通、常州、嘉兴、镇江、扬州、泰州、湖州和舟山第三产业增加值在 500 亿元以下的 10 个城市。虽然第三产业增加值主要反映了城市服务业的总体规模,但也在一定程度上体现了这些城市服务业的种类与品质状况。

下面选择上海、南京、杭州三城市的制造业及主要服务业的发展现状进行比较(见表 10-4),资料主要来自当代上海研究所的《长江三角洲发展报告 2006》一书。从表中可以看出,无论是在代表性的服务业指标上,还是在服务业所具有的功能与强度上,上海市在服务业发展上比南京、杭州两市要领先很多,特别是在现代生产性服务业上,上海更是具有突出优势。这些情况决定了在长三角地区,只有上海才真正具备区域服务中心的职能地位,而南京、杭州则成为具有一定影响力的区域服务副中心。

表 10-4　沪宁杭三市部分服务业发展比较

比较项目		上海	南京	杭州
生产性服务业	2005 年汽车产品研发机构个数	27	4	3
	电子信息产品研发设计机构个数	56	6	7
交通业	2005 年港口货物吞吐量(万吨)	44 317	10 500	4 626
	2005 年机场旅客吞吐量全国排名	2(浦东) 4(虹口)	15	8
贸易业(功能类型与强度比较)	生产支持功能	+++++	+++	+++
	消费支持功能	+++++	+++	+++
	国内中转功能	++++	++	+++
	进出口中转功能	+++++		

(续表)

比较项目		上海	南京	杭州
金融业	银行业:2005 存贷款之和(亿元)	40 119	9 923	12 294
	证券业:2005 年的股票发行额(亿元)	125.3	9.9	8.1
	保险业:2004 年保费收入(亿元)	333.62	71.33	72.53
旅游业	A 级景区数目	18	23	20
	2004 年旅游总收入(亿元)	1 472.0	319.9	410.6

注:＋表示该环节的功能,＋越多,表示功能越强。

（二）上海：长三角的区域服务中心

上海能够成为长三角的区域服务中心不但是由于该市具有高素质的人力资源、良好的交通组织、完善的商务环境、标准化的信息交流平台和大量的服务业集聚区，而且是由于上海已经初步具备世界级城市所应该有的世界经济、贸易和金融中心之一的基本功能，逐步成为在世界经济中具有了较强的竞争力和影响力的全球性城市。

全球性城市的地位决定了上海具有发展服务业的独特优势，使其具备了区域服务中心的天然条件。一方面，上海集中了较多的跨国公司、国际金融机构和经济组织，是国际资本集散中心之一。仅在陆家嘴地区，就云集了 300 多家外资金融机构，对当今世界经济具有一定的控制力。此外，上海还具有较高的开放度，通行国际惯例和国际法规，是国际性商品、资本、信息和劳动力集散中心之一，是国际新思想、新技术、新体制的创新基地之一等。另一方面，上海的城市人口规模和城市空间范围较大，与周边数量众多的中小城市形成大都市连绵区；拥有现代化的城市基础设施，包括通讯、科技、咨询、商业、市政公用等在内的生产性服务十分发达，具有方便快捷的区际和区内快速交通系统；具有现代化的城市管理体系和一流的生态环境。

事实上，上海在全国首先提出了现代服务业集聚区的概念，并对其内涵不断进行充实发展。改革开放初期,以外向型经济为特征的虹桥开发区建设是上海现代服务业集聚发展的源起,逐步形成了环虹桥地区商务集聚区。1 000多家外商投资企业和近千家外企办事处入驻,其中咨询、审计、律师、企业策划、广告等行业发展尤其迅速,现代服务业集聚区的雏形显现。20世纪90年代开始,上海的服务业加速发展,增加值占GDP的比重由1990年的31.9%上升到2002年的51%。

根据上海"十一五"规划,2010年上海服务业增加值达到7 500亿元以上,年均增长速度保持在10%以上。金融、商贸、物流、房地产增加值达到4 800亿元以上,占全市服务业比重超过60%。信息服务、航运服务、会展旅游、中介服务四大新兴行业增加值保持每年20%以上的增长速度,实现增加值达到2 300亿元。文化娱乐、教育培训、医疗保健、体育健身等潜力行业实现增加值超过1 000亿元。上海除了继续发展商贸、房地产等服务业,还将按照建设国际经济、金融、贸易和航运中心的战略定位,集中突破和大力发展金融业、文化服务业、现代物流和航运服务业、会展旅游业、信息服务业、专业服务业六大重点领域。

"上海作为长三角地区的核心和龙头,在长三角地区成为世界制造基地的过程中,不仅与国内外其他城市之间的联系进一步增强,而且其城市功能和产业结构也发生了巨大的变化,其国际经济、金融、贸易、运输四大功能日益突出。上海这个中国的工商业城市正在向世界经济中心城市转型,越来越有趋势成为长三角地区参与经济全球化分工中的降低交易成本的中心,而广大的周边地区则日益成为降低制造成本的中心(刘志彪,2006)。"也就是说,上海不再仅仅是像传统工业社会中作为支撑制造业集聚发展、实现规模经济和范围经济的载体,主要发挥降低制造成本的经济功能,而更重要的是,其经济功能已经转变为通过服务业的集聚和发展,为自身和周边地区的生产活动提供降低交易成本。上海的服务业已经成为辐射影响长三角经济发展的重要力量,其区域服务中心的作用日渐显著。

(三)南京、杭州:长三角区域服务副中心

除了上海成为长三角的区域服务中心之外,南京、杭州也都具有了较强的服务业集聚,能够对都市圈内其他城市形成辐射力,成为长三角仅次于上海的现代服务业中心。

从南京市的服务业发展来看,改革开放以来经历了几个阶段的发展,特别是从1992年党中央提出加快发展第三产业的决策以来,南京市服务业进入了全面加速发展阶段,服务业增加值比重已由1978年的20%上升到2006年的48%,服务业从业人员比重也由1978年不到20%上升到2006年的46.2%。

从服务业的集聚状况来看,商贸流通、金融保险、旅游、物流、房地产五大行业成为南京服务业的主要支撑,占全市服务业增加值比重超过65%,商贸流通和金融保险业增加值占全市生产总值的比重达到10%和9%,成为全市的支柱产业。会展、科教文卫、社区服务、中介服务等服务业实现高速增长,成为极具潜力的新兴行业。从经济板块来看,南京市服务业集聚辐射能力大大提高,城市综合服务功能不断增强,在一些行业上具备了区域服务中心的地位。2004年,南京市社会消费品零售总额占南京都市圈城市总量的43%。节假日期间,外地顾客在宁消费比重达到40%以上,重大节日达到60%。优势商业企业在都市圈市场以每年20%—30%的速度扩张,苏果超市、苏宁电器等连锁企业在外省市设立了1700多个网点,销售额达到372亿元。

从服务业发展趋势来看,南京市提出了增强城市综合服务功能,成长为长三角区域性现代服务业中心的战略目标,并提出了建设"五个中心"的具体要求。即将南京市打造成区域商贸中心,进一步巩固商贸流通业在"南京都市圈"的中心地位,实现"大市场、大流通、大贸易",建成辐射力较强的区域商贸中心。区域物流中心:以提升物流产业的竞争能力和扩大区域物流辐射强度为重点,培育立足南京经济圈、面向国际,具有扩张能力和充满活力的长三角国际物流副中心、长江流域区域物流转换中心、南京都市圈物流配送中心。区域旅游会展中心:以实现从"旅游大市"向"旅游强市"的跨越和形成发达的会展经济为目标,构建辐射华东、影响全国、具有国际水平的旅游会展中心。区域金融中心:充分发挥在区域内的金融资源优势,建立鼎立三强(银行、证券、保险)、联动两区(长三角东部发达地区、华东西部广大腹地)、辐射周边的体系较为完善的区域金融中心。区域信息服务中心:围绕"数字南京"建设,把信息服务和科技研发业培育成为国民经济的先导产业,使城市信息化程度和信息服务能力有突破性的提高,打造信息化水平居全国领先地位并达到中等发达国家水平的区域信息服务中心。

将南京定位为区域服务副中心是基于以下考虑的。一是南京市服务业已具备了一定的基础。从涉及行业来看,主要的现代服务业都获得了发展;从相对规模来看,在全国以及在长三角地区都具有举足轻重的地位。二是南京市的服务业在长三角地区并不占有绝对的优势地位。特别是与上海市的服务业相比较,南京市在产品研发设计、交通、金融业、贸易业等行业都有一定差距,即使和杭州等城市相比较,也无法显示出绝对优势。三是南京市的服务业与其他城市的服务业之间存在着密切的互补协作关系。例如在旅游业、交通业、生产性服务业等方面,南京市既担负着联结上海市和其他中小城市间合作衔接的重要职能。

与南京类似,杭州市在发展服务业上也具有一定优势,在都市圈中能够发挥服务中心的职能作用,在长三角地区扮演区域服务副中心的角色。具体来说,杭州在发展现代服务业上具备三大优势,一是杭州作为浙江的经济、政治、文化中心和国际风景旅游城市,是人流、物流、信息流、资金流的集聚地;二是制造业的优先发展,为生产性服务业向广度和深度拓展开拓了更为广阔的空间;三是杭州的服务业发展已具备了较好的基础,对周围地区已形成较为密切的辐射影响关系。

杭州发展现代服务业的重点体现在金融和中介两个方面。在发展金融业上,杭州的金融业已有很好的基础,金融体系较为完备,国内各大银行、保险公司均在杭州设立了分支机构,并取得了良好的效益。到2010年,杭州金融业的增加值占全市GDP的比重将达到9%左右,杭州将建设成为机构齐全、市场发达、辐射功能强劲的"长三角"区域性金融中心,成为上海国际金融市场的重要组成部分。在发展中介服务业上,杭州目前已有中介服务企业约16 000家,今后将进一步加快中介服务业的发展步伐,以市场化、专业化为导向,完善中介服务体系,基本形成种类齐全、分布合理、运作规范、接轨国际的现代中介服务业体系,建成立足本省、辐射全国的"长三角"南翼的中介服务中心。

四、区域服务中心与区域服务业的一体化战略选择

区域服务中心的形成对于长三角经济发展具有基础性的作用,对于各城市的功

能、产业结构及服务业发展方向产生重大影响,要求长三角地区的各城市重新审视本地与区域服务中心的功能关系,定位本地的服务业集聚方向,最终推动整个地区的服务业资源实现一体化运作,提高地区的竞争力。从集聚经济和规模经济的角度来看,在长三角地区1~2小时车程的经济圈中,运输费用较低,经济联系密切,推动服务业的一体化发展的利益是显见的。不但要优于各地的"单打独斗",而且有利于整个长三角经济板块竞争力的提升,实现"互补"和"共赢"。

1. 突出区域服务中心的作用

作为长三角的区域服务中心,上海市的服务业集聚,将主要发挥三个方面的基础性作用。一是为其他城市低成本地参与全球经济网络创造条件。长三角地区的其他城市通过上海这个"桥头堡"和"中转站",可以更容易与全球生产网络、服务网络接轨,低成本地参与全球经济活动。二是通过降低交易成本为周边城市提供高质量的现代服务业。上海集聚的现代服务业能够有效降低本地及周边地区经济活动中的交易成本,拓展各地分工与交易的范围。三是作为支撑制造业集聚发展的载体,主要发挥降低制造成本的经济功能。

2. 发挥区域服务副中心承上启下的作用

总体来看,长三角地区各城市之间的服务业发展水平存在一定的梯度性。其中,上海的服务业非常发达,在金融、信息、商务及研发设计等资金、技术密集型、生产性服务业方面的优势突出,成为联结国际市场与长三角地区的中心环节,足以对整个长三角区域进行辐射。虽然南京市在长三角区域被确定为区域服务副中心,但并不是意味着南京与杭州的服务业总是要附属于上海的中心,而是要求南京市与上海市错位发展现代服务业,在旅游、文化产业、房地产业等方面形成优势,有效承担区域服务副中心的功能。作为南京经济圈中的商贸服务中心、金融服务中心、信息服务中心和文化教育产业服务中心,南京市可以为周围的多个县市提供高质量服务,满足它们在商品、资金、信息、观念上的需求。同样,杭州市作为"长三角"南翼的中介、金融服务中心,也具有承上启下的职能作用,一方面将上海的服务业优势资源高效地引入都市圈中;另一方面,则为周边地区提供适宜的多样化的服务资源。

3. 以功能互补促进一体化运作

长三角各城市的服务业之间存在着密切的功能协作，完全可以通过开展区域合作实现"共赢"。例如，南京市、镇江市、扬州市都在交通运输、物流、旅游等服务业上有良好的基础，但在一体化的过程中还需要在服务功能上进行合理的协调配套。具体来说，就是要发挥宁镇扬三市旅游资源的互补性，利用区域内由公路、水运、铁路、航空、轨道等多种运输方式构成的"1小时交通圈"，增强客源市场的互换性，吸引三市游客的区域内旅游；提高客源市场的重合性，吸引外地游客同时到三市观光；开展宁镇扬旅游圈的合作，联合促销宣传旅游服务业。在物流和交通运输业的互补合作上，宁镇扬经济板块同样可以实现功能的有效划分和整体的协作服务。再如，在信息产业和会展业方面，长三角各城市也要实现软、硬件的优势互补，打造会展业的区域性品牌。在环保产业上，南京市也可以同长江下游各城市进行环保合作，以长江流域的水污染治理为目标，发挥各城市的产业优势。

4. 提升各地特色服务产业的品牌效应

对于那些与文化传统、文化遗产紧密联系的服务产业，则应强调其地域的独特性，并在坚持传统的基础上提升品牌效应。对于这些产业而言，在一体化的过程中不是简单地进行合并或对接，而是应注重提升品牌，在长三角区域形成特色产业。例如，扬州市可以发挥"三把刀"为代表的商贸业传统资源和现实优势，继续打造"扬州师傅"品牌；以富春、冶春、大德生等一批名店、名企为基础，弘扬一批"老字号"品牌。南京市可以立足南京特有的六朝古都和文物资源优势，打造精品旅游项目，大力提升中山陵、明城墙、夫子庙、秦淮河等一批传统旅游产品，从而形成在全国有影响力的服务品牌。

本文原载于刘志彪，2008：《服务业驱动长三角》，中国人民大学出版社，编入本书时做了适当修改。作者：高波、张志鹏。

第十一章 区域房价差异、劳动力流动与产业升级

一、引 言

改革开放以来,中国经济的高速增长,是在充分发挥比较优势的基础上实现的。特别是东部沿海地区,随着劳动密集型加工制造业的兴起,大量外商直接投资的涌入,使中国真正发展成为"世界工厂"。但是,在快速经济发展过程中,由于土地、劳动力、环境等资源约束加剧,尤其是地价、房价的快速上涨,劳动力成本的不断上升,以及节能减排的压力逐步增大,传统的经济发展方式遭遇到了前所未有的瓶颈制约,这就使传统的比较优势不断丧失,而新的竞争优势尚未形成。2007年,珠江三角洲地区出现了大规模产业转移的现象,再到2010年富士康事件引发的内迁潮涌,已经深深折射出了资源环境约束与产业发展之间的结构性矛盾。

富士康内迁尤为典型。在深圳厂区,富士康正将近40万员工逐渐削减至10~15万。从深圳到河南,从昆山到重庆,以及将在湖南建生产研发基地等一系列内迁举措,作为一个世界级代工航母,牵一发而动全身,富士康内迁引发的相关产业链变化远比内迁本身更重要。对于富士康内迁的事实,业界有不同的看法:一种观点认为由于劳动力成本大幅上升,逼迫企业进行产业升级,并通过行业洗牌提升整个产业的竞争力,对于深圳而言,富士康已是低附加值的企业典型;而对于中西部地区,富士康的迁入却是经济增长的重要引擎。因此,富士康迁入内地城市,是为了追逐更低廉的劳动力和更优惠的条件,中国的区域差异促使这家劳动密集型企业的梯度转移。另外一种观点则认为,对企业来说,土地等资源的竞争日趋激烈,相比劳动力,内地在土地、水电价等方面更有优势,内地与沿海地区单纯的劳动力成本差别并不是特别大,

企业内迁更多地与流动性过剩引发的房价飙升等有关。高房价等因素引起企业实际负担的成本增加,更多诱发的是"母鸡带小鸡"的产业链转移模式,比如,传鲸科技迅速决定落户重庆是因为富士康,富士康选择重庆是因为客户惠普先行落户。因此内地城市相对低廉的房价等比较优势,形成成本"拉力",主动承接产业链转移,形成产业集群。

对于东部沿海城市来说,大量传统产业转移,一种可能性是可以为高端制造业、新兴产业和服务业提供发展空间,从而有效推进这些地区的产业升级。另一种可能性是这种东部沿海地区的爆发式产业转移,导致传统产业急剧萎缩,而高端制造业、新兴产业和服务业发展迟缓,这些地区的经济社会发展将受到阻碍,进而出现产业空心化。因此,当下中国发生的大规模产业转移到底是一种"腾笼换鸟"的产业升级方式,还是产业空心化的前兆?这个问题,直接关系到中国区域经济结构战略性调整的路径与方式,关系到中国经济增长的前景和未来,因而必须对此做出正确的理论解释,并拿出现实对策。与这个问题直接相关的另一个问题是,什么因素引发了大规模的产业转移,以及产业转移的规律是什么,这就需要系统剖析区域房价差异、劳动力流动与产业转移机制。上述这些问题,正是本研究的重点所在。

本章结构安排如下:第二部分对相关文献进行了回顾;第三部分引入房地产价格对新经济地理模型做了拓展,提出了两个命题;第四部分运用2000—2009年中国35个大中城市的相关数据对相关命题进行了计量检验,并对东中西部区域城市做了进一步的深度分析;最后是结论及政策建议。

二、文献综述

探究房价对产业结构变迁影响的文献,大多是通过研究房价的变化对产业转移的影响入手。产业转移是企业将产品生产的部分或全部由原生产地转移到其他地区的一种经济地理现象。关于房价与产业转移关系的研究,Helsley and Strange(1990)指出土地的稀缺将制约产业集聚的程度,而更多的研究则将房价作为生活成本的重要组成部分,由于房价影响劳动力流动,进而间接影响产业转移。

那么,首先要明晰房价如何影响劳动力的流动,通常来讲,劳动力流动往往与工资、失业、城市属性等相关(e. g. Pissarides and McMaster, 1990; Jackman and Savouri, 1992a)。而 Helpman(1998)在 Krugman(1991a)提出的新经济地理学标准模型的基础上,引入了住房市场的因素,指出某地区的住房价格过高会影响劳动者的相对效用,进而抑制劳动力在该地区的集聚。而这点正是标准的 Krugman 模型(包括其他新经济地理模型)所忽视的一点(Tabuchi et al., 2001)。Hanson et al. (1999,2005)随之进行了实证分析,证实了 Helpman(1998)的结论。事实上,随着工资的上升,房价已经成为经济活动的重要分散力(Puga, 1999)。同时,本地景气的住房市场条件,确实会使房价相对上涨,阻止劳动力的流入(Murphy et al., 2006; Cameron and Muellbauer, 2000)。Monk(2000)指出,高住房成本是英国东南地区面临劳动力紧缺的主要原因。Brakman, Garretsen and Schramm(2002)用德国分地区的数据证实了同样的结论。Rabe and Taylor(2010)利用 1992—2007 年英国的数据研究发现,相对高的房价将会制约劳动力的跨区域流入。值得一提的是,Saks(2004)用 1980—2000 年美国 72 个大都市的数据探讨了住房市场干预对劳动力流动的影响,实证分析发现存在住房供给限制的地区,将会使实际的就业流入产生抑制。但是,Dohmen(2005)、Meen and Nygaard(2010)指出尽管房价相对较高的地区,会抑制劳动力流入,但是套利的预期会促进劳动力流入。与此同时,需要注意的是,Helpman(1998)提出经济集聚导致的劳动力涌入也会推高房价。也就是说,由于存在"拥堵"效应,劳动力流入也会促进房价的上涨(Tabuchi, 1998)。此后 Gonzalez and Ortega(2009)、Degen and Fischer(2010)等的文献也证实了这个观点。因此,房价与劳动力流动之间存在一定的互动性(Rosen, 1979 and Roback, 1982)。换言之,房价与劳动力流动的关系,具有复杂的交互关系(Stillwell, 2005; Jeanty, Partridge and Irwin, 2010),或者是同步决定的(Potepan, 1994)。

对房价影响劳动力流动的研究文献进行清晰地梳理后,接着就需要看劳动力的流动如何进一步影响地区间的产业转移,从而诱发产业结构变迁。在新经济地理模型中,由于存在需求和成本关联效应,通常劳动力流入使就业更加集中于一个地区,从而使该地区更易形成产业集聚,进而改变产业结构(Krugman, 1991a; Baldwin et al.，2003)。Bover(1989)、Blackaby and Manning(1992)、Ralph(1999)、Cameron and Muellbauer(2000)等的研究也做了非常详细的描述和分析。Dumais et al.(1997)用美国人口普查局的 LRD 制造业数据研究发现，至少在大都市层面，劳动力资源是产业集聚的最重要因素。当劳动力跨区域流动时，制造业的集聚会出现。Hanson and Slaughter(1999)根据 Rybczynski 假设，证实了产业结构会随着移民发生调整，而 Skiba(2006)利用一般均衡模型分析了移民与产业转移的关系，发现就业移民减弱了产业转移的程度。还有一些学者从工资差异(王永培，袁平红，2010 等)、地区一体化和专业化(范剑勇，2004 等)等角度研究产业转移的成因。

但是，由于无法识别出人口移动到底是由于寻找工作还是寻找房屋引起的(Ommeren et al.，1999)，或者"空间不匹配"(Spatial Mismatch)[①]的存在等原因，使得房价与劳动力流动以及产业结构的关联影响也存在着一定的不确定性。Nord(1998)根据 1985—1990 年美国的普查数据分析，发现劳动力流动与住房成本无一致的关联。特别是 Saiz(2007)利用 1983—1997 年美国大都市区域的数据，研究发现住房成本对移民的影响并不明显，因为移民更重视移入区域的生活便利条件(amenities)和社会网络。Akbari and Aydede(2012)利用加拿大的数据进行分析，发现劳动力的流入与住房价格的关系并不明显。

综上可见，尽管有很多文献间接指出了区域房价差异、劳动力流动与产业转移之间存在着某种重要关联的可能性，但是大多数文献将这种关联割裂为两方面单独探讨，一方面侧重于研究区域房价差异对劳动力流动的影响；另一方面侧重于研究劳动力流动对产业转移的影响，研究结论也存在着一定的争议。本研究的主要贡献是将这两方面内容纳入一个完整的理论框架中进行科学分析，着力于建立区域房价差异、劳动力流动与产业转移之间的系统关联机制，揭示区域房价差异影响劳动力流动进而诱致产业转移的内在驱动机制，并运用中国 35 个大中城市的数据做了实证检验。

---

① 详情可参见 Kain(1968)，Zheng et al.(2006)的文章。

三、理论模型

基于 Krugman(1991a)提出的核心-边缘模型(Core-periphery model)即 CP 模型,借鉴 Helpman(1998)、Baldwin(2003)的范式,我们将拓展一个引入房地产价格的核心-边缘模型,主要探究房地产价格通过作用于劳动力的流动,进而影响产业转移的机制。

假设某个国家存在两个经济区域:地区 1 和地区 2,两个区域的劳动力可以自由流动。消费者通过合理配置自身的收入,消费可贸易的工业品和不可贸易的住房,来实现效用最大化。那么地区 1 消费者效用函数的形式如下[①]:

$$U_1 = C_{1M}^{\mu} C_{1H}^{1-\mu} \tag{11-1}$$

$$S.t.\ P_{1M}C_{1M} + P_{1H}C_{1H} = W_1$$

$$C_{1M} = \left(\int_0^n c_{1i}^{1-(1/\sigma)} d_i \right)^{1/(1-1/\sigma)}$$

$$P_{1M} = \left[\int_0^n p_i^{1-\sigma} d_i \right]^{(1-\sigma)} \tag{11-2}$$

$$0 < \mu < 1 < \sigma$$

其中,C_{1M}、C_{1H} 分别表示地区 1 消费者所消费的差异化的工业品[②]和住房数量,c_{1i} 代表消费者第 i 类工业品的消费量,P_{1M}、P_{1H} 为对应的工业品价格和住房价格,P_{1M} 是 Krugman(1991a)引入的价格指数形式,p_i 第 i 种工业品的价格,W_1 为地区 1 消费者的收入,在此以工资表示。$n_1 + n_2 = n$,n 是所有地区工业产品的种类数量,n_1、n_2 是地区 1 和地区 2 工业品的种类数量,σ 为工业品之间的替代弹性,μ 为消费支出在工业品上的支付份额。

最优化后得到间接效用函数形式如下:

$$V_1 = \mu^{\mu}(1-\mu)^{(1-\mu)} W_1 / (P_{1M}^{\mu} P_{1H}^{1-\mu}) \tag{11-3}$$

[①] 此处未考虑农产品,但是引入农产品的设定方式,不会影响最终的分析结论。
[②] 指广义的工业品,既包括工业产品,也包括住房以外的服务业产品。

结合生产商的优化条件①,得出工业产品的价格指数由(1)式变为:

$$P_{1M} = [s_n W_1^{1-\sigma} + (1-s_n)(W_2 T)^{1-\sigma}]^{1/(1-\sigma)} \quad (11-4)$$

其中,W_2 为地区 2 消费者的收入,在此以工资表示。s_n 表示地区 1 的工业企业数量占所有地区工业企业数量的比重,其数值等于 n_1/n②,T 为采用冰山交易技术(Samuelson,1952)衡量制造业产品在地区间的运输成本,$T>1$。

将(11-4)式代入(11-3)式,得:

$$V_1 = \mu^\mu (1-\mu)^{(1-\mu)} W_1 / P_{1H}^{1-\mu} [s_n W_1^{1-\sigma} + (1-s_n)(W_2 T)^{1-\sigma}]^\alpha \quad (11-5)$$

其中,$\alpha = \mu/(\sigma-1)$。

同理,可以求出地区 2 消费者的间接效用函数:

$$V_2 = \mu^\mu (1-\mu)^{(1-\mu)} W_2 / P_{2H}^{1-\mu} [s_n (W_1 T)^{1-\sigma} + (1-s_n)(W_2)^{1-\sigma}]^\alpha \quad (11-6)$$

根据长期均衡时对应的区位选择条件,得知劳动力跨区域流动的决定因素是两个区域的相对效用,于是构造出相对效用函数:

$$S_{12} = V_1 / V_2$$

$$= \frac{W_1}{W_2} \left(\frac{P_{1H}}{P_{2H}}\right)^{\mu-1} \left[\frac{s_n W_1^{1-\sigma} + (1-s_n)(W_2 T)^{1-\sigma}}{s_n (W_1 T)^{1-\sigma} + (1-s_n) W_2^{1-\sigma}}\right] \quad (11-7)$$

其中,

$$\left[\frac{s_n W_1^{1-\sigma} + (1-s_n)(W_2 T)^{1-\sigma}}{s_n (W_1 T)^{1-\sigma} + (1-s_n) W_2^{1-\sigma}}\right]^{-\alpha} = \left[\frac{\dfrac{s_n}{1-s_n}\left(\dfrac{W_1}{W_2}\right)^{1-\sigma} + T^{1-\sigma}}{\dfrac{s_n}{1-s_n}\left(\dfrac{W_1}{W_2} T\right)^{1-\sigma} + 1}\right] \quad (11-8)$$

令 $T^{1-\sigma} = \phi$,ϕ 表示贸易自由度。分别对(11-8)式的 $\dfrac{s_n}{1-s_n}$ 和 $\dfrac{W_1}{W_2}$ 进行二元泰勒展开得到:

$$\left[\frac{s_n W_1^{1-\sigma} + (1-s_n)(W_2 T)^{1-\sigma}}{s_n (W_1 T)^{1-\sigma} + (1-s_n) W_2^{1-\sigma}}\right]^{-\alpha} \approx \phi^{-\alpha}\left[1 - \frac{\alpha}{\phi}(1-\phi^2)\frac{s_n}{1-s_n}\right] \quad (11-9)$$

将(11-9)式代入(11-7)式并求对数,得到:

---

① 详细可参见 Krugman(1991b);Fujita,Krugman and Venables(1999)。
② 根据新经济地理学的经典假定,地区工业企业数量占所有地区的工业企业数量的比重等同于地区工业产品种类占所有地区的工业产品种类的比重。

$$\ln S_{12}=\ln\frac{W_1}{W_2}+(\mu-1)\ln\frac{P_{1H}}{P_{2H}}-\alpha\ln\phi+\ln\left[1-\frac{\alpha}{\phi}(1-\phi^2)\frac{s_n}{1-s_n}\right] \quad (11-10)$$

对 $\ln\left[1-\frac{\alpha}{\phi}(1-\phi^2)\frac{s_n}{1-s_n}\right]$ 进一步泰勒展开后①简化,则(11-10)式变为:

$$\ln S_{12}=\ln\frac{W_1}{W_2}+(\mu-1)\ln\frac{P_{1H}}{P_{2H}}-\alpha\ln\phi-\frac{\alpha}{\phi}(1-\phi^2)\frac{s_n}{1-s_n} \quad (11-11)$$

在区位选择的长期均衡时,消费者在两地区的效用相等,即 $S_{12}=V_1/V_2=1$、$\ln S_{12}=0$,从而(11-11)式变为:

$$\frac{s_n}{1-s_n}=-\frac{\phi}{1-\phi^2}\ln\phi+\frac{\phi}{\alpha(1-\phi^2)}\ln\frac{W_1}{W_2}+\frac{\phi(\mu-1)}{\alpha(1-\phi^2)}\ln\frac{P_{1H}}{P_{2H}} \quad (11-12)$$

由(11-12)式可以得出以下两个命题:

命题一,在地区间相对工资、交通成本等一定的条件下,相对房价升高,意味着生活成本上升,降低了消费者的效用,从而减少了劳动力流入,根据成本和需求关联的循环累积因果原理,该地区的就业人数将会相对减少。

因为 $\alpha>0, \sigma>1, T>1, 0<\mu<1$,所以 $\phi^2<1$,$\frac{\phi(\mu-1)}{\alpha(1-\phi^2)}<0$,可以发现由消费者效用决定的两个地区的相对就业②与相对房价之间存在着稳定的反向关联。在其他条件不变的情况下,某个地区的相对房价提高,该地区广义工业(包括第二产业和第三产业)的相对就业人数将会减少。所以,对于一个城市而言,如果相对房价提高,则将使该城市广义工业的就业人数相对减少③。

命题二,当某个地区的相对房价升高,不仅导致相对就业人数减少,如果还促使

---

① 对 $\frac{s_n}{1-s_n}$ 进一步进行一元泰勒展开。

② 根据经典的新经济地理学的假定,得出 $\frac{s_n}{1-s_n}$ 与两个地区的相对就业之间存在着高度的正相关性,因此可以用两个地区的相对就业来代理 $\frac{s_n}{1-s_n}$。

③ 对具体产业的影响,可以通过变换理论模型中工业品的定义推导而得,与原命题一致,在此省略。

低附加值产业的相对产出减少和高附加值产业的相对产出增加[1],这说明伴随一个地区的产业转移而发生了产业升级。

对于一个城市来说,如果由于相对房价升高,导致就业人数相对减少,但经济增长并未停滞,而是继续维持高速经济增长,这就意味着劳动生产率得到进一步提高。所以,城市相对房价升高,对低附加值的产业产生挤出效应而引发城市产业转移,其结果必然是,城市产业发生了由产业价值链低端向产业价值链高端攀升,或者高附加值的产业替代了低附加值的产业,从而实现了产业升级。

四、实证分析结果和讨论

(一) 实证模型设定与变量定义

利用2000—2009年全国35个大中城市的面板数据,设立动态面板数据模型进行实证检验。根据式11-12的形式,设定计量模型如下:

$$Y_{it} = \alpha_0 + Y_{it-1} + \beta_1 RW_{it} + \beta_2 RHP_{it} + X_{it} + \varepsilon \qquad (11-13)$$

其中,Y_{it}表示某产业t时刻在城市i的相对就业率($Remp$)或相对产值($RGDP$),Y_{it-1}为其滞后一期的数值[2],以控制产业自身的内生冲击。在本研究的实证过程中,主要考察城市相对房价高低对城市产业结构以及第二产业和第三产业的影响。RW_{it}表示城市i与其他城市的相对工资[3],RHP_{it}表示城市i与其他城市的相对房价。X_{it}表示其他解释变量,包括贸易自由度、教育条件、医疗条件、自然气候、城市化率等衡量城市属性的因素。其中,贸易自由度用城市的年度客运和货运总量来表示,取对数后记为 Ln Trade;医疗条件采用城市每年的医院、卫生院床位数来表示,取对

---

[1] 产业结构的升级通常采用就业结构和产出结构两类指标。当相对房价升高,使得产业的相对就业减少时,如果此时给定一个情境条件:相对房价的升高,同时促使低附加值产业的相对产出减少和高附加值产业的相对产出增加,那么就可以推断是产业升级。
[2] 此处选用一阶滞后主要是考虑 SIC 信息准则和模型的稳健性要求。
[3] 相对工资用某一城市的平均工资除以其余所有样本城市的平均工资得到,相对房价按类似方式计算。

数后记为 Ln Health; 自然气候以城市的年度平均气温表示, 取对数后记为 Ln Temperature; 教育条件则用城市的学校数量来表征, 取对数后记为 Ln Edu; 城市化率用城市人口占总人口的比重 Rup 表示。ε 表示误差项。所有变量及数据描述如表 11-1 所示。

表 11-1 样本数据描述

变量	定义	观测数	均值	标准误	最小值	最大值
$Remp$	相对就业率	350	1.026 13	0.996	0.166	6.261
$SRemp$	第二产业相对就业率	350	1.001	0.200	0.407	1.648
$TRemp$	第三产业相对就业率	350	1.001	0.163	0.482	1.428
$RGDP$	相对产值	350	1.023	0.926	0.091	5.156
$SGDP$	第二产业相对产值	350	1.001	0.151	0.515	1.297
$TGDP$	第三产业相对产值	350	1.001	0.151	0.721	1.575
RW	相对工资	350	1.002	0.294	0.001	2.095
RHP	相对房价	350	1.006	0.475	0.487	3.130
$Ln\,Trade$	贸易自由度的对数值	350	10.012	0.836	7.730	12.114
$Ln\,Health$	医疗条件的对数值	350	10.008	0.652	8.414	11.493
$Ln\,Temperature$	自然气候的对数值	350	2.636	0.392	1.526	3.235
$Ln\,Edu$	教育条件的对数值	350	6.430	0.724	4.700	9.042
Rup	城市化率	350	0.549	0.565	0.000	10.572

(二) 平稳性检验

在进行实证检验之前, 需对样本数据做平稳性检验, 以尽量减少伪回归。本研究采取 LLC 单位根检验的方法,对变量的平稳性进行考察,所有变量都通过了平稳性检验,结果如表 11-2 所示。

表 11-2 LLC 单位根检验结果

变量	LLC 单位根检验
$Remp$	-8.598 15***
$SRemp$	-8.895 53***
$TRemp$	-8.626 19***
$RGDP$	-3.000 78***
$SGDP$	-7.210 31***
$TGDP$	-4.455 54***
RW	-6.752 34***
RHP	-8.008 82***
$Ln\,Trade$	-12.433 0***
$Ln\,Health$	-4.291 69***
$Ln\,Temperature$	-14.638 3***
$Ln\,Edu$	-3.446 08***
Rup	-3.509 75***

注:*、**、***分别表示在10%、5%和1%水平显著。

(三) 回归结果分析

毫无疑问,房价、工资与产业转移之间存在一定的关联性,特别是考虑到工资对房价的潜在影响,为有效避免内生性带来的偏误问题,根据动态面板数据模型的特征,将 Y_{it} 设为被解释变量,而将 RHP_{it}、RW_{it} 设定为内生解释变量,以保证估计结果的无偏性和一致性。下文分别对城市相对房价变化影响产业结构,以及第二产业和第三产业的效应进行计量检验。

1. 城市相对房价对产业结构的影响

对于城市相对房价变化影响产业结构的效应分析,分别采用城市相对就业率

($Remp$)和相对产值($RGDP$)①作为被解释变量,L1.$Remp$、L1.$RGDP$ 分别表示相应的滞后一期的数值,回归结果如表 11-3 所示。

表 11-3 城市相对房价变化影响产业结构的回归结果

	$Remp$		$RGDP$	
L1.$Remp$	0.429 (1.758)	0.421*** (0.141)		
L1.$RGDP$			0.950*** (0.005)	0.903*** (0.007)
RHP	−0.252 (2.368)	−0.258* (0.140)	−0.008*** (0.002)	0.001 (0.004)
RW	−0.672 (7.349)	−0.631 (0.399)	0.080*** (0.015)	0.143*** (0.026)
Ln $Trade$		0.029 (0.044)		−0.014*** (0.001)
Ln $Health$		0.039 (0.162)		0.055*** (0.008)
Ln $Temperature$		−0.057 (0.093)		0.050** (0.020)
Ln Edu		−0.003 (0.041)		0.005 (0.004)
Rup		0.013 (0.009)		−0.009*** (0.001)
常数项	1.499 (6.135)	0.972 (1.568)	−0.026*** (0.009)	−0.628*** (0.106)
Sargan 统计量	34.157	32.985	28.745	24.367
AR(2)统计量	0.087	0.060	1.518	1.548

注:Sargan 为工具变量过度识别的 Sargan 检验统计量。AR(2)为模型是否存在二阶序列相关的 Arellano-Bond 检验统计量的 P 值;表中的每个被解释变量的两列结果是引入控制变量前后的估算结果,便于比较。*、**、*** 分别表示在 10%、5%和 1%水平显著。

---

① 计算方式与相对工资相似。

从表 11-3 可以看出,当充分考虑控制变量后,以相对就业率作为被解释变量的回归结果十分显著,而且 Sargan 统计量和 AR(2)统计量的结果显示不存在工具变量的过度识别和二阶序列相关等问题,呈现出良好的稳健性。回归结果表明,除了相对就业率自身的冲击因素及其他影响因素外,城市相对房价升高,促使该城市相对就业率减少,相对房价每提高 1 个单位,相对就业率减少约 0.26 个单位。根据计量分析,命题一得到了实证支持。但是,当引入控制变量时,以相对产值为被解释变量的回归结果并不显著,也就是说,仅从城市总量层面去分析,得到的相对房价的变化对于城市相对产值的影响并不确定。因此,有必要进一步分析第二、三产业层面的影响。

2. 城市相对房价对第二产业的影响

关于城市相对房价变化影响第二产业的效应分析,分别采用 $SRemp$ 和 $SGDP$ 作为被解释变量,L1. $SRemp$、L1. $SGDP$ 分别表示相应的滞后一期的数值,回归结果如表 11-4 所示。

表 11-4 城市相对房价变化影响第二产业效应的回归结果

	$SRemp$		$SGDP$	
L1. $SRemp$	1.049*** (0.006)	1.010*** (0.020)		
L1. $SGDP$			0.995*** (0.019)	1.004*** (0.076)
RHP	−0.024** (0.002)	−0.016** (0.004)	−0.021*** (0.003)	−0.022*** (0.006)
RW	0.062*** (0.006)	0.062*** (0.020)	0.026* (0.014)	0.053** (0.026)
$\text{Ln } Trade$		0.009*** (0.002)		−0.008*** (0.001)
$\text{Ln } Health$		−0.006 (0.009)		0.032** (0.013)
$\text{Ln } Temperature$		0.008 (0.014)		−0.002 (0.020)

(续表)

	SRemp		*SGDP*	
Ln*Edu*		−0.026**		−0.002
		(0.007)		(0.005)
Rup		0.006		0.008***
		(0.012)		(0.002)
常数项	−0.087***	0.059	0.000 5	−0.255
	(0.010)	(0.100)	(0.014)	(0.191)
Sargan 统计量	53.900	47.810	30.644	29.001
AR(2)统计量	1.130	1.010	−0.709	−0.744

注：Sargan 为工具变量过度识别的 Sargan 检验统计量。AR(2)为模型是否存在二阶序列相关的 Arellano-Bond 检验统计量的 P 值；表中的每个被解释变量的两列结果是引入控制变量前后的估算结果，便于比较。*、**、*** 分别表示在 10%、5%和 1%水平显著。

从表 11-4 可以看出，以 *SRemp* 和 *SGDP* 作为被解释变量的回归结果都通过了显著性检验，而且 Sargan 统计量和 AR(2)统计量的结果呈现良好的稳健性。根据计量检验，城市相对房价上升，将促使该城市第二产业相对就业率和相对产值减少，相对房价每增加 1 个单位，第二产业相对就业率减少约 0.02 个单位，相对产值减少约 0.02 个单位，相对房价升高对第二产业存在挤出效应。

3. 城市相对房价对第三产业的影响

关于城市相对房价变化影响第三产业的效应分析，分别采用 *TRemp* 和 *TGDP* 作为被解释变量，L1. *TRemp*、L1. *TGDP* 分别表示相应的滞后一期的数值，回归结果如表 11-5 所示。

表 11-5 城市相对房价变化影响第三产业效应的回归结果

	TRemp		*TGDP*	
L1. *TRemp*	0.894***	0.809***		
	(0.031)	(0.046)		

(续表)

	TRemp		*TGDP*	
L1. *TGDP*			0.718*** (0.043)	0.787*** (0.049)
RHP	−0.009*** (0.003)	−0.012*** (0.004)	0.026*** (0.004)	0.024*** (0.005)
RW	0.017** (0.007)	0.022** (0.009)	−0.034 (0.024)	−0.016 (0.024)
Ln *Trade*		−0.001 (0.003)		0.003** (0.001)
Ln *Health*		−0.006 (0.014)		−0.027*** (0.009)
Ln *Temperature*		0.009 (0.015)		−0.006 (0.016)
Ln *Edu*		0.008** (0.004)		−0.004 (0.004)
Rup		0.002*** (0.0003)		−0.004*** (0.001)
常数项	0.099*** (0.033)	0.171 (0.106)	0.288*** (0.065)	0.488*** (0.153)
Sargan 统计量	31.622	22.252	33.188	22.380
AR(2)统计量	0.129	0.246	0.317	0.317

注:Sargan 为工具变量过度识别的 Sargan 检验统计量。AR(2)为模型是否存在二阶序列相关的 Arellano-Bond 检验统计量的 P 值;表中的每个被解释变量的两列结果是引入控制变量前后的估算结果,便于比较。*、**、*** 分别表示在10%、5%和1%水平显著。

从表 11-5 可以发现,回归结果非常显著,具备良好的稳健性。根据计量检验,城市相对房价上升,将促使该城市第三产业相对就业率减少和相对产值增加,相对房价每增加1个单位,第三产业相对就业率减少约0.01个单位,相对产值提高约0.02个单位。这表明伴随着城市相对房价上升,第三产业得到了更好的发展,导致城市产业升级。对比表 11-4 和表 11-5,可以发现相对房价上升对第二产业就业的挤出程度大约是第三产业的两倍,这间接说明相对房价上涨推动了产业升级。

综上可见，城市间房价的相对高低，在一定程度上暗指城市间劳动力的住房成本存在着相对的高低之分，这会间接改变城市劳动力的预算约束，进而会做出有利于改进自身效用的流动选择，所以在其他条件不变的情况下，伴随着城市间相对房价的升高，会使得难以承受高房价的低端产业劳动力更加偏好流向房价偏低的地区，从而会降低本地区低端产业劳动力的相对比例，这样根据产业集聚的基本思想，则会进一步促使本地区的低附加值的第二产业发生转移，第二产业向产业价值链高端攀升，为第三产业提供了更大的发展空间，第三产业就业和产出份额上升，促使城市产业升级。在城市产业升级过程中，由于劳动生产率不断提高，使城市相对房价升高带来的成本上升的压力得到部分消化。至此，由理论模型推导得出的命题一和命题二得到充分的实证支持。

（四）区域房价差异对东、中、西部地区产业转移的影响分析

尽管对中国 35 个大中城市动态面板数据的实证检验，得出了一些令人信服的结论，但中国是一个区域差异较大的国家，无论是房价、工资水平、就业状况、产业布局，还是经济社会发展水平都存在一定差异，因而必须在区域层面上做更深入的分析，进而探索中国产业转移和产业升级的规律。由于样本不足和数据限制，难以分别对东、中、西部地区城市进行类似的动态面板数据的实证检验。因此，本研究对 35 个大中城市分别按东、中、西部 3 类地区，将 2000—2009 年城市相对房价，第二产业和第三产业的相对就业率、相对产值等变量的数据绘制成图 11-1 至图 11-6，揭示这些变量之间的相互关系。

如图 11-1 和图 11-2 所示，2000—2009 年间的多数年份，东部地区 16 个城市相对房价与第二产业的相对就业率和相对产值之间存在明显的反向关系。而相对房价与第三产业的相对就业率存在明显的反向关系，但与第三产业的相对产值存在明显的正向关系。特别是北京、上海、广州、深圳等大城市，上述特征更加明显。这些特征与 35 个大中城市动态面板数据实证检验的结果是一致的。由此可见，中国东部地区由于房价较高，劳动者的生活成本相对较高，诱发了劳动力流出，以至出现"用工荒"，企业负担的工资成本和商务成本上升，对低附加值的产业产生了挤出效应，中高端制造业和第三产业得到相应发展，促进了产业升级。

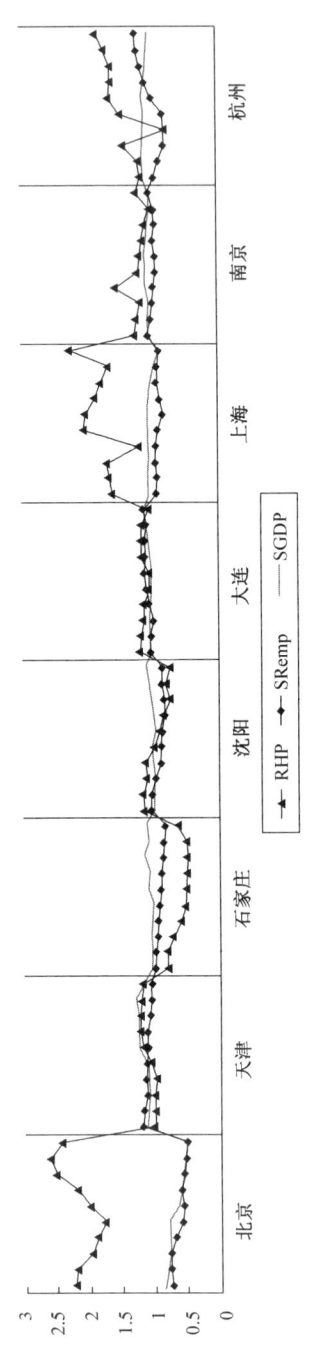

图11-1(a) 2000—2009年东部地区16个城市相对房价与第二产业的相对就业率和相对产值

注：图中竖线分隔的每一分格代表一个城市，每一个点对应每一年。

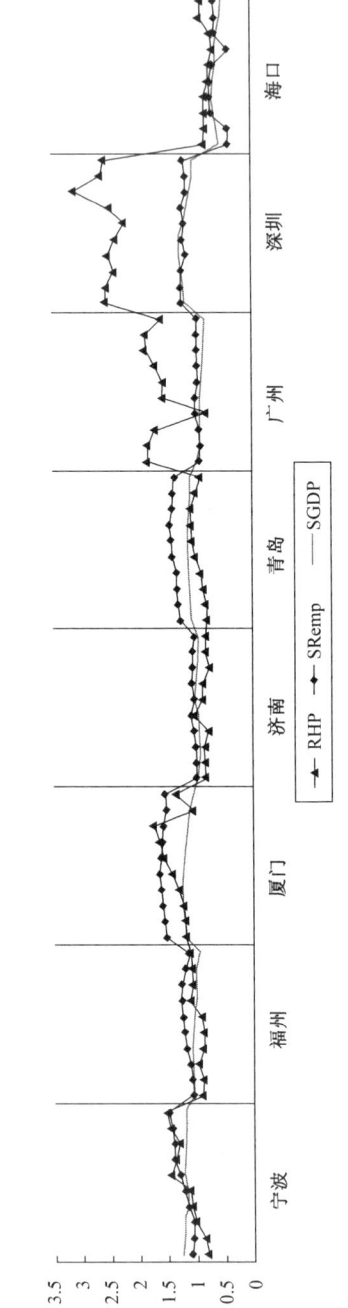

图11-1(b) 2000—2009年东部地区16个城市相对房价与第二产业的相对就业率和相对产值

注：图中竖线分隔的每一分格代表一个城市，每一个点对应每一年。

| 第十一章 区域房价差异、劳动力流动与产业升级 |

图 11-2(a) 2000—2009 年东部地区 16 个城市相对房价与第三产业的相对就业率和相对产值

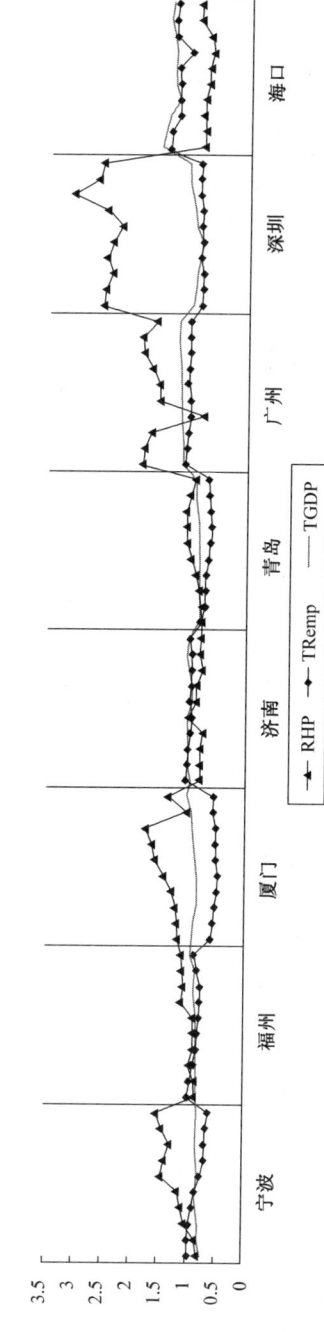

注：图中竖线分隔的每一分格代表一个城市，每一个点对应每一年。

图 11-2(b) 2000—2009 年东部地区 16 个城市相对房价与第三产业的相对就业率和相对产值

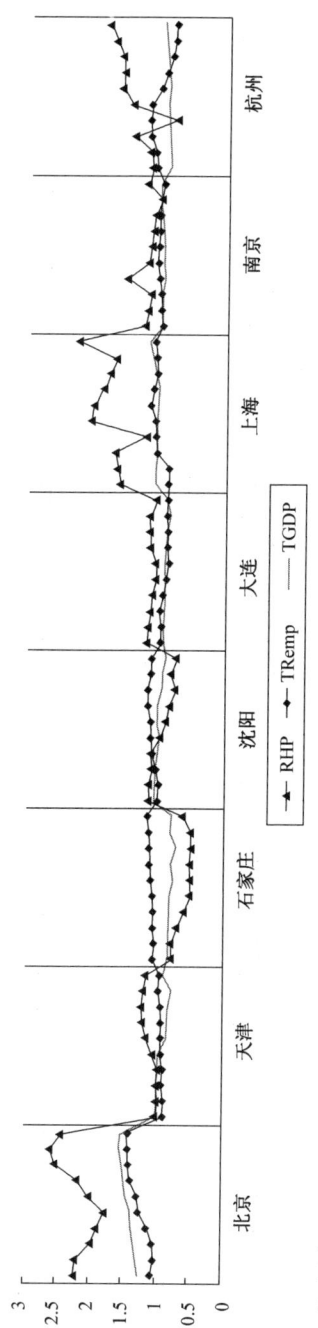

注：图中竖线分隔的每一分格代表一个城市，每一个点对应每一年。

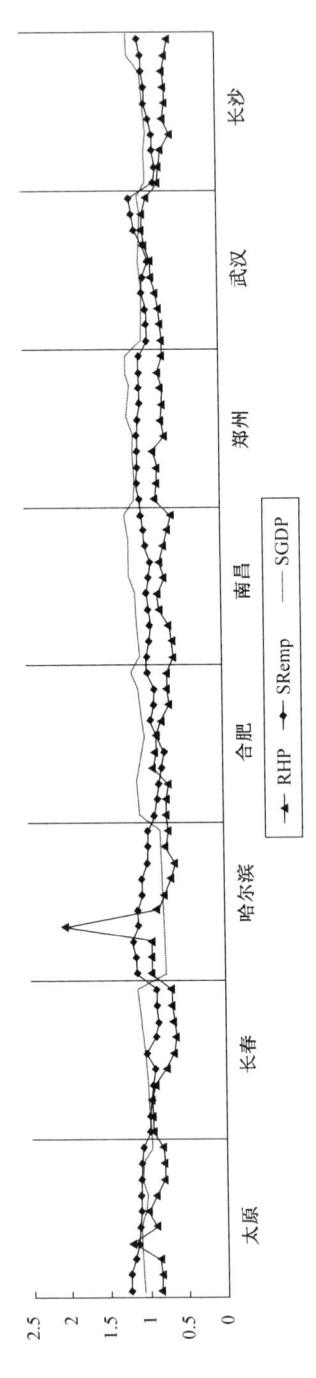

图 11-3 2000—2009 年中部地区 8 个城市相对房价与第二产业的相对就业率和相对产值

注：图中竖线分隔的每一分格代表一个城市，每一个点对应每一年。

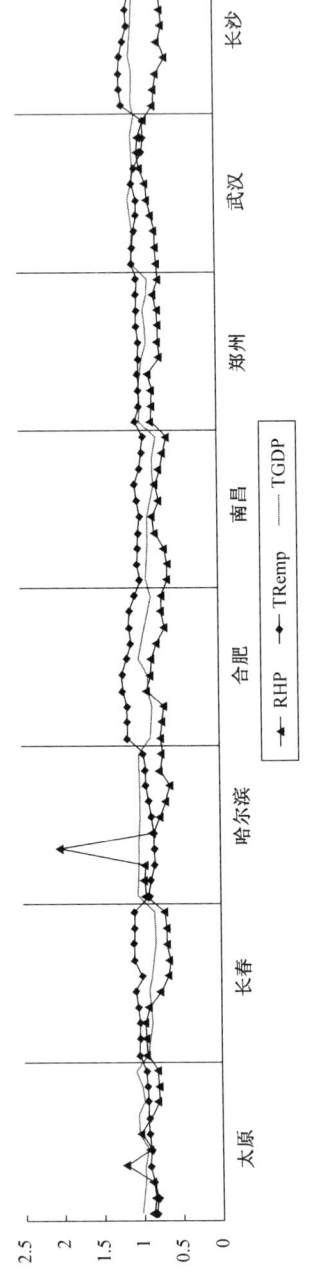

图 11-4 2000—2009 年中部地区 8 个城市相对房价与第三产业的相对就业率和相对产值

注：图中竖线分隔的每一分格代表一个城市，每一个点对应每一年。

第十一章 区域房价差异、劳动力流动与产业升级 | 197

图 11-5 2000—2009 年西部地区 11 个城市相对房价与第二产业的相对就业率和相对产值

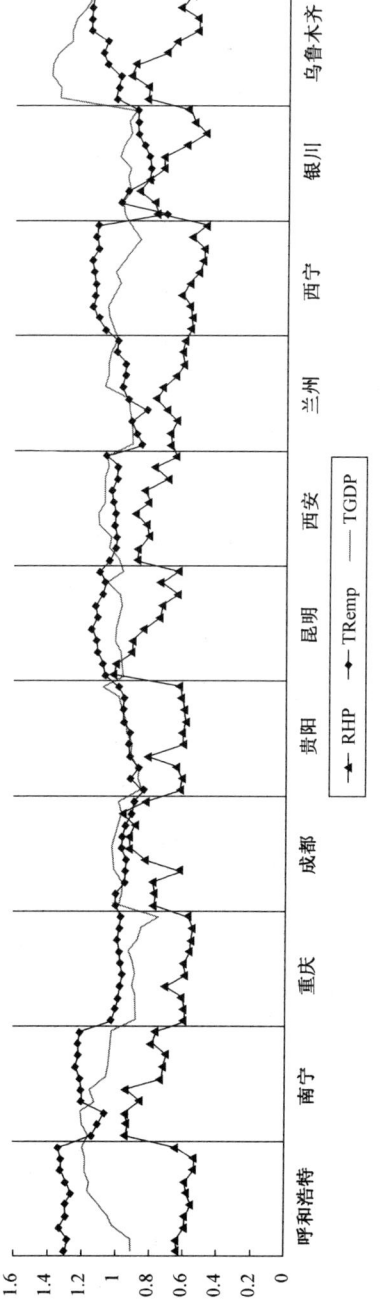

注：图中竖线分隔的每一分格代表一个城市，每一个点对应每一年。

图 11-6 2000—2009 年西部地区 11 个城市相对房价与第三产业的相对就业率和相对产值

注：图中竖线分隔的每一分格代表一个城市，每一个点对应每一年。

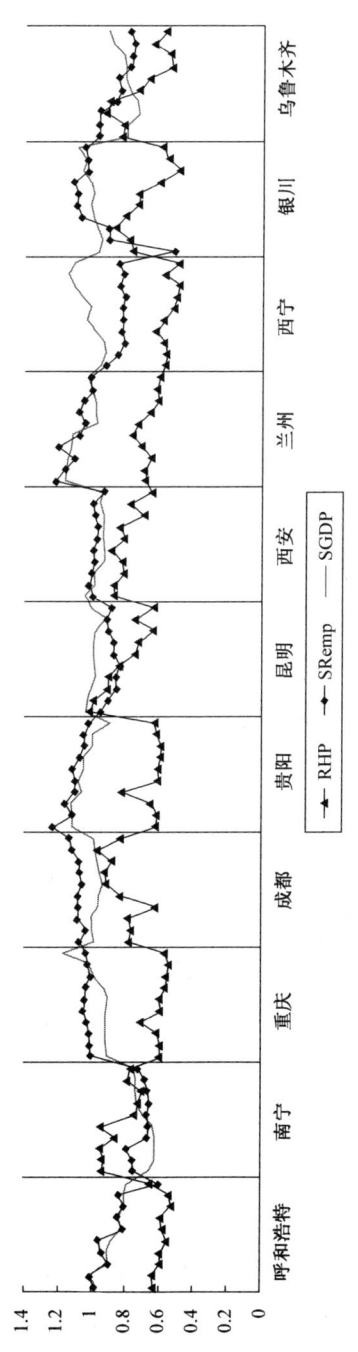

如图 11-3 和图 11-4 所示,中部地区 8 个城市相对房价与第二产业和第三产业的相对就业率、相对产值之间的对应关系和特征,与东部地区基本相似。特别是 2003 年以来,中部地区 8 个城市的上述特征更加明显。所以,中部地区也发生了一定的产业升级。

西部地区 11 个城市相对房价与第二产业和第三产业的相对就业率、相对产值之间的关系并不尽一致(如图 11-5 和图 11-6),关系十分复杂。关于相对房价变化对第二产业的影响,2003 年以来重庆与东、中部地区基本相似,而成都、南宁、呼和浩特等城市的相对房价与第二产业的相对就业率和相对产值之间存在明显的正向关系,其他城市的对应关系并不十分明显。而城市相对房价对第三产业的影响,则与东、中部地区基本相似,第三产业得到了一定发展。由于西部地区不同城市存在着不同的比较优势和经济条件,产业升级的阶段和路径与东、中部地区有一定的差异,西部地区不同城市之间也存在一定的差别,但都发生了产业升级。如成都的相对房价升高,并未对第二产业产生挤出效应,反而促进了第二产业的发展,第三产业也得到相应发展。这表明西部地区某些城市,由于产业层次较低,但存在自然资源和劳动力等资源优势,主动承接了东部地区的产业转移,对于这些城市来说,同样获得了产业升级。

根据上述对东、中、西部地区的分析,区域房价差异确实是影响东、中、西部地区产业转移和产业升级的一个重要因素。由于不能承受房价上涨等导致的成本增加压力,东部沿海地区处于产业价值链中低端的产业逐步向相对房价低的中西部地区转移,客观上为产业价值链中高端的产业腾出了发展空间,并伴随产业升级化解了房价上涨带来的成本压力。而中西部地区在承接东部沿海地区产业转移的过程中,不仅消化了本地区房价上涨带来的成本压力,还出现了一些新的产业集群,更好地发挥了本地区的比较优势。

五、结 论

本研究通过拓展新经济地理模型,提出了关于区域相对房价变化诱发产业转移及产业升级的两个命题。利用 2000—2009 年中国 35 个大中城市的面板数据和动态面板系统 GMM 估计方法,分析了城市相对房价变化对产业结构、第二产业和第三产业的相对就业率、相对产值的不同影响机制,在控制贸易自由度、教育条件、医疗条件、自然气候、城市化率等变量的情况下,揭示出城市相对房价对产业转移和产业升级的本质影响。而东、中、西部地区的房价差异对产业转移的影响分析,进一步深化了对不同区域产业升级路径的认识。

这一研究主要得出以下结论及启示。

第一,在其他条件不变的情况下,城市相对房价升高,诱使劳动力流出,并对低附加值的产业产生挤出效应,进而引发产业转移,城市产业由价值链低端向价值链高端攀升,导致产业升级。因此,必须科学确定城市房价调控目标,引导劳动力合理、有序流动,促使城市产业升级。同时,根据城市产业转移和产业升级的实际,制定合理的住房政策和建立健全住房保障体系,满足劳动力流动的要求。此外,制订和实施区域产业梯度转移和协调发展的产业规划。不同区域的产业协调发展,关键是要对发达区域和欠发达区域进行合理的产业分工,实现产业的自发梯度转移。特别是相邻的区域之间,必须合理结合各地的比较优势,明确各自的产业价值链所处的位置,努力创造协作有效的产业规划体系,大力整合各种配套资源,真正实现区域间产业优势的互补和协同发展。

第二,城市相对房价变化,促使东、中、西部地区发生了产业梯度转移和产业升级。东部沿海地区的价值链中低端产业,由于难以承受房价上涨带来的成本增加压力,逐步向相对房价低的中西部地区转移,产业价值链向高端攀升。而中西部地区在承接东部沿海地区产业转移的过程中,不仅发挥了本地区的比较优势,也实现了产业升级。

因此,针对当前东部发达地区房价过高的现实,应着力促进东部地区的产业升级,避免因房价过高而出现产业空心化。伴随城市的房价上涨,劳动者住房成本提高,进而对劳动力和中低端产业产生挤出,必须靠中高端产业的发展来消化房价上涨压力,否则将不可避免出现产业空心化现象。因此,要顺应中低端产业转移趋势,从土地、资本、人力及制度层面进行创新,加大对中高端产业发展的扶持力度,特别是大力发展现代生产性服务业及战略性新兴产业,努力促使本地区顺利实现产业升级。

对于东部沿海地区来说，必须制定留住和吸引高素质人力资本的住房政策，比如通过价格补贴、税收减免或住房保障等形式专供的"人才房"等，形成稳定且丰裕的人才储备，满足产业升级的人才需求。而中西部地区，要建立健全多层次的住房保障体系，特别是要大力发展公共租赁住房，满足新流入劳动力的住房需求，在做好承接产业转移充分准备的同时，为长期产业升级保留足够的发展空间。

当然，本研究仍存在一些不足之处。比如，本章侧重从住房价格带来的居住成本视角探究对产业转移的影响，暂时未考虑产业用地价格引致的商务成本对产业转移的影响；还有未对工资与房价的互动进行深入的分析，以得出最优的动态路径；此外在实证分析过程中，缺乏更加具体详细的包含更为普通的二、三线城市的实证分析，这有待于今后的深入研究。

本文原载于《经济研究》2012年第1期，编入本书时做了适当修改。作者：高波、陈健、邹琳华。

第三篇

企业家精神与区域发展

第十二章 企业家精神的地区差异与经济绩效

一、引　言

　　20世纪50年代以来,企业家精神在经济社会中的地位和角色经历了一个戏剧性的变化。二战后初期,经济学家们强调的是规模和范围经济以及大企业在国民经济中的关键作用,至于中小企业或者企业家精神,政策制定者们的"重视"更多的是出于社会或政治原因。而学界的研究也无疑为中小企业或者企业家创业和创新精神的无足轻重提供了注脚。例如,经验研究表明,中小企业提供的工资更低(Brown & Medoff, 1989),吸收的外商直接投资更少(Horst, 1972),没有多少创新活动。

　　进入20世纪90年代以后,这种趋势包括观点发生了逆转。中小企业在提供就业和产值,技术创新以及中小企业本身的数量都快速增长。个中原因在于西方发达国家开始逐渐走向以知识为基础的经济(OECD, 1997),知识经济包括电子商务的兴起和全球市场日趋开放为中小企业重新赢得竞争优势奠定了基础。相应的,与中小企业联系最紧密的企业家精神在经济增长中扮演着越来越重要的角色。在我国,和西方知识经济的兴起导致企业家创业精神的勃发有所不同,我国更多的是由于经济转型过程中的规制放松和产权的重新确立激发了个人的创业热情。

　　遗憾的是,尽管今日学界公认企业家精神及其创业活动对经济增长很重要,但是经验研究仍然相当匮乏。个中原因在于企业家精神本身是一个多维的概念,其含义至今尚无定论。如何找到合适的变量来衡量企业家精神以进入经济增长模型和实证方程仍是一个难题。

　　本章中,我们在回顾企业家精神与经济增长的理论和经验研究的基础上,试图通过我国各省之间的自我雇佣率的差异来衡量企业家精神的差异,并以此来解释中国地区经济发展的差异。我们希望证实,企业家精神的差异是影响我国地区经济发展的一个重要因素。本章结构如下:在第二部分,我们将做一个简单的文献综述;第三部分是企业家精神的衡量和实证模型以及数据来源;第四部分是实证检验结果和解释,包括企业家精神与各省 GDP 及人均 GDP 的回归分析;最后是结论和政策含义。

二、文献回顾:企业家精神与经济增长

1. 企业家精神的界定与衡量

企业家精神并不是一个新名词,在经济学文献中,"企业家"一词最早见之于理查德·坎蒂隆(Cantillon, R., 1730)的《商业性质概论》,是指人们竞相成为企业家的一种行为,它是由法文"entreprendre"引申而来,其意思是"着手工作,寻求机会,通过创新和开办企业实现个人目标,并满足社会需求"。企业家精神更是一个多维的概念,很难对其给出明确的界定。Glancey & McQuaid(2000)曾经给出了 5 种关于企业家精神的定义。而 Wennekers & Thurik(1999)甚至给出了 13 种。经合组织(OECD)则将企业家精神定义为"勇于承担风险和创新,创新意味着创造新的产品和服务,承担风险涉及对新的市场机会的甄别"。

迄今为止,企业家精神测定维度主要有自我雇佣比率、所有权比率、企业的进入退出比率、小企业所占市场份额和市场参与创业人数等(何予平,2006)。自我雇佣率就是自我雇佣者(农业劳动力除外)占劳动力的比率份额。企业所有权比率是指企业的所有者人数占所有劳动力人数的比率。其涵盖范围比自我雇佣比率要大一些,企业所有者既包括了自我雇佣者,也包括了公司制企业的股东。经合组织研究文献倾向于用企业所有权比率作为衡量企业家精神的变量;另外,一个具有丰富企业家精神的经济体的显著特征是新企业以及新生创业者的高生产率和比较高的企业更替率。一个产业或者地区的企业进入和退出情况越是频繁,表明这个产业或者地区的企业家行为越活跃,或者说企业家精神越丰富。高的企业更替率表明经济环境是个比较富有竞争的环境,创新的创业者可以取得成功,而不成功的企业将不得不重组或更新

它们的业务。因此,许多学者将企业的进入和退出比率作为企业家精神一个重要的测定标准(Caves,1998;Geroski,1994)。除了这些指标外,还有学者以小企业所占份额来测定企业家精神的活跃程度(Audretsch & Thurik,2001)以及通过测度成年人中有意创建或者已经创建自有企业的比率来作为企业家精神的指标(GEM,1999)。

2. 企业家精神与经济增长

在理论研究方面,熊彼特最早强调了企业家对经济增长的重要作用。在《经济发展理论》一书中,他断言企业家是经济发展的主要原因,他引入一个著名的概念"创造性破坏"(creative destruction)阐述了技术进步和经济发展的机制,而承担这种"创造性破坏"功能的正是企业家。在此之后的 Knight(1921) & Kirzner(1997)以及 Acs(1992)也分别强调了企业家精神对经济增长的促进作用。在一篇综述性的文献中,德国经济学家 Audretsch & Keilbach(2004)将企业家精神对经济增长的促进作用归纳为三种效应。一是知识外溢的渠道。Romer & Lucas 等人开创的内生增长理论强调知识和研发以及人力资本在经济增长中的重要作用,但是用于实际生产的知识需要靠企业家的发掘和创新。二是认为企业家精神的涌现能够提升竞争的激烈程度,而竞争程度的提高会有助于经济效率的提升。三是认为企业家精神的兴起使特定区域的经济发展更具多样性。

在实证研究方面,尽管存在对企业家精神内涵的不同理解,企业家精神仍然通过多种不同的方式和渠道影响经济增长。OECD 的监测显示,整个 20 世纪 90 年代,新办企业比例与 GDP 增长率呈正相关。在产业研究层面,Geroski(1994)的计量研究表明,企业的进入和退出导致了行业的波动,小企业的大量进入和创新行为推动市场结构趋向于分散化,最终促进生产率的提高。Lansbury & Mayes(1996)对美国 1980—1990 年制造业的研究表明,产业内及产业间企业更替与劳动生产率增长相关。Gort & Sung(1999)在对美国通信行业进行研究以后得出结论:竞争通过以下四个途径推动了行业效率的提高:更有效的需求激励、更高质量的资本投入、更有效的厂商组织和更低的运营成本。

随着企业家理论和经济增长理论的发展,近年来一些学者开始研究一国或地区经济增长与企业家精神的关系。Héctor Salgado-Banda(2007),采用专利数据研究了22个OECD国家1975到1998年的数据,发现了二者之间存在积极的正相关关系。Carree, Thurik & Wennekers(2002)认为,从长期来看,实际的企业所有权比率和(符合经济增长所需要的)均衡企业所有权比率两者的背离降低了经济的潜在增长率。创业活动的短缺限制了竞争和创造,不利于经济结构的调整和经济增长。Yu, Tony FuLai(1997)探讨了企业家精神与香港经济增长之间的关系。Yu 认为,香港经济上的成功来自适应性的企业家精神:产品模仿、小规模企业、分包等等。Audretsch & Keilbach(2004)采用新企业的创办数目和比例研究了企业家精神与德国329个城市的经济绩效之间的关系,结论是企业家精神与地区经济增长呈现正相关的关系。在具体针对发展中国家的研究中,Hoang Xuan Trung(2006)分别考察了企业家精神与20世纪90年代以来越南和印度的经济绩效之间的关系。另外,我国学者采用企业的进出比率考察了企业家精神与中国经济增长的关系,主要使用的是1993—2003年的时序数据(何予平,2006)。杨宇和郑垂勇(2007)采用个体私营企业从业人员比例和每万人口科技活动人数考察了企业家精神与区域经济增长的典型相关分析,都得出了类似的结论。

三、理论模型

考虑如方程(12-1)所示的总量生产函数(Romer,1986),其中 K 代表资本,a_K 表示资本存量中用于知识生产的比例,A 代表技术或者知识,L_Y 表示用于生产直接产品的劳动力;

$$Y=[(1-a_K)K]^{\alpha}(AL_Y)^{1-\alpha} \quad (12-1)$$

资本积累方程由常规的 $\dot{K}=sY-\delta K$ 表示,s 表示外生的储蓄率,δ 表示折旧率。知识增长如方程(12-2)所示,其中 B 代表知识的转移参数,L_A 表示劳动力中用于研发的部分。

$$\dot{A}=B(a_K K)^{\beta}L_A^{\gamma}A^{\theta} \quad (12-2)$$

上述2个方程就是传统的 Romer 的研究与开发的经济增长模型。在这个经典模型中，Romer认为经济将会通过知识的增长和外溢持续增长。但是，该模型实际上隐含这一个假设，即所有知识都会获得商业应用。并且知识增长或存量越高，人均增长和人均收入水平越高。这实际上是不符合事实的。大量的实证研究表明，大规模投资于研发并不一定会带来更高的经济增长。原因在于，在知识的利用和溢出方面，一是并非所有的知识都能获得商业应用；二是即使有能获得商业应用潜力的知识，也需要企业家的参与。如果因为某种原因，企业家无法利用现有的知识存量和增量从事商业活动，结果要么是经济增长停滞，要么是知识增长停滞。美国经济学家Baumol(1996)在分析中国近代以来的衰落和增长停滞时，认为尽管中国古代有着令人惊叹的各种发明，但是这些众多的发明没有哪一项带来了明显有利于工商业的发展和繁荣，以及一定程度的全面社会繁荣。究其原因，在于古代中国的游戏规则不太有利于生产型企业家才能的发挥。无独有偶，林毅夫在解释李约瑟之谜时，也提出了类似的解释，他认为中国优秀的人才选择做官，而不是进入工商业。中国传统文化强调以农为本、以工商为末限制了中国经济取得持续的进步。另外林毅夫认为中国古代的知识增长主要是通过在长期生产劳动中产生的经验，而现代生产所需要的知识主要是靠有意识的科学实验(蔡昉、林毅夫，2003)。因此，我们采用Audretsch & Keilbach对上述模型的变通方法，假设企业家充当了一个知识过滤器的作用，即将方程(12-2)中的知识转移参数由E^σ代替，其中E代表企业家精神，即我们可以将方程(12-2)变形为：

$$\dot{A}=E^\sigma(a_K K)^\beta L_A^\gamma A^\theta \qquad (12-3)$$

从方程(12-3)中可以看出，如果一个社会不存在企业家精神，即E趋于0，则能够投入方程(12-1)中的新增知识将会为0，从而可利用的知识增长停滞。再将生产函数代入资本积累的表达式，为简化分析，假设折旧率为0，这将获得如下的表达式：

$$\dot{K}=s[(1-a_K)K]^\alpha(AL_Y)^{1-\alpha} \qquad (12-4)$$

两边同时除以K，得到资本的增长率方程：

$$g_K=\frac{\dot{K}}{K}=s(1-a_K)^\alpha\left(\frac{AL_Y}{K}\right)^{1-\alpha} \qquad (12-5)$$

两边取对数，并求关于时间的微分，得到资本增长率的增长率方程：

$$\frac{\dot{g_K}}{g_K} = (1-\alpha)(g_A + n - g_K) \qquad (12-6)$$

由方程(12-6)可知,若 $g_A + n - g_K$ 为正,则 g_K 上升,若其为负,则 g_K 下降;若其为0,则 g_K 不变。再在方程(12-3)两边同时除以 A,得到知识的增长率方程:

$$g_A = \frac{\dot{A}}{A} = E^\sigma (a_K K)^\beta L_A^\gamma A^{\theta-1} \qquad (12-7)$$

通过知识增长率对企业家精神求偏导数,我们可以得到 $\frac{\partial g_A}{\partial E} = \sigma E^{\sigma-1}(a_K K)^\beta L_A^\gamma A^{\theta-1} > 0$。我们能够确定的是,如果企业家充当了知识的过滤器的作用,那么,知识的增长率就会因为企业家的出现而增加。

两边取对数,并求关于时间的微分,得到知识的增长率的增长率,其中 n 表示劳动力的自然增长率:

$$\frac{\dot{g_A}}{g_A} = \sigma \frac{\dot{E}}{E} + \beta g_K + \gamma n + (\theta-1)g_A \qquad (12-8)$$

在这里有必要对方程(12-8)加以解释。如前所述,企业家精神并不是一个静态的,而是动态的指标。即企业家精神会随着时间的变化而变化。当然,我们在这里没有在模型中内生出企业家精神是如何增长的,整个模型只有两个内生存量变量,即 A 和 K,而劳动力和企业家精神,其增长率都是外生的。如果将企业家视作整体劳动力中某个固定的比例,那么企业家精神的增长速度将等同于劳动力的增长速度。但这种处理没有考虑到现实中的复杂性。企业家精神可能在劳动力之间彼此转换。即劳动力从直接生产部门或研发部门转向企业家。其他包括由于制度的创新使得企业家创业动机增强都没有考虑。我们假设企业家精神的增长率是 e,参考 Romer(1990),如果假设 $\beta + \theta < 1$,最终我们可以得到关于 g_A 和 g_K 的稳态。其中

$$g_A = \frac{\sigma e + (\beta+\gamma)n}{1-(\theta+\beta)}, g_K = g_A + n \qquad (12-9)$$

由方程(12-9)可知,不管 g_A 和 g_K 从哪里开始,它们均会收敛。并且当 A 和 K 以这些速率增长时,产出以速率 g_K 增长,每个工人的平均产出以速度 g_A 增长。

由于总产出的增长速度在稳态下与企业家精神的增长速度和劳动力增长速度有关,这表明总产出和人均产出都与企业家精神有关。

四、实证分析与解释

1. 变量定义与来源

本研究涉及的数据主要有总产出,人均产出,资本存量和人均资本存量和劳动力数量及企业家精神,下面我们对在本研究中使用的数据做一个简单说明。

本研究分别使用 GDP 和人均 GDP 代表总产出和人均产出,数据来源主要是历年《中国统计年鉴》,并且按 1952 年的价格进行了换算;资本投入指当年资本的总存量,我们采用了张军等人(2004)的研究方法和成果,并按照 1952 年的价格进行了换算;劳动投入采用历年劳动人数作为历年劳动投入量指标。

接下来的一个关键问题是,究竟如何来衡量企业家的创业精神和活动。在经验研究中,普遍采用一个国家或地区的自我雇佣率(self-employment rate)来衡量企业家精神。本研究仿照这种方法,利用历年中国统计年鉴中公布的各省的个体私营企业主占该省的总人口或者就业人口比例来衡量模型中的 E。由于 2007 年《中国统计年鉴》中相应的数据缺失,我们将估计的时间段限制在可获得数据的 1996—2005 年。但是,这个指标存在的缺陷也是很明显的。中国本土的企业家有两个基本来源和产生途径。其一是在体制外改革中随着乡镇企业、个体和私营经济的崛起而涌现出的企业家,他们或者是乡镇企业的经营管理者,或者是民营经济的业主;其二是国有企业改革中通过管理者持股或管理者收购而形成的企业家。本研究采用的这种衡量方式,无疑是把后者排除在外的。另外,伴随中国市场化进程的加快,经济增长中最活跃的因素——企业家也在全国范围内寻找获利机会,即使通过自我雇佣率来衡量各省的企业家精神的差异,这个差异也会因为企业家的流动变得复杂化。举例来说,浙江的企业家(包括个体户)完全可能在江苏乃至山西投资,而统计年鉴中公布的数据并不考虑自我雇佣者(个体户和私营企业主)的籍贯问题。因此,我们不能从数据中直接得出结论说某省的企业家精神更强。例如,在 2008 年《中国统计年鉴》中,自我雇佣率排在前三位的省份(直辖市)分别是北京、浙江和上海,排在最后三位的省份分别是河南、甘肃和贵州。我们希望证实,企业家精神在地区层面上的差异对地区经济发展产生了显著影响。

在 E 的具体统计上,我们将其分为三个层次,其中 E_1 表示该省的个体户和私营企业主的绝对数量,E_2 表示该省的个体户和私营企业主占该省总人口的比例,E_3 表示该省的个体户和私营企业主占该省就业人口的比例。

2. 面板数据检验结果

为了更好地反映以自我雇佣(率)为表征的企业家精神对各省经济发展的影响,我们选取 1996—2005 年 31 个省市自治区的面板数据来估计相应的系数。由于 2007 年《中国统计年鉴》中相应的数据缺失,我们将估计的时间段限制在可获得数据的 1996—2005 年。其中 1—4 的因变量为各省 GDP,5—7 的因变量为各省人均 GDP,数据已按照 1952 年物价做出调整(见图 12-1)。

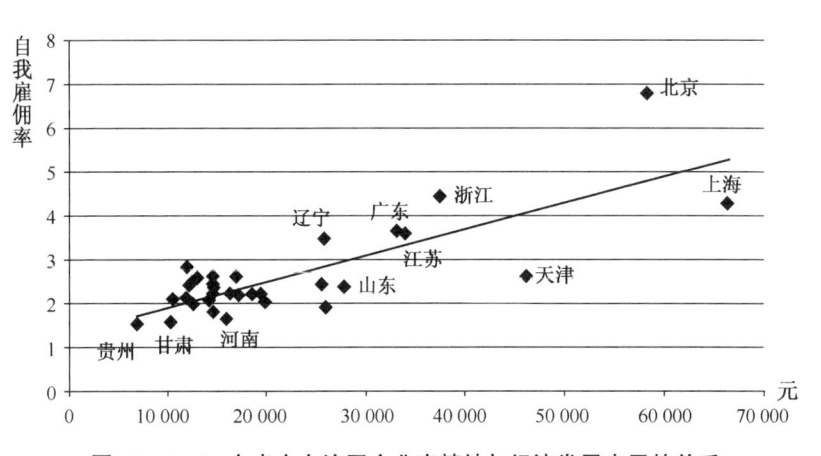

图 12-1 31 个省市自治区企业家精神与经济发展水平的关系

资料来源:赵奉军,高波(2009)。

一般来说,对于面板数据的估计可以使用最小二乘法估计(OLS)、固定效应模型(FEM)和随机效应模型(REM)三种方法。为选择最有解释力的模型,我们首先使用沃德 F 检验,其结果如表 12-1 中所示,表明固定效应模型估计要优于最小二乘法估计。接着使用拉格朗日乘子检验(Breusch-Pagan LM Test),发现表 12-1 中 2 方程 1—4 的 χ^2 分别为 983.39,760.97,798.25,760.97,表 12-1 中 3 方程 1—3 的 χ^2 分别为 875.58,681.05,760.36,其 Prob$>\chi^2$=0.000 0,这显示随机效应模型要优于最小二乘法,结合这两种检验结果,我们认为面板数据模型比最小二乘法更适用;最后使用 Hausman 检验,在固定效应模型和选择随机效应模型之间做出取舍。其原假设是随机效应成立;备择假设是固定效应成立。从检验结果看,接受了固定效应假设,所以使用固定效应模型更好,相应地计量结果应该基于固定效应模型来分析。具体结果如表 12-1。

表 12-1 企业家精神与地区 GDP(1996—2005)

	1(FE)	2(FE)	3(FE)	4(FE)	5(FE)	6(FE)	7(FE)
C	−1.17** (0.23)	−0.94** (0.22)	−1.02** (0.143)	−1.17** (0.22)	−0.18** (0.075)	−0.312** (0.073)	0.56** (0.04)
k					0.86** (0.019)	0.878** (0.018)	0.836** (0.013)
L	0.36** (0.077)	0.212** (0.079)	0.31** (0.048)	0.33** (0.07)			
K	0.87** (0.015)	0.88** (0.014)	0.87** (0.014)	0.88** (0.014)			
E_1		0.118** (0.023)					
E_2			0.10** (0.024)			0.18** (0.028)	
E_3				0.12** (0.023)			0.079** (0.022)
Wald 检验	138.50	131.08	134.24	131.08	98.20	98.73	95.73
Hausman 检验	14.94 $P=0.0006$	328.88 $P=0.0000$	68.70 $P=0.0000$	93.75 $P=0.0000$	22.30 $P=0.0000$	40.68 $P=0.0000$	31.07 $P=0.0000$
R^2	0.93	0.9448	0.9436	0.9448	0.86	0.897	0.936

注:在上述统计量中,括号内为估计系数的标准差,*、**、*** 表示通过 10%、5%、1%的显著水平检验。FE 代表固定效应估计。

从表 12-1 中可以看出,当因变量为各省 GDP 总量时,加入反映不同层次的企业家精神的变量后,模型的总体解释能力增加不大,而且资本弹性基本没有变化,稳定在 0.87 左右。但劳动弹性值明显变小,最低降到 0.21,这表明考虑到企业家精神的变动后,劳动要素对经济增长的贡献降低。如果加入规模经济不变的假设,当因变量为各省人均 GDP 时,资本弹性值仍然无明显变化。计量结果仍然显示企业家精神对各省的人均 GDP 有显著的正的影响。即如果自我雇佣人数占总人口的比例提高 1 个百分点,总产值会提高 0.1 个百分点,而人均产值会提高 0.18 个百分点。如果自我雇佣人数占劳动力的比例提高一个百分点,总产值会提高 0.12 个百分点,人均产值会提高 0.08 个百分点。

五、结论和政策建议

我们的研究表明,企业家精神在促进地区经济发展中有着不可替代的作用,更高的自我雇佣率或创业比例意味着更高的产出水平。因此,相应的政策指向也是一目了然的。即地方政府应该更关注企业家精神,要"让一切创造社会财富的源泉充分涌流"。但是地方政府往往将目光更多地投向大企业或外资企业。对于草根经济或者是民营小企业,地方政府往往不够重视。地方政府不仅要"为增长而竞争",同样也要为创业而竞争,为提高当地的自我雇佣率和创业比例建立更好的软硬环境。

另外,我们也提出了一个本研究没有回答的问题,即为什么企业家精神存在地区差异?是否真的存在某些地区的人天生更富有企业家精神?也许问题的实质并不在于企业家精神的地区差异,而是博弈规则是否有利于企业家将其才能投向生产性活动中去。如果市场规模足够大或者规模报酬递减的程度不明显,更重要的是,政府对企业家的创新活动和财产权给予充分的保护(Baumol,1996)。如果能做到这些,我们也许很难看出企业家精神的地区差异。当然,究竟在实践中是哪些因素导致了企业家精神的地区差异或时间差异乃至国际差异,那将是另一篇文献的主题。

本文原载于《山西财经大学学报》2009 年第 9 期,编入本书时做了适当修改。作者:高波、赵奉军。

第十三章 文化资本与企业家精神的区域差异

一、问题的提出

企业家精神不仅是投资创业和推动企业持续发展的首要条件,也是联结各种生产要素实现创新的一种极其稀缺的无形资源。当经济学的研究重点从有形资源开始转向无形资源时,企业家精神在提高企业核心竞争力和实现经济增长的重要作用得到了越来越多的研究者的认可。无论是一个企业还是一个城市、地区或国家,缺乏了企业家精神就必然意味着保守、停滞和贫穷。可以说,任何一个企业要想确立竞争优势,任何一个城市要想实现"民富市强",任何一个国家要想走上增长之路,都必须首先激发出企业家精神。

世界著名的埃森哲管理咨询公司曾经在26个国家和地区与几十万名企业家交谈,其中79%的企业领导人认为,企业家精神对于企业的成功是非常重要的,82%的企业领导人认为,一个国家的繁荣同样依赖企业家精神。大量实证研究也表明,企业家精神与经济增长之间确实存在着多方面的较为显著的相关关系。简言之,"企业家精神是经济增长的发动机"(Karlsson, C., Friis, C. and Paulsson, T., 2004)。

尽管企业家精神的重要作用得到了大量直觉上和经验上的证明。但这并不表明与企业家精神有关的一些事实得到了有效的理论解释。这些事实包括:为什么企业家精神呈现一种瞬间即逝的泡沫化现象和个案现象,不能长久延续和广泛发展?为什么企业家精神在各个不同的地区间呈现一种不可比的差异化现象?为什么那些外来群体会显示出更强的企业家精神?为什么一些沿海特别是文明交汇的城市更容易培育出企业家呢?为什么一些企业可以获得持续创新的动力而同时大量的企业却因企业家精神的不足而衰败?

从现代的主流微观经济学理论中是找不到对上述现象解释的。这一方面是由于现代微观经济学中将企业视为一个"黑箱",放弃了对企业家精神的研究。"在正统理论对市场制度的解释中,企业家不再扮演基础性的角色……人们贬低或者完全忽视了关于创新、承担不确定性、协调和套利的硕果累累的理论"(阿玛尔·毕海德,2004,第6页)。同样,在微观经济理论研究的核心部分并没有"创新",创新的承担者企业家以及企业家精神的地位在理论文献中总是被忽略(威廉·鲍莫尔,2004,第63页)。理论研究与经营实践的脱节导致了"经济学家总是忽视企业家;无独有偶,企业家也总是不理睬经济学家"(约翰·奈斯比特、帕特丽夏·阿伯丹,1988,第16页)。另一方面则是由于对企业家精神的界定和理解上存在着诸多困难。这不仅因为企业家精神是一种无形资源,难以量化和进行数理分析;而且也因为经济学家对于什么是企业家精神的本质一直无法达成共识,即使在约瑟夫·熊彼特、伊沙雷尔·克泽勒、威廉·鲍莫尔等人的经典论述中,对企业家精神的理解也不尽相同,后来研究者的解说就更加呈现出重大差异。

显然,对于一个内涵不准确的概念进行深入研究是困难的。考察企业家精神与经济增长的内在关系,首先需要对这一概念所蕴含的本质加以揭示。本研究从"文化"这一独特视角,利用文化资本的范畴,对企业家精神的实质及其特征加以解说。

二、企业家精神的实质是文化资本积累

文化可以被定义为人们所选择的与遵从的特定价值观体系,它构成了人们的主观模型。一个现存的价值观体系能提供给人们有关如何取得回报和避免代价的解释,这种解释是对现实的观念简化或模型化,它不仅指导人们的行动,而且能够节约人们决策的成本,这正是文化的功能和价值所在。在人们所具有的信息和理解程度的限度内,在实际存在的选择范围内,人们试图对文化价值观做出理性选择。

笔者曾经提出,从能够为个体带来收益的角度出发,人们所选择的特定价值观体系可以被称之为文化资本,因为它是未来收入的资本化。文化资本的积累和投资是

一个动态的历史的过程,其实质是价值观体系的不断扩展和创新。随着这种价值观体系的不断扩展与包容、扬弃,文化资本得以不断积累和增长。需要指出的是,文化一词通常是作为集体概念来使用,其内容非常广泛,而文化资本一词则以可选择的个体为单位,强调内化在个人身上的价值观体系,是一个可以进行经济学分析的范畴。从文化和文化资本这两个概念出发,可以进一步考察企业家精神的本质。

学术界对于企业家精神的实质虽未达成共识,但在不同的分析思路下却形成了一些有价值的观点。这些观点可以集中概括为:表现为心理特征的企业家精神;表现为认知能力的企业家精神;表现为独特品质的企业家精神。这些观点从不同角度揭示了企业家精神的外部的表现和内容,为人们深入认识企业家精神的本质属性提供了基础和证据。从形成竞争优势的角度出发,沙伦·奥斯特认为企业家精神的首要之处在于拓展管理的视野,在于公司接受新思想的能力,也就是要跳出"思维的框框";企业家精神的第二个特征是坚持正确判断不动摇,开放式的思维方式和坚持正确的判断同样重要;企业家精神的第三个特征是实施变革的意志,如对组织结构的打破与调整(沙伦·奥斯特,2004,第135—136页)。这些论述虽然很好描述了企业家精神的外在特征,却没有回答企业家精神到底是什么的问题。

从企业家精神的内部构成来看,汪丁丁总结了企业家精神的三个主要"成分"(汪丁丁,1997,第198页)。一是创新的精神,这是熊彼特和奈特以及新奥地利学派的观点。如熊彼特认为企业家都是在玩新的组合游戏,称他们为经济领域的革命者。这些人比一般人更早感知不平衡的魅力,接受现实世界的不可逆性,展现出充分的信任和包容力。他们依据现有的资源,将其重新排列组合,然后推到市场上。他们能改变消费者的消费习惯,改变生产方式,推出新的产品组合。二是敬业的精神,这是马克斯·韦伯对新教伦理和资本主义关系的研究。韦伯认为资本主义精神出自新教,他的论点是"现代资本主义精神,以及全部现代文化的一个根本要素,即以天职思想为基础的合理行为,产生于基督教禁欲主义"(马克斯·韦伯,2010,第110~119页)。当企业家把所从事的工作看作具有天职思想的合理行为,就自然产生了敬业勤奋的精神。三是合作的精神,这是诺斯的新制度经济学的研究。企业家创新的方案要能够实现,就需要说服资源的所有者把他们所支配的资源汇集到一起,这就是合作。因此,合作精神要求企业家具备某种"以德报怨"的道德素养,要求企业家有这样的道德勇气去承担第一次合作就被对手"出卖"的后果。上述三种精神虽然有不同的侧重点,但也有相同的一面,即三种精神都是人们对特定文化价值观选择的结果。

首先看创新精神,创新就是对常规的突破。常规不仅体现为维持日常生活秩序的法律规范、风俗习惯、伦理道德、学术权威等,从本质上看常规是人们价值观选择的结果,任何常规都在人们的价值观体系中确立了其地位,获得了价值观上的支持。常规的改变必然意味着价值观的重新选择。正因为常规是如此重要,所以创新才非常困难。尽管企业家精神存在于每个个体身上,但它的出现非常难得,并不是和特定的人联系在一起,而是通过人的活动表现出来。简单地说,凡是正在从事创新的人,就是承担企业家职能,就具有企业家精神。由于常规是多方面的,因此创新活动包括了技术创新和制度创新等多种类别,而任何技术创新与制度创新能够实现的背后则必然存在着文化价值观的创新。

敬业精神同样是一种价值观选择的结果。马克斯·韦伯把资本主义经济发展的动力归结于对新教伦理的信仰。宗教伦理本身就是与特定的文化价值观相联系的,它包含了人们对工作、生活乃至生命、成就等一系列事物的评价。敬业精神只是人们价值观体系中一个重要的方面。人们不仅要在价值观体系中确立工作同其他事务的排序关系,而且还要确立何种工作才具有更重要的价值。例如,当西方国家将发展工业作为所尊崇的事业时,在其他国家人们的价值观中则是将读书做官、农业生产或者占领抢夺、敬奉佛门等作为"敬业"的内容。

合作精神也与特定价值观的选择是分不开的,这是由于合作精神本身是道德素养的体现。尽管道德总是表现为人们之间"博弈"的过程,但从个体来看,任何道德观念和道德行为都是他进行选择的结果。人们通常将各种道德规范的内容以"应该"和"不应该"的陈述句形式组成自己的价值观体系。当一个人选择了"做人应该诚实"这一价值观念时,他往往会在合作中表现出诚信的行为。而当他放弃这一价值观念时,其合作行为也会发生改变。

既然企业家精神可以被描述为企业家对文化价值观的选择,那么,我们就可以应用文化的经济学分析的一些基本理论工具来进行更深入的探讨。

文化资本积累理论为理解同样是特定文化价值观选择结果的企业家精神提供了可能思路。从这一思路出发，可以发现，创新精神、敬业精神与合作精神都反映了企业家价值观体系的不断扩展和创新，或者说是企业家文化资本的持续积累。创新精神并不只是指科学技术上的发现与发明，而主要是指价值观的创新。无论是采用一种新产品、新的生产方法，还是开辟一个新市场、利用一种新资源，实现一种新组织，这些创新都意味着企业家价值观体系的扩展。例如，从需求的角度看，企业家精神体现为将更多的消费者的价值观纳入自身的价值观体系，使其不断扩展，从而发现和发掘消费者的新需求，以此出发来开发新产品和新市场。敬业精神意味着从原来以读书做官、重农重商等作为主要追求扩展到兴办实业、谋取利润作为人生事业。合作精神则要求包容、理解合作对象的价值观，也就是实现自身价值观体系的扩展，否则，道不同，难为谋。

从上述意义上讲，企业家就是那些具有更多文化资本积累的人，他们所提供给社会的是创新的观念。企业家精神是一种极其稀缺的资源，这是因为进行文化资本投资是困难的，主要在于人们要突破传统价值观念的束缚绝不容易。事实上，技术创新与制度创新有时不能产生，是由于文化创新未能发生。因为"要有效地开发借用的技术，就必须进行适宜的制度创新，而制度创新的形式主要受文化传统的限制。根据诱致性创新模型，预期利润是诱致技术和制度创新的动力。然而不管诱致力量有多强，如果它们同植根于人们头脑中的传统规范不一致，对社会有利的创新就不可能实现"（速水佑次郎，2003，第321页）。诺斯的观察又是一个证明，他说："每当由于不同经验而大相径庭的关于我们周围世界的观点发展时，企业家便涌现出来"（道格拉斯·C.诺斯，1992，第52页）。这样看来，企业家已不再等价于一个资本家，一个投机商，或一个只想赚钱的人，已经不仅仅是人格化的资本，而是一个人类文化和精神财富的创造者了。这一观点与诺斯将产生意识形态的人称之为"知识企业家"就不谋而合了。

将企业家精神定义为文化资本的积累不仅是一种理论上的推测，它还得到大量事实的证明。从文化资本的视角出发，能够较好地解释企业家精神所表现出来的空间与时间上的重大差异，显示出企业家精神形成与变迁的一些内在特征。

三、价值观融合与企业家精神的地域差异

从空间分布上来看,企业家精神通常在各个不同的地区呈现出一种不可比的差异化现象。这种差异化现象集中表现为企业家精神总是容易在文明交汇地区、文化边缘地区以及外来者群体中出现。可以发现,恰恰在这些地区,文化价值观不仅是多样化存在的,而且个人的价值观创新是经常性的,这就为文化资本的积累即企业家精神的兴盛提供了基础。

企业家精神的地域性首先体现在它通常是与城市而不是农村联系在一起的。城市成为企业家精神形成的重要源泉,一方面是因为越来越多的人进入城市、生活在城市,特别是绝大多数企业和其他组织都集中在城市,这就意味着企业家的成长环境主要是城市。另一方面城市文化逐渐成为国家和民族文化的实体形态,是主流文化的繁衍地。具体来说,人自身是人类文化创造的产物,市场是人类文化的结果之一。社会进化的核心是文化的积累与创造,而城市自身就具有文化积累的意义和创造的功能,芒德福把城市称为"人类文化的容器"。仅从积累的意义上看,人类社会主要的经济与文化精华无不保存在城市里,城市作为人类文明的集中体现,展示人类文明与文化的结晶。城市空间是人类文化的切面,是人类文化与财富的凝聚,无论是住宅还是文化设施,包括人才的集聚等,城市充满人类智慧和文化,是人类进化的展示。

众多的市民为城市带来了多样化的价值观,这些价值观在冲撞、濡化与融合的过程中又进一步产生新的价值观。当市民面对大量的新价值观时,其原有的价值观体系在选择的同时逐步扩展,这就意味着文化资本的积累和企业家精神的形成。因此,准确地说,市场经济的发展是建立在人的文化观念发展的基础之上的。如亚当·斯密论述的"市民阶级"是市场经济时代新人的"化身",这些新的市民阶级相互结合,逐渐形成了其本身固有的文化和价值观,他们自己教育自己,聚集成一个与封建文化诀别的新兴思想阶层。他们要求自由行动,实现其"利己心",为此,他们必须遵守社会正义的一般规律,具有"勤勉""节约""慎重""机敏""质朴""用心周到"等品德。可见,企业家精神的兴盛与市民阶级的出现是具有必然联系的。

企业家精神的地域性在文化"边缘"地带体现得更为明显。在这些文化的"边缘"地带不同的文化价值观并存、冲突、融合，为人们的选择提供了更多的机会，为文化资本的积累准备了更充分的条件。汪丁丁曾论述过在传统的边缘才有创新的机会，才有企业家能力的开发和积累。汪丁丁提出："上海和香港，都曾经是中国两千年政治经济传统的'边缘'。上海和香港的'边缘人'于是做了中国最早的企业家。""香港人常说，香港的企业家精神很大程度上是从上海转移过来的。"汪丁丁认为，"香港的繁荣导源于东西文明在边缘处的交汇。这个'边缘'非常紧要，企业家的创新机会全在传统势力薄弱的'边缘地带'。就连上海的企业家能力的积累也在很大程度上依赖于早期上海的'边缘性'"（汪丁丁，1997，第195页）。文化的边缘并不是说文化空白或者是文化冲突，它同时也意味着人们可以选择的文化价值观的增加，为人们的文化资本积累提供了可能。

目前，这种多种文化价值观的并存开始在中国很多城市中出现，也推动了那里企业家精神的兴起。例如，一些新加坡的学者发现：从年轻人的企业家精神来看，深圳在相当程度上走在了新加坡前面。这实际上是深圳人注重"解放思想"，广泛吸纳各地区多种价值观人才的一个重要结果。仔细研究还可以发现，不但在深圳，而且在上海、香港，这里的企业家大多数是外来者，而非本土出身。这些外来者能够迅速地与当地文化融合而又超越和扩展了当地文化是他们的一大竞争优势。相反，尽管新加坡的总理在国庆演讲中，一再强调企业家精神的重要，并热切地呼唤国人，尤其是年轻人的创业热忱，但由于缺乏外来文化的冲击和外来者的新思想，新加坡的企业家精神却在日渐衰退。

那些移居在外的少数民族——东亚和东南亚的华人、东非的印度人、西非的黎巴嫩人，散布于欧洲各地的犹太人和加尔文派教徒也总是表现出强烈的企业家精神。无论是与他们原来的国家相比，还是与移居地的民众相比，这些少数群体通常获得了工商业上的巨大成功。尽管这与少数民族面临的生存压力有关，但这一现象也再次证明了多种文化价值观的交融有助于文化资本的积累，从而有助于企业家精神的成长。

企业家精神还与特定的地域文化相联系。例如，浙江是一个资源匮乏的省份，号称"七山一水两分田",缺地、缺铁、缺煤、缺油、缺大宗工业原材料。然而在同样的制度环境中,浙江却被经济学家吴敬琏称为是一个具有炽烈企业家精神的地方。统计表明,到2006年底,浙江省私营企业共有40.64万户,比上年增长13.2%,每天新开办私营企业224户,比2004年增加44户/天;投资者92.61万人,注册资金为6 936.69亿元,比上年增长34.3%。个体户达到179.8万户,从业人员有364.82万人。在2006年的全国500强民营企业排名中,浙江占203席,居全国第一。2006年私营企业投入的新产品开发资金达316亿元,是上年的5倍多。可以说,浙商是全国人数最多、比例最高、分布最广、影响最大、创新能力最强的经营者群体。敢为天下先,敢争天下强。浙商的创业欲望和创业能力,就是一种资源和竞争力。

浙江的企业家精神是从何而来的呢?从历史文化看,浙江属于越文化,远离中原文化,受战争破坏少,商品经济发育有连续性,企业家的市场经济意识强,容易出现工商并重的局面。近代以来,由于浙江的两个沿海城市宁波和温州,较早地被开辟成通商口岸,因此也较早地接触到西方的价值观和其他方面的文明。虽然西方的商业理性作为一种共同的外部信息嵌入整个华夏文明,但西方的商业理性恰恰与土生土长的浙东事功学派具有内在的兼容性,因此,西方的商业理性将有益于浙江地区的商业发展和现代市场意识的形成(汤光平、何樟勇,2004)。当这种传统的文化价值观随着大批的浙江人开拓市场而得到不断扩展时,企业家精神就培养出来了,为浙江造就了一大批的企业家。

企业家精神的地域性特征在全球化和信息化的时代仍然存在,这主要是因为文化价值观更多的是一种"不可言说"的思想方式,它的载体是人。信息技术的快速发展并不能将文化价值观的内容完全实现"数字化"而加以传播。这就使特定地域文化价值观的扩展总是与大规模开放和人员流动相联系,也正因为如此,全球化和信息化并不能够改变特定地点在形成竞争优势中的作用。当然,全球化的推进也确实导致了文化价值观的多样化,有助于一些地区和城市的文化资本的积累。例如,在中国这样的发展中国家,企业家精神就获得了极大的繁荣,从而吸引了大量资源和世界制造中心的成长。

四、价值观扩展与企业家精神的演变分化

从时间维度来考察,工业革命可以说是企业家精神的"大爆炸"时代。然而,工业革命的实质并非人们通常所认为的仅是技术创新与制度创新的结果。实际上,首先是文化价值观上的创新与扩展才激发了推动工业革命发生的企业家精神。例如,冯·米塞斯就明确地指出,"产业革命"只不过是一些经济学家学说所导致的意识形态革命的产物,准确地说,英国的政治经济学与法国的重农学派是资本主义的推动者(Mises, L. V., 1996, 第 8—9 页)。从更广泛的文化价值观来看,从 1517 年马丁·路德提出新教义开始,随之而来的 18 世纪的"启蒙思想家们"都渴望欧洲的文化能与基督教脱离,新的思想观念层出不穷。与笛卡尔、帕斯卡、洛克和休谟等人联系在一起的经验主义哲学家,卢梭、孟德斯鸠等思想家以及亚当·斯密为代表的经济学家纷纷提供自己的思想。可以说,一旦垄断被打破,文化思想市场上空前活跃,人们可以挑选自己需要的文化观念和理论体系,使文化资本的积累成为可能。

从中国企业家的成长来看,同样是以文化多样化为前提的。"西学东渐"之时,就是中国企业家开始产生之时,而这些民族企业家大都吸收了传统文化与西方文化的精华。在"文化大革命"时期,全中国人民的价值观和信仰被局限为特定的一种,这必然导致不可能进行文化资本的积累,企业家也就消失了。当"解放思想"和改革开放成为时代的主流时,企业家和企业家精神又开始在中国大地上迅速兴起。这些事实表明,理解中国的经济增长奇迹离不开对文化资本因素的探索。

根据调查,中国企业家的价值观体系不断扩展和转变,发生了较大的变化。比较中国企业家调查系统对"企业家精神的理解"1997 年和 2000 年的结果,可以发现中国企业家群体的创新意识与进取意识有明显的提高,把创新视为首要追求的企业家精神。当被问及"您对企业家精神的理解如何"时,中国企业家们在 2000 年的回答与 1997 年的回答相比的一个重要变化是:勇于创新(47.7%)排在了"追求最大利润"(33.6%)的前面,"敢于承担风险"(20.8%)排在"乐于奉献"(19.6%)的前面(如表 13-1)。同时,中国企业家对职业伦理具有更高的认同度,在对"企业经营者应有的

职业道德素质"项目调查上,2001年选择"诚实守信"与"自觉遵守国家法律"的人数比1997年明显增多,比重分别为63.6%和49.8%,比1997年分别增加21.2和23.0个百分点。这表明中国企业家对社会及其他利益相关者价值取向的重视程度在提高(中国企业家调查系统,2004,第159页)。

表13-1 对企业家精神理解的调查(1997、2000)

项目	2000年的选择	1997年的选择
勇于创新	47.7	31.1
追求最大利润	33.6	35.4
实现自我价值	31.5	*
敢于承担风险	20.8	13.0
乐于奉献	19.6	19.6
吃苦耐劳	2.7	*
勤俭节约	1.7	*
其他	0.4	0.9

注:*,1997年问卷中没有此项目。

珠江三角洲地区人的价值观的嬗变也清楚地表明了这一地区企业家精神的演化。从历史上来看,该地区属于岭南文化。独特的地理位置和社会发展形成了珠江三角洲地区人们在文化心态上具有以下几个特点:一是处于国外与国内交流的前沿,形成了开放型的文化心态;二是较多的外来文化、中原文化的交流,培育了兼容性的文化品格;三是开放的环境和活跃的思潮,塑造了敢为天下先的超前意识;四是长期的对外通商活动,造就了明显的重商意识(张书琛,2002,第18—19页)。这些历史上形成的文化资本不仅推动珠江三角洲地区成为改革开放的先行者,也成为企业家精神兴盛和经济增长迅速的制造业基地。

改革开放以来,珠江三角洲地区人的价值观发生了三次比较明显的嬗变(如表13-2)。从文化变迁的视角来看,珠江三角洲地区人的价值观的嬗变是进行文化资本积累的过程,也是培育和增强企业家精神的过程。这主要表现在以下几个方面。

一是珠江三角洲地区人的价值观体系在嬗变过程中包容了许多外来人(中国其他地区的人与国外人员)的不同价值观,对这些外来价值观的吸收借鉴实现了该地区原有价值观体系的持续扩展。二是珠江三角洲地区人的价值观嬗变的方向是更加多元化,而不是单一化,多种价值观能够共处并存有利于文化资本的积累。三是珠江三角洲地区人的价值观嬗变支撑了改革的不断推进和经济的快速增长,价值观的不断创新适应了制度创新与技术创新的要求,形成了经济增长得以实现的微观基础。珠江三角洲地区人的价值观的上述转变恰好体现了以创新精神、敬业精神、合作精神为核心内容的企业家精神的发展。这表明在要素禀赋、制度条件相似的情况下,改革开放以来的相当长一段时期内,珠江三角洲地区的经济能够获得远远快于全国其他地区的发展,其最重要的资源是独特的企业家精神。或者说,是商业文化资本的积累造就了该地区独特的竞争优势。

表 13-2　珠江三角洲地区人的价值观的嬗变

时期	价值观主要特征	经济社会状况
1978—1984	奋发向上,勇于拼搏的精神;重利重商的价值取向。	农村获得生产经营自主权;兴办乡镇企业,进城打工;外来人涌入经济特区。
1985—1989	金钱至上、拜金主义、急于求富的攀比心理,消极逃避的价值观念一时间充斥社会。	经济发展较快;同时是社会矛盾最为突出,社会分化最为迅速的时期。
1990至今	价值观的多元化:开放进取的价值观,讲求实惠的功利主义价值观,随机就缘的实用主义价值观,过分追求消费水平的享乐主义价值观,以及在受挫后产生的信天由命的价值观都存在。	所有制结构调整;产权的明晰化;企业开始重视自己的信誉和品牌;多项政策制度的改革。

资料来源:张书琛,2002,《体制转轨时期珠江三角洲人的价值观》,人民出版社,第20—27页。

企业家精神的演变分化不仅体现在区域价值观体系的嬗变上,同时也反映在每一个企业的成长过程中。从微观和纵向的层面来看,所有企业的发展都离不开文化资本的积累。文化资本的积累一般通过企业文化反映出来并具体体现在企业对各种利益相关者价值观的包容与扩展程度上。企业是否具有竞争力，在于能否通过企业文化的建设实现价值观的扩展，否则，在某一特定时期成功和存在的企业家精神可能会逐渐衰亡消失。只有保持价值观的持续扩展，企业才能够不断吸收到新的资源，获得持续的竞争优势。具体来说，企业文化是一种主导性的价值观体系，它同时也是企业家精神的复制与扩散。只有企业主充分重视员工、股东、顾客、合作商及社区政府各自的价值观念取向，对这些利益相关者关于企业目标、企业合理分配等观念加以考虑，企业内的文化资本积累才可以持续不断地进行。

历史考察表明，从最初的个体企业、家族企业（或泛家族企业）发展到现在的公司制企业乃至跨国公司，都经历了一个文化资本积累的过程，表现在企业文化上就是持续地包容各利益相关者不同群体的价值取向。

从自主创业的个体企业来看，无疑具有十分强烈的企业家精神，不仅能够发现社会上未得到满足的需求，而且敢于突破传统思维的束缚。当个体企业开始快速成长后，就面临着吸收外部资源的问题，这也是对企业家精神能否扩展的第一个考验。通常情况下，企业主更容易吸引那些价值观相近的人员，其结果就是家族企业（或泛家族企业）在世界上成为一个普遍现象。由于家族企业是基于地缘和血缘联系扩张的，其内部成员的价值观更容易获得认同，但对于外部其他群体的价值观往往难以包容。能否实现更进一步的文化资本积累，是家族企业中企业家精神发展的重要标志。而当一部分企业突破家族企业价值观的束缚后，成长为公众性的公司制企业甚至继续扩张成为跨国公司时，企业的文化价值观将包容更多国家、种族、社区、顾客、员工、股东群体的价值取向。

事实上，世界上那些经营业绩最突出的企业通常也正是这样做的，一些研究表明，人们正逐渐认识到领导权、雇员满意度、雇员拥有权利、客户满意度、客户拥有权利、销售利润之间的密切关系。将员工、客户和股东价值结合起来，将成为公司获得长期成长的关键（马丁·克里斯托弗、西蒙·克劳克斯，2002，第270页）。在国际上三大企业框架的评比原则中，最重要的就是为所有利益相关者创造价值（杰弗里·贝尔，2003，第335页）。而那些能够荣登各类"最受崇拜公司"评比名单的要在主要功能、吸引投资者、吸引雇员、吸引顾客、吸引社区几个方面做出成绩（林恩·夏普·佩因,2004,第 120 页)。

然而,企业的文化资本的积累通常是很困难的,因为改变和扩展文化价值观需要极大的勇气和深远的见识。当企业组织内部的价值观趋同且难以扩展时,通常需要从外部引入新的价值观加以改变,具体来说,需要那些具有新思想的外来者推动企业的文化资本积累。例如,波特认为一个企业的"比较竞争优势的重要动力是不断进入企业经理层的'外来者'"。约翰·科特与詹姆斯·赫斯克特在企业文化变革的案例研究中也发现在实现企业文化变革的 10 家公司中,改革者的背景为主要是外来者和才能异乎寻常的公司内部人士。

上述分析表明企业家精神形成的方式及其困难所在,这一分析有助于理解全球所有企业家都面临的一个难题,即如何持续地在企业全体员工中保持企业家精神。一些研究发现企业越做越大,当初的那种创业精神越来越淡薄。大企业都在思考如何在企业中创造一种环境,使全体员工都有一种"我们要创业"的企业家精神。从文化资本积累的角度来看,企业家精神的这种不能长久延续和广泛发展的泡沫化现象和个案现象主要受制于原有价值观的限制,只有当企业尽最大可能地包容和反映利益相关者的价值取向,而积极从外部引进新思想时,企业家精神的持续扩展和创新才有可能。

五、结论:价值观扩展是创新的关键

从文化资本积累的结果和表现形式来看,企业家精神并非神秘之物,它只是一种稀缺的无形资源,这一认识对于促进企业家精神的兴盛提供了启示。事实上,为了激发企业家精神,学者不断地呼吁"创新的自由""建立公平竞争规则""保护私有产权""一切利润归企业家"等,但这些观点仍然是停留在制度层面,并没有深入文化价值观扩展和创新的层面。

准确地说,获得企业家精神所需要的条件,首先是思想和言论上的自由,是人权的保障而非仅是产权的保障。如果人权得不到保障,产权并不能激发出企业家精神来。例如,一些研究者指出中国在两千年的皇权社会中,私人产权实际是得到保障的,而抑制企业家精神产生的却是正统的皇权思想。无论是知识分子还是豪杰百姓,他们的头脑已经被特定的文化价值观"锁定"了,创新极难发生。而一些国家仅依靠产权制度的改革而无视"解放思想"和人权保障,也不能激发出企业家精神来,这在一些拉美国家和转型国家中都有充分体现。

从社会层面来看,企业家精神的激发主要通过思想自由的实现。一是通过全方位的对外开放,使得传统文化与外来文化能够并存融合。二是通过改革价值观和伦理道德教育的内容,使人们能够在众多竞争性的文化价值观中做出选择。三是通过消除一些不合理的文化产业管制,为言论自由创造必要的条件。

从企业内部来看,企业家精神的激发,是建立在对多个利益相关者价值取向的重视和包容上。这就要求企业摒弃"独揽大权"的意识形态,精确计划的经营目标,不信任和过度控制的处事方法,不允许错误存在的企业文化,以及个人崇拜的错误观念。而且,企业要容许员工有更广阔的业务方向和行动空间,容许他们跨越等级制度、发展自己的潜意识,以及创新现有的形式、标准和规则,激发他们的责任感和潜在的企业家精神。

本文原载于《南京大学学报(哲学·人文科学·社会科学)》2007 年第 5 期,编入本书时做了适当修改。作者:高波。

第十四章　苏南区域市场发育的理论探讨

苏南地区历史上就是商品交换兴旺的地区,出现过许多在全国有影响的集市贸易市场。无锡米市是中国近代四大米市之一。改革开放以来,苏南地区乡镇企业和小城镇的发展,客观上要求培育一批突破社区范围以至面向全国或国际的城乡统一大市场,以促进商品流通和要素流转。20世纪80年代苏南地区经济的迅猛发展,推动了各类市场的成长和发育,特别是20世纪80年代末期至20世纪90年代以来,苏南地区全力培育市场,兴建了一批大规模的产品市场和要素市场,进一步促进了苏南地区经济社会的发展。据不完全统计,目前苏锡常地区开办的各类市场超过2 300个,其中有相当数量的市场成交额超1亿元,有一批市场成交额超10亿元。吴江区盛泽"中国东方丝绸市场"1995年成交额达到100.36亿元。

一、苏南区域市场中心的形成

市场与城镇是密不可分的。一个城镇一旦建立,大市场也就形成,而大市场会创造出自我增殖的吸引力。这种吸引力又推动城镇和城镇产业的发展,并进而促进大市场的更进一步发展,形成市场中心。苏南区域市场的发育同样得到了城市化发展的推动。苏南地区本来就是一个大城市密集的地区,苏、锡、常等中心城市和上海大都市对苏南地区形成较强的辐射力。而本区域接受辐射能力的提高是这一地区迅速发展的关键。对此,20世纪80年代苏南地区不失时机,大力推进小城镇建设和市级城镇发展。进入20世纪90年代以来,苏南地区加速推进工业区和经济技术开发区的建设。一批小城镇开始向小城市、中等城市以至大城市发展。而苏南区域城市化的进展,大大推进了苏南区域市场的成长。随着苏南区域市场中心的形成,城镇大市场产生出强大的吸引力,成为区域信息中心、流通中心和服务中心。

首先,苏南区域市场作为信息中心,供求双方的各种联系在此发生,因而各种信息高度集中,信息十分丰富,准确及时、传递快捷。供求关系、价格信号、花色品种的各种变化可以迅速被厂商捕捉,厂商根据市场反馈的信息进行经营决策,适时调整产品结构,开发新品,尽快适应市场变化和主动引导市场需求。由于信息灵通,厂商获取信息的交易成本低,促进了企业发展以至地区经济的发展。如吴江区盛泽"中国东方丝绸市场",在信息中心方面的作用极其显著。这里海内外商贾云集,国际国内市场的各种信息都在此集中和扩散,信息量大而灵通,是厂商的重要窗口,商品流通的桥梁和纽带,厂商根据市场沟通传递的各地丝绸产品的供产销信息,及时进行经营决策,调整产品结构。吴江区 400 多家丝绸化纤织造厂家,按照这一大市场所提供的信息进行经营决策,及时组织生产,适销率达 95% 以上,至今没有一家亏损,有的企业迅速扩张到销售额超过 10 亿元。

其次,苏南区域市场中心同时是商品流通中心,是农产品、工业制成品和生产要素的集散地,是各种商品交汇的中心。对于厂商来说,这种大市场是商家必争之地,生产的产品要借助于这一流通中心销售出去,同时要在城市大市场上获得包括劳动力、资本、房地产、科技、设备等各种生产要素,而市场中的大流通的特性使厂商容易寻找到满意的推销商和获得最好的生产要素供给,从而降低成本,更具竞争力。如张家港市"妙桥·中国羊毛衫市场"于 1992 年 8 月正式建成。这个市场的最大特色是"前店后坊",生产销售一体化,每个市场摊位与几家企业联系,工商联合,以商带工,以工促商,相得益彰。在生产和经营上形成了自己的特色和优势,价格十分低廉,花色品种繁多,新品快速涌现。由于羊毛衫市场的建立,妙桥镇和周围一些乡镇的羊毛衫企业迅速进行联合,企业结构由分散组织发展为集团组织,生产专业化、系列化,极大地推动了生产和销售企业的发展。

再次,苏南区域市场中心具有良好的服务功能。随着市场中心的形成,其物流、人流、信息流和价值流都大大增强,市场中心所在地及其周围地区与之相配套的交通运输、邮电通讯、金融服务、房地产开发经营、货物仓储、饮食宾馆、文化娱乐、法律服务、信息服务、咨询服务、教育培训和医疗卫生等行业迅速发展。市场服务功能的形成和完善,使市场中心具有一种强磁场的作用,对中外客商产生极大的吸引力。如常熟市招商场建立以来,天天万商云集,日日车水马龙,与市场相配套的交通运输、工商服务、金融服务、邮电通讯、饮食居住、货物仓储等行业兴旺发达,吸引了上海、浙江、福建、广东、河南、安徽、辽宁等地客商进场设立摊位,长期经营。

从苏南地区的实践来看,乡镇企业作为市场主体,对区域市场中心的形成产生了一系列正面影响。一是乡镇工业的发展带动产业结构的转换,推动第三产业的发展,进而促进城市化的进展和大市场的发育,城市化为市场中心的形成提供空间条件。二是苏南地区一批大规模的市场交易主要是乡镇企业生产的产品和乡镇企业提供的各种生产要素,众多乡镇企业对外交往加深,经济总量增长推动市场容量扩张,这是市场中心形成的基本条件。三是乡镇企业在实力增强以后,一般都对社区建设进行各种支持,推进基础设施投资,为大市场和城镇发展提供基础条件。如果缺乏乡镇企业发展所带来的吸引力,苏南区域市场中心也就不会形成。

二、苏南地区的市场培育与发展特色

苏南地区根据本地实际和经济发展水平,及时而有效地推进各类市场建设和逐步建立合理的市场体系,形成了自己的特色。

1. 培育区域特色市场,建立区域产业优势

以第一、二产业发展为基础,从自己的优势出发创建市场,通过培育区域特色市场建立自己的新优势。苏南地区本来就是经济比较发达的地区,特别是改革开放以来,乡镇企业高速发展,第一、二产业发展水平显著提高,经济总量迅猛增长,丰富质优的农副产品、大量工业名优新产品和专业化、社会化的生产方式形成当地独特的产品优势和产业优势,是众多名优新产品的重要生产基地。并且,苏南地区的乡镇企业大多为中小型的加工型企业,需要消耗大量的原材料,而苏南地区是一个人口密度大,许多资源十分稀缺的地区,必须利用市场形成强大的资源调动能力,以支撑地区经济的快速发展。正是第一、二产业的兴旺发达奠定了苏南地区市场发育和第三产业发展的物质基础。与此同时,苏南地区具有良好的区位优势、独特资源优势。苏南

地区根据地区产业发展的特点,凭借本地的优势,培育区域特色市场,使之具备其他地区难以与之抗衡的独特优势,吸引了众多外地客商,加上地区本身所具有的经济总量优势,促进了市场容量的迅猛扩张。苏南地区一批大规模特色市场的成长和发育,为地区经济的发展注入了新的活力和生机,形成了苏南地区的新优势。

依托当地区位优势、产品和产业优势建立起的各类市场,吸引了数以万计的外地商贾和顾客进场交易。太仓市沙漠镇轻纺市场距上海仅60公里,水陆交通十分便捷。镇上开办的纱厂已有80多年的历史,现在拥有大小纺织企业20多家,12万纱锭,形成了从轧花、纺纱、织布、印染到制衣的各种生产企业。依托沙漠镇和周围地区的生产基础兴建的轻纺市场,吸引了200多家企业,400多个个体、私营业主入场经营。上海、安徽、福建、河北、河南等10多个省市的30多家客商在此设立了贸易公司或经营部,成为远近闻名的轻纺产品集散地。

2. 以创建专业市场为龙头,带动区域市场体系的发育

近年来,苏南地区采取专业化、社会化的方式创建大量专业市场,以专业市场不断扩张来促进区域市场体系的健全和完善。目前苏南地区的专业市场种类很多,包括丝绸、针织品、服装、粮食、果品、副食品、珍珠、钢材、建材、陶瓷、家具、电子等商品市场。同时,人才市场、科技市场、信息市场、劳动力市场、金融市场、房地产市场等生产要素市场也日趋兴旺。形形色色的专业市场相配合构成一个合理的市场体系。在苏南地区还建起了一批大型综合市场,如小商品市场、综合批发市场等。这些大型综合市场,通常也是由若干个专业市场组合而成的。如由溧阳市创建的地处苏浙皖三省交界的苏浙皖边界市场,是江苏首家省级省际区域性大型综合市场。该市场下设10个专业市场,即农副产品交易中心、粮油交易中心、土畜产品交易中心、竹木交易中心、山地货交易中心、水产品交易中心、轻纺产品交易中心、物资设备交易中心、生产资料交易中心和建筑材料交易中心。苏南地区在培育市场的过程中,十分注重市场开拓,推进经营方式的创新,促进了一批新建市场的迅速繁荣。江阴市金三角建材公司,形成了专业经营、规模经营、连锁经营相结合的经营特色,成为华东地区很有影响的大型建材市场。(1)专业经营。公司专门经营建筑陶瓷和卫生陶瓷两大系列产品,组织经销国内外数千种名、特、优产品,品种众多,规格齐全。(2)规模经营。采用市场批发和扩大市场范围来增大市场份额,销售量急遽上升。(3)连锁经营。公司在常州、无锡、苏州、上海、南京等地设立了若干个分公司,发展了近千家联营连锁店。常熟市招商场的购销方式十分灵活,有自购自销、联购联销、联购分销、联合展销、代购代销、现货交易、期货交易等等。

3. 以区域市场建设为中心,推进城镇化和第三产业发展

苏南地区把培育和创建区域特色市场,融入城镇第三产业的发展和城镇化进程中。随着区域大市场的形成和发展,城镇的交通运输业、饮食服务业、房地产业、金融服务业、电信业和货物仓储业等行业迅速发展,并带动了旅游服务业、娱乐业、信息咨询业等行业的兴起。第三产业的发展和城镇化水平的提高,促使区域大市场的服务功能和市场辐射力增强,对外地客商产生了强大的吸引力,市场更趋兴旺。坐落在吴江区的盛泽中国东方丝绸市场,不断完善集经营、服务、管理于一体的配套设施。一是建立了遍及国内的通汇网点,开设在市场的金融机构达5家,为客户的货款结算和市场交易融资提供了大力支持。二是建设市场信息网络,装配了2 000余门国内直拨电话,建立了市场有线电视信息及管理网络,具备各级电视台与卫星节目收转,以及专用信息、微机处理、编辑、储存、发送播映等多种功能。三是建立了快捷、安全的运输网点,采用与铁路、公路运输部门联运等办法,辟设28条专线,为客户每天把几百吨货物运往各地。四是建成完善的生活服务体系。

4. 培育多元化投资主体,加强市场基础设施建设

培育多元化的投资主体,全方位筹集资本,扩展市场基础设施建设和交易场所。苏南地区在市场建设过程中,普遍按照市场经济的准则建市场,在建设资本的筹措上注重培育个人、企业、政府等多元投资主体,采用股份制、合作制、股份合作制、独资等多种投资方式,通过协议出租、招标租赁、拍卖和直接经营等摊位经营形式来促进市场发展,取得了显著效果。武进区建设的武进工业品交易市场,投资1亿多元,就是通过多方筹资兴建的。常熟市招商场是由琴南镇农民集资兴建,并由农民经营管理的。而位于江阴市城区的江阴纺织市场则是由江阴市政府筹资建设的。

5. 围绕市场发育和规范化,转变政府职能

在区域特色市场的建设过程中,苏南地区各级政府把主要精力转移到对市场的

服务、监督和管理等方面,有力地促进了区域市场的发育。苏南地区各级政府,主要在以下方面发挥了重要作用。(1) 根据地区经济发展的水平和特点,确定组建市场类型和推动不同市场之间的分工协作,进行市场建设的规划布局和整体设计。(2) 政府作为特殊的投资主体侧重于提供各种市场服务,协调各个方面的关系,以提高市场服务的质量。(3) 运用行政手段、经济手段和法制手段对市场进行综合管理,制定市场交易规则和管理办法,建立由工商、税务、物价、质检、公安等部门联合组成的市场管理委员会,保证市场交易的公开化、规范化和法制化。

三、推进区域市场发展的对策及政策建议

苏南区域市场的发育和成长,已对地区经济的发展产生了相当大的推动作用,并成为地区经济发展的重要增长点。随着世界经济区域化、集团化发展的深入,以上海浦东开发开放为龙头的长江三角洲地区正逐步成为大开发大开放的区域。苏南地区位于长江三角洲的经济腹地,这一地区的经济国际化对中国以至世界都将产生重大影响。因此,要把苏南区域市场的培育和发展置于这一背景下进行战略思考,形成具有长远意义的、超常规的发展思路,高起点、大规模、高效率地培育苏南区域市场,使其发展成为具有全国统一市场和国际市场功能的区域市场。

1. 推进市场组织制度创新,加快苏南区域市场的集团化、规模化和国际化进程

在苏南区域市场发展中推进市场组织制度创新,着重组建一批大型区域市场,加快苏南区域市场的集团化、规模化和国际化进程。近年来,苏南区域市场的发育和成长是迅速而有效的,各种类型专业市场和综合市场的发展已经形成了较好的区域市场基础。但是,苏南地区经济的发展和国内国际市场竞争的加剧,则对苏南区域市场的发展提出了更高的要求。(1) 世界经济增长中心正在向亚太地区转移,中国已成为亚太地区经济增长最快、经济动力最强、经济潜能最大的地区之一。而长江三角洲、珠江三角洲和环渤海等三大经济圈则是中国的主要经济增长中心。其中,以上海为核心的长江三角洲将是经济地位最高、辐射区域最广、带动功能最强的地区。苏南地区在大上海经济圈中,具有举足轻重的地位。同时,苏南地区又是一个自然资源相

对稀缺的地区,要通过两头在外、大进大出的经济循环来支撑地区经济发展。因此,苏南地区必须通过加快经济国际化的进程来带动地区经济发展,而在地区经济国际化过程中,选择培育与自身的经济地位和所处的经济环境相适应的具有国际功能的区域市场为突破口,则是一种战略性的发展思路。(2)在工业化的初期阶段,苏南地区的经济增长主要是由工业快速增长带来的,与此同时,出现了产业结构不协调的问题,已经受到产业演进规律的制约。而今后苏南地区经济增长的动力将主要来源于工业经济运行质量和发展水平的大幅度提高,第三产业的超速发展,以及新兴产业的兴起和发展,即产业结构的高级化。因此,苏南地区要全面开拓区域内、外两个市场,合理利用区域内、外两种资源,以第二产业为基础促进第三产业发展,以第三产业发展带动第二产业的结构提升,进而增强苏南地区的产业竞争力。现阶段,以促进区域市场的更大发展和加速市场体系的完善为突破口,推进苏南地区的产业结构高级化,是一条现实而有效的发展思路。围绕区域市场的大规模建设推进地区经济发展,既可以运用市场机制推动第二产业结构提升,又可以促进商业、交通运输业、金融业、房地产业、邮电通讯业和生活服务业等第三产业的发展,形成强大的产业竞争力。(3)苏南地区历来由于良好的区位优势和大规模的经济总量而具有较强的区域竞争力,近年来苏南地区区域市场的成长和发育更进一步增强了这一地区的区域竞争力。世纪之交,苏南地区正面临着更大的挑战和极好的机遇,而以促进区域市场的集团化、规模化、国际化发展来增强区域竞争力,比推动地区经济规模总量扩张更为重要。区域市场的发展往往同时伴随着区域城市化的进展,形成或强化发展极,对周围地区产生更强的辐射扩散效应,从而成为一个地区的生产中心、贸易中心、金融中心、交通运输中心和信息中心,并进一步形成中心地区,聚积大量的经济能量,因而大大提高整个地区的区域竞争力。(4)目前,苏南地区各类专业市场和综合市场的各种功能和扩散效应仍不够强,市场数量众多而规模偏小,缺少扩张性的信息功能、组织功能和服务功能,缺乏适度的市场规模经济。因此,要通过组建一批大型区域市场,推动区域市场的集团化、规模化、国际化发展,以增强苏南地区区域市场的功能和实现市场规模经济。

由此可见,苏南地区要用更宽广的视野,采取宏大的思路,从战略的高度,运用市场经济的原则、手段和方法,推进区域市场组织的创新,加速区域市场的集团化、规模化、国际化发展。

2. 推动区域城市化发展,加速建立区域市场中心

以区域城市化发展推动区域市场中心的形成,促使区域市场空间布局向中心城市和大中小城市集中。城市是一定区域的发展极,对周围地区能产生一种辐射扩散效应,从而成为一个地区的生产中心、贸易中心、金融中心、交通运输中心和信息中心,具有市场中心的功能。因而区域市场中心的形成,离不开区域城市化的推动。从某种意义上来说,区域城市化的水平与区域市场的发展水平是密不可分的。因此,要加快区域城市化的进程,以此来促进区域市场的发展。一是主动与大上海这一中心对接,主动与浦东开发开放接轨,提高苏南地区在沪宁杭世界级都市圈发展中的地位。在世界经济区域化、集团化发展过程中,沪宁杭都市圈将逐步发展为国际性都市圈,苏南地区要主动参与以大上海为中心的沪宁杭世界级都市圈的建设,主动吸引和接受中心扩散的要素,主动进入中心地区的市场,特别是主动接受上海未来作为国际金融中心、贸易中心、信息中心和技术中心的辐射。二是加速苏南地区区域城市化,创造区域市场发展的空间条件。从苏南地区社会经济发展的趋向看,苏南地区正在形成一种"多层次、多核心、多样化、国际化、大容量"的城市化高潮,一批小城镇开始向小城市、中等城市以至大城市发展,如常熟、江阴、张家港、昆山等市已具备了中等城市的实力,其中有的城市若干年后将发展成为大城市,苏锡常三个区域中心城市已具备条件发展为特大城市。苏南地区推行大中小城市全局发展的混合型城市化道路,将对区域市场的发展具有重要的推动作用。三是推进区域市场的空间重组和合理布局,促使区域市场适当向中心城市和大中小城市集中。从空间配置状况来看,目前苏南地区区域市场规模偏小、布局分散,区域市场发展与区域城市化发展的相互支持不足,区域市场的功能不够强。因此,政府要通过合理规划和采取各种政策以及行政劝告的方式,引导各种专业市场逐步转移到城市,使区域市场得到城市功能的充分辐射。同时,在专业市场已经形成一定规模且具有发展前景的地区,要加快城市化的进程,从而达到区域市场功能和城市功能的相互促进。

3. 建立健全区域市场体系,增强区域市场的综合功能

在促进产品市场发展的同时加快生产要素市场的发育,建立健全区域市场体系,增强区域市场的综合功能。经济学理论告诉人们,生产要素的需求是一种派生的需求和联合的需求,因此,在产品市场发展的过程中没有生产要素市场的充分发育,产品市场的发展必然会受到制约,整个区域市场的发展就会受到阻碍。苏南地区已经形成特色的专业市场大多是产品市场,而生产要素市场发育仍很不足,进而影响区域市场整体功能的强大。现阶段,推进苏南区域市场的发展,应十分重视生产要素市场和无形市场的发育,强化产品市场与要素市场、有形市场与无形市场的配套发展。第一,建立和完善产权市场,运用价格机制引导产权买卖、租赁、兼并、联合等,适应产品市场需求变化所要求的产权调整,以及促进不同产权主体之间的产权交换和产权重组,以不断提高产权效率。第二,推进金融深化和金融创新,加速地区金融市场的发展,逐步形成地区金融中心。第三,促进房地产市场的成长和发育,通过市场机制优化各类市场的空间配置,进而加速区域市场中心的形成。第四,加快信息市场的发展,增强区域市场信息中心的功能。第五,建立健全人力资源市场,包括劳动力市场、人才市场、经理市场等,运用价格机制推动人力资本积累和人力资源流动。

4. 推进第三产业发展,增强区域市场发展的动力

在区域市场建设的同时大力推进第三产业的发展,把第三产业培育成为苏南地区新的经济增长空间和区域市场发展的动力源。从产业演进规律来看,苏南地区正处于产业结构转换的关键时期,要通过工业经济运行质量和发展水平的大幅度提高,特别是第三产业的迅速发展来带动地区经济的高效、持续增长。培育区域市场是推动第三产业发展的重要内容,把第三产业与区域市场的发展结合起来,可以相互支持、相互促进、相得益彰。(1)把交通运输业和邮电通讯业放到第三产业中主导行业的位置上,促使其优先发展。交通运输业和邮电通讯业是经济发展的基础产业,也是苏南地区区域市场发展的重要条件。苏南地区交通运输业的发展,要集中于快速便捷的公路网建设,并充分开发利用辖区内铁路的潜力,同时加快水上开放港口和国际航空港的开发建设。邮电通讯业要率先实现现代化,利用世界上最先进的邮电通讯技术,建成快捷、灵活、可靠的现代邮电通讯网络,以便及时、准确地掌握国内、国际市

场上的各种信息和迅速传递区域市场上的信息。(2)大力发展金融业,迅速建立起与区域市场发展相适应的发达的金融业。目前,苏南地区金融机构发展不充分,金融工具单一,金融市场发育滞后,不能满足区域市场发展对金融服务的需求。因此,在区域市场的发展过程中,要特别关注金融业的成长和发展,健全金融机构,完善金融市场,创新多种金融工具,建立起高效的区域金融体系。(3)逐步将房地产业培育成为经济发展中的支柱产业,以适应区域市场建设的要求。从苏南地区区域城市化和区域市场发展的趋势来看,房地产业将有良好的发展机会,住宅、厂房、商场、写字楼以及与区域市场建设相配套的房地产项目等均会有较好的市场前景,因而要抓住区域市场建设的机会发展房地产业。(4)把知识、科技、信息产业确定为第三产业中的新兴产业,创造知识、科技、信息产业迅速成长的条件。目前,苏南地区知识、科技、信息的产业化程度低,缺乏健全的产业组织。在促进知识、科技、信息产业发展的过程中,要加快产业组织发育,可以通过组建大型和特大型企业集团,利用集团优势来推动知识、技术、信息产业的成长。(5)利用区位优势和资源优势,加速发展旅游业。旅游业作为第三产业中的主导行业,可以通过旅游业的联系效应带动商业饮食宾馆业、娱乐业、金融业、交通运输业以及房地产业等第三产业中其他行业的发展,并推动区域市场的发展。苏南地区具有良好的旅游资源,要充分挖掘区域内的人文景观和自然景观,新建一批不同风格、具有特殊吸引力的景点。

本文原载于《南京大学学报(哲学·人文科学·社会科学)》1997年第4期,编入本书时做了适当修改。作者:高波。

第十五章　江苏经济结构的空间调整

在加速实现经济现代化的过程中,经济结构的调整主要表现为产业结构的转换升级和结构高度化的成长。而在这一过程中,空间结构调整则成为经济结构调整的关键和核心,因为一个合理的经济结构必须同时具备完善的空间结构。特别是在现阶段,由于现实经济结构中长期存在空间结构失调的问题,影响了资源空间配置的优化和经济效率的进一步提高,因而在经济结构调整中从战略上及时做出空间结构调整的安排,是十分重要的。

目前,经济结构在空间配置方面主要存在以下几个问题。

一是在农村区域,乡镇工业分散化布局,农民居住区与生产区几乎没有功能分区,影响了经济效率和农民生活质量的提高。目前在江苏农村,乡镇企业比较分散,随处可见。农村工业企业这种空间布局上的分散性是特定历史条件下的产物,伴随着缺乏集聚效应,外部不经济和规模不经济的现象,导致乡镇企业的经济效率难以提高,资源浪费不能控制,社会成本居高不下,阻碍了乡镇企业的进一步发展。与此相对应,从总体上来看农村居住区比较凌乱,十分分散,密度较大,居住区普遍缺乏必要的基础设施,农村居住区的环境质量下降,自然景观和人文景观不理想,与现代化发展的要求相距甚远。

二是城市化水平不高,在大中城市普遍存在城市功能分区不明显,城市基础设施投资不足,造成了城市的经济能量集聚不充分和辐射功能不强。如在一些城市的中心区段并没有真正形成中心商务区(CBD),未给人们深刻的中心商务区的感觉。

三是城乡分割的状况尚未得到根本改善,城乡统一大市场和城乡一体化发展的格局并未真正形成。近年来,江苏省各级政府和众多企业家,探索用开办工业区和建设新型城镇的方式,集中发展乡镇工业,实行乡镇企业发展的战略转变。同时,在加速城市基础设施建设,建立开发区和区域市场中心,培育区域市场体系方面已经取得了一定成绩。开发区的建设和区域市场的成长发育,已对地区经济的发展产生了相当大的推动作用,并成为地区经济发展的重要增长点。

随着世界经济区域化、集团化发展的深入,以上海浦东开发开放为龙头的长江三角洲地区正逐步成为大开发大开放的区域。江苏位于长江三角洲的经济腹地,这一地区的经济国际化和区域城市化是 21 世纪发展的根本动力。因此,要把经济结构调整的资源空间配置置于这一背景下进行战略思考,形成具有长远意义的、超常规的发展思路,高起点、大规模、高效率地促进空间结构调整。面对经济结构在资源空间配置方面存在的一系列问题,当前以加速推进城市化发展和提高城市发展质量为主线,来带动经济结构的调整和空间结构的合理化,将是一条行之有效的持续发展的思路。

1. 加快区域城市化发展,推行中心城市和大中小城市全面发展

从某种意义上来说,区域城市化的水平反映了这一地区的整体发展水平。因此,要加快区域城市化的进程,以此来促进地区经济的发展。

一是主动与大上海这一中心对接,主动与浦东开发开放接轨,提高江苏地区在沪宁杭国际都市圈发展中的地位。在世界经济区域化、集团化发展过程中,沪宁杭都市圈将逐步发展为国际化都市圈,江苏地区要主动参与以大上海为中心的沪宁杭国际都市圈的建设,主动吸引和接受中心扩散的要素,主动进入中心地区的市场,特别是主动接受上海未来作为国际金融中心、贸易中心、信息中心和技术中心的辐射。主动出击,抢滩设点,提高江苏在沪宁杭国际都市圈的分量和地位。

二是加速江苏地区区域城市化的发展,不断提高区域城市化的水平。从江苏经济社会发展的趋向看,正在形成一种"多层次、多核心、多样化、国际化、大容量"的城市化高潮,一批小城镇开始向小城市、中等城市以及大城市发展,如常熟、江阴、张家港、昆山、泰州等市已具备了中等城市的实力,其中有的城市若干年后将发展成为大城市,苏州、无锡、常州、徐州、连云港等城市已具备条件发展为特大城市。推行大中小城市全局发展的混合型城市化道路,将对江苏区域城市化的发展具有重要的推动作用。

三是推进农村区域城市化。通过小城镇整合、撤销部分建制镇、同时重点建设人

口在 8—10 万的小城镇。因此,政府要通过合理规划和采取各种政策以及行政劝告的方式、引导小城镇整合,集中到已形成一定规模且具有发展前景的地区,加快农村城市化的进程。

2. 大力推进第三产业发展,使第三产业集聚在城市中心区

在加速城市基础设施建设的同时,大力推进第三产业的发展,使城市中心区主要成为第三产业发展的场所。城市作为发展极,对周围地区能产生一种辐射扩散效应、发展极是一定区域的中心,是一个地区的贸易中心、金融中心、交通运输中心和信息中心,因而是第三产业发展的重要场所。从现代经济增长和城市发展的趋势来看,制造业等生产部门正越来越多地离开城市中心进入其外围地区,留在城市中心的则是以贸易、金融、房地产、信息、服务等第三产业部门为主的行业。从产业演进规律来看,江苏特别是苏南地区正处于产业结构转换的关键时期,要通过工业经济运行质量和发展水平的大幅度提高,特别是在城市中心区大力发展第三产业来带动地区经济的高效、持续增长。

(1) 把交通运输业和邮电通讯业放到第三产业中主导行业的位置上,促使其优先发展。交通运输业和邮电通讯业是经济发展的基础产业,也是不少地区发展不足的部门,特别是对于生产资源和产品销售两头在外的开放经济地域来说,交通运输业和邮电通讯业应该得到优先发展。江苏地区交通运输业的发展,要继续集中于快速便捷的公路网建设,并充分开发利用辖区内铁路的潜力,同时加快水上开放港口和国际航空港的开发建设,尤其是坚持城市交通的优先发展。邮电通讯业要率先实现现代化,利用世界上最先进的邮电通讯技术,建成快捷、灵活、可靠的现代邮电通讯网络,以便及时、准确地掌握国内国际市场上的各种信息并迅速传递到区域市场上。

(2) 大力发展金融业,迅速建立起与地区经济发展相适应的发达的金融业。近年来发达地区经济迅猛发展,人们的收入大幅度增长,企业积累迅速扩张,全社会投资欲望强烈,对金融服务的需求旺盛,客观上对金融业的发展形成了强大的刺激和促进作用。因此,在加快发展第三产业的过程中,要特别关注金融业的成长和发展,健全金融机构,完善金融市场,开拓多种金融工具,建立起高效的区域金融体系。与此同时,积极参与国内、国际金融市场的活动,积极主动地接受国内、国际金融市场扩散

效应的辐射。这对于学习和运用国际通行惯例,加快与国际金融市场接轨,完善区域金融体系都具有直接的推动作用。

(3) 积极发展房地产业,逐步把房地产业培育成为经济发展中的支柱产业。从江苏区域城市化发展趋势来看,房地产业将有良好的发展机会,住宅、厂房、商场、写字楼等房地产项目均会有较好的市场前景。发达地区必须把工业、商业等产业的跨地区经营与房地产业的跨地区经营有机地结合起来,从而有效地降低风险。中国房地产业发展的市场潜力很大,发达地区要立足本地,放眼全国以至跨越国界,房地产业的发展空间将十分远大。

(4) 把知识、科技、信息产业确定为第三产业中的新兴产业,创造知识、科技、信息产业迅速成长的条件。目前,江苏地区知识、科技、信息的产业化程度低,缺乏健全的产业组织。江苏的经济增长方式面临着由劳动密集型或资本密集型向资本密集型和技术密集型相结合的方向转化。培育知识、技术、信息产业,既适应了江苏提升第二产业和促进地区经济发展的要求,又可以促进第三产业内部结构的优化,代表了第三产业发展的趋向。江苏地区知识、技术、信息产业的发展,在充分发挥区域内部人才资源作用的同时,要积极利用区域外资源,建立国际、国内人才资源库,尽最大努力得到国家级和世界级专家的直接和间接支持。要加快产业组织发育,可以通过组建大型和特大型企业集团,利用集团优势来推动知识、技术、信息产业的成长。

(5) 利用区位优势和资源优势,加速发展旅游业。旅游业作为第三产业中的主导行业,可以通过旅游业的联系效应带动商业饮食宾馆业、娱乐业、金融业、交通运输业以及房地产业等第三产业中其他行业的发展。江苏地区具有良好的旅游资源,要充分挖掘区域内的人文景观和自然景观,新建一批不同风格、具有特殊吸引力的景点。

从江苏地区第三产业的内部结构来看,一些与工业关系密切后向联系度高的行业和对经济社会长期发展具有重大影响的行业,比重过低发展很不够。因此,必须按照产业演进的一般规律,准确地确定江苏地区第三产业发展的主导行业,促使其高起点、大规模、高效率、超常规地发展,尽快培育成为地区经济的新的增长空间。

3. 高标准创建乡镇工业区和经济开发区，创造第二产业二次创业的良好空间条件

江苏乡镇工业区和开发区的建设已经取得了较大成功，从发展的要求来看，今后要用大手笔继续做好乡镇工业区和开发区这篇大文章。具体来说，可以采取以下几个对策思路。

一是加强乡镇工业区和开发区的区位选择与整体规划，特别要进行科学的、严格的功能分区，根据科学的土地规划和土地供应计划，结合市场需求来确定土地供给量，调节土地市场，通过开发区的综合开发和滚动开发促使土地升值。利用区位优势和资源优势创建乡镇工业区和开发区，以此来再造优势。在创建乡镇工业区和开发区的过程中，可以通过合理规划，使之具有生产、居住、商品流通、信息集中等各种城镇功能。工业区在产业配置上，以工业为主，综合开发，综合发展。同时，使工业新区与整个城镇区域相配套，注重服务设施和第三次产业的发展，把工业区开发与度假区、商业区、居住区等功能区的开发相结合，特别是把工业区开发与城市发展紧密结合，进一步增强开发区的城镇功能。

二是开拓多元化的开发筹资渠道，推进开发区的土地开发和地产及资本经营，促使工业区快速发展。(1)通过股份制及其他一些形式，吸收本地资金和国内的外地资金。(2)面向海外，吸引外商直接投资，特别是主攻一些大财团、大公司，争取他们带项目投资，力争多办独资企业，提高合资项目外商出资比例，尽最大可能吸纳外资。(3)乡镇工业区和开发区在投资方面，要高度重视基础设施建设，使交通、水、电、气、通信等基础设施完善配套，商业服务、文教卫生、体育、娱乐等各种公共服务设施齐全。推动政府投资或贷款支持基础设施建设。同时鼓励中外客商和个人通过 BOT 或土地成片开发等方式直接从事基础设施投资，使基础设施开发和项目开发同步发展。(4)大力推进开发区土地批租，推行土地租赁、土地入股、联合开发和产权置换等多种地产经营方式。通过土地使用权入股等方式参股、控股进区企业，使企业与开发区形成利益共同体，一方面可以增强企业的投资能力，吸引企业进区；另一方面，更进一步搞活地产经营，增强土地开发能力。(5)对部分企业产权进行拍卖、出租、兼并和联合。

三是突破行政和区域壁垒，创造生产要素在更大范围内流动和聚集的制度条件。

乡镇工业区发展要打破生产要素横向流动的社区界限,使生产要素在更大范围内流动和聚集。把城市旧城改造与开发区建设结合起来通盘考虑,促使城区工业企业通过土地等价置换进入开发区发展,使旧城开发和新区开发相互联动,相得益彰。

四是建立乡镇工业区和开发区的企业准入制度,引导企业开展技术创新和制度创新,带动企业跃上新台阶。合理设定企业的进区门槛,重点引进高起点、高档次、高新技术、大规模、无污染项目,保持乡镇工业区和开发区经济增长整体质量的高水平,从而树立高品位经济区的形象。建立工业区项目准入制度,严格规定引入项目的条件,以此来调整产业结构,提高规模档次,推进技术进步,促使进区企业步入更高层次发展。建立工业区项目准入制度,对于未入区企业来说,可以促使其加强技术创新、组织创新和制度创新,不断开拓市场和扩大规模,创造条件进入工业区。而对于已经进区的企业来说,工业区的竞争环境对企业产生极大的压力,进而促使企业自觉进行技术创新和制度创新,迅速实现规模扩张。

4. 组建一批大型区域市场,加快江苏区域市场的集团化、规模化和国际化进程

在空间结构调整中推进市场组织制度创新,着重组建一批大型区域市场,加快江苏区域市场的集团化、规模化和国际化进程。近年来,江苏区域市场的发育和成长是迅速而有效的,各种类型专业市场和综合市场的发展已经形成了较好的区域市场基础。但是,江苏地区经济的发展和国内国际市场竞争的加剧,对江苏区域市场的发展产生了更高的要求。

首先,世界经济增长中心正在向亚太地区转移,中国已成为亚太地区经济增长最快、经济动力最强、经济潜能最大的地区之一。而长江三角洲、珠江三角洲和环渡海等三大经济圈则是中国的主要经济增长中心。其中,以上海为核心的长江三角洲将是经济地位最高、辐射区域最广、带动功能最全的地区。江苏在大上海经济圈中,具有举足轻重的地位。同时,江苏又是一个自然资源相对稀缺的地区,要通过两头在外、大进大出的经济循环来支撑地区经济发展。因此,江苏必须通过加快经济国际化的进程来带动地区经济发展,而在地区经济国际化过程中,选择培育与自身的经济地位和所处的经济环境相适应的具有国际功能的区域市场为突破口,则是一种战略性的发展思路。

其次,在工业化的初期阶段,江苏的经济增长主要是由工业快速增长带来的,与此同时,出现了产业结构不协调的问题,已经受到产业演进规律的制约。而今后江苏经济增长的动力将主要来源于工业经济运行质量和发展水平的大幅度提高,第三产业的超速发展,以及新兴产业的兴起和发展,即产业结构的高级化。因此,江苏要全面开拓区域内、外两个市场,合理利用区域内、外两种资源,以第二产业为基础促进第三产业发展,以第三产业发展带动第二产业的结构提升,进而增强江苏的产业竞争力。现阶段,以促进区域市场的更大发展和加速市场体系的完善为突破口,推进江苏的产业结构高级化,是一条现实而有效的发展思路。围绕区域市场的大规模建设推进地区经济发展,既可以运用市场机制推动第二产业结构提升,又可以促进商业、交通运输业、金融业、房地产业、邮电通讯业和生活服务业等第三产业的发展,形成强大的产业竞争力。

再次,江苏历来由于良好的区位优势和大规模的经济总量而具有较强的区域竞争力,近年来江苏区域市场的成长和发育更进一步增强了这一地区的区域竞争力。世纪之交,江苏正面临着更大的挑战和极好的机遇,而以促进区域市场的集团化、规模化、国际化发展来增强区域竞争力,比推动地区经济规模总量扩张更为重要。区域市场的发展往往同时伴随着区域城市化的进展,形成或强化发展极,对周围地区产生更强的辐射扩散效应,从而成为一个地区的生产中心、贸易中心、金融中心、交通运输中心和信息中心,并进一步形成中心地区,聚积大量的经济能量,因而大大提高整个地区的区域竞争力。

最后,通过组建一批大型区域市场,形成城乡统一大市场,产生扩张性的信息功能、组织功能和服务功能,来推动城乡区域的融合,促进城乡之间的要素流动。

由此可见,江苏要用更宽广的视野,采取宏大的思路,从战略的高度,运用市场经济的原则、手段和方法,推进区域市场组织结构的创新,加速区域市场的集团化、规模化、国际化发展。具体地说,主要包括以下几个方面。

第一,区域市场的发展机制,适合于以市场化方式为主导,在市场机制基础上政府运用经济政策,有意识地推动各种中小型市场的整合和市场之间的配套联合,以及市场与企业之间的联合。既要防止单纯依靠市场方式来推动,又要避免直接的行政强制性,多用间接诱导方式和行政劝告方式。

第二，把建立大型区域市场与组建特大型、大型企业集团相结合，在建设大型区域市场的过程中，组建贸易、金融、制造业于一体的若干综合性企业集团，诱导企业集团积极参与区域市场建设，促使企业组织与市场组织密切配合，以增强区域市场的各种功能。与此同时，采取集团化的方式培育大型区域市场，区域市场之间实行跨所有制、跨地区、跨行业的空间组合和市场联合，建立区域市场集团，从而使区域市场产生扩张性的信息功能和金融、科技知识、邮电通讯、交通运输等服务功能，促使区域市场产生国际化的功能。

第三，通过区域市场的经营方式创新和经营体制创新，促进大型规模化市场组织的成长和发育，实现区域市场的跨区域、跨国界发展。在建设区域有形市场的同时，推进跨国化连锁经营，加速建立代理制等无形市场。

第四，建立区域市场集团化发展的各种市场联系纽带，特别是产权纽带、组织纽带、信息纽带、金融纽带，通过参股、控股、兼并等方式促进市场联合，真正形成区域统一大市场。

第五，在促进中小型市场整合和发展大型市场的同时，建立合理的大中小型市场结构，加强大型市场和中小型市场的配合。

第六，在促进产品市场发展的同时加快生产要素市场的发育，建立健全区域市场体系，增强区域市场的综合功能。一是建立和完善产权市场，运用价格机制引导产权买卖、租赁、兼并、联合等，适应产品市场需求变化所要求的产权调整，以及促进不同产权主体之间的产权交换和产权重组，以不断提高产权效率。二是推进金融深化和金融创新，加速地区金融市场的发展，逐步形成地区金融中心。三是促进房地产市场的成长和发育，通过市场机制优化各类市场的空间配置，进而加速区域市场中心的形成。四是加快信息市场的发展，增强区域市场信息中心的功能。五是建立健全人力资源市场，包括劳动力市场、人才市场、经理市场等，运用价格机制推动人力资本积累和人力资源流动。

本文原载于《南京社会科学》1997年第7期，编入本书时做了适当修改。作者：高波。

第十六章　中国城乡一体化发展的区域差异分析

　　实现从城乡二元到城乡一体的转型发展,是发展中国家从中低收入国家成功跨入高收入国家必经的阶段,转型不顺将成为增长的阻力,转型顺利则成为增长的动力。马克思主义经济学认为,生产力的发展推动着人类生产方式与生活方式的变革,人类社会经济发展过程中的城乡关系一般经历辩证发展的城乡依存到城乡分离,再到城乡融合的历史转变,并由此推动经济社会发展向更高级阶段演变。21世纪以来,为了推动中国城乡关系从城乡二元向城乡一体的转型发展,中央政府适时提出了"统筹城乡经济社会发展"→"统筹城乡发展"→"城乡经济社会发展一体化"→"城乡发展一体化"的战略措施。党的十八大以来,中央明确提出:"推进城乡发展一体化是国家现代化的重要标志,通过建立城乡融合的体制机制,形成以工促农、以城带乡、工农互惠、城乡一体的新型工农城乡关系,逐步实现城乡居民基本权益平等化、城乡公共服务均等化、城乡居民收入均衡化、城乡要素配置合理化,以及城乡产业发展融合化"(中共中央宣传部,2016,第157-160页)。在经济新常态下,作为大国经济,中国从中高收入阶段跨入高收入阶段必须立足内需(高波等,2015,第1-10页)。而破解城乡二元结构,实现城乡发展一体化既是扩大内需的重要举措,亦是经济增长的重要引擎。

　　现阶段,我国整体进入工业化后期和城市化的后半程,正处于城乡一体转型发展的关键时期。国家统计局数据显示,我国城乡居民收入之比从2003年的3.23∶1下降到2014年的2.75∶1,城乡居民人均消费额之比从2003年的3.6∶1下降至2014年的2.38∶1,城乡差距不断缩小,城乡二元结构一元化趋势显现。但是,由于中国经济发展存在区域差异,各地区要素禀赋、制度供给等差别明显,因而区域之间城乡一体化发展失衡。本研究的价值在于系统阐述城乡发展一体化的内涵及体系,据此构建城乡发展一体化的指标体系,运用全局主成分分析方法测度中国28个省市区的城乡发展一体化指数,并深入分析城乡发展一体化的区域差异及动态特征,为我国实施城乡发展一体化战略提供理论依据和政策启示。

一、城乡发展一体化的内涵及体系

城乡发展一体化内涵丰富,是一个涉及经济、社会、文化、人口、资源、生态等复合因子的复杂系统。本文从城乡空间结构一体化、城乡经济结构一体化、城乡基础设施一体化、城乡公共服务一体化和城乡生态环境一体化等五个维度阐释城乡发展一体化的内涵及体系(见图16-1)。

第一,城乡空间结构一体化。城乡空间结构一体化是城乡发展一体化的载体,城乡人口迁移自由便捷,城乡交通通信网络通达快捷,城乡生产要素流动和商品流通高效顺畅。因此,必须在理念上将农村和城镇视为一个有机整体,统筹城乡空间规划和产业布局,坚持多规合一、多规融合,构筑便捷高效的交通和通信网络,注重城乡要素的空间功能性安排和流动,促使城市和农村充分发挥彼此的比较优势,实现农业转移人口在空间上的优化分布,打造城乡区域一元化的空间网络结构系统,大幅度提高空间资源利用效率。

第二,城乡经济结构一体化。城乡经济结构一体化是城乡发展一体化的基础,城乡经济循环融合,自然资源、物质资本、劳动力、技术等生产要素在城乡空间、城乡产业间合理流动,城乡经济结构一元化,城乡居民共同富裕。因此,要破除城乡分割的经济体制,实现生产要素在城乡之间的自由流动和空间配置,大力发展现代农业、农村工业和服务业,提高农民收入水平(白永秀、王颂吉,2013)。按照一、二、三产业互动、城乡经济相融合的原则,促进各产业在城乡科学布局、合理分工、优势互补、联动发展(朱善利等,2016,第22页)。城乡经济协调发展的关键是建立城市与农村之间要素流动的统一体,引导土地、资本、劳动力、技术、人才、信息等资源在城乡间合理配置,通过城乡经济统一布局、合理分工,优化经济功能和经济结构,形成农村内生发展机制和城乡联动发展机制。

第三,城乡基础设施一体化。城乡基础设施一体化是城乡发展一体化的依托,统一城乡基础设施规划布局,统一城乡基础设施投资建设,城乡道路、信息网络、电力、燃气、水力等基础设施互通互联。当前,国家投入的农村基础设施存在着建设等级低、缺乏有效管理养护机制等问题,必须长期坚持把国家基础设施建设重点放在农村,使公共财政支出进一步向农村倾斜,让农民能够更充分享受经济发展和社会进步的成果(陈锡文,2012)。良好的农村基础设施是城市文明向农村延伸的桥梁,并将改善农民基本生产条件和生活质量。关键是找准农村基础设施建设的切入点,拓展农村基础设施建设的投资渠道,加强以水、电、路、气为重点的农村基础设施建设,提高这些设施的质量及服务功能。在城乡基础设施建设上,实现统一规划、统一布局、协调推进,加强城乡基础设施互通互联和城乡大通道建设。

第四,城乡公共服务一体化。城乡公共服务一体化是城乡发展一体化的保障,城乡居民在基础教育、医疗卫生、社会保障、文化设施等社会事业的资源配置方面享受均等化的权利。这意味着要彻底改革城乡分隔的二元公共服务体制,实现公共资源城乡配置协调均衡,增大公共财政对农村的覆盖范围和投入力度,整合城市和农村的公共服务资源,不断缩小城市居民和农村居民间公共服务的受益差距。建立"普惠、均等、一体"的城乡公共服务体系,重点和难点都在农村,包括促进城乡义务教育均衡发展、进一步巩固和发展新型农村合作医疗制度、完善农村最低生活保障制度、建立健全农村文化设施网络和文化服务机制等(韩俊,2013)。

第五,城乡生态环境一体化。城乡生态环境一体化是城乡一体化可持续发展的条件,城乡生态系统有机融合、节能低碳,城乡生态环保产业发达,城乡生态环境清洁、绿色、秀美。由于我国存在生态环境容量和资源承载力的硬约束,必须将资源环境改善作为经济社会发展的绩效,使绿色发展全面融入经济社会发展,加速建成资源节约型和环境友好型社会,实现经济、社会和环境的可持续发展(高波,2016)。在城乡一体化转型发展中,促使城市和农村生态系统的有机融合,建立健全城乡一体的生态规划设计与投入、废物回收处理及生活污水处理、城乡生态价值补偿机制,建设风景秀丽,环境宜人,生态宜居,人与经济、资源、生态和谐共生的城乡新面貌。

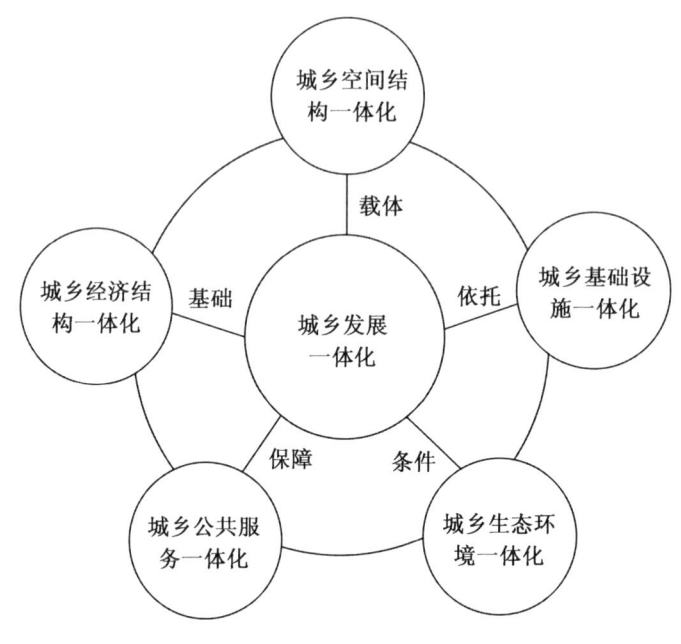

图 16-1 城乡发展一体化体系

二、城乡发展一体化指标体系构建及其指数测度方法

(一) 城乡发展一体化指标体系构建

城乡发展一体化评价指标体系是城乡发展一体化实现条件的集合,是由相互联系、相互补充、层次鲜明和结构复杂的一系列指标有机结合而成的整体。在遵循科学性、全面性、可行性和前瞻性原则的前提下,根据城乡发展一体化的内涵,本研究从城乡空间结构、城乡经济结构、城乡基础设施、城乡公共服务和城乡生态环境等 5 个维度 33 项指标构建城乡发展一体化指标体系(见表 16-1),以测度城乡发展一体化指数和分析城乡发展一体化的影响因素。

表 16-1 中国城乡发展一体化指标体系

系统		指标	指标属性	指标含义或算法
城乡空间结构一体化	城乡空间聚集	X_1 人口城镇化(%)	正	城镇人口/年末常住总人口×100%
		X_2 城镇建成区面积增速与城镇人口增速之比	适度	城镇建成区面积增速/城镇人口增速
	城乡网络联系	X_3 城乡人均交通通信支出比	逆	城市人均交通通信支出/农村人均交通通信支出
	城乡商品流通	X_4 城乡居民消费零售价格之比	正	城市居民消费零售价格/农村居民消费零售价格
城乡经济结构一体化	城乡经济总量	X_5 人均GDP(元/人)	正	国内生产总值/年末常住总人口
		X_6 非农产业与农业产出比	正	第二、第三产业增加值/第一产业增加值
	城乡产业结构	X_7 第一产业结构偏离度	适度	第一产业增加值比重/第一产业就业人员比重
		X_8 第二、三产业结构偏离度	适度	第二、三产业增加值比重/第二、三产业就业人员比重
		X_9 二元对比系数	正	(第一产业GDP比重/第一产业从业人员比重)/(第二、三产业GDP比重/第二、三产业从业人员比重)
	城乡投融资结构	X_{10} 城乡全社会固定资产投资比	逆	城镇固定资产投资/农村固定资产投资
		X_{11} 非农业与农业贷款比	逆	非农业贷款额/农业贷款额
	城乡就业结构	X_{12} 全社会非农从业人员与农业从业人员比重之比	正	第二、第三产业从业人员比重/第一产业从业人员比重
	城乡收入结构	X_{13} 城乡居民人均收入比	逆	城镇居民人均可支配收入/农村居民人均纯收入
	城乡消费结构	X_{14} 城乡居民家庭人均消费比	逆	城镇家庭人均消费/农村家庭人均消费
		X_{15} 城乡居民恩格尔系数比	正	城镇居民恩格尔系数/农村居民恩格尔系数

(续表)

系统		指标	指标属性	指标含义或算法
	城乡技术进步	X_{16}农业机械化水平(万千瓦/万公顷)	正	农业机械动力/地区耕地面积
		X_{17}城乡产业技术人员数比	逆	大中型企业研发人员数/农业技术人员数
城乡基础设施一体化	交通基础设施	X_{18}交通网密度(公里/平方公里)	正	(公路运营里程+铁路运营里程)/区域土地面积
	水、电、气基础设施	X_{19}电力、燃气及水行业增加值占GDP的比重(%)	正	(电力、燃气及水行业增加值/GDP)×100%
	信息基础设施	X_{20}人均长途光缆线路长度(公里/万人)	正	长途光缆线路长度/年末常住人口
城乡公共服务一体化	城乡基础教育	X_{21}城乡中小学师生比	正	(城市中小学在校学生数/城市中小学专任教师数)/(农村中小学在校学生数/农村中小学专任教师数)
		X_{22}城乡中小学生均教育经费支出比	逆	城市中小学生均教育经费支出/农村中小学生均教育经费支出
	城乡医疗卫生水平	X_{23}城乡人均医疗保健支出比	逆	城市人均医疗保健支出/农村人均医疗保健支出
		X_{24}城乡每千人拥有卫生人员数比	逆	城市每千人拥有卫生人员数/农村每千人拥有卫生人员数
	城乡社会保障	X_{25}民政事业费支出占地方公共财政支出的比重(%)	正	(民政事业费支出/地方公共财政支出)×100%
		X_{26}城乡居民基本养老保险覆盖率(%)	正	(城乡居民基本养老保险参保人数/常住总人口)×100%
	城乡文化设施	X_{27}城乡人均文化事业费比	正	城市人均文化事业费/农村人均文化事业费
		X_{28}人均公共图书馆藏书量(册/人)	正	公共图书馆总藏书量/年末常住人口

（续表）

系统		指标	指标属性	指标含义或算法
城乡生态环境一体化	城乡节能减排	X_{29} 万元GDP（地区国内生产总值）能耗（吨标准煤/万元）	逆	（能源消费总量/GDP）×100%
		X_{30} 万元GDP二氧化硫排放量（吨/万元）	逆	（二氧化硫排放量/GDP）×100%
	城乡生态环保投资	X_{31} 环境污染治理投资占GDP的比重（%）	正	（环境污染治理投资额/GDP）×100%
		X_{32} 建设项目环保投资占GDP的比重（%）	正	（建设项目环保投资总额/GDP）×100%
	城乡生活环境	X_{33} 城乡安全饮用水普及率比	逆	城市安全饮用水普及率/农村安全饮用水普及率

注：由于城市安全饮用水早已全面普及，各类统计年鉴中也没有相关直接统计数据，故而将城市安全饮用水普及率视为100%。

（二）城乡发展一体化指数测度方法

迄今为止，关于指数的测度或评价方法大致归为以下三类，主观赋权评价法、客观赋权评价法和主客观相结合赋权评价法。为了克服根据经验进行主观判断的局限性，本研究偏向于采用客观赋权评价法，如灰色关联度法、TOPSIS评价法、主成分分析法、网络层次分析法等。研究者采用的主成分分析法，一般只适用于截面数据的静态综合评价。本研究采用全局主成分分析法，以刻画中国城乡发展一体化时间演变的动态特性，并保证时序区间内所得结论的统一性、整体性和可比性。

全局主成分分析的基本原理是将各年份时序性立体数据通过全局主成分变换到统一的全局主超平面上，再将主超平面上的数据进行变换组合，进而反映出评价对象的动态特性。鉴于数据的可获得性和连贯性，本研究选取了2003—2014年28个省市区的年度数据做全局主成分分析。首先，对33个评价指标、28个省市区、12年的数据进行整理，形成33×28×12个数据构成的时序立体数据表。其次，用经过处理后的三级指标数据作为经典主成分分析法的输入,确定各三级指标在各二级指标指数中的权重以合成5个维度指数。最后,以二级指标指数得分数据作为主成分分析法的输入,得到5个维度指数在城乡发展一体化指数中的权重,最终合成城乡发展一体化指数。

(三) 数据来源及指标处理

本研究所使用的数据均来自 WIND 数据库、CNKI 中国经济与社会发展统计数据库、《新中国六十年统计资料汇编》《中国统计年鉴(2004—2015)》《中国教育统计年鉴(2004—2015)》《中国农村统计年鉴(2004—2015)》以及历年各省市区统计年鉴。受数据的可获得性和连贯性的限制,本研究选取了 2003—2014 年 28 个省市区的年度数据,剔除了黑龙江省、西藏自治区、新疆维吾尔自治区以及港澳台地区。

为使指标具有可比性,避免计算结果的"噪声",对数据做以下处理。一是进行数据同向化处理:一方面根据逆指标的经济含义和数学形式,采用取倒数的方式进行正向化处理;另一方面,对适度指标进行处理[①]。二是无量纲化处理,利用均值法对原始数据进行标准化,使各个指标处于同一量纲水平。

三、城乡发展一体化区域差异的测度结果分析

(一) 城乡发展一体化的省际分异

为了比较分析中国城乡发展一体化的省际分异情况,以 2014 年为例,计算了城乡发展一体化各维度指数得分和综合得分,并对城乡发展一体化各维度指数得分和综合得分进行了排名,结果见表 16-2。这反映了中国城乡发展一体化的省际分异情况。

---

① 适度指标的正向化计算方法为:$x'_{ij} = -|x_{ij} - k|$,k 为 x_{ij} 的理论最优值。

表 16-2　2014 年中国城乡发展一体化各维度和综合指数得分及排名

地区	维度指数										城乡发展一体化指数	
	城乡空间结构一体化指数		城乡经济结构一体化指数		城乡基础设施一体化指数		城乡公共服务一体化指数		城乡生态环境一体化指数			
	得分	排名	得分	排名	得分	排名	得分	排名	得分	排名	得分	排名
北京	0.37	2	16.04	2	1.10	1	0.99	1	1.67	2	13.52	1
天津	0.40	1	6.77	3	0.98	2	0.84	3	1.43	6	6.16	3
河北	0.28	10	1.26	13	0.63	12	0.54	20	0.80	23	1.53	14
山西	0.26	17	1.11	15	0.58	16	0.51	23	0.72	27	1.37	16
内蒙古	0.27	13	0.98	19	0.58	15	0.53	21	0.72	26	1.29	21
辽宁	0.28	11	1.34	9	0.66	10	0.52	22	0.89	21	1.61	10
吉林	0.26	18	1.09	16	0.58	14	0.59	11	0.99	17	1.42	15
上海	0.36	3	16.10	1	0.98	3	0.88	2	1.53	4	13.47	2
江苏	0.32	4	2.44	5	0.96	4	0.69	7	1.47	5	2.69	5
浙江	0.31	5	3.69	4	0.96	5	0.70	5	1.55	3	3.68	4
安徽	0.27	16	1.28	12	0.54	18	0.58	15	1.08	14	1.56	12
福建	0.28	9	1.96	7	0.74	8	0.69	6	1.40	7	2.23	7
江西	0.27	15	1.19	14	0.60	13	0.61	10	1.26	10	1.54	13
山东	0.31	7	1.78	8	0.87	7	0.65	9	1.21	11	2.10	8
河南	0.27	14	0.96	21	0.51	22	0.59	13	0.96	19	1.29	20
湖北	0.27	12	1.28	11	0.64	11	0.59	12	1.07	15	1.60	11
湖南	0.24	23	0.94	22	0.52	21	0.55	19	1.15	12	1.28	22
广东	0.31	6	2.04	6	0.91	6	0.65	8	1.69	1	2.37	6
广西	0.25	20	0.98	20	0.55	17	0.57	16	1.11	13	1.33	18
海南	0.22	24	1.00	18	0.50	24	0.56	17	1.34	8	1.34	17
重庆	0.30	8	1.29	10	0.74	9	0.74	4	1.27	9	1.71	9
四川	0.25	19	1.00	17	0.54	19	0.58	14	0.95	20	1.32	19

(续表)

地区	维度指数										城乡发展一体化指数	
	城乡空间结构一体化指数		城乡经济结构一体化指数		城乡基础设施一体化指数		城乡公共服务一体化指数		城乡生态环境一体化指数			
	得分	排名	得分	排名	得分	排名	得分	排名	得分	排名	得分	排名
贵州	0.21	25	0.50	28	0.42	26	0.42	27	0.72	28	0.81	28
云南	0.21	26	0.65	26	0.44	25	0.48	24	0.88	22	0.97	26
陕西	0.24	21	0.85	23	0.53	20	0.55	18	1.01	16	1.20	23
甘肃	0.20	27	0.55	27	0.41	27	0.45	25	0.97	18	0.88	27
青海	0.16	28	0.78	24	0.37	28	0.40	28	0.80	25	1.00	25
宁夏	0.24	22	0.78	25	0.51	23	0.44	26	0.79	25	1.08	24

如表16-2所示,2014年中国城乡发展一体化指数得分主要在0.81~13.52范围之间波动。根据城乡发展一体化得分大小的分布特点,可以将我国城乡发展一体化划分为五类。第一类为城乡发展一体化指数大于5的省份,包括北京、上海、天津三个直辖市。北京、上海、天津的城乡发展一体化指数分别为13.52、13.47、6.16,其中北京和上海远远高于全国其他省区市,这两个直辖市属于全国的政治、经济、文化中心,具有明显的区位优势。第二类为城乡发展一体化指数大于2小于4的省份,共有5个省份,分别是浙江、江苏、广东、福建、山东,其指数分别为3.68、2.69、2.37、2.23、2.10,这些地区地处东部沿海,经济和社会发展基础相对较好。第三类为城乡发展一体化指数大于1.33小于2的省份,共有9个省份,分别是重庆、辽宁、湖北、安徽、江西、河北、吉林、山西、海南,主要地处中东部。第四类为城乡发展一体化指数大于等于1小于等于1.33的省份,共有8个省份,分别是广西、四川、河南、内蒙古、湖南、陕西、宁夏、青海,主要地处中西部。第五类为城乡发展一体化指数小于1的省份,共有3个省份,分别是云南、甘肃、贵州,地处西部内陆,代表了我国最落后省域的城乡发展一体化水平。

从排名结果来看,2014年中国城乡发展一体化水平排在前10位的省市区分别是北京、上海、天津、浙江、江苏、广东、福建、山东、重庆、辽宁,除重庆市位于西部,其余 9 个省份均位于东部地区[①];排在后 10 位的省市区分别是四川、河南、内蒙古、湖南、陕西、宁夏、青海、云南、甘肃、贵州,除湖南位于中部地区,其余 9 个全部为西部地区省份;排在中间的 8 个省市区分别是湖北、安徽、江西、河北、吉林、山西、海南、广西,除河北、海南位于东部地区、广西位于西部地区,其余 5 个省份均位于中部地区。

综上可见,无论从指数得分的分类情况还是排名先后的情况来看,中国城乡发展一体化水平总体存在"东高西低"的经济地理特征。同样,城乡空间结构一体化、城乡经济结构一体化、城乡基础设施一体化、城乡公共服务一体化、城乡生态环境一体化指数得分和排名情况,亦存在着东部地区一体化水平明显高于中部,中部地区又高于西部地区的梯度现象。

(二) 城乡发展一体化区域差异的影响因素分析

如表 16-3 所示,当前中国存在城乡发展一体化区域不平衡,东部地区与中、西部地区之间差距巨大,中、西部地区城乡发展一体化水平不仅低于东部地区,而且低于全国平均水平;这种差距是全方位的,中、西部地区的 5 个维度指数均低于全国平均水平,更低于东部沿海地区的平均水平。中部和西部地区城乡发展一体化水平接近,特别是城乡空间结构一体化、城乡基础设施一体化和城乡公共服务一体化水平差距较小。2014 年城乡发展一体化指数排名前 5 位的得分平均值是后 5 位平均值的 8.35 倍,省际差距较大。5 个维度指数中,城乡经济结构一体化区域差异最大,2014 年分值前 5 位平均值是后 5 位平均值的 13.78 倍。城乡空间结构一体化、城乡基础设施一体化、城乡公共服务一体化和城乡生态环境一体化指数得分前 5 位平均值分别是后 5 位平均值的 1.75 倍、2.33 倍、1.89 倍和 2.11 倍,远远小于城乡经济结构一体化的差距,城乡空间结构一体化的区域差距最小。

---

① 东部地区包括北京、天津、河北、辽宁、上海、江苏、浙江、福建、山东、广东、海南;中部地区包括山西、吉林、安徽、江西、河南、湖北、湖南;西部地区包括内蒙古、广西、重庆、四川、贵州、云南、陕西、甘肃、青海、宁夏。

表 16-3 2014 年中国东中西部区域城乡发展一体化 5 个维度和总指数分值比较

区域	城乡空间结构一体化	城乡经济结构一体化	城乡基础设施一体化	城乡公共服务一体化	城乡生态环境一体化	城乡发展一体化
东部地区	0.31	4.95	0.84	0.70	1.36	4.61
中部地区	0.26	1.12	0.57	0.57	1.03	1.44
西部地区	0.23	0.84	0.51	0.52	0.92	1.16
全国	0.27	2.52	0.65	0.60	1.12	2.58

更直观地看,城乡经济结构一体化指数曲线与我国城乡发展一体化指数曲线走势高度一致,而城乡空间结构一体化、城乡基础设施一体化、城乡公共服务一体化和城乡生态环境一体化与我国城乡发展一体化指数曲线走势吻合度较低。这是因为城乡经济结构一体化在城乡发展一体化指数中权重最大为 0.783,而城乡空间结构一体化、城乡基础设施一体化、城乡公共服务一体化和城乡生态环境一体化的权重分别只有 0.357、0.272、0.328 和 0.121。意味着城乡经济结构一体化对城乡发展一体化的影响最大,城乡生态环境一体化对城乡发展一体化的影响最小(见图 16-2)。

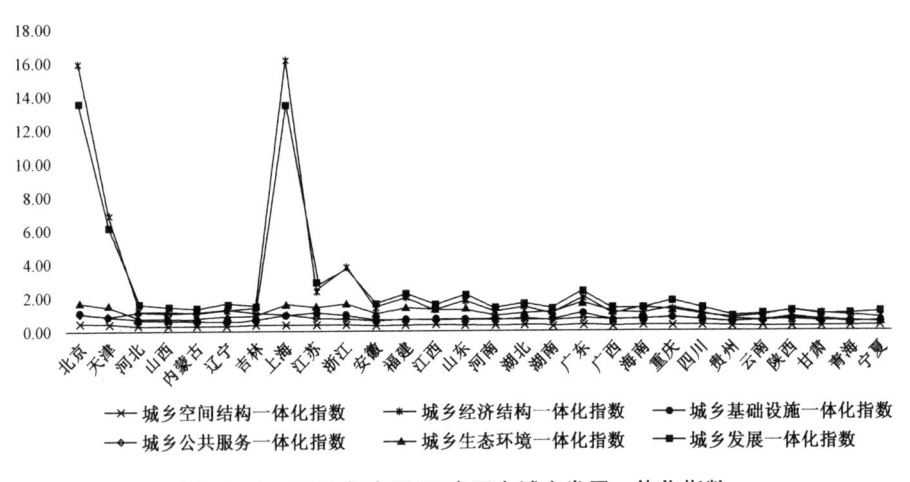

图 16-2 2014 年中国 28 省区市城乡发展一体化指数

四、城乡发展一体化区域差异的动态演变及其分解

(一) 城乡发展一体化的区域差异及其演变

根据我们测度的全国及东、中、西部地区所辖省区市的城乡发展一体化指数,绘制 2003—2014 全国及三大区域城乡发展一体化指数的演变趋势图(见图 16-3)。2003 年以来,全国及东、中、西部地区城乡发展一体化指数均呈现上升趋势,这表明 2003 年统筹城乡发展战略目标提出后,各级政府实施城乡发展一体化战略成效显著。当然,我国东、中、西三大区域之间仍存在显著的区域差异,东部地区城乡发展一体化程度一直远远高于全国平均水平,而中、西部地区城乡发展一体化程度一直低于全国平均水平。

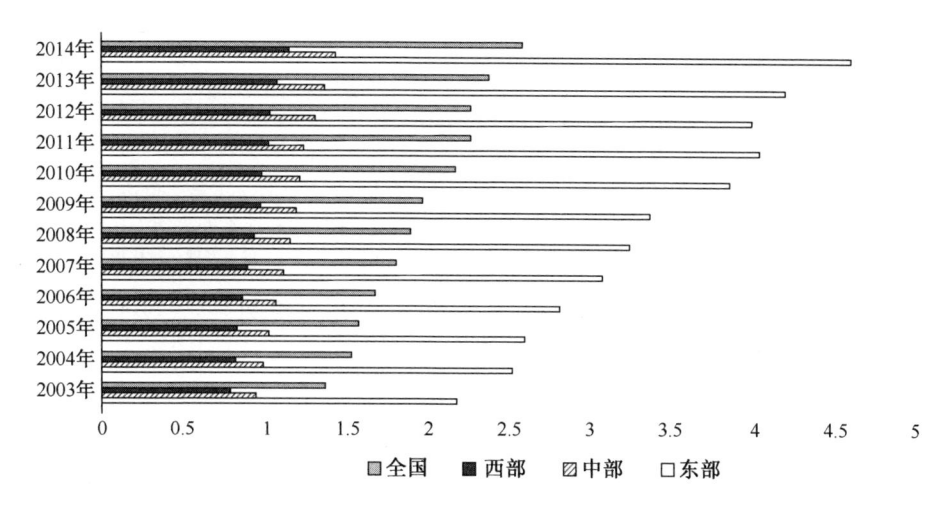

图 16-3 全国及三大区域城乡发展一体化水平的变化趋势(2003—2014)

(二) 城乡发展一体化区域差异的变化趋势

为了更深入地考察中国各地区城乡发展一体化的差异,我们计算了 2003—2014 年

28 个省市区城乡发展一体化指数和 5 个维度指数的变异系数①,并绘制成图 16-4。如图 16-4 所示,与城乡空间结构一体化、城乡基础设施一体化、城乡公共服务一体化、城乡生态环境一体化相比,我国省域城乡发展一体化水平和城乡经济结构一体化水平存在着显著的区域差异,而城乡空间结构一体化的区域差异最小。总体而言,城乡发展一体化指数的变异系数"稳中有降",中国省域城乡发展一体化水平的区域差异变化幅度不大,略有缩小的趋势。城乡经济结构一体化指数的变异系数始终高于城乡发展一体化指数,表明我国区域经济发展严重不平衡,城乡经济结构一体化指数演变趋势依然与城乡发展一体化指数变异系数的趋势高度一致,再一次印证了城乡经济结构的区域差异是引致城乡发展一体化区域差异的重要影响因素。

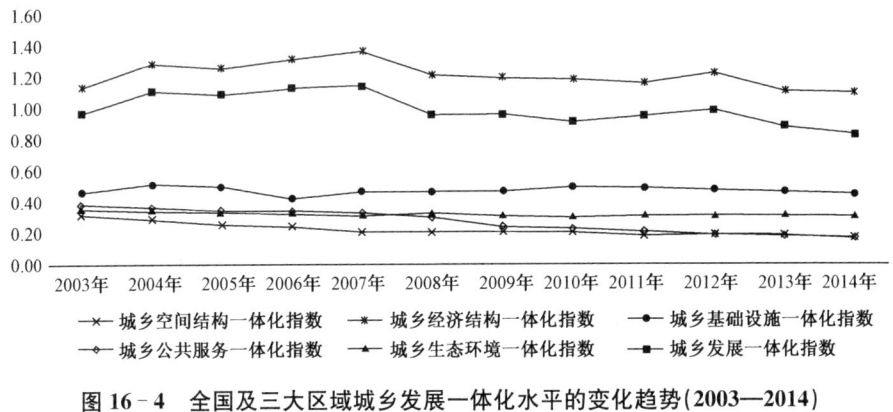

图 16-4　全国及三大区域城乡发展一体化水平的变化趋势(2003—2014)

(三) 城乡发展一体化区域差异的分解

为了更进一步分析中国城乡发展一体化区域差异的成因,本研究利用锡尔系数刻画不同区域间及区域内城乡发展一体化指数差异的动态演变,计算结果见表 16-4。如表 16-4 所示,中国省际城乡发展一体化指数锡尔系数呈缩小的趋势,锡尔值从 2003 年的 0.6743 降至 2014 年的 0.457 2,中国城乡发展一体化指数省际差异呈收

---

① 变异系数,是用来衡量观测值变异程度的指标,计算公式为 $CV=S/EQ$,其中 S 是标准差,EQ 为均值。

敛的趋势。2003年中国存在城乡发展一体化指数省际分异的最主要原因在于东、中、西三大区域间的差异较大。虽然三大区域间城乡发展一体化指数差异逐年缩小，锡尔系数从2003年的0.3509降至2014年的0.1955，这种差异对总体差异的贡献也呈现逐年递减的趋势，从2003年的52.04%下降至2014年的42.76%，但三大区域间差异依然是导致区域差异的重要原因之一。

表16-4 中国城乡发展一体化水平差异锡尔系数分解结果(2003、2014年)

	2003年		2014年	
	锡尔值	贡献率(%)	锡尔值	贡献率(%)
东部地区内部差异	0.3183	47.20	0.2574	56.30
中部地区内部差异	0.0018	0.27	0.0005	0.11
西部地区内部差异	0.0033	0.49	0.0037	0.81
三大区域间差异	0.3509	52.04	0.1955	42.76
总体差异	0.6743	100.00	0.4572	100.00

东、中部地区内部省际差异均呈现缩小的趋势，西部地区内部省际差异却呈现扩大的趋势。东部地区锡尔系数从2003年的0.3183降至2014年的0.2574，中部地区从2003年的0.0018降至2014年的0.0005，西部地区则从2003年的0.0033上升至2014年的0.0037。其中，东部地区内部差异是导致2014年中国城乡发展一体化指数省际分异最重要的原因。2003年东部地区内部省际差异的锡尔系数，对总体差异的贡献为47.20%，2014年上升至56.30%，成为导致中国城乡发展一体化省际分异举足轻重的因素。相比较而言，中部地区内部省际差异对全国城乡发展一体化指数差异贡献一直较小，2014年更是降至0.11%，西部地区内部省际差异对全国城乡发展一体化指数差异贡献从2003年的0.49%上升至2014年的0.81%，依然是导致中国城乡发展一体化指数省际分异微不足道的因素。

五、结论与启示

本研究从城乡空间结构一体化、城乡经济结构一体化、城乡基础设施一体化、城乡公共服务一体化和城乡生态环境一体化5个维度选取33项指标,基于2003—2014年28个省市区面板数据,采用全局主成分分析法测度了中国城乡发展一体化指数,探讨了城乡发展一体化指数区域差异和演变。(1)从城乡发展一体化指数的得分和排名情况来看,中国城乡发展一体化指数和5个维度指数存在着东部地区明显高于中部,中部地区高于西部的"东高西低"梯度现象。(2)5个维度指数中,城乡经济结构一体化的区域差距最大,与我国城乡发展一体化指数曲线走势也高度一致。(3)中国城乡发展一体化指数区域差异呈"稳中有降"的趋势,三大区域间差异和东部地区内部差异是导致中国城乡发展一体化指数省际分异的两大重要因素。

根据上述结论,本研究的政策启示有以下几点。(1)城乡经济结构一体化是城乡发展一体化的重要影响因素,必须科学引导土地、资本、劳动力、技术、人才等要素在城乡之间合理流动和有效配置,促使城乡建立统一的商品市场和要素市场,促使城乡产业融合。(2)大力实施促使城乡空间结构一体化、城乡基础设施一体化、城乡公共服务一体化和城乡生态环境一体化的战略措施。一是在空间形态上将农村和城镇作为一个有机整体,科学规划、合理布局、多规合一、多规融合,优化空间结构形态,大幅度提高城乡空间资源的利用效率。二是以改善农民基本生产条件和生活质量为重心,促使城乡交通、通信、水电气等基础设施一体化发展。三是加大公共财政对农村的支持力度,实现城乡公共资源的高效配置,坚持城乡教育均衡发展、健全城乡公共卫生服务体系和建立城乡统一的社会保障制度。四是以绿色发展理念指引城乡资源节约集约利用和环境保护,实现城乡人与自然、经济、生态和谐共生发展。(3)促使东中西部区域经济协调发展,加大中西部地区城乡发展一体化的投入,不断缩小东中西部区域城乡发展一体化的差距。

本文原载于《河北学刊》2017年第1期,编入本书时做了适当修改。作者:高波、孔令池。

第十七章　中国城乡融合发展的经济增长效应分析

一、引　言

　　实现城乡融合发展,促使乡村振兴和推进农业农村现代化,是全面建成小康社会和建设社会主义现代化国家的难点和重点。当前,我国经济已由高速增长阶段转向高质量发展阶段。因此,破除城乡二元体制,促进城乡融合发展,将弥补全面建成小康社会的短板,大大拓展中国广大农村的增长空间,充分发挥后发优势和城镇化潜力,是转变经济发展方式、优化经济结构和增强经济增长动力的重要抓手。城乡融合发展的最终目标是消除城乡差距,促使城乡形成现代化的社会生产方式和生活方式,使城乡居民共同进入现代化社会。

　　城乡关系是人类社会发展中最基本的关系之一。在人类社会历史发展的过程中,城市和农村之间是辩证发展的过程,城乡之间的关系大致经历了农村主导、城乡对立、城乡融合三个阶段。改革开放以来,中国也经历了从城乡对立到城乡融合的转型发展。中国城乡居民收入之比从1978年的2.6∶1上升到2002年的3.1∶1又下降至2016年的2.7∶1,城乡居民消费水平之比从1978年的2.9∶1上升到2002年的3.6∶1又下降至2016年的2.3∶1。不难看出,2003年以来,虽然国家出台了一系列的惠农政策,农民收入有所提升,社会保障也得到了改善,但城乡收入和消费水平差距依然较大。因此,建立新型的城乡关系,改变城乡不平衡不充分的发展,促进城乡融合发展,成为中国政府最为迫切的任务。中共十九大明确提出了建立健全城乡融合发展体制机制和政策体系,加快推进农业农村现代化。可见,进入新时代,实施乡村振兴战略,加快推进农业农村现代化,实现城乡融合发展,是保持中国经济持续稳定增长和建设社会主义现代化国家的基本路径。

世界经济发展的历史表明,发展中国家经济综合实力的飞跃是在逐渐消除城乡二元结构的过程中产生的。消除城乡二元结构,实现城乡融合发展,是发展中国家独具的结构优势,可以成为经济增长的源泉。国务院发展研究中心农村部课题组(2014)研究指出,通过破除城乡二元体制释放改革红利,通过提高城乡融合发展水平释放经济增长潜力,是应对经济增长速度换挡的重要途径,有利于促进发展方式转变,提高土地、劳动力和资金等资源配置效率。贾兴梅等(2015)基于我国2006—2011年31个省市区面板数据实证检验发现,城乡一体化对区域经济增长呈现明显的空间相关,城乡一体化发展速度较快的区域,经济发展水平实现较快提升。可见,推动城乡分割到城乡融合发展的转变,将大幅提高农民的福利,促进城乡经济协调发展,进而促经济可持续发展,实现城乡平等与社会和谐。

本研究采用2003—2015年28个省、市、自治区面板数据,分析了我国城乡融合发展与经济增长的相互关系,并实证检验了城乡融合发展各因子对经济增长的影响。本研究的边际贡献主要体现在以下两点。第一,现有文献对城乡融合发展与经济增长关系的定性分析多,而定量研究较少,且研究样本时序较短,本研究在对相关文献和研究进行梳理的基础上,系统分析了二者的关联性及其互动机制,既从整体上考察城乡融合发展与经济增长的关系,又将城乡融合发展细分为多个因子利用面板数据进行了实证检验,是对当前研究的有益补充。第二,中国具有大国经济特征,城乡融合发展的地区差异明显,本研究通过空间异质性的考察,对于合理制定区域发展政策具有重要的实践指导价值。

二、城乡融合发展与经济增长的互动机制及理论假说

实现城乡融合发展是一个国家或地区经济社会发展的必然趋势。城乡融合发展作为进一步深化改革的关键,对促进城乡经济和国民经济的协调、稳定、可持续发展也具有重要的历史性意义。

（一）城乡融合发展影响经济增长的内在机制

城乡关系是影响经济社会发展全局的关键环节，"城乡关系一改变，整个社会也跟着改变"。城乡融合发展对经济增长的影响效应主要体现在以下三个方面。(1) 优化资源配置。推动城乡融合发展，逐步打破相对发达城市和相对落后农村之间相互分割的壁垒，促进城乡生产要素市场的统一，实现土地、资金、劳动力等资源要素在城乡之间双向、自由、全面的流动和优化组合，诱致更大的市场规模和充分的竞争，提高资源配置效率，将极大地释放生产力。(2) 扩大消费需求。中国未来经济增长的源泉是扩大消费，尤其是居民消费，而城乡融合发展是扩大内需的最大潜力之所在。(3) 增加投资需求。城乡融合发展将产生大量的基础设施需求和住房需求，如道路、医院、学校、文化和娱乐等公共需求，扩大和优化了投资需求，进而拉动经济增长。

城乡融合发展内涵丰富，涉及城乡空间、经济结构、基础设施、公共服务和生态环境等诸多方面。其中，城乡空间结构融合是载体，经济结构融合是基础，基础设施融合是依托，公共服务融合是条件，生态环境融合是保障。这五个方面相辅相成，共同组成城乡融合发展的主要内容和目标，也对经济增长发挥重要作用。

第一，城乡空间结构融合是经济增长的重要驱动力。城市和农村是两种典型的社会经济活动的空间组织形式，以空间形态为载体大力推进城乡融合发展，有利于城乡人口自由流动、城乡交通通信便捷、城乡生产要素配置和商品流通顺畅，促使城乡之间由点到点的线状结构转变为面到面的网状结构，使得城乡往来更加频繁，有助于实现城乡市场的对接，不断提高空间资源的利用效率，为经济增长提供新的发展空间，进而提升整体经济发展水平。

第二，城乡经济结构融合是经济增长的核心和关键。城乡经济结构融合有利于城市和农村通过发挥各自的比较优势，推进城乡经济循环融合，促进产业在城乡间科学布局、合理分工、优势互补、联动发展，进而实现城乡互补、工农互促，带动现代农业、农村工业和服务业的发展，形成区域整体的市场竞争优势，不断提高农民收入水平，对经济增长发挥积极的促进作用。

第三，城乡基础设施融合是经济增长的"助推器"。基础设施投入是一种重要的投资要素，加大基础设施投资形成资本积累，通过"乘数效应"带来社会总需求和国民经济的几何级增长。推动城市供水、供电、供气、交通、通信等基础设施向农村延伸，有利于发挥其网络外部性，这种外部性促进城乡互联互通，降低搜索和生产成本，加强企业技术扩散和创新，有助于提高经济效率，促进经济增长(郑世林等，2014)。

第四，城乡公共服务融合是经济增长的有力支撑。城乡公共服务融合的重点是促使农村公共服务供给收益提升和支出成本下降，确保城乡居民在居住、就业、教育、医疗和文化卫生等方面享受同等待遇，最大限度地缩小城乡差别，实现农村地区经济赶超(缪小林、高跃光，2016)。促进城乡公共服务融合，可以减少预防性储蓄和被动储蓄行为，从而扩大内需、促进消费，推动经济增长。城乡公共服务融合还通过实现教育、医疗等均衡投入以保障高质量人力资本供给从而促进经济增长。此外，促进城乡公共服务融合在一定程度上兼顾了城乡经济效率和社会公平，有利于营造稳定的社会环境，进而推动长期经济增长。

第五，城乡生态环境融合是经济增长的基础和条件。城乡融合发展离不开生态环境融合，生态环境融合对于推进城乡经济与社会可持续发展至关重要。强化绿色、循环、低碳发展，减少单位产出的物质消耗，提高资源的利用效率，不仅能有效改善环境质量，而且能提高长期经济增长率。此外，促进城乡生态环境融合，大力发展节能环保产业，为节约能源资源、发展循环经济、保护生态环境提供物质基础和技术保障，对经济增长具有明显的拉动作用。

（二）经济增长影响城乡融合发展的内在机制

城乡融合发展是生产力发展到一定阶段的必然产物。库茨涅茨提出了经济增长与收入差距的倒"U"形曲线，并将之运用于分析城乡收入差距与经济增长之间的关系，较好地阐释了城乡融合发展是经济增长的必然结果(Kuznets, S., 1955)。实现经济总量的快速增长，可以为城乡协调发展积蓄"发展能量"，给工业支持农业、城市带动农村提供物质条件(陈乙萍、刘洋，2016)。反之，经济发展落后必然会削弱工业化和城镇化对农村发展的反哺和带动作用，不利于形成以城带乡、以工促农、工农互惠、城乡一体的新型工农城乡关系。因此，推进城乡融合发展是经济社会发展的必然趋势，通过工业化改变农业的传统技术基础，充分发挥城市对农村的带动作用和农村对城市的促进作用，实现农业工业化、乡村城市化，有利于形成以工促农、以城带乡的发展机制,促进城乡共同繁荣。

本研究待检验的理论假说如下。

理论假说 1:城乡融合发展与经济增长之间存在着一种双向的、互为因果的互动关系,经济发展是逐渐消除城乡差距的过程,促使城乡融合发展将实现经济可持续发展。

理论假说 2:城乡融合发展,包括城乡空间融合发展、城乡经济结构融合发展、城乡基础设施融合发展、城乡公共服务融合发展和城乡生态环境融合发展均对我国经济增长产生正向促进作用。

三、研究设计

(一)计量模型设定

对于城乡融合发展与经济增长的关系,本研究进行面板格兰杰因果检验,模型设定如下:

$$y_{it} = \gamma + \sum_{m=1}^{p} \alpha_m y_{i,t-m} + \sum_{m=1}^{p} \beta_m x_{i,t-m} + \mu_i + \varepsilon_{it} \qquad (17-1)$$

式(17-1)是一个动态面板模型,其中 p 表示滞后的阶数,ε_{it} 为随机误差项。零假设 H_0:对任意 $m,\beta_m=0$;备选假设 H_1:存在 m,使得 $\beta_m \neq 0$。如果拒绝零假设,则 X 是 Y 的格兰杰原因;反之,如果接受零假设,则 X 不是 Y 的格兰杰原因。

根据前文分析,需要验证城乡融合发展对经济增长的影响效应,构建如下待检验模型:

$$\text{Ln}GDP_{it} = \alpha + \beta_1 integra_{it} + \beta_2 invest_{it} + \beta_3 consume_{it} + \beta_4 human_{it} + \beta_5 innovation_{it} + \beta_6 trade_{it} + \mu_i + year_t + \varepsilon_{it} \qquad (17-2)$$

式(17-2)中,$\text{Ln}GDP_{it}$ 是被解释变量,表示经济增长,$integra_{it}$ 是核心解释变量,代表城乡融合发展度。控制变量 $invest_{it}$、$consume_{it}$、$human_{it}$、$innovation_{it}$、$trade_{it}$ 分别表示投资、消费、人力资本、技术创新和对外贸易程度。下标 i 代表时间,下标 t 代表地区。μ_i 为不随时间变化的个体效应,$year_t$ 为时间效应,ε_{it} 为随机误差项。

为了进一步验证城乡融合发展各因子对我国经济增长的影响效应,模型拓展为:

$$\operatorname{Ln} GDP_{it} = \alpha + \beta_1 space_{it} + \beta_2 structure_{it} + \beta_3 infrastructure_{it} + \beta_4 service_{it} + \beta_5 ecology_{it} + \beta_6 invest_{it} + \beta_7 consume_{it} + \beta_8 human_{it} + \beta_9 innovation_{it} + \beta_{10} trade_{it} + \mu_i + year_i + \varepsilon_{it} \quad (17-3)$$

式(17-3)中,$\operatorname{Ln}GDP_{it}$是被解释变量,表示经济增长,$space_{it}$是城乡空间结构融合度、$structure_{it}$是城乡经济结构融合度、$infrastructure_{it}$是城乡基础设施融合度、$service_{it}$是城乡公共服务融合度、$ecology_{it}$是城乡生态环境融合度。其他变量的含义与式(17-2)相同。

(二)变量说明

经济增长用人均实际 GDP 反映。将各地区 GDP 通过平减指数换算成以 2003 年为基期的不变价计算的实际 GDP 后,作人均化处理,再取对数。

城乡融合发展($Integra$)是在维持城镇和农村各自特色的基础上,通过破除城乡间在空间、经济、社会、基础设施、公共服务、生态环境等方面的二元对立关系,逐步消除城乡二元结构,最终实现城乡协调发展的一个长期的历史演变过程。本研究参照高波和孔令池(2017)的方法,根据城乡融合发展的内涵、内容以及指标体系构建的原则和方法,从城乡空间结构、城乡经济结构、城乡基础设施、城乡公共服务和城乡生态环境等5个维度33项指标构建了城乡融合发展指标体系(如表17-1),以测度城乡融合发展指数。

表 17-1 城乡融合发展指标体系

一级指标	二级指标	三级指标
城乡空间结构融合度	城乡空间聚集	人口城镇化、城镇建成区面积增速与城镇人口增速之比
	城乡网络联系	城乡人均交通通信支出比
	城乡商品流通	城乡居民消费零售价格之比
	城乡经济总量	人均 GDP
	城乡产业结构	非农产业与农业产出比、第一产业结构偏离度、第二、三产业结构偏离度、二元对比系数

(续表)

一级指标	二级指标	三级指标
城乡经济结构融合度	城乡投融资结构	城乡全社会固定资产投资比、非农业与农业贷款比
	城乡就业结构	全社会非农从业人员与农业从业人员比重之比
	城乡收入结构	城乡居民人均收入比
	城乡消费结构	城乡居民家庭人均消费比、城乡居民恩格尔系数比
	城乡技术进步	农业机械化水平、城乡产业技术人员数比
城乡基础设施融合度	交通基础设施	交通网密度
	水、电、气基础设施	电力、燃气及水行业增加值占GDP的比重
	信息基础设施	人均长途光缆线路长度
城乡公共服务融合度	城乡基础教育	城乡中小学师生比、城乡中小学生均教育经费支出比
	城乡医疗卫生水平	城乡人均医疗保健支出比、城乡每千人拥有卫生人员数比
	城乡社会保障	民政事业费支出占地方公共财政支出的比重、城乡居民基本养老保险覆盖率
	城乡文化设施	城乡人均文化事业费比、人均公共图书馆藏书量
城乡生态环境融合度	城乡节能减排	万元GDP能耗、万元GDP二氧化硫排放量
	城乡生态环保投资	环境污染治理投资占GDP的比重、建设项目环保投资占GDP的比重
	城乡生活环境	城乡安全饮用水普及率比

说明：为使指标具有可比性，首先同向化处理，根据逆指标的经济含义，采用取倒数的方式进行正向化处理；其次适度指标正向化处理，计算公式为 $x'_{ij}=-|x_{ij}-k|$，k 为 x_{ij} 的理论最优值；最后无量纲化处理，利用 Z—Score 法对原始数据进行标准化，从而使各个指标处于同一量纲水平。

其他控制变量如下。(1) 物质资本投资(*invest*)：全社会固定资产投资占GDP的比重。(2) 消费(*consume*)：这里选取居民消费占GDP的比重进行测度。(3) 人力资本(*human*)：采用人均受教育年限衡量，具体的计算公式为：(小学学历人数×6＋初中学历人口数×9＋高中学历人口数×12＋大专及其以上学历人口数×16)÷6岁以上人口数。(4) 技术创新(*innovation*)：选取发明、实用新型和外观设计三种专利的授权数之和作为技术创新的测度指标。(5) 对外贸易(*trade*):采用进出口贸易总额占 GDP 的比重衡量,其中进出口总额根据年鉴上以美元表示的数据按当年年均汇率换算成人民币金额。

(三) 数据说明

基于数据的可获得性和连续性,剔除了数据缺失的黑龙江省、西藏自治区、新疆维吾尔自治区以及港澳台地区,本研究最终选取了 2003—2015 年 28 个省、市、自治区的年度数据。如无特别说明,数据均来自 Wind 数据库、CNKI 中国经济与社会发展统计数据库、《中国统计年鉴》(2004—2016)、《中国教育统计年鉴》(2004—2016)、《中国农村统计年鉴》(2004—2016)和 2004—2016 年各省、市、自治区统计年鉴。数据的描述性统计结果,如表 17-2 所示。

表 17-2 数据的描述性统计

变量	观测数	平均值	最大值	中间值	最小值	标准差
经济增长	364	10.136 1	11.589 5	10.193 4	8.216 4	0.717 2
城乡融合发展	364	2.027 2	16.141 7	1.230 0	0.503 7	2.498 8
城乡空间结构融合度	364	0.217 2	0.449 2	0.210 5	0.070 7	0.059 8
城乡经济结构融合度	364	1.860 6	20.031 4	0.943 2	0.366 8	2.773 8
城乡基础设施融合度	364	0.594 3	3.811 6	0.529 9	0.200 4	0.397 1
城乡公共服务融合度	364	0.480 7	0.946 0	0.465 5	0.221 8	0.147 6
城乡生态环境融合度	364	0.750 4	1.856 2	0.721 1	0.123 1	0.310 6
物质资本投资	364	0.621 1	1.328 3	0.606 2	0.253 6	0.213 2
人均消费水平	364	0.362 1	0.639 8	0.360 3	0.228 8	0.065 4
人均受教育水平	364	8.575 1	12.240 3	8.466 8	6.040 5	1.012 3
技术创新	364	8.843 1	12.506 0	9.935 7	4.248 5	1.649 1
对外贸易	364	0.342 8	1.721 5	0.131 8	0.035 7	0.419 0

四、城乡融合发展与经济增长的面板格兰杰因果关系检验

我们将城乡融合发展视为一系列制度安排的集合体,着重研究城乡融合发展与经济增长之间的关联性、因果性与互动性。

(一)面板单位根检验

为了避免伪回归的发生,需要首先对面板数据进行单位根检验,以确定其稳定性。本研究分别采用同质单位根检验中的 LLC 检验、IPS 检验和异质单位根检验中的 Fisher-ADF 检验,对面板数据各个变量进行单位根检验。如果两种检验中均拒绝存在单位根的原假设,则说明该变量是平稳的;反之,若接受存在单位根的原假设,则表明该变量不平稳。检验结果如表 17-3 所示。

表 17-3 面板单位根检验结果

变量	LLC	IPS	Fisher-ADF	结论
$Integra$	6.989 2 (1.000 0)	12.082 3 (1.000 0)	1.990 7 (1.000 0)	非平稳
$\Delta Integra$	−6.349 3*** (0.000 0)	−2.159 7*** (0.000 0)	51.110 2*** (0.000 0)	平稳
$LnGDP$	−0.422 5 (0.209 8)	−2.193 7*** (0.001 9)	60.114 3*** (0.004 1)	非平稳
$\Delta LnGDP$	−12.841 1*** (0.000 0)	−6.706 8*** (0.000 0)	56.250 0*** (0.000 0)	平稳

注:括号内为该统计量的 P 值,Δ 表示一阶差分,*、**、*** 分别表示在 10%、5%、1% 的显著性水平下拒绝原假设。

通过上面的单位根检验,我们不难看出 Integra 和 LnGDP 均为非平稳序列。进而对 LnGDP 和 Integra 的一阶差分进行检验,检验结果在 1% 的显著性水平下均拒绝"存在单位根"的零假设。由此说明,LnGDP 和 Integra 的一阶差分不存在单位根,因此,LnGDP 和 Integra 的面板数据均为一阶单整。然而,由于面板数据的不稳定

性,直接应用最小二乘法估计可能导致伪回归。所以,接下来进行面板协整检验,分析相关变量是否具有协整关系。

(二) 面板协整检验

在面板单位根检验的基础上,考虑到样本数据中可能存在的各省、市、自治区间协整向量的差异以及各省、市、自治区的固定效应,本研究参照 Westerlund & Edgerton(2007)的研究方法,构造了 4 个统计量。其中,两个组统计量 Gt 和 Ga,两个面板统计量 Pt 和 Pa。组统计量说明在允许面板异质性的条件下是否存在协整关系,面板统计量 Pt 和 Pa 是在考虑面板同质性的条件下检验是否存在协整关系。面板协整检验结果如表 17-4 所示。

表 17-4 面板协整检验结果

检验组合	组统计量		面板统计量		结论
	Gt	Ga	Pt	Pa	
统计值	2.113***	6.673***	11.621***	7.473***	存在协整关系
Z 值	7.243	3.256	8.836	11.456	
P 值	0.000	0.000	0.000	0.000	

注:*、**、*** 分别表示在 10%、5%、1%的显著性水平下拒绝原假设。

从表 17-4 显示的结果来看,无论组统计量还是面板统计量,均在 1%的显著性水平下拒绝"不存在协整关系"的零假设。所以,Integra 和 LnGDP 序列存在协整关系,即城乡融合发展和经济增长之间存在长期、稳定的关系。

(三) 面板因果检验

在确定了变量之间的协整关系之后,就可以确定变量之间因果关系的方向和类型。借鉴 Dietrich(2012)的方法,选择三阶滞后期来检验结果的稳健性,以及发现一些较长时期的相互关系。本研究分别采用 OLS、Arellano-Bond one-step GMM、Arellano-Bond two-step GMM 进行面板因果关系检验,检验结果如表 17-5 所示。

表 17-5 面板格兰杰检验结果

滞后期	城乡融合发展不是经济增长的格兰杰原因			经济增长不是城乡融合发展的格兰杰原因		
	OLS	One-step SYS-GMM	Two-step SYS-GMM	OLS	One-step SYS-GMM	Two-step SYS-GMM
1	0.053 1***	0.053 6***	0.062 0***	0.032 6	0.079 3	0.062 2***
2	0.218 6	−0.056 9	0.497 1	−0.108 4	0.163 5***	−0.143 2
3	0.584 1***	0.036 4***	0.028 1***	0.153 3***	0.192 8***	0.171 0***
Wald 检验 P 值	0.045 3	0.064 4	0.050 8	0.052 9	0.288 1	0.024 8

注：*、**、*** 分别表示在 10%、5%、1% 的显著性水平下拒绝原假设。

从表 17-5 来看，首先从 Integra 是否是 LnGDP 的格兰杰原因角度考察，在 5% 的显著水平下，OLS 估计的 Wald 检验拒绝零假设；在 10% 的显著水平下，Arellano-Bond one-step GMM 和 Arellano-Bond one-step GMM 估计的 Wald 检验拒绝零假设，说明滞后的 Integra 系数不为 0，即城乡融合发展是经济增长的格兰杰原因。反过来，从 LnGDP 是否是 Integra 的格兰杰原因角度考察，我们发现在 10% 的显著水平下，OLS 估计的 Wald 检验拒绝零假设；在 5% 的显著水平下，Arellano-Bond two-step GMM 估计的 Wald 检验也拒绝零假设，说明滞后 LnGDP 的系数不为 0，即经济增长是城乡融合发展的格兰杰原因。可见，总体来看，城乡融合发展与经济增长互为因果关系，与理论假说 1 相吻合。

进一步地，无论是滞后一期还是滞后三期 Integra 的 OLS 估计、Arellano-Bond one-step GMM 估计或 Arellano-Bond one-step GMM 估计，均在 1% 的显著水平下显著，说明无论是长期内还是短期内，城乡融合发展均能有利于经济增长，促进城乡融合发展对经济增长的影响是积极的、深远的。这启发我们，城市和乡村均是中国经济增长的空间要素，要实现经济的长期、稳定增长，必须将城市和乡村纳入一个整体的系统，在发展机制上改变以往农业支持工业、农村奉献城市的单向发展机制，坚持工业反哺农业、城市带动农村和多予少取放活的基本方针，消除城乡分割、解决城乡经济社会失衡,最大限度地消除城乡差距,使高度的物质文明和精神文明在城乡间共享。

滞后三期 LnGDP 的 OLS 估计和 Arellano-Bond two-step GMM 估计,在 1% 的显著水平下显著,说明较长时期的经济增长有助于城乡融合发展。可见,长时期内存在从城乡融合发展到经济增长和从经济增长到城乡融合发展的双向因果关系。所以,城乡融合发展是经济发展到一定阶段的必然要求,是城乡关系演进的必然趋势。然而,无论滞后一期或滞后两期 LnGDP 的 OLS 估计和 Arellano-Bond two-step GMM 估计均不显著,说明短期内不存在从经济增长到城乡融合发展的单向因果关系。由此可知,经济增长对城乡融合发展的影响是一种自发、循序渐进的行为过程,短期内并不会自动促进城乡融合发展,单纯依靠经济增长的自然进程是无法做到推进城乡融合发展的。因此,加强政府的引导,采取必要的以城乡融合发展为目标的制度安排,是符合中国特色经济发展的历史逻辑的。然而,对于中国这样一个转轨中的发展中国家来说,政府作为制度供给主体,在促进城乡融合发展的过程中往往面临着诸多政策性掣肘,具有明显的政策滞后性。尤其是缺乏有效的政策或制度保障,存在户籍、社保、财税、教育等二元制度惯性和城市偏向的政策支持,严重制约城乡融合发展,导致其与经济增长并不同步。这也在一定程度上解释了改革之初城乡差距有所缩小,而后持续扩大的不规则变化,形成城乡融合发展与经济增长相悖之谜。

五、城乡融合发展对经济增长的回归分析

上文分析了城乡融合发展与经济增长之间的因果关系。接下来,我们采用面板数据模型,先从整体上研究城乡融合发展对经济增长的影响效应,再将综合的城乡融合发展指数细分为多个因子,具体分析各个城乡融合发展因子对我国经济增长的影响效应。

(一)全样本估计结果

本研究的基准估计,以经济增长作为被解释变量,采用 OLS 方法进行,所得结果如表 17-6 所示。其中,(1)(2)两列,从整体上分析了城乡融合发展对经济增长的影

响效应。(4)(5)两列,具体分析了城乡融合发展各因子对经济增长的影响效应。

表17-6 全样本估计结果

	(1)	(2)	(3)	(4)	(5)	(6)
经济增长的一阶滞后			0.930 7*** (0.026 5)			0.902 9*** (0.020 5)
城乡融合发展	0.161 2*** (0.012 5)	0.142 5*** (0.010 0)	0.118 0*** (0.007 4)			
城乡空间结构融合度				1.678 7*** (0.415 3)	1.256 0*** (0.331 9)	0.790 2*** (0.244 7)
城乡经济结构融合度				2.820 4*** (0.880 3)	2.429 6*** (0.777 9)	1.621 2*** (0.159 3)
城乡基础设施融合度				1.837 8*** (0.477 2)	1.595 1*** (0.334 6)	0.976 7*** (0.296 7)
城乡公共服务融合度				0.112 4** (0.047 7)	0.119 4*** (0.019 6)	0.073 9*** (0.217)
城乡生态环境融合度				0.722 6*** (0.066 5)	0.346 7*** (0.047 2)	0.249 2*** (0.061 8)
物质资本投资		1.295 3*** (0.075 3)	1.289 2*** (0.076 8)		0.596 4*** (0.082 6)	0.308 3*** (0.071 8)
人均消费水平		3.276 3*** (0.231 4)	3.146 7*** (0.218 3)		3.110 1*** (0.197 2)	2.611 2*** (0.163 1)
人均受教育水平		0.153 2*** (0.025 5)	0.161 4*** (0.024 6)		0.072 2*** (0.026 4)	0.098 7*** (0.025 0)
技术创新		0.145 7*** (0.009 2)	0.124 4*** (0.009 9)		0.131 4*** (0.009 2)	0.100 0*** (0.008 6)
对外贸易		0.341 7*** (0.051 2)	0.392 4*** (0.051 1)		0.192 9*** (0.042 0)	0.273 9*** (0.037 9)
常数项	9.809 3*** (0.040 1)	7.665 1*** (0.241 0)	7.297 9*** (0.281 8)	7.633 6*** (0.074 7)	8.007 6*** (0.229 9)	6.885 4*** (0.230 8)
省区固定效应	Yes	Yes	Yes	Yes	Yes	Yes
年度固定效应	Yes	Yes	Yes	Yes	Yes	Yes
R^2	0.315 3	0.898 0		0.812 1	0.935 5	

(续表)

	(1)	(2)	(3)	(4)	(5)	(6)
F 值	166.73***	533.61***		314.70***	527.77***	
Sargan 检验			0.392			0.230
AR(1)			0.000			0.000
AR(2)			0.285			0.170

注：括号内为稳健标准误，*、**、*** 分别表示在10%、5%、1%的显著性水平下拒绝原假设。

表17-6的回归结果显示，城乡融合发展的系数估计值在1%水平上显著为正，表明推进城乡融合发展对经济增长呈现显著的正向促进效应。进一步地，从各个城乡融合发展因子来看，城乡经济结构融合度对经济增长的促进效力最大。这意味着现阶段通过统筹城乡产业规划，加快产业培育，实行工业反哺农业，大力推进农业农村现代化，切实提高农民的收入水平，不断缩小直至消除城乡差距，将会夯实城乡融合发展，进而带动长期经济增长。城乡空间结构融合度对经济增长的影响显著为正。这表明形成体系更加完善、定位更加明确、分工更加有序的城乡空间布局形态，实现城乡生产要素的空间自由流动与有效配置，将会有效促进经济增长。城乡基础设施融合度对经济增长的影响显著为正，基础设施投资可以降低其他生产要素成本，促进社会劳动再分工，进而提高生产率，助推经济增长。上述分析揭示了持续推进城乡空间结构、城乡经济结构和城乡基础设施的融合发展，依然是未来城乡融合发展的工作重点。城乡公共服务融合度和城乡生态环境融合度对经济增长的影响显著为正，但估计系数在诸要素中相对较小。这与长期以来中国的二元城乡管理体制密切相关。例如，城乡二元户籍制度，生成和固化了城乡二元结构。进入城市的农业转移人口由于是农村户籍而被排除在了城市的公共服务之外，不能在就业、医疗、住房、子女教育等公共服务领域享受城市居民相同的待遇，导致了城乡公共服务的不均等现象。此外，城市偏向的环境政策、城乡环境保护投入不足、城乡环境保护意识差距以及城乡环境权益不平等，导致了我国城乡环境建设的巨大差距，造成了我国当前城市环境有所改善、农村环境不断恶化的现状。所以，城乡公共服务融合发展和城乡生态环境融

合发展等城乡融合发展的高级形态是未来工作的难点,也是提升经济增长质量和效益的关键。上述检验结果初步证实了本文的理论假说2。从控制变量来看,我国经济是一种典型的资本投入型增长方式,投资对经济的拉动作用一直处于主导地位。消费是经济增长的巨大引擎,是我国发展的最大潜力所在。没有一个国家是在缺乏高素质人才的条件下走向富裕的,人力资本在经济增长中起着举足轻重的作用。技术创新是经济增长方式转变的必要条件,是经济增长的根本动力。对外贸易对经济发展起到重要的带动和刺激作用,是经济增长的发动机。

  从长期来看经济增长是个动态过程,既受当前因素的影响,也与过去因素有关。因而考虑在模型中加入被解释变量的滞后项,进行动态面板回归。值得说明的是,本研究的计量模型,通过控制时间固定效应和地区固定效应,较好地缓解了遗漏变量的内生性。但是,这里仍然有必要继续讨论内生性问题。一个不容忽视的问题是,城乡融合发展与经济增长存在逻辑上的反向因果关系,容易产生联立内生性。此外,如果采用一般的面板数据模型回归,理论上还存在两个方面的内生性问题。一是被解释变量滞后项与随机扰动项相关,可能产生的内生性问题;二是遗漏变量可能导致的内生性问题。因此,为了避免所得到的回归结果是有偏的,本研究采用 Arellano & Bover(1995)提出的系统广义矩估计方法(System GMM)来克服动态面板数据中出现的上述问题。在实证分析中,使用解释变量的滞后项作为工具变量解决模型中存在的内生性问题,并对差分方程随机扰动项进行二阶序列相关检验,并对工具变量的有效性进行 Sargan 过度识别约束检验。表17-6中第(3)(6)列显示,AR(1)显著而AR(2)不显著,说明模型至多存在一阶自相关、但不存在二阶自相关,本研究选择使用的系统 GMM 方法是合适的。Sargan 过度识别检验表明在10%的显著性水平上不能拒绝工具变量有效的原假设,即工具变量的选择整体上也是有效的。检验结果发现,城乡融合发展的系数显著为正。此外,城乡空间结构融合度、城乡经济结构融合度、城乡基础设施融合度、城乡公共服务融合度和城乡生态环境融合度对经济增长影响的估计系数也显著为正。其余控制变量,与上文研究结论基本一致。这进一步证实了本研究的理论假说2。

(二) 分地区样本估计结果

城乡融合发展是一种广泛而复杂的地域发展过程,不同的区域在不同的发展阶段有不同的现实表现,我国不同地区城乡融合发展存在着极其复杂的多梯度性。在此,对东部地区和中西部地区进行分样本估计,以避免产生较大的系统误差,回归结果如表17-7所示。

表17-7 分地区样本估计结果

	东部地区		中西部地区	
	(1)	(2)	(3)	(4)
被解释变量的一阶滞后项	0.9301*** (0.0268)	0.9104*** (0.0166)	0.9166*** (0.0206)	0.9085*** (0.0226)
城乡融合发展	0.2754*** (0.0381)		0.2048*** (0.0357)	
城乡空间融合度		0.6888*** (0.0375)		0.5481*** (0.0291)
城乡经济结构融合度		1.0002*** (0.1423)		0.8075*** (0.2729)
城乡基础设施融合度		0.7439*** (0.0492)		0.6221*** (0.0311)
城乡公共服务融合度		0.0567*** (0.0150)		0.0360* (0.0190)
城乡生态环境融合度		0.0199*** (0.0051)		0.2543*** (0.0429)
控制变量	控制	控制	控制	控制
常数项	8.0225*** (0.3356)	7.4237*** (0.2067)	7.8930*** (0.2512)	7.4226*** (0.2349)
省区固定效应	Yes	Yes	Yes	Yes
年度固定效应	Yes	Yes	Yes	Yes
Sargan检验	0.335	0.295	0.314	0.307
AR(1)	0.000	0.000	0.000	0.000
AR(2)	0.239	0.183	0.225	0.187

注:(1) 括号内为稳健标准误,*、**、*** 分别表示在10%、5%、1%的显著性水平下拒绝原

假设。

(2) 东部地区：北京、天津、河北、辽宁、上海、江苏、浙江、福建、山东、广东、海南；中、西部地区：山西、吉林、安徽、江西、河南、湖北、湖南、重庆、内蒙古、四川、广西、贵州、云南、陕西、甘肃、青海、宁夏。

从分区域的估计结果看，城乡融合发展包括城乡空间融合发展、城乡经济结构融合发展、城乡基础设施融合发展、城乡公共服务融合发展以及城乡生态环境融合发展的系数估计值在各区域均显著为正，说明城乡融合发展各因子是经济增长的重要驱动力，研究结论与上文一致，估计结果较为稳健。但是，进一步观察发现，东部地区和中西部地区城乡融合发展各因子作用力的大小存在一定程度的空间异质性。东部地区城乡融合发展的系数估计值明显大于中西部地区。东部地区城乡经济结构融合发展、城乡基础设施融合发展、城乡空间融合发展和城乡公共服务融合发展对经济增长的驱动力比西部地区大，中西部地区城乡生态环境融合发展对经济增长的驱动力比东部地区大。这种空间异质性，是由于中西部地区经济发展相对落后、工业发展起步较晚、对资源和环境的破坏相对较小。与之相对，中西部地区在资源利用效率、产业结构转型升级、基础设施投资和政府公共服务支撑等方面能力较为薄弱。上述研究结论启发我们，改革开放以来，我国经济取得了高速增长，但是伴随着快速的经济增长也带来了一系列的生态问题，尤其是东部地区的环境污染问题已经成为其经济发展的主要制约因素，迫切要求东部地区不以牺牲生态和环境为代价，最大限度地保护土地资源、生态环境和人居环境，进而实现城乡融合发展。同时，东部地区理应在产业发展、金融支持、技术升级、人才培育等方面加大对中西部地区的支持和反哺力度，推动全国各区域均衡的城乡融合发展。

（三）稳健性检验

使用广义矩估计 GMM 估计动态面板数据模型，是解决内生性问题的一个有效途径。但是，本研究的省级面板数据 N 仅为 T 的 2 倍多，通过 GMM 估计的结果仍然可能存在一定的偏误。为此，本研究借鉴了 Anderson & Hsiao(1981) 的方法，进行两阶段最小二乘估计(2SLS)，力图使回归结果的可信度相对较高。如表 17-8 所示，弱工具变量的检验值 F 均大于 10，拒绝弱工具变量的原假设，说明选择的工具变量是有效的,可以得到一致性估计。回归结果显示,各项系数均通过了显著性检验,有效地支持了城乡融合发展及其各因子对经济增长的正向促进效应。无论从稳健性检验的变量符号还是显著性上看,结果与前文并不存在显著的差异,这证明了本研究检验过程和结论的可靠性。

表 17-8 稳健性检验

	(1)	(2)	(3)	(4)
被解释变量的一阶滞后项	0.940 2*** (0.032 5)	0.910 6*** (0.027 0)	0.925 4*** (0.028 8)	0.903 6*** (0.021 6)
城乡融合发展	0.216 7*** (0.028 5)	0.183 5*** (0.020 6)		
城乡空间结构融合度			1.056 3*** (0.404 9)	0.587 2*** (0.123 3)
城乡经济结构融合度			2.558 8*** (0.199 9)	1.409 7*** (0.182 4)
城乡基础设施融合度			1.467 4*** (0.427 3)	0.778 1*** (0.265 6)
城乡公共服务融合度			0.132 7*** (0.036 2)	0.045 8*** (0.017 6)
城乡生态环境融合度			0.609 3*** (0.063 8)	0.304 3*** (0.045 0)
控制变量	未控制	控制	未控制	控制
常数项	9.996 1*** (7.785 3)	7.237 5*** (0.288 0)	5.542 0*** (0.241 2)	7.112 4*** (0.252 0)
省区固定效应	Yes	Yes	Yes	Yes
年度固定效应	Yes	Yes	Yes	Yes
R^2	0.432 3	0.905 9	0.501 3	0.944 2
识别不足	5.399**	9.099***	25.413***	16.685***
弱工具变量	5.438	16.385	17.080	11.249

注:括号内为稳健标准误,*、**、*** 分别表示在 10%、5%、1% 的显著性水平下拒绝原假设。

六、结论与启示

从现实来看,由城乡二元到城乡融合发展对中国经济增长的影响效应显著。根据对 28 个省、市、自治区 2003—2015 年的面板数据的计量检验,得到了以下几点结论。(1) 中国城乡融合发展与经济增长存在双向、互动关系。在一个相对较长的时期内,我国存在从城乡融合发展到经济增长和从经济增长到城乡融合发展的双向因果关系;在短期内,仅存在城乡融合发展到经济增长的单向因果关系,经济增长并不能自动促进城乡融合发展。(2) 城乡融合发展,即城乡空间融合发展、城乡经济结构融合发展、城乡基础设施融合发展、城乡公共服务融合发展和城乡生态环境融合发展均对我国经济增长产生正向促进效应。从全国范围来看,相较于城乡公共服务融合发展和城乡生态环境融合发展,城乡空间融合发展、城乡经济结构融合发展和城乡基础设施融合发展对于我国经济增长的正向促进效应更大。(3) 城乡融合发展对经济增长的影响存在空间异质性。相对于西部地区,东部地区城乡空间融合发展、城乡经济结构融合发展、城乡基础设施融合发展和城乡公共服务融合发展对经济增长的促进效率更强;而相对于东部地区,中西部地区城乡生态环境融合发展对经济增长则发挥着更大的促进作用。

基于上述结论,我们得到了以下几点启示。(1) 充分发挥政府作用。短期内,经济增长并不能自动促进城乡融合发展,政府是城乡融合发展的重要制度供给主体和组织实施者。发挥政府在深化改革和制度创新中的主导作用,不断地寻找城乡融合发展实现帕累托改进的领域,推进城乡综合配套改革,赋予农民公平的国民待遇、平等权利和发展机会。通过一体化的制度建设和科学的规划,贯彻、实施有利于城乡融合发展的政策,从根本上消除城乡分割的二元经济社会结构和继续维护城乡发展不平等的制度障碍,为城乡融合发展创造有效的制度环境和社会条件,推动我国从城乡差别发展走向城乡融合发展。同时应该认识到,推进城乡融合发展,需要在尊重市场规律、重视社会力量的条件下,形成政府、市场、社会三者之间互补和合作的良好互动格局。(2) 建立健全城乡融合发展体制机制,加快推进城乡融合发展。一是将农村和城镇作为一个有机整体,通过科学规划、合理布局、协同推进城乡融合发展,优化空间结构形态;二是引导土地、资本、劳动力、技术、人才、信息等资源在城乡之间合理配置,形成农村与城镇产业联系紧密、良好互动的城乡发展一体的经济新格局;三是以改善农民基本生产条件和生活质量为重心,促进城市基础设施建设向农村地区延伸,形成城乡交通、通信、水利、通信等基础设施一体化发展;四是加大公共财政对农村的支持力度,实现城乡公共资源的合理优化配置,坚持城乡教育均衡发展、健全城乡公共卫生服务体系和建立城乡统一的社会保障制度等;五是以绿色发展理念指引城乡节约资源和保护环境,努力形成人与经济、资源、环境和谐共生的城乡新面貌。(3)注重区域协调发展。统筹运用梯度、反梯度与地方化开发模式,鼓励各地区间的合作与交流,利用区域间的学习效应或示范效应,推广经济发达地区促进城乡融合发展的经验,促进落后地区城乡融合发展和经济发展水平的提高,但要改变"一刀切"的城乡融合发展政策,秉承发挥优势、因地制宜的原则,注意分类指导,探索符合地方特色、行之有效地城乡融合发展模式。

本文原载于《农业技术经济》2019年第8期,编入本书时做了适当修改。作者:高波、孔令池。

第十八章 中国地区要素生产率的变迁：1978—2016

一、引　言

改革开放以来,中国成功完成了经济起飞,实现了持续 40 年 GDP 年均 9.51% 的经济增长,稳居世界第二大经济体而令全球瞩目。随着中国经济转向高质量发展阶段,转换经济发展方式,即从投资驱动向创新驱动发展方式转换,提高技术对经济发展的推动作用成为推动经济发展的重要战略。根据经济增长理论,资本、劳动和全要素生产率是经济增长最重要的源泉,即 $Y=Af(K,L)$,A 表示全要素生产率,K 表示资本存量,L 表示劳动力投入,通过对经济增长率进行分解可知,影响经济增长的因素可以归纳为两类,一类是要素数量投入的增长,另一类则是要素生产率的增长。改革开放以来,以丰富的劳动力资源为基础,依托高投资和出口导向型发展方式,中国经济发展取得显著成就,增长速度远远超过其他发展中大国。但是,随着老龄化的逐渐到来,人口红利将逐渐消失,而资本形成和出口即使是要维持现有的水平都已经非常困难,何况还要进一步快速增长(杨汝岱,2015)。在要素资源日益稀缺的情况下,通过提升要素生产率来实现增加产出的集约发展方式正被提到更加重要的位置。

在上述转变过程中,越来越多的研究开始关注要素生产率方面的研究,测算要素生产率的相关研究也逐渐增加(孙传旺等,2010;童长凤,2012;田友春等,2017)。要素生产率衡量的是要素投入所引致的产出绩效,一般分为单要素生产率和全要素生产率。单要素生产率为产出与单一投入要素之比,衡量的是单一要素的产出效率,如资本生产率、劳动生产率等。全要素生产率又称索洛余量,衡量的是经济增长中要素投入增加不能解释的部分,比如生产技术进步或管理能力改善所带来的经济增长。目前,关于测算和分析要素生产率的相关研究,更多关注的是全要素生产率,而忽视了对劳动生产率与资本生产率的研究。然而,如果把要素生产率提升理解为技术进步,本研究认为劳动生产率与资本生产率与技术进步之间的相关性并不弱于全要素生产率与技术进步之间的相关性,且相较于全要素生产率,劳动力与资本生产率的含义更加具体,能够更加直观地反映不同要素的生产效率。因此,为了较为完整地理解在经济发展过程中,要素生产率的变迁,有必要兼顾对单要素生产率与全要素生产率的研究。另外,本研究将研究对象聚焦于中国东部、中部和西部这三大地区。由于历史原因、自然地理以及发展禀赋等因素的影响,中国区域发展存在显著差别,以东部、中部、西部三大地区发展差异最为显著,因此,从三大地区层面出发分析要素生产率的变迁,有助于我们更好地理解在整体发展过程中局部所存在的差异,从而能够因地制宜地提供发展建议。为了更加全面地揭示要素生产率的变迁,本研究还分析了要素配置效率和要素生产率协调度的变迁,其中,要素配置效率是从要素生产率内部对要素生产率变迁进行进一步分析,而要素生产率协调度则是从要素生产率外部对要素生产率变迁进行进一步分析。

根据已有相关研究,要素配置效率是要素生产率的构成因素,从测算角度来看,其主要是通过分解要素生产率得到(毛其淋,2013)。因此,提升要素生产率,除了依靠增加研发投入,提升科技水平外,完善制度环境、纠正市场扭曲,提升要素配置效率,可能是一个更为经济有效的途径(陈永伟和胡伟民,2011)。近年来,越来越多的学者开始关注要素市场扭曲抑制了要素配置效率,进而对要素生产率产生负面影响,而且通过比较研究,他们均认为发展中国家的要素市场不够发达、行政干预较多等导致其要素市场扭曲(Hsieh & Klenow, 2009; Restuccia & Rogerson, 2017)。考察要素配置效率,一方面是为了加深对改革开放后,要素生产率变迁的认识;另一方面则是为了分析中国不同地区通过提升要素配置效率实现提升要素生产率这一目标的潜力。要素配置效率主要从要素生产率内部加深了我们对要素生产率变迁的理解,而要素生产率协调度则是使我们从外部更进一步地理解要素生产率变迁。随着区域经济的不断发展,数量竞争将会被质量竞争所取代,而后者将会对要素生产率产生重要影响。在这一过程中,可能会出现区域间非平衡和平衡两种发展状态,前者意味着区域间要素生产率差距逐渐拉大,后者则意味着区域间要素生产率差距逐渐缩小。比较理想的发展状态是区域要素生产率提升的同时区域间差距逐渐缩小,但实际情况却可能出现相反的情形,比如区域要素生产率提升的同时区域间差距逐渐拉大。本研究考察地区要素生产率协调度的主要目的就在于检验中国改革开放以来,地区内部不同区域之间的要素生产率呈现何种发展状态。从三种要素生产率视角切入,并兼顾要素生产率、要素配置效率和要素生产率协调度等三个层面探讨地区要素生产率的变化,构成了本研究的主要创新点。

二、数据处理与测算方法

1. 数据处理

本研究需要处理的数据主要有三笔,分别是省级层面的生产总值、固定资本存量和劳动力投入。关于生产总值数据的处理:该数据主要来自中经网,时间跨度为1978—2016年,并利用生产总值指数,将数据转换为以1978年为基期的实际值。由于在测算固定资本存量的过程中,西藏地区的数据缺失较为严重,故本研究测算的是不包含西藏的30个大陆省份(直辖市、自治区)(以下简称省份)的相关数据。

关于固定资本存量数据的处理:测算固定资本存量是相较于另外两笔数据更为复杂,在具体测算过程中又进一步需要三笔数据,即1978年地区固定资本存量、1979年至2016年固定资本形成额,以及1979年至2016年投资品价格指数。上述三笔数据中,只有1979年至2016年固定资本形成额数据可直接获得,且主要来自中经网,其他两笔数据都需要进一步测算。关于1978年各省份固定资本存量(K_{1978}),本研究主要参考张军等(2004)的做法,即借鉴Hall & Jones(1999)的测算方法,用1978年的固定资本形成额(I_{1978})比上1978年到1988年固定资本形成额的几何平均增长率(θ)加上固定资本折旧率(δ)之和,即$K_{1978}=I_{1978}/(\theta+\delta)$。其中,$\theta$表示几何平均增长率,$\delta$表示折旧率,参考张军等(2004)的研究,本研究将折旧率设定为9.6%。

关于1979年至2016年投资品价格指数(p_t),由于1993年之后才有省级层面较为完整的统计数据,而在之前则没有相关统计,故本研究主要借鉴张军等(2004)的测算方法,利用1979年至1991年各个地区的资本形成额、固定资本形成额以及固定资本形成额指数等三笔数据进行测算,从而得到所需的投资品价格指数。尽管如此处理,仍有不少地区由于固定资本形成额指数缺失而无法利用上述方法测算,因此,本研究再次借鉴张军等(2004)的处理方式,利用这些地区商品销售价格指数作为自变量,投资品价格指数作为因变量,对两者进行无截距项回归,然后利用商品销售价格指数对投资品价格指数进行预测。相关数据主要来自《中国国内生产总值核算历史资料(1952—1995)》。在上述三笔数据的基础上,就可以利用永续盘存法测算得到1978年至2016年30个省份的固定资本存量,其测算公式为 $K_t = (1-\delta)K_{t-1} + I_t/p_t$。另外,在利用永续盘存法测算固定资本存量时,还需要利用投资品价格指数,将每一期的固定资本形成额都转换为以1978年为基期。由于西藏的相关数据缺失严重,故本研究测算的是不包含西藏的30个大陆省份的相关数据。

关于劳动力投入数据的处理:本研究所选取的劳动力投入数据与已有相关研究有所不同,已有研究大多采用在岗职工人数或者城镇就业人员数的数据来衡量劳动力投入,本研究认为以上做法有以下几点不足:第一,许多就业人员并不是在岗职工,而中国在20世纪90年代开始推行的国有企业改革更是导致许多在岗职工下岗,这一点可以通过图18-1看出,图中在岗职工人数是本研究通过将各地区的数据相加所得,数据来自《新中国统计资料60年汇编》。而从全国层面的数据来看,根据图18-1,就业人员数始终保持增长趋势,这就表明改革之后随之而来的是非正式就业岗位的增加,但这些往往难以通过在岗职工人数反映出来。第二,之所以多数相关研究采用在岗职工人数,主要是因为数据具有可获得性,而城镇就业人员数据在这方面就存在不足,较为完整的省级层面城镇就业人员数只有2003年以后的数据可以获得。城镇就业人员数的另一点不足则更加明显,就是忽视了农村就业人员,而从全国层面的数据来看,农村就业人员所占比重是不容忽视的,这一点同样可以从图18-1中看出。

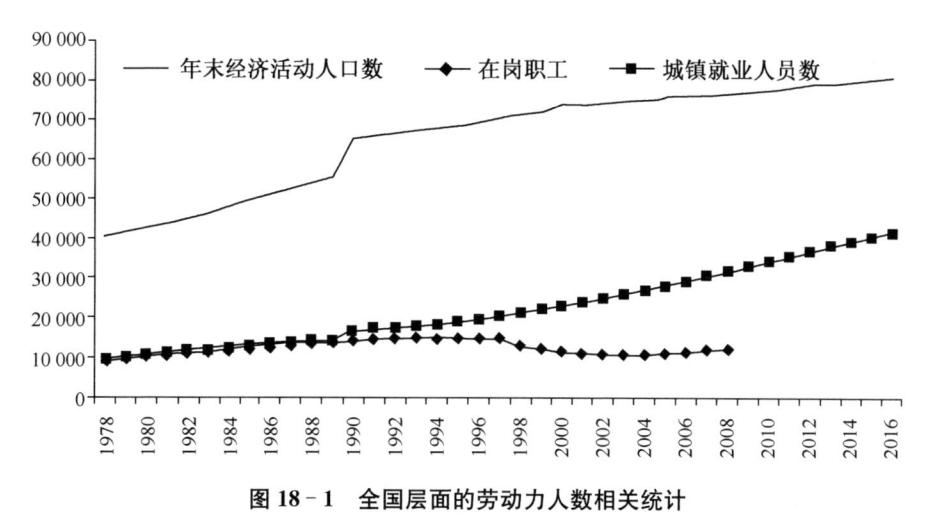

第十八章 中国地区要素生产率的变迁：1978—2016

图 18-1 全国层面的劳动力人数相关统计

资料来源：中经网统计数据库：http://db.cei.cn/page/Default.aspx；国家统计局国民经济综合统计司编，《新中国统计资料汇编》，中国统计出版社，2010 年。

由于存在以上不足，本研究借鉴张曙光和程炼(2010)，以及相关动态随机一般均衡模型在进行贝叶斯估计时选用数据的方式(Iacoviello & Neri，2010)，采用以下步骤测算地区劳动力投入数据：第一步，通过测算得到各地区 15 岁到 64 岁人口数据，由于 1990 年之前的相关统计资料缺乏，本研究利用各地区 1978 年至 1990 年的人口死亡率，以及 1990 年各年龄段人口数据进行测算得到，在具体测算过程中，本研究进一步假设每个年龄组内的人口分布是平均分布；第二步，将地区 15 岁到 64 岁人口数据进行加总，然后比上全国层面的就业人员数据，从而获得每一年就业人员数占 15 岁到 64 岁人口数据比重；第三步，利用第二步获得的各年比重与 15 岁到 64 岁人口数据相乘，从而获得地区就业人员数，即劳动力投入数据。本研究进一步将测算所得数据与可获得的各省份就业数据进行对比，得到两者的相关系数，如表 18-1 所示，其中，可获得的各省份就业数据根据 WIND 数据库各省份三次产业从业人数汇总所得。结果表明两者的相关系数均为正值，且相关系数平均值为 0.889 7，最小值为 0.583 7，最大值为 0.997 7，表明测算数据具有一定的合理性。为了与固定资本存量数据匹配，本研究测算的同样是不包含西藏的 30 个大陆省份的相关数据。

表18-1 测算出的劳动力投入数据与实际数据的相关系数

地区	北京	天津	河北	辽宁	上海	江苏
相关系数	0.965 7	0.975 8	0.937 0	0.802 0	0.907 6	0.973 4
地区	浙江	福建	山东	广东	海南	山西
相关系数	0.929 8	0.873 7	0.937 7	0.963 1	0.841 1	0.918 1
地区	吉林	黑龙江	安徽	江西	河南	湖北
相关系数	0.911 2	0.905 6	0.835 5	0.957 2	0.905 7	0.702 7
地区	湖南	内蒙古	广西	重庆	四川	贵州
相关系数	0.960 5	0.831 6	0.675 5	0.777 2	0.583 7	0.917 8
地区	云南	陕西	甘肃	青海	宁夏	新疆
相关系数	0.956 2	0.907 5	0.958 3	0.997 7	0.985 9	0.895 6

表18-2对前面处理的数据进行了分地区汇总。根据汇总结果,从均值来看,除了劳动力投入外,东部地区都是最大的地区,而西部地区都是最小的地区。从标准差来看,东部地区都是最大的地区,而西部地区都是最小的地区,尽管标准差主要用来反映变量波动情况,但其大小会受到变量均值的影响。所以,为了更好地衡量变量波动情况,本研究进一步测算出变异系数。从变异系数来看,西部地区在生产总值和固定资本存量上都是最大的,而东部地区也只有在劳动力投入上是最大的。另外,从最小值和最大值来看,除了固定资本存量的最小值来自东部地区,其他两笔数据的最小值均来自西部地区,而最大值均来自东部地区。上述统计结果表明,东部地区的要素投入和产出都处于相对较高的水平,且波动较小,而西部地区要素投入和产出相反,不但处于较低的水平,而且波动较大。

表18-2 不同地区相关数据的统计特征

	生产总值(单位:亿元)					
	观测数	平均值	标准差	变异系数	最小值	最大值
东部地区	429	2 429.671 0	3 375.337 0	1.389 2	16.400 0	19 203.220 0
中部地区	312	1 333.769 0	1 570.185 0	1.177 3	81.980 0	8 413.671 0
西部地区	429	704.771 4	1 047.714 0	1.486 6	13.000 0	7 520.297 0
全样本	1 170	1 504.967 0	2 405.335 0	1.598 3	13.000 0	19 203.220 0

(续表)

	观测数	固定资本存量(单位:亿元)				
		平均值	标准差	变异系数	最小值	最大值
东部地区	429	4 890.898 0	7 931.877 0	1.621 8	8.804 9	51 082.060 0
中部地区	312	2 835.924 0	4 467.027 0	1.575 2	65.161 0	31 726.790 0
西部地区	429	1 714.687 0	2 959.833 0	1.726 2	52.509 5	21 452.050 0
全样本	1 170	3 178.294 0	5 783.123 0	1.819 6	8.804 9	51 082.060 0
	观测数	劳动力投入(单位:万人)				
		平均值	标准差	变异系数	最小值	最大值
东部地区	429	2 345.537 0	1 666.123 0	0.710 3	224.765 1	6 447.758 0
中部地区	312	2 725.946 0	1 181.885 0	0.433 6	914.159 0	5 682.513 0
西部地区	429	1 674.369 0	1 136.971 0	0.679 0	151.238 5	5 020.534 0
全样本	1 170	2 200.885 0	1 429.773 0	0.649 6	151.238 5	6 447.758 0

2. 测算方法

首先介绍要素生产率的测算方法。劳动生产率与资本生产率的测算方法相对简单,利用前面获得的生产总值的数据比上劳动力投入的数据得到的就是劳动生产率,比上固定资本存量的数据得到的就是资本生产率。下面简要介绍一下测算全要素生产率的方法。全要素生产率测算方面的研究可以追溯到 Solow(1957)关于经济增长的开创性研究,文章中首次准确量化定义了全要素生产率概念,其经济学含义为经济增长中无法由要素投入所解释的部分。Denison(1962)提出了非前沿分析中的增长核算法,对全要素生产率的来源做了详细分解。区别于 Solow(1957)和 Denison(1962)所用的柯布-道格拉斯生产函数,Farrell(1957)认为现实生活中大部分企业无法达到理想的投入—产出最大前沿面,意味着用于增长核算与全要素生产率测度的柯布-道格拉斯生产函数设定其实存在着改进空间,Aigner & Chu(1968)基于该思想发展出了前沿分析生产函数,加入随机扰动项的函数设定,实际上更为精细地刻画了现实中企业生产所需面临的无效管理、制度漏洞等技术非效率问题,与实际情况更为匹配。前沿生产函数又可以细分为非参化的确定性方法与参数化的随机方法两类。

为了与劳动生产率和资本生产率具有更好的可比性,本研究主要测算的是全要素生产率的水平值而非其增长率,所以上面提到的前沿生产函数方法就不适用于本研究的研究目的。本研究最终采用的是传统的生产函数法,假定总量生产函数为柯布-道格拉斯生产函数,即:

$$Y_{it}=A_{it}K_{it}^{\alpha}L_{it}^{\beta} \tag{18-1}$$

其中,Y_{it}、K_{it}、L_{it}分别为各省份历年的生产总值、固定资本存量和劳动力投入。A_{it}为全要素生产率,通常被定义为总产出与全要素投入的比值,即:

$$A_{it}=Y_{it}/(K_{it}^{\alpha}L_{it}^{\beta}) \tag{18-2}$$

α和β为固定资本和劳动力的产出弹性,假定满足规模报酬不变的约束。根据中国的实际情况以及相关研究,本研究将α设定为0.4,将β设定为0.6(Young,1995;彭国华,2005;张浩然、衣保中,2012)。由于不同省份的固定资本和劳动力产出弹性值存在着明显的差异,我们不能简单地把它们看作各相应省区市的固定资本和劳动力的产出弹性。这主要是由于各省区市的收入分配政策在很大程度上是由中央政府统一制定的,这与"索洛余值法"的劳动者报酬应由完全竞争的市场来决定的假定条件不符。在这种情况下,比较合适的选择,就是用全国的劳动产出弹性统一作为各省区市的固定资本和劳动力产出弹性(叶裕民,2002)。

关于要素配置效率的测算方法,本研究主要借鉴Olley和Pakes(1996)的研究,把要素生产率分解为:

$$agg\_y_{jt} = \sum_{i=1}^{I_j}\theta_{it}^{*}y_{it} = ave\_y_{jt} + \sum_{i=1}^{I_j}(\theta_{it}-ave\_\theta_{jt})*(y_{it}-ave\_y_{jt})$$
$$= ave\_y_{jt} + rel\_y_{jt} \tag{18-3}$$

其中,下标i、j和t分别表示省份、地区和年份,I_j表示j地区的省份集合。agg_y_{jt}表示以地区j内所有省份的生产总值份额为权重进行加权得到的部门总体要素生产率。θ_{it}是个权重系数,反映了资源在省份间的配置情况,这里用省份在地区j中的生产总值份额来衡量,ave_θ_{jt}表示地区j内所有省份的平均生产总值份额;y_{it}为省份i的要素生产率水平,ave_y_{jt}表示地区j内所有省份的平均要素生产率。我们将省份要素生产率与生产总值份额的协方差项记为rel_y_{jt},它衡量了生产总值份额在具有不同要素生产率水平省份之间的再配置效应,其经济学含义为:如果 rel_y_{jt} 越大,表明要素生产率越高的省份也相应地实现了越高的生产总值份额,此时资源配置效率较高,反之,rel_y_{jt} 越小,资源配置效率越低,当其为负值时,表明要素生产率低的省份却也实现了高的生产总值份额,此时资源配置效率仍然较差。

关于要素生产率协调度的测算方法,本研究主要借鉴王薇和任保平(2015)的研究,构建区域内要素生产率协调度指数,主要采用偏离系数表示:

$$C = (y_i * y_{-i}) \Big/ \left(\frac{y_i + y_{-i}}{2}\right)^2 \tag{18-4}$$

其中,y_i 表示省份 i 的要素生产率,y_{-i} 表示省份 i 相邻省份的要素生产率。当 $y_i = y_{-i}$ 时,协调度 C 得到最大值 1,表明地区 1 的要素生产率与其周围地区的要素生产率达到最优协调度。C 值越偏离 1,表明二者的偏差越大,意味着区域间发展协调度越低。

三、中国地区要素生产率

下文对中国不同时间段和不同地区要素生产率的变迁进行分析。在具体分析过程中,本研究将分析对象集中于东部、中部和西部三大地区的要素生产率均值和变异系数。三大地区的要素生产率主要是通过对地区内所有省份的数据取平均值得到,而关于变异系数则需要进一步说明:本研究测算的变异系数可以理解为地区层面的变异系数,根据本研究对三大地区要素生产率的定义,与之对应,也可以求出每一年三大地区内部的变异系数,即用每一年三大地区内部所有省份要素生产率的均值和标准差求得,用于衡量三大地区内部要素生产率的差异。根据中国市场化改革和对外开放的阶段性特征,本研究将考察期划分为三个时间段,分别是 1978 年到 1991 年、1992 年到 2001 年和 2002 年到 2016 年,其中第一阶段属于市场化改革和对外开放探索期,第二阶段则属于市场化改革和对外开放初建期,以南巡讲话为分界点,第三阶段则属于市场化改革和对外开放加速期,以中国加入 WTO 为分界点。

表 18-3 汇总了不同时间段内,三大地区的劳动生产率均值。从结果来看,三大

地区的劳动生产率均值都呈现上升态势,最后一个时间段均值大约是第一个时间段均值的 8 倍,且在所有时间段内,东部地区的均值都要大于中部和西部地区。进一步结合图 18-2,图 18-2 展示了劳动生产率的变动情况。改革开放之后,三大地区的劳动力生产率均实现了快速增长,且东部地区劳动力生产率始终是最高的,而西部地区始终是最低的。另外,根据图 18-2,东部地区与中部和西部地区的劳动生产率之间的差距出现了一次明显的扭转趋势。改革开放之后,三大地区之间的劳动生产率差距保持近似不变的态势,而进入 20 世纪 90 年代以后,东部地区与其他两个地区之间的差距呈现扩大态势,这与所实施的沿海发展战略密切相关,随着地区间差距的不断扩大,国家开始采取相应的应对措施,其中具有代表性的就是西部大开发战略,实施该战略之后,东部地区与其他两个地区之间的差距也随即出现了转变。就西部地区而言,1999 年,东部地区与西部地区劳动生产率之比达到最大值,约为 3.12,而到了 2016 年,该比值降至约 2.27,是整个时间段的最小比值;就中部地区而言,在 1998 年,东部地区与中部地区劳动生产率之比达到最大值,约为 2.67,到了 2016 年,该比值则降至约 2.01,同样也是整个时间段的最小比值。

表 18-3　不同时间段劳动生产率均值

	劳动生产率均值		
	1978—1991	1992—2001	2002—2016
东部地区	2 486.814 7	6 225.538 8	19 944.454 0
中部地区	1 137.068 9	2 411.534 6	9 152.704 1
西部地区	981.709 2	2 045.754 8	7 868.318 4

从劳动生产率地区层面变异系数来看,东部地区的变异系数始终高于中部和西部地区,且东部地区和中部地区该值呈现逐年下降态势,而西部地区呈逐年上升态势。由于地区层面的变异系数反映的是地区内部的不同省份之间要素生产率的差异,所以该变异系数下降表明内部要素生产率发展更加平衡,反之则是更加不平衡。因此,结合图 18-2 的结果,东部和中部地区内部劳动生产率趋向平衡发展,尤其是东部地区,而西部地区内部劳动生产率趋向不平衡发展。但值得注意的是,2000 年

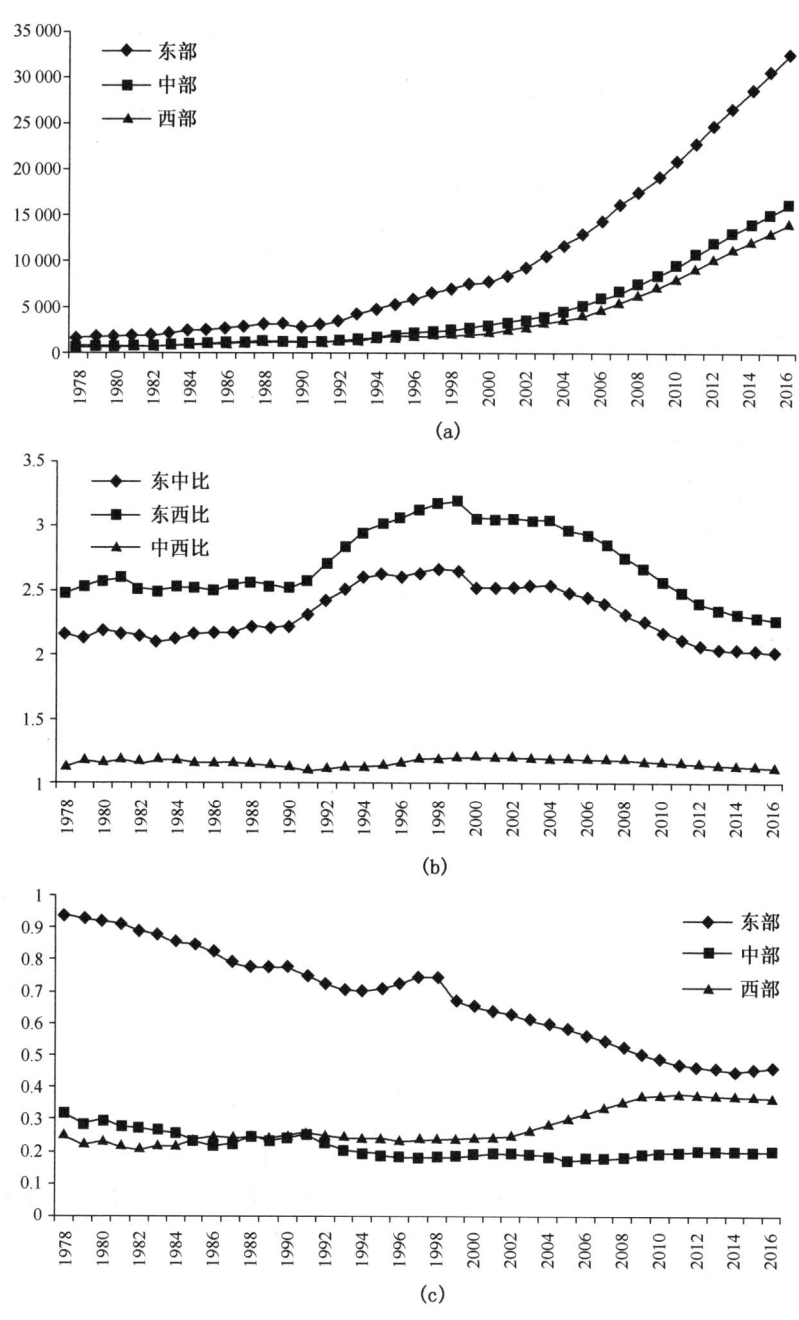

图 18-2 三大地区劳动生产率(a)、生产率之比(b)和地区层面变异系数(c)

之后,东部地区变异系数依然持续变小,中部地区变异系数则趋于稳定,而西部地区上升势头明显,但到了2010年之后,三大地区的变异系数均呈现趋稳的态势,表明地区内部劳动生产率发展更加具有同步性。

与劳动生产率的变动不同,在整个考察期内,资本生产率的下降是主要态势。根据表18-4,从不同时间段资本生产率均值来看,在所有时间段内,东部地区省份的均值都要大于中部和西部地区,这一点与劳动生产率相同。而从不同时间段资本生产率均值的变动来看,东部和中部地区呈下降态势,而西部地区呈先增后减的态势。考虑到资本存量,由于西部地区在考察期开始阶段的资本存量小,工业化处于起步阶段,所以更容易出现边际报酬递增的效果,但随着资本的快速积累,也就抵消了边际报酬递增的效果。另外,三大地区最后一个时间段内的资本生产率均值都小于第一个时间段内的均值,这与资本存量规模的快速增长密切相关。图18-3具体展示了资本生产率的变动情况。改革开放之后,除个别年份,东部地区资本生产率均值始终是最高的,而西部地区始终是最低的,这一点与前面分段分析的结果相同。另外,东部地区与中部和西部地区的资本生产率之间的差距同样出现了扭转趋势,但与劳动生产率不同,是从前期的缩小态势转向扩大态势。改革开放之后,三大地区之间的资本生产率差距保持下降态势,尤其是东部与西部之间的差距,而到了20世纪90年代,三大地区之间的差距呈现扩大态势,尤其是东部和其他两大地区之间的差距。但从最终结果看,不同地区资本生产率的差距在考察期末均小于在考察期初的水平。就西部地区而言,1978年,东部地区与西部地区资本生产率之比达到最大值,约为3.68,而到了2016年,该比值降至约1.55;就中部地区而言,在1978年,东部地区与中部地区资本生产率之比达到最大值,约为1.79,到了2016年,该比值则降至约1.19。

表18-4 不同时间段资本生产率均值

	资本生产率均值		
	1978—1991	1992—2001	2002—2016
东部地区	1.251 0	0.774 6	0.585 9
中部地区	0.840 8	0.728 2	0.534 2
西部地区	0.541 5	0.612 1	0.423 0

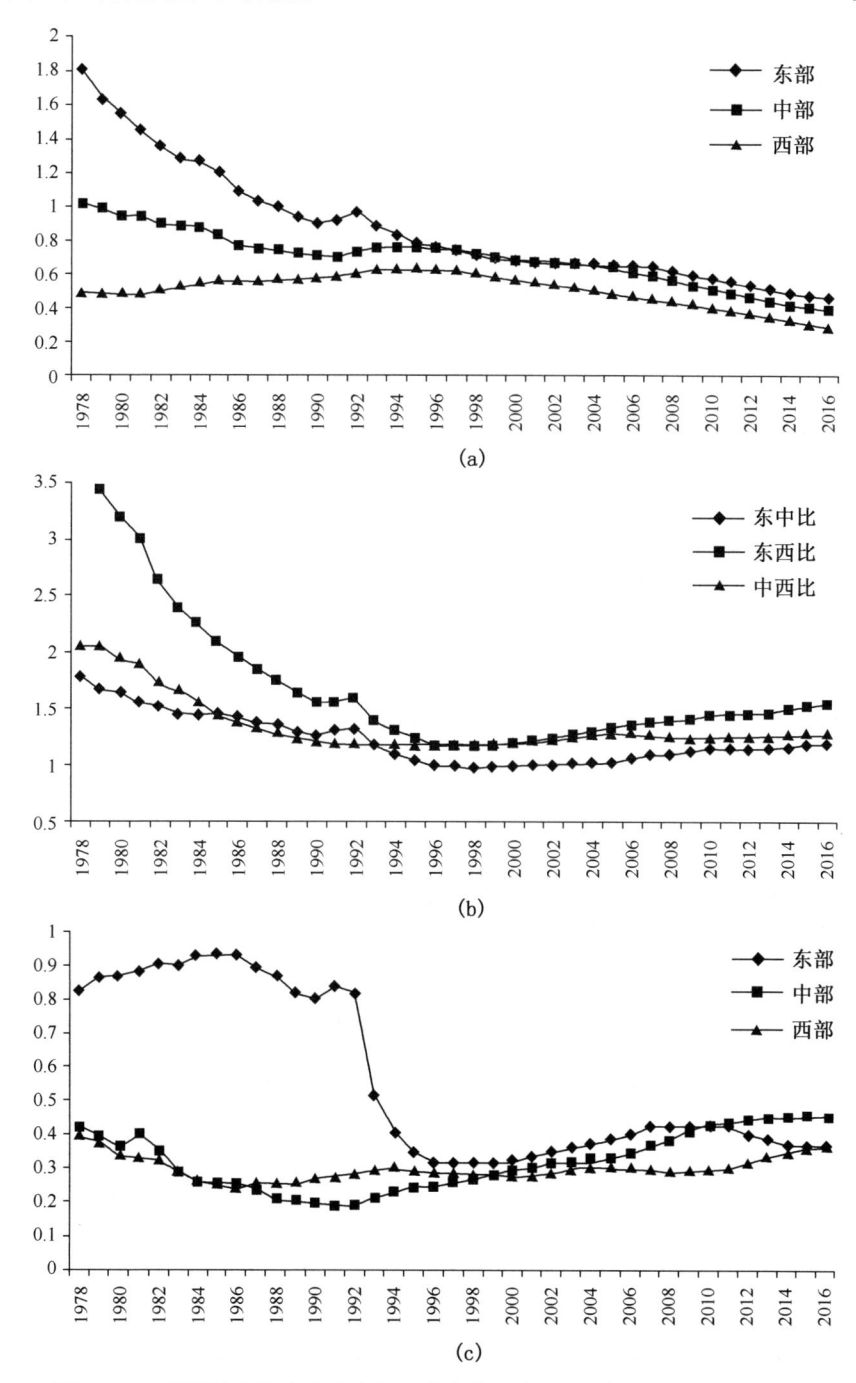

图 18-3 不同地区资本生产率(a)、生产率之比(b)和地区层面变异系数(c)

从资本生产率的地区层面变异系数来看,在 2011 年之前,东部地区的变异系数始终高于中部和西部地区,而在 2011 年之后,中部地区的变异系数要高于其他两个地区。就变动态势而言,东部地区有一个明显的下降过程,之后则进入了幅度较小的上升过程,而在 2011 年之后再次进入下降过程。反观中部和西部地区,大致都呈现先降后升的态势,所以才导致在考察期末,中部和西部地区的变异系数已经达到甚至超过东部地区的水平。根据地区层面变异系数的含义,结合图 18-3 的结果,东部地区内部资本生产率先趋向平衡发展后趋向于不平衡发展,近些年又开始趋向于平衡发展,而中部和西部地区内部资本生产率先趋向平衡发展,近些年又开始趋向不平衡发展。

前面主要分析的是单要素生产率,接下来本研究着手分析全要素生产率。根据表 18-5,从不同时间段全要素生产率的均值来看,东部地区的均值都要大于中部和西部地区,且三大地区全要素生产率均值都呈上升态势。图 18-4 展示了全要素生产率的变动情况。从三大地区全要素生产率来看,1978 年之后,所有地区的全要素生产率均主要呈上升态势,且东部地区全要素生产率始终是最高的,而西部地区则始终是最低的。另外,根据地区之间全要素生产率之比的变动可以看出,三大地区之间的全要素生产率之间的差距在 20 世纪 90 年代之前呈缩小态势,而后则是进入了相对稳定的水平,既有缩小阶段,也有增大阶段,因为三大地区全要素生产率在考察期内呈上升态势,所以该结果表明,20 世纪 90 年代之前,中部和西部地区全要素生产率的增长更加显著。而进入 20 世纪 90 年代后,三大地区之间全要素生产率之比趋于稳定,表明三大地区的全要素生产率的变动更加具有同步性。

表 18-5 不同时间段全要素生产率均值

	全要素生产率均值		
	1978—1991	1992—2001	2002—2016
东部地区	0.411 3	0.617 6	1.127 9
中部地区	0.245 9	0.367 0	0.688 9
西部地区	0.189 4	0.308 6	0.565 4

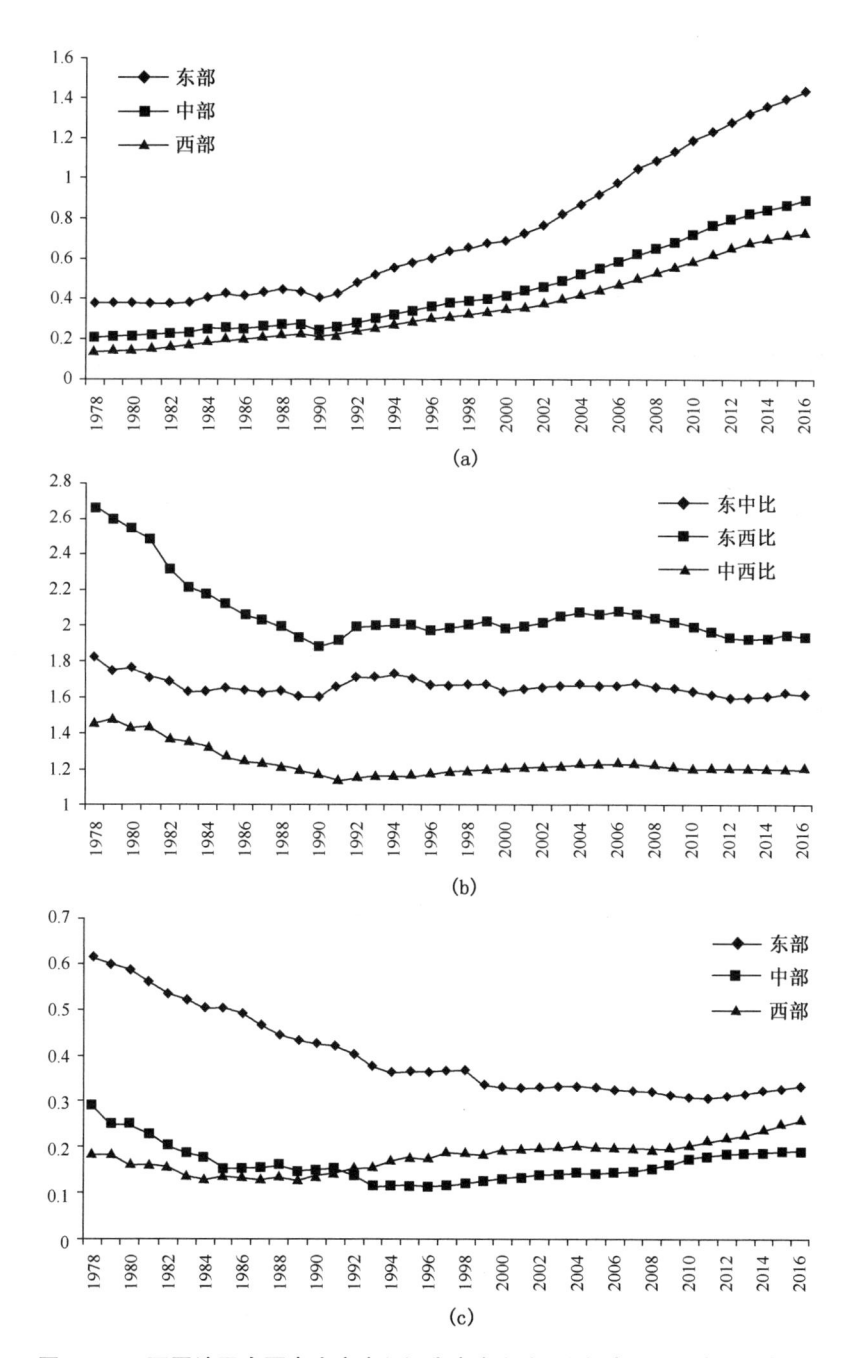

第十八章 中国地区要素生产率的变迁：1978—2016

图 18-4 不同地区全要素生产率(a)、生产率之比(b)和地区层面变异系数(c)

从全要素生产率的地区层面变异系数来看,东部地区的变异系数始终高于中部和西部地区,而中部地区和西部地区之间出现了一次交替过程,即20世纪90年代之前,中部地区高于西部地区,而进入20世纪90年代之后,西部地区超越了中部地区。就变动态势而言,东部地区主要呈下降态势,2010年之后则进入小幅上升过程,反观中部和西部地区,20世纪90年代之前,这两个地区的变异系数呈现较为明显的下降态势,而到20世纪90年代中期之后,这两个地区的变异系数则逐渐都由降转升,且西部地区的升幅最大。根据地区层面变异系数的含义,结合图18-4的结果,东部地区内部全要素生产率主要趋向平衡发展,而中部和西部地区趋向于非平衡发展。

综合以上分析,三大地区劳动力生产率与全要素生产率在改革开放之后取得了显著提升,而资本生产率却逐渐下降,这与中国长期以来投资驱动的经济增长模式有关,这种模式加速了资本积累的进程,容易形成对粗放式增长模式的依赖,从而导致资本利用率水平降低。换句话说,市场的扩大可能会带来资本的积累,但并不一定带来技术的深化,尤其是资本生产率的改善。但资本积累对其他要素生产率的提升至关重要,因为劳动分工取决于市场规模,市场规模同样取决于劳动分工;资本投入为劳动分工的深化创造了条件,劳动分工扩大了市场、提高了生产效率,为资本进一步积累又创造了条件(吴振宇,2017)。

四、中国地区要素配置效率

在分析要素配置效率变迁的过程中,三大地区的要素配置效率根据前面的式(3)进行测算,且关于时间段的划分与之前的划分相同。

表18-6汇总了不同时间段内,三大地区的劳动力配置效率均值。从均值结果来看,只有东部地区的劳动力配置效率始终是正值,其他两大地区在前两个阶段的劳动力配置效率都是负值,因此,东部地区在前两个时间段内的劳动力配置效率水平最高,而在第三阶段,西部地区则一跃成为劳动力配置效率最高的地区,因为该阶段与西部大开发政策实施时间相对应,所以该结果表明,西部大开发政策对西部地区的劳动力配置效率提升起到了显著的推动作用。从均值变动态势来看,则是只有西部地

区劳动力配置效率均值呈上升态势,其他两个地区的劳动力配置效率均值则都呈现先降后升态势。图18-5则进一步展示了三大地区劳动力配置效率的具体变动情况。改革开放之后,东部和西部地区的劳动力配置效率均取得了较为明显的提升,其中东部地区在1994年之前经历了一轮配置效率下降的时期,但之后便一直保持强劲的上升势头,西部地区与东部地区的变动相似,其劳动力配置效率上升起步时间较晚,主要是在2000年之后,但上升速度很快,并在2009年超越了东部地区成为劳动力配置效率最高的地区。与其他两个地区相比,中部地区的劳动力配置效率尽管在2008年之后进入上升阶段,但其上升幅度较小,而且在上升之前,该地区劳动力配置效率下降的幅度也很小。因此,整体来看,中部地区劳动力配置效率仍有较大的改善空间。

表18-6 不同时间段劳动力配置效率均值

	1978—1991	1992—2001	2002—2016
东部地区	176.272 7	108.032 1	597.998 0
中部地区	−2.916 5	−13.395 2	52.923 8
西部地区	−47.600 8	−28.001 3	673.521 1

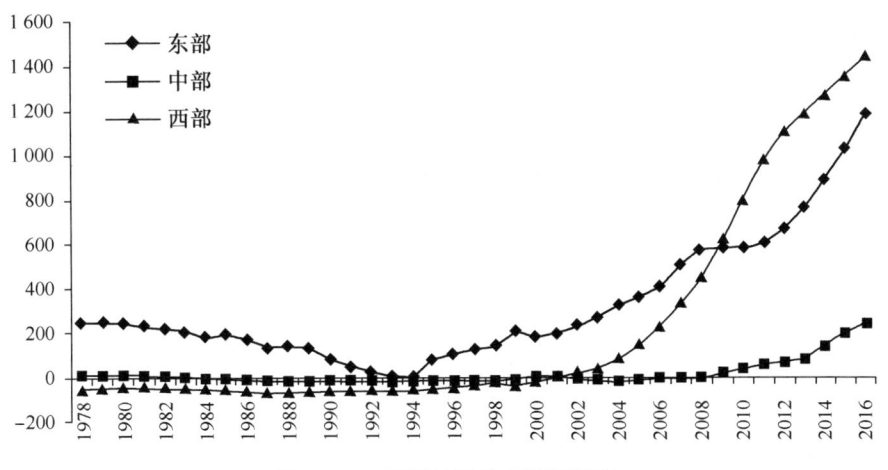

图18-5 不同地区劳动配置效率

接下来对资本配置效率进行分析。表18-7汇总了不同时间段内,三大地区的资本配置效率均值。从均值结果来看,与前面劳动力配置效率分析所得到的结果相反,东部地区的资本配置效率始终是负值,而其他两大地区在前两个阶段的资本配置效率则都是正值,其中西部地区在所有时间段内的资本配置效率水平都是最高的,结合三大地区内部各个省份的资本存量规模,该结果表明,资本存量规模越大,越容易导致资本配置效率的低下。从均值变动态势来看,所有地区资本配置效率均值都呈下降态势。图18-6则进一步展示了三大地区资本配置效率的具体变动情况。改革开放之后,东部地区的资本配置效率曾在一段时间内由负值转为正值,但其余时间都是负值,而且在1995年之后,该地区资本配置效率进入一轮明显的下降过程,并在2007年到达效率最低点,之后便重新进入效率提升阶段,但始终是负值。反观中部地区,在改革开放之后,该地区资本配置效率总体呈现下降态势,只有在某些较短时期出现过提升的现象。三大地区中,只有西部地区的资本配置效率在改革开放后经历了一轮较长时间的提升,并在1994年到达效率最高值,之后同样开始下降,与东部地区相似,西部地区在2008年之后再一次进入提升过程。将以上对资本配置效率的分析与前面对劳动力配置效率的分析进行对比可知,改革开放对资本配置效率的提升效果相对于劳动力配置效率来说是有限的,这同样与中国过去长期采用的投资驱动的经济增长方式有关。但同时也应该看到,近些年,资本配置效率有提升的势头,从一定程度上反映出创新驱动对资本配置效率的正面影响。从整体来看,东部和中部地区资本配置效率都有较大的改善空间。

表18-7 不同时间段资本配置效率均值

	1978—1991	1992—2001	2002—2016
东部地区	−0.007 8	−0.022 5	−0.050 5
中部地区	0.027 7	0.015 0	0.007 4
西部地区	0.075 4	0.070 3	0.047 8

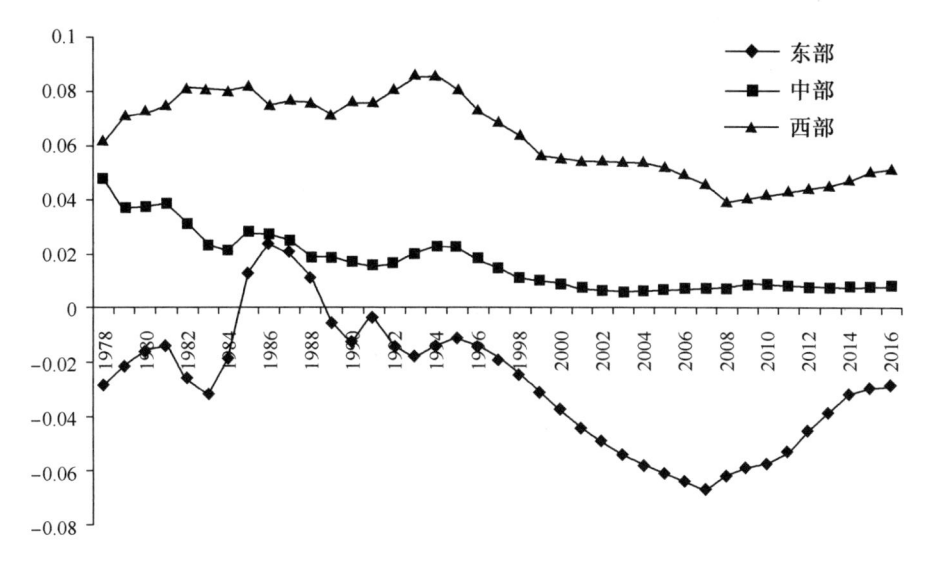

图 18-6 不同地区资本配置效率

最后对全要素配置效率进行分析。表 18-8 汇总了不同时间段内，三大地区的全要素配置效率均值。从均值结果来看，在第一个时间段内，东部地区是配置效率最高的地区，而在后两个时间段内，西部地区便取代东部地区成为配置效率最高的地区，该结果表明，虽然西部地区经济发展相对滞后，但其全要素配置效率却比较理想，类似于前面的资本生产率。从均值变动态势来看，东部和中部地区的全要素配置效率均值大致都呈先降后升态势，不同之处在于在第三个时间段内，东部地区的均值小于其在第一个时间段内的均值，而中部地区则是大于其在第一个时间段内的均值，而只有西部地区保持上升势头。图 18-7 则进一步展示了三大地区全要素配置效率的具体变动情况。与图 18-5 和图 18-6 进行对比可知，不同地区全要素配置效率的变动更接近于劳动力配置效率的变动态势。改革开放之后，东部地区的资本配置效率有一轮明显的下降过程，进入 20 世纪 90 年代后则是起伏不定，直到 2011 年之后，东部地区全要素配置效率才进入明显的上升过程。反观中部地区，在改革开放之后，该地区资本配置效率总体呈现先降后升的态势，但变动幅度均很小。与前面劳动力配置效率分析所得到的结果相似，三大地区中，只有西部地区的资本配置效率在改革开放后一直保持上升势头。从整体来看,东部和中部地区全要素配置效率都有较大的改善空间。

表 18-8 不同时间段全要素配置效率均值

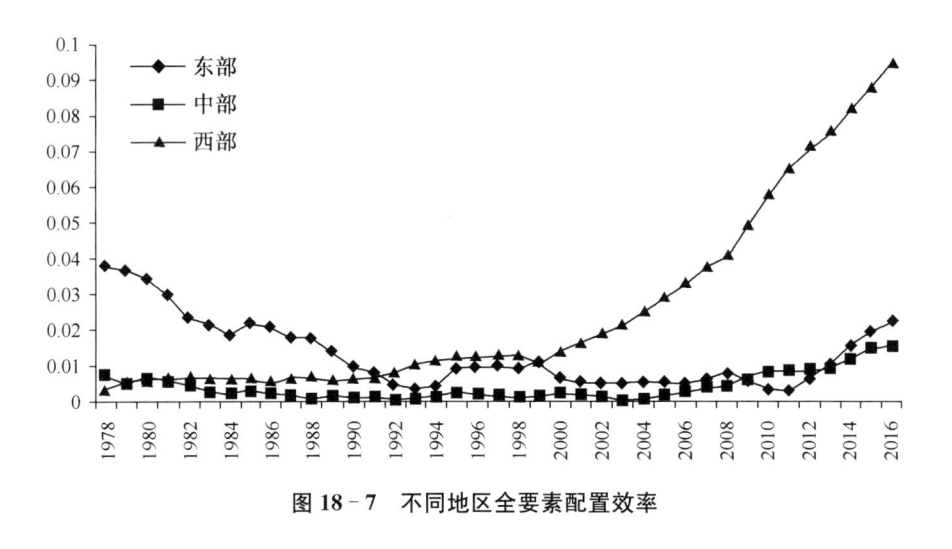

	1978—1991	1992—2001	2002—2016
东部地区	0.022 3	0.007 3	0.008 4
中部地区	0.003 2	0.001 6	0.006 5
西部地区	0.006 1	0.012 4	0.052 8

图 18-7 不同地区全要素配置效率

综合以上分析,从要素配置效率的角度来看,改革开放后,除了劳动力配置效率,西部地区的要素配置效率均高于东部和中部地区,而即便是劳动力配置效率,在近些年,西部地区也已经超过了东部地区。东部地区的劳动力和全要素配置效率先降后升,资本配置效率先升后降再升,中部地区的劳动力配置效率和全要素配置效率都是先降后升,但变动幅度很小,资本配置效率则是几乎一直保持下降态势,西部地区劳动力配置效率和全要素配置效率则都是几乎一直上升,资本配置效率则是先升后降。因此,尽管从前面要素生产率的分析结果来看,西部地区要落后于东部地区,但西部地区在要素配置上更加合理,这与两个地区资源的丰富度有关,东部地区劳动力和资本等要素资源丰富,且生产率水平高,所以即使资源错配,短期内对总产出的负面影响也不是很突出,导致其对资源错配的敏感度较低,而西部地区则不同,该地区劳动力和资本等要素资源稀缺,且生产率水平低,如果资源错配,对总产出的负面影响会更快地凸显,所以其对资源错配的敏感度较高,能够更加有效地配置资源。

五、中国地区要素生产率协调度

在分析要素生产率协调度变迁的过程中,三大地区的要素生产率协调度同样是通过对地区内所有省份的数据取平均值得到,且关于时间段的划分也与之前的分析相同。

表18-9汇总了不同时间段内,三大地区的劳动生产率协调度均值。从均值结果来看,只有东部地区的劳动生产率协调度呈现上升态势,其他两个地区的劳动生产率协调度均呈现下降态势,且在所有时间段内,东部地区的均值都要低于中部和西部地区,西部地区一直是均值最高的地区。图18-8展示了三大地区劳动生产率协调度和地区之间资本生产率协调度之比的变动情况。从劳动生产率协调度来看,改革开放之后,东部地区的劳动生产率均取得了较为明显的提升,而中部和西部地区在早期略有提升,而后便进入小幅下降过程,且从整个时间段来看,东部地区劳动生产率协调度均值始终是最低的,而西部地区始终是最高的,这一点与前面分时段分析所得到的结果相同。另外,根据图18-8,东部地区与中部和西部地区的劳动生产率协调度之间的差距一直在缩小,中部和西部地区的劳动生产率协调度之间的差距尽管有所扩大,但变动幅度远小于东部地区与其他两个地区之间缩小的幅度。1978年,东部地区与中部地区劳动生产率协调度之比约为0.92,而到了2016年,该比值升至约0.99,是整个时间段的最大比值,同样,在1978年,东部地区与西部地区劳动生产率协调度之比约为0.91,到了2016年,该比值也升至约0.99。以上结果表明,改革开放后,东部地区劳动生产率协调度正在改善,而中部和西部地区劳动生产率协调度尽管有所恶化,但中部和西部地区的劳动生产率协调度水平仍高于东部地区水平。

表 18-9　不同时间段劳动生产率协调度均值

	1978—1991	1992—2001	2002—2016
东部地区	0.915 2	0.937 2	0.954 7
中部地区	0.984 4	0.975 1	0.971 1
西部地区	0.991 5	0.986 5	0.983 5

(a)

(b)

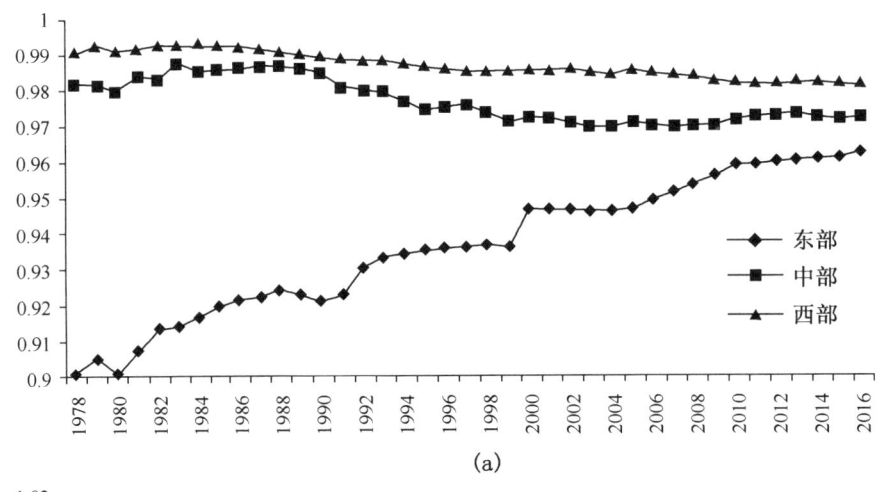

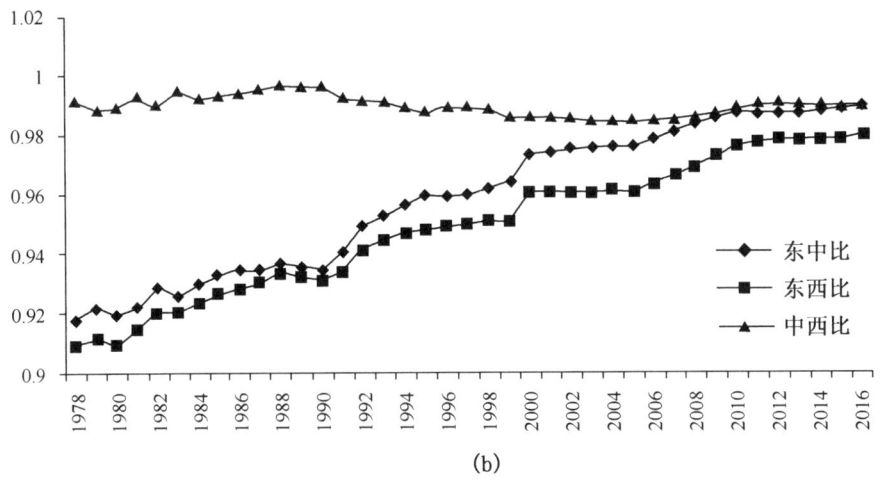

图 18-8　不同地区劳动生产率协调度(a)和协调度之比(b)

表18-10汇总了不同时间段内,三大地区的资本生产率协调度均值。从均值结果来看,所有地区的资本生产率协调度均呈现先升后降的态势,且在所有时间段内,东部地区的均值都要低于中部和西部地区,西部地区在第一个和最后一个时间段内是均值最大的地区,中部地区则在第二个时间段内是均值最高的地区。图18-9进一步展示了三大地区资本生产率协调度和地区之间资本生产率协调度之比的变动情况。从资本生产率协调度来看,改革开放之后,东部地区的资本生产率均取得了较为明显的提升,但在20世纪90年代经历了一个明显的先升后降的过程,而中部和西部地区均呈现先升后降的过程。从整个时间段来看,东部地区资本生产率协调度均值始终是最低的,而西部地区在绝大多数时间都是最高的,这一点与前面对劳动生产率协调度分析所得到的结果相似。另外,根据图18-9,从不同地区之间资本生产率协调度的差距来看,东部地区与中部和西部地区的资本生产率协调度之间的差距在1992年之前呈扩大态势,主要是因为相较于中部和西部地区资本生产率协调度的快速提升,东部地区则相对滞后,但在1992年到1996年,东部地区的资本生产率协调度出现了一个显著的提升,致使其与其他两个地区之间的差距也加速缩小。1996年之后,东部地区与其他两个地区之间的差距先有所扩大后有所缩小,在考察期末,东部地区与中部和西部地区的差距几乎消失了,1978年,东部地区与中部地区资本生产率协调度之比约为0.98,而到了2016年,该比值升至约1.00,同样,在1978年,东部地区与西部地区资本生产率协调度之比约为0.98,到了2016年,该比值也升至约1.00。中部和西部地区的资本生产率协调度之间的差距则呈现较强的波动态势,但除了在中间一段时间比值大于1,其他大部分时间,比值均小于1。以上结果表明,与前面对劳动生产率协调度分析所得到的结果相似,改革开放后,东部地区资本生产率协调度正在改善,而中部和西部地区资本生产率协调度虽然在后期有所恶化,但两地仍始终保持高于东部地区水平。

表 18-10　不同时间段资本生产率协调度均值

	1978—1991	1992—2001	2002—2016
东部地区	0.916 1	0.954 7	0.945 7
中部地区	0.957 3	0.981 0	0.956 5
西部地区	0.965 4	0.979 1	0.966 4

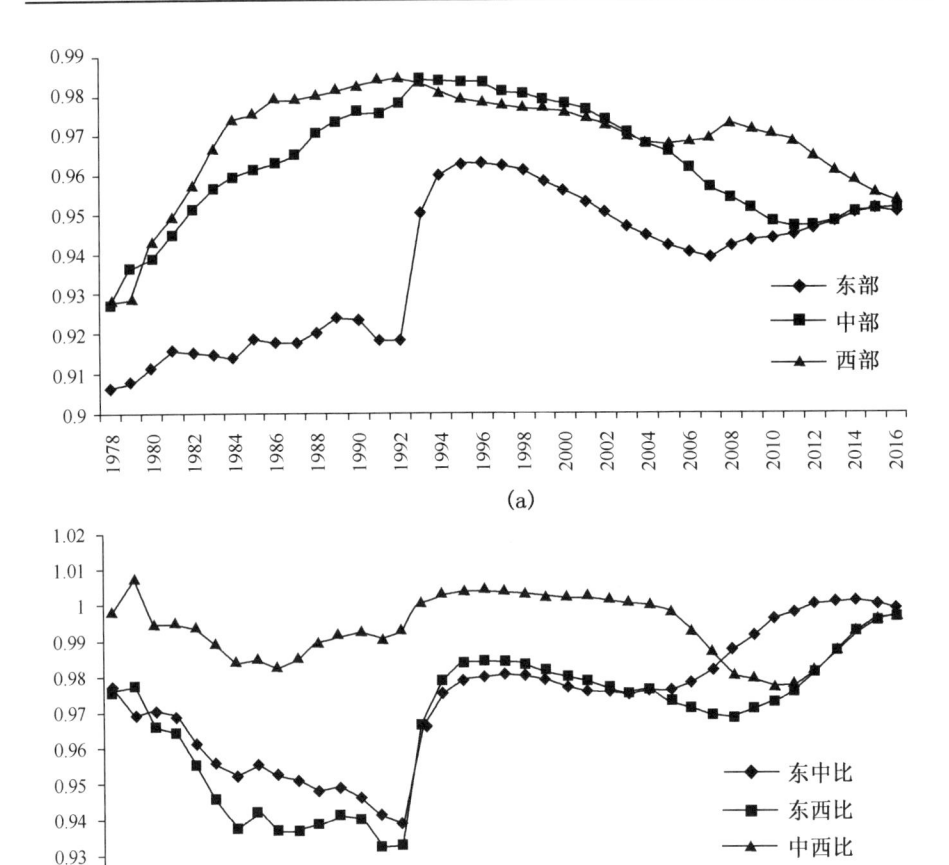

图 18-9　不同地区资本生产率协调度(a)和协调度之比(b)

表18-11汇总了不同时间段内,三大地区的全要素生产率协调度均值。从均值结果来看,所有地区的资本生产率协调度均呈现先升后降的态势,且在所有时间段内,东部地区的均值都要低于西部地区,西部地区在第一个和最后一个时间段内是均值最高的地区,中部地区则在第二个时间段内是均值最高的地区。比较第三个时间段内与第一个时间段内的均值可知,东部和中部地区在考察期末的均值高于考察期初,而西部地区低于考察期初。图18-10进一步展示了三大地区全要素生产率协调度和地区之间全要素生产率协调度之比的变动情况。从全要素生产率协调度来看,改革开放之后,三大地区均呈现先升后降的过程,且从整个时间段来看,在2008年之前,东部地区全要素生产率协调度均值始终是最低的,而西部地区在20世纪90年代之前是最高的,20世纪90年代后则是中部地区,这一点与前面分时段分析的结果相同,不同之处则是,在2008年之后,东部地区陆续超过中部和西部地区,成为协调度最高的地区。根据图18-10,三大地区全要素生产率协调度之间的差距均呈缩小态势,且2008年之后,由于东部地区的反超,东中比和东西比都超过了1。比较考察期末与考察期初的比值,1978年,东部地区与中部地区全要素生产率协调度之比约为0.96,东部地区与西部地区的比值约为0.92,中部地区与西部地区的比值约为0.96,而到了2016年,东部地区与中部地区全要素生产率协调度之比约为1.02,东部地区与西部地区的比值约为1.02,中部地区与西部地区的比值约为1.01。以上结果表明,改革开放后,三大地区全要素生产率协调度均得到了不同程度的改善,尤其是东部地区。

表18-11 不同时间段全要素生产率协调度均值

	1978—1991	1992—2001	2002—2016
东部地区	0.929 9	0.969 0	0.973 1
中部地区	0.956 3	0.984 9	0.972 2
西部地区	0.977 6	0.982 9	0.973 4

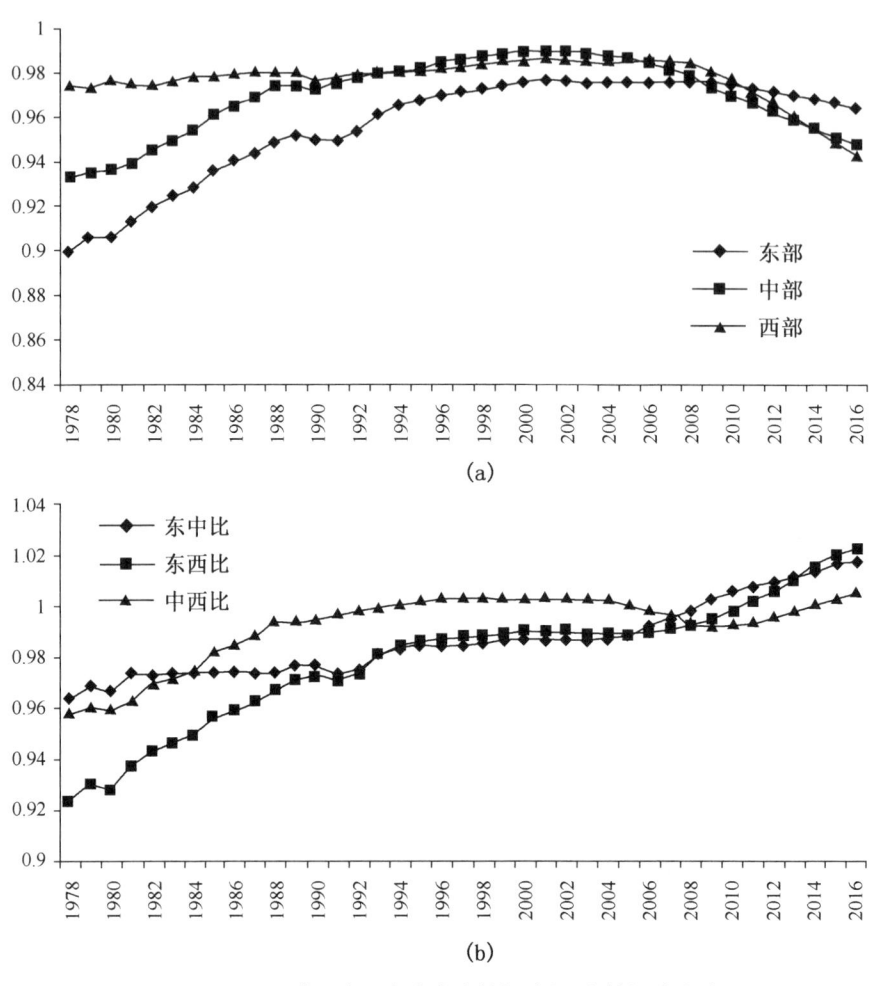

图 18-10 不同地区全要素生产率协调度(a)和协调度之比(b)

综合以上分析,改革开放后,东部地区劳动生产率和资本生产率协调度在改革开放之后取得了显著提升,而中部和西部地区劳动生产率协调度有所恶化,资本生产率协调度则是先改善后恶化,但从最终结果来看,相较于改革之初,这两个地区的资本生产率协调度还是有所该善。反观三大地区全要素生产率协调度,在改革开放后早期,所有地区全要素生产率协调度均实现了改善,但在后期则逐渐恶化,从最终结果来看,仍然相较于改革之初有所改善。另外,从协调度水平来看,中部和西部地区要素生产率协调度水平都要始终高于东部地区,表明虽然中部和西部地区要素生产率水平不如东部地区,但其内部要素生产率协调度水平更高,这一点与前面要素配置效率相同,表明相对于东部地区,中部和西部地区内部各个省份之间要素生产率发展更加协调,更趋向于区域平衡发展。

六、结 论

改革开放开启了中国经济新的发展阶段,无论从经济规模上,还是从经济效率上,中国经济都实现了突破。然而,在取得成功的同时,却也带来了诸多发展隐患,为了解决这些隐患,也为了实现新时期中国经济发展的目标,主要对策之一就是要激活整个社会创新活力,培育以创新驱动为核心的新动能。在上述背景下,提高要素生产率已经成为中国经济由高速增长转向高质量发展的内在要求。目前,关于创新驱动的相关研究,关注更多的是全要素生产率,相关测算方面的研究也主要测算的是全要素生产率,而忽视了对劳动生产率与资本生产率的研究。本研究认为将单要素生产率与全要素生产率并行研究,有助于更加全面地理解改革开放之后,中国要素生产率的变化。同时,为了从更多元的视角理解要素生产率的变迁过程,本研究又进一步分析了要素配置效率以及要素生产率协调度的变化。从三种要素生产率视角切入,并兼顾要素生产率、要素配置效率和要素生产率协调度等三个层面探讨地区要素生产率的变化,构成了本研究的主要创新点。通过进行相应的数据测算和比较分析,本研究得到以下几个主要结论。

首先,从要素生产率来看,无论是单要素生产率还是全要素生产率,东部地区的要素生产率均高于中部和西部地区。改革开放之后,所有地区的劳动生产率与全要素生产率都取得了突破,且保持着稳定的上升态势,然而,受到资本过度积累的影响,所有地区的资本生产率则主要呈下降态势,只有西部地区曾出现一段时间的上升态势。另外,东部地区与中部和西部地区之间的差距在改革开放之后的一段时间内有所扩大,但之后便进入了缩小的阶段,表明地区间要素生产率发展正在趋向更加平衡的发展。

其次，从要素配置效率来看，除了劳动力配置效率外，与要素生产率的结果相反，西部地区的要素配置效率都要高于其他地区，而即便是劳动力配置效率，在近些年，西部地区也已经超过了东部地区。改革开放之后，东部地区的劳动力和全要素配置效率先降后升，资本配置效率先升后降再升，中部地区的劳动力配置效率和全要素配置效率都是先降后升，但变动幅度很小，资本配置效率则是几乎一直下降，西部地区劳动力配置效率和全要素配置效率则都是几乎一直上升，资本配置效率则是先升后降。

最后，从要素生产率协调度来看，与要素生产率的结果相反，所有单要素生产率协调度东部地区都是最低的，而西部地区都是最高的，而就全要素生产率协调度而言，在大部分时间里，东部地区也是最低的，但近些年，东部地区则是实现了反超，成为最高的地区。改革开放之后，中部和西部地区的劳动生产率协调度呈下降态势，而资本生产率协调度与全要素生产率协调度均主要呈先升后降的态势，表明这些地区的要素生产率协调度在后期有所恶化。东部地区则不同，该地区在改革开放后，劳动生产率协调度与资本生产率协调度总体呈上升态势，只有全要素生产率协调度呈先升后降态势。另外，东部地区与中部和西部地区之间在劳动生产率协调度和资本生产率协调度方面的差距逐渐缩小，尤其是资本生产率协调度，几乎达到同一水平。

综上所述，改革开放后，中国不同地区的劳动生产率和全要素生产率都取得了突破，尤其是劳动生产率，但同时，由于对投资的过度依赖，导致资本生产率越来越低。另外，取得较快发展的东部地区，在要素生产率协调度和要素配置效率方面长期落后于中部和西部地区，体现了地区间要素生产率发展的差异。如何提高东部地区要素生产率的协调发展程度，以及如何改善该地区的要素配置效率，是其下一步需要重点解决的问题；而西部地区需要在尽可能保持现有要素生产率协调度和配置效率的前提下，继续挖掘自身潜力，努力提高要素生产率；至于中部地区，既需要提高要素生产率，也需要提高要素生产率协调度并改善要素配置效率。由于中国三大地区不同的发展情况，每个地区都需要根据自身的问题实施具有针对性的策略，上述结论并不意味着东部地区不需要提高要素生产率和西部地区不需要继续提高要素生产率协调度并改善配置效率，本研究的目的在于揭示不同地区要素生产率的发展情况，并通过比较发现不同地区需要给予更多关注的方面。

本文原载于《数量经济技术经济研究》2018年第10期,编入本书时做了适当修改。作者:李言、高波、雷红。

第四篇

风险投资、科技创新与经济增长

第十九章 风险投资溢出效应：一个分析框架

一、风险投资溢出效应：概念的提出

20世纪90年代以来，西方发达国家的经济增长由知识驱动的特征日趋明显，并逐步进入"新经济"增长时代，表现为新兴高科技知识产业的迅猛成长和传统产业部门的知识化以及经济的全球化。新经济的核心要素是新知识，而新知识向实际生产力转化不可或缺的条件是资本。从新经济成长的规律来看，一般形态的资本并不能为新经济提供这种知识转化的动力，而风险资本是新知识向实际生产力转化的媒介。因为风险投资活动能有效地将投资行为和科技生产力转化行为有机地结合在一起。不仅如此，风险投资业本身就是重要的知识产业之一，它与其他重要的知识产业——高新技术产业之间存在紧密的相互推动关系。从新经济角度看，风险投资活动实质上是高新技术产业的信息、知识和理念的载体，而不仅仅是一般的资金投入活动。风险资本市场实质上是一个创新、信息、知识和理念的交流、互动的网络。在这一网络中，凭借其尖端的知识和高超的技能，创业者得到必要的资金，投资者获得高速的资本增值。美国硅谷之所以能够持续迅猛发展，动力源泉主要来自两大紧密相关的行为，即风险投资行为和科技创业行为。

由此可见，风险资本是新经济成长的加速器，它通过项目选择和资本投入过程带动知识创新活动的大量开展和高新技术产业的迅速成长。因此，风险资本具有相应的溢出效应，可以说风险资本是新知识扩散和溢出的加速器，是新经济形成的催化剂。当然，任何投资活动都有可能产生某种溢出效应，但从风险投资推动高新技术产业化进而促进经济增长的角度讲，它具有与一般投资活动不同的溢出效应。从根本上讲,风险资本的溢出效应是一种经济增长效应,是报酬递增的源泉,以经济增长模型来描述则表现为劳动生产率的持续提高。

经济学家普遍认为,一国竞争优势的获得已经不再体现为资源禀赋的相对优势上,而体现为创新的差异上,特别是拥有的自主知识产权的水平,并表现为生产率的差异。正因为风险资本具有推动高新技术创新并拥有自主知识产权,以及促进高新技术产业化,从而推动生产率持续提高的效应,所以国家竞争优势的增强已在一定程度上取决于本国风险投资业发展的水平。英国前首相撒切尔夫人在比较英美两国经济增长时曾感叹道,英国不是在高科技本身上输给了美国,而是在风险投资上输给了美国。这就是风险资本溢出效应导致的差异。

风险资本溢出效应集中表现为生产率提高的效应,从而创造出一个报酬递增的世界。具体表现在三个方面:先进和专业化的生产要素的创造与结构变迁,需求扩张与结构变迁,以及高新技术产业和关联产业的产生和成长。

(1) 创造并提升先进和专业化的生产要素,生成新资源,引致结构升级。风险投资集中投资于知识创新和技术创新领域,以及高新技术产品的开发和研究。这种投资将创造出新的、专业化的生产要素,生成新资源,并生产出相应的高新技术产品,促使生产技术体系的进步。新的生产要素的创造和引入,高新技术产品在社会总供给中比重的上升,引致生产率的提高,并引起供给结构的变化和升级。

(2) 刺激和创造新的需求及其结构变迁。新的、专业化的生产要素的创造和引入,不断生产出新产品,开拓新市场,从而创造出新需求。一方面,风险投资和高新技术产业的产生和成长产生引致需求,促进需求规模的扩大;另一方面,新产品的供给,刺激新需求的形成和扩大,从而引起需求数量的扩张和需求结构的变化。

(3) 风险资本催生高新技术产业,高新技术产业引致关联产业成长,并对传统产业改造产生渗透和影响。风险投资促进高新技术产业的产生和成长,而由高新技术产业进一步形成一条产业链,并以网络方式加以扩散和渗透。在一国经济竞争富有活力、市场体系完备的条件下,这一扩散和渗透更加明显。

二、风险资本溢出效应的实现路径

风险投资的溢出效应,是通过风险资本溢出机制(如图 19-1)的运行实现的。其假设如下。(1)风险资本作为一种独特的制度安排,风险资本投入高新技术创新、产品开发和产业化的过程,不只是一种单纯的金融支持,而是对高新技术产业的产生和成长提供了一种激励机制。(2)高新技术产业具有不同于传统产业的规模经济性、范围经济性、速度经济性和关联经济性等特征,通过产业链的运动对产业变迁产生深刻影响。(3)高新技术产业的产生和成长及其扩散和渗透,引起全社会生产率的提高,使经济增长进入报酬递增的世界。例如,高新技术产业发展的范围经济性,是指高新技术的发展,通过其技术经济动态系统加以扩散,带动其相关技术产业的发展。以机电一体化技术为例,除了传统的机械技术外,它还需要有控制技术、传感技术、电脑技术、软件技术等做相应支持,其发展必然带动相关技术产业的发展和升级。高新技术的这种技术经济特征及其对经济增长的推动,是风险资本溢出效应的显著体现。

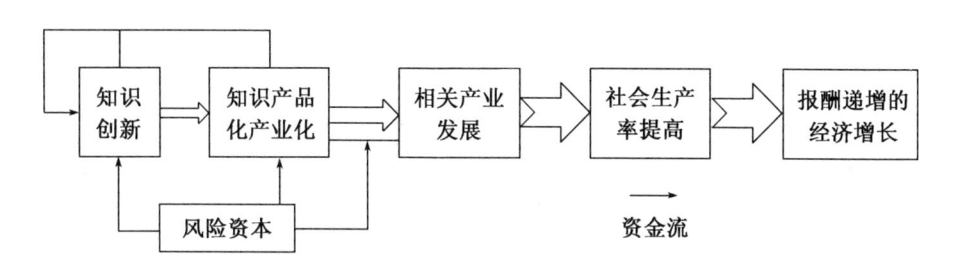

图 19-1 风险资本溢出机制

风险资本促进知识创新、产品开发和高新技术产业化,进而提高生产率水平,出现报酬递增的经济增长,显示出其独特的溢出效应。一般而言,风险资本溢出效应的实现路径主要有四个方面。

1. 知识创新

从根本上讲,劳动生产率的提高是由创新引起的。熊彼特认为,创新就是"建立一种新的生产函数",是把一种从来没有过的关于生产要素和生产条件的"新组合"引入生产体系,而"经济发展"就是对社会不断实现这种"新组合"。熊彼特还定义了"创新"的五种形式,为研究经济发展提供了思路。而内生经济增长理论则把知识因素内生于生产函数。社会知识创新水平的高低,直接决定了劳动生产率和社会生产力水平,知识创新是经济增长的根本动力。

风险资本从两个方面促进知识创新:一是补充企业高新技术研究与开发(R&D)投资;二是提供一种激励,引导社会资本向知识创新环节投入。

一般说来,社会的研究与开发投入(R&D)是知识创新的主要途径之一。根据西方国家的标准产业分类依据,作为新经济支柱的高新技术产业具有高层次、高势能、高投入等内在特点,其R&D费用占销售总额的比重比一般产业要高出10—12倍,高新技术产业的R&D强度明显高于传统产业。可见,知识创新需要有大量能直接承担风险的投资来支撑。而风险资本的不断扩张和风险投资业的发展,大大拓展了R&D的投入渠道,提高了R&D的投入水平,为R&D活动的持续开展和知识创新提供了重要的保障。

当然,风险资本投入R&D与全球R&D投资总额相比所占比例很小,风险资本直接投入R&D在知识创新中只能起到补充作用。但更重要的是风险资本独特的组织结构和市场运作机制,对知识创新投资具有激活效应,起到四两拨千斤的效果,少量的风险资本可以带动大量的社会资本投入知识创新过程。由于风险资本在高技术产业发展中的巨大成功,作为一种高风险获得高收益的成功案例,刺激社会资本进行同样的运作,促进资源的有效配置,提高资源配置效率。

2. *技术扩散*

一般而言,某种创新总是先在个别企业或行业进行的,因而这些企业或行业相对于其他企业或行业具有更高的生产率,并形成其竞争优势。而市场竞争又促使其他企业或行业进行相应的创新或引进先进技术,以提高生产率。正如波特所言,根本不存在低技术产业这一说法,有的只是低技术公司——即那些不能使用世界先进技术和惯例做法以提高生产率和创新能力的公司。

风险资本一方面通过投资于高技术产业,形成了国民经济中生产率和竞争力相对更高的部分,对其他产业产生了一种示范与带动作用,促使这些产业主动提高自身生产率;另一方面通过推动高技术产业发展,结果是使高新技术的大量出现和高技术产品的普及,这也为其他产业通过采用这些技术和产品提高自身生产率创造了条件。只要存在生产率的差异,这一技术扩散和社会生产率总水平提高的过程就不会停止。事实上,在社会资源既定的条件下,一个企业或产业要生存和发展,就必须争取到相应的资源。高新技术产业的发展引起资本、人力资本等社会资源的更多流入,必然影响其他产业的资源获得。即使是为了生存,这些产业也要提高生产率,以吸引资源的流入,而吸收技术扩散是比较有效的手段之一。因此,技术扩散是获得风险资本溢出效应的重要途径。

3. 组织成长与制度变迁

经济活动总是在一定的制度环境下由各个组织实施的。制度与组织在竞争中的作用在于,它不仅是一种限制的框架,更是一种核心技术,是企业和社会创新能力的源泉。适合现实市场环境要求的社会制度和组织形式,是充分发挥知识创新成果的基础,从而体现出生产率上的竞争优势。因此,制度与组织成长同样是获得风险资本溢出效应的途径之一,而技术创新又为新型制度与组织形式的出现创造了一定的条件。例如,二板市场是金融制度的重要发展。又如,网络技术的出现使网络经济得以发展,企业为适应这一变化出现了扁平化的组织、柔性组织等新型组织形式,在企业外部组织形式上也有虚拟一体化企业和产业集群的出现,有效地降低了企业的经营风险。以产业集群这种组织形式为例,它既可以保持集群内企业在水平层面上的竞争,又能促进集群内企业在垂直层面上进行合作,因而兼具市场和垂直一体化企业的优势。这种组织形式虽然存在已久,但在网络技术发展以后获得了更广泛的应用,并切实提高了相关产业、地区的生产率和竞争力。这里风险资本溢出效应表现为,风险资本对高新技术产业的支持引起市场环境的改变,从而推动了制度与组织的创新和发展,促进了社会生产率的提高。

4. 人力资本积累

人力资本在经济增长与获得竞争力中的作用已有大量的研究。就社会生产率而言,人力资本状况如何是一个关键性因素。人力资本是知识创新、技术扩散以及制度变迁和组织成长的基础。高新技术产业的发展,将逐步提高社会对技术的掌握和认识水平。这一过程需要一定的时间,难以一蹴而就。社会人力资本存量的多少直接影响到生产率水平的高低。风险资本溢出效应的发挥在很大程度上依赖于人力资本积累情况。

人力资本的积累可以通过"边干边学"的形式进行。在某些行业,先行企业从过去的生产活动中所获得的经验会使其现期的生产成本降低,因而经验可以看作资本的一种形式。对人力资本来说同样如此。高新技术行业的工作经验积累,使得某些人才在运用高新技术及其产品时比没有这一经验的人更加熟练,因而雇佣较多有经验人才的企业在生产率上具有相对优势。随着高新技术产业的发展,具有这种经验的人力资本存量越来越多,新技术应用将越来越便利,成为报酬递增的源泉,社会生产率因而得到相应提高。

三、对我国的启示:建立报酬递增的经济增长模型

风险投资的溢出效应,表现在由于先进和专业化的生产要素的创造,随着知识资本的不断积累,劳动生产率得以持续提高,从而实现报酬递增的经济增长。由于我国风险投资业初步生成,技术创新水平较低,高新技术产业份额极小,风险资本的溢出效应对经济增长的贡献很少。当今世界,竞争日趋激烈和全球化,竞争的核心要素是知识,竞争的实质是生产率的差距,而风险资本是导致这种差距的主要因素之一。中国要在长期经济增长中胜出,必须由就业增长型经济转变为知识创新主导型经济。这就要大力发展风险投资业,建立和完善知识创新体系,促进高新技术产业化,充分获取风险投资的溢出效应。

1. 从战略角度构筑知识创新体系,培育知识创新机制

知识创新是长期经济增长的不竭的动力,是国家竞争优势的根本源泉。长期以来,我国没有建立起完善的知识创新体系,政府促进知识创新的作用不充分,高等学校和科研机构推动知识创新的动力不足,企业的知识创新意识和创新能力还比较低,政府、市场和企业的知识创新功能缺乏。知识创新的基础是教育,知识创新的核心要

素是人力资本。而我国的全民教育水平还比较低，人力资本存量严重不足。因此，我国必须迅速构建知识创新体系，培植未来长期经济增长的现实基础。

在我国现阶段，政府在促进知识创新方面的作用尤其重要。但是，在强调发挥政府作用的同时，特别要注意政府作用应当通过适当的方式表达，以及明确发挥作用的领域。政府对知识创新的推动应该以经济政策为主，尽量避免行政手段。构建知识创新体系，培育知识创新机制，关键在于建立一种知识创新的激励机制，吸引社会资源投入知识创新。高等学校和科研机构是知识创新的主战场，政府必须不断增加对高等学校和科研机构进行知识创新的投入，在税收上鼓励企业对高等学校和科研机构捐款，并建立相应的知识创新激励机制。对于企业的自主知识创新活动，给予金融支持和税收优惠。政府要十分重视基础教育和基础理论研究，着眼于提高整个社会国民的素质。大力发展普通高等教育，同时注重精英人才的培养，扩大人力资本积累，奠定知识创新的教育基础。

2. **完善风险投资制度，促进风险投资市场发育**

由于风险投资的投入对象通常是新兴产业，建立与此相配套的法律体系难度较大，客观上制约了风险投资业的发展。因此，需要构造风险投资业成长的法律框架，建立一个完善的法律制度，来保障风险投资相关契约的实施。目前，要尽快制定一些具体管理办法，包括风险投资公司投资高新技术企业的出资方式、出资额、对外投资限制、税收、法人股处理等，都应在管理办法中作出有别于其他一般公司的明确规定。如规定风险投资公司的资本出资实行承诺制，允许风险投资公司的对外投资额超过50%。

充分利用资本市场，并通过开放资本市场，迎接 WTO 的机缘和应对经济全球化的挑战，促进风险投资业的发展。(1) 规范发展证券市场，加快资本市场国际化的进程。(2) 培植和完善风险投资的退出机制，降低中小科技企业的公开上市(IPO)门槛，促进风险企业的收购与兼并(M&A)，并主动吸引境内外资金对我国高新技术产业投资。(3) 推进金融机构、科技担保机构的金融创新，建立并完善我国科技风险担保体系。(4) 促进融资制度创新，大力吸引民间资本进入风险投资领域，迅速扩大风险投资的资金规模。(5) 加强与国外风险投资机构的合作，向外国的风险投资开放市场,组建合资公司,这样一方面可以利用国外的资金;另一方面还可以学习风险投资的技巧与经验,更重要的是我们可以利用国外的证券市场,方便风险投资的退出。

3. **培育高新技术等新兴产业,并根据世界产业分工调整的趋势推进产业升级**

通过加快发展风险投资业,促使新兴产业的成长和发展,而高新技术等新兴产业的兴起,可以推动结构变迁和产业升级,使劳动生产率得以持续提高,从而实现报酬递增的长期经济增长。因此,风险投资业的发展本身不是目的,实质是要实现高新技术产业化,并运用高新技术产业改造传统产业,形成产业竞争优势和国家竞争力。

在中国融入世界经济竞争的过程中,要充分利用世界产业分工调整的机会,培育符合世界经济发展趋势和有效扩大国内市场需求的新兴产业。同时,要与国际产业资本大量流入中国相对应,带动高新技术向我国的流动。由于中国高速经济增长的现实和丰富的人力资源条件,以及中国制造业竞争力的不断提升,把中国建成世界工厂的呼声越来越高。这既向中国企业提出了挑战,也给中国的产业升级带来了机遇。但是,在产业转移过程中,中国必须十分重视主导产业的选择,培育代表未来产业发展趋势、科技含量高、市场需求广阔的产业,而且特别要防止污染转移。与此同时,采取有效措施促进现代服务业的发展,加速结构调整和产业升级。

本文原载于《南京大学学报(哲学·人文科学·社会科学)》2003年第4期,编入本书时做了适当修改。作者:高波。

第二十章　论风险投资与高新技术产业化

世界经济增长的历史变迁和主流表明,创新是经济增长的持久的动力源泉。在经济增长过程中,创新的内涵十分丰富,组织创新、制度创新、知识及技术创新等都对经济增长产生了强大推动。在创新中,高科技的产生和产业化极其重要,这种创新对经济增长的推动作用主要是通过知识型企业组织来实现的。知识型企业借助于风险投资的运作,实现创新知识的资产证券化,创新知识随着其产品市场需求的扩大和知识的外溢效应的扩展,而持续不断地推动经济增长。

一、知识型企业创业初期的风险特征

由于分工的加深,创新拥有者与资金及管理技术拥有者分离的可能性越来越大,一个知识型企业的发展离不开三者合作。然而,知识型企业有与以往传统企业不同的风险特征,这是影响创新产业化的直接原因。在国际科技工业园区普遍认同的高科技产品中,高科技的含量必须超过产品技术含量的70%,而开发这种产品的知识型企业也存在着更高的风险性。

在知识型企业的发展初期,首先面临的是技术风险。创新的目的在于创造能够产生利润的知识产品,而且在这个过程中,创新的技术最好是能获得专利保护或能够作为不易模仿的商业机密。然而,在技术创新的过程中,技术能否成功是不确定的,即使技术成功,技术垄断寿命也是难以预期的。

其次,知识产品从私人产品向社会产品的"跳跃"过程中存在比前工业化时期私人产品与社会产品更大的鸿沟,因而市场风险更大。知识在创造新的科技产品的同时也必须创造市场,市场可能对新产品持观望的态度或暂时做出错误的判断,这就影响了企业对市场容量的判断。而且超前的知识产品的时间与诱导出需求的时间有一定的时滞,有时这种时滞足以否定这种产品的价值。如贝尔实验室在 20 世纪 50 年代就推出了图像电话,过了 20 年才实现该技术的商业价值。

再次,高科技企业也面临更高的管理风险。如同其他类型的企业一样,最终决定知识型企业能否长久地生存下去依赖于企业是否有良好的管理,知识型企业在技术可行、产品被市场接受之后,能否迅速地成长扩张,并利用消费者对知识产品消费的路径依赖的作用,不断地创新产品以创造更大的市场需求,在很大程度上依赖于管理者的管理和决策能力。然而,知识型企业的管理者往往会对自己企业的超常发展缺少思想上的准备,组织管理跟不上企业发展的需要,导致决策的失误,这就要求有管理分工的支持。

此外,在现实中,对知识型企业往往还存在着价值发现的障碍。知识型企业发展的创新性,决定了其发展初期必然是小规模的。传统的对企业价值的判断标准不能认识到擅长创新的知识型企业具有高成长和高收益的特点,而片面强调其抗风险弱的特征,影响对初创期知识型企业的价值的判断。而且,在初创阶段的知识型企业中,无形资产占绝大部分,这种缺少实物资产的企业很难被不具有专业知识的普通投资者接受,就是传统的金融机构也会由于其风险偏好程度不高而很难支持这种期望收益很高同时风险也很大的创新型知识企业的发展。传统的商业银行多是风险回避型的,而且发展初期的小型化的特征又使知识型企业无法在证券市场上融资,传统的金融机构只想"共享收益"而不愿共担风险。所以,知识型企业的发展需要有风险偏好型的金融机构的支撑。

二、不同风险偏好投资者的效用特征与风险投资的存在价值

假设一个项目的收益 R 具有 $f(R)$ 的概率分布,R_{max} 为收益上限,则项目的期望收益为:

$$E(R) = \int_0^{R_{max}} R \cdot f(R) dR \qquad (20-1)$$

第二十章 论风险投资与高新技术产业化

对于不稳定的收益,不同的投资者对风险的偏好程度不同,引进效用函数$U(R)$来表示对获得收益R的主观满足程度,则期望效用为:

$$E[U(R)] = \int_0^{R_{\max}} f(R) \cdot U(R)dR \qquad (20-2)$$

风险回避型的金融机构的特点是:在期望收益相同的情况下,喜欢收益分布比较集中的投资项目。其效用函数满足:

$$U[E(R)] > E[U(R)] \qquad (20-3)$$

即在收益确定为$E(R)$时的效用大于风险情况下的期望效用,其效用函数形态如图20-1,$U(R)$是增函数,且上凸,其中$U'(R) \geq 0$,$U''(R) < 0$。

风险偏好的投资者的特点与风险回避型正好相反,他们在期望收益相同的情况下,喜欢分布更离散的收益,其效用函数如图20-2,满足:

$U[E(R)] < E[U(R)]$,$U(R)$是增函数且下凸,$U'(R) \geq 0$,$U''(R) > 0$。

作为一个风险中性的投资者,他对项目的方差分布是不关心的,而以投资收益最大化为唯一的评判标准,也就是说其效用函数与收益呈线性关系(如图20-3)。整个社会就是这样一种类型的投资者,具体代表者是政府。

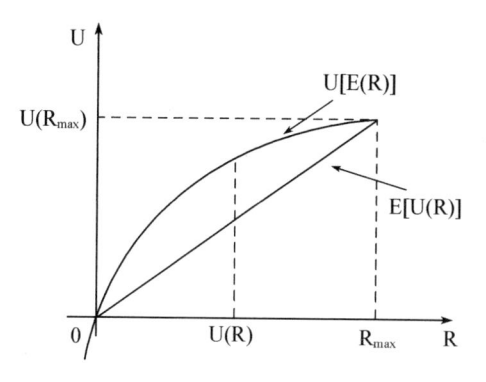

图20-1 风险回避型投资者效用函数 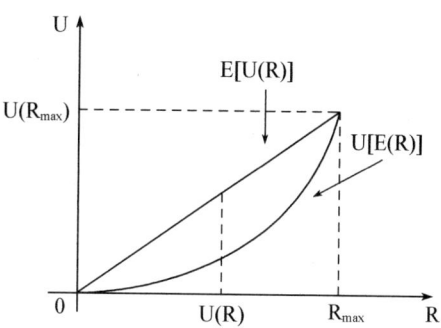　　图20-2 风险偏好的投资者效用函数

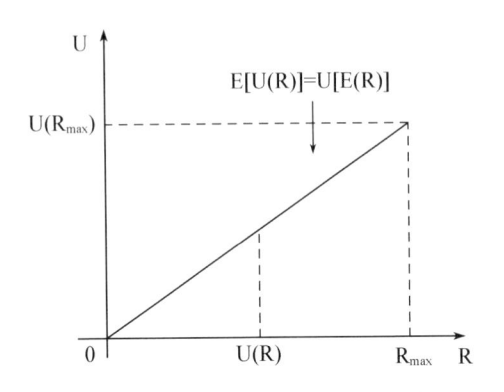

图 20-3　风险中性投资者效用函数

创新产品的开发,知识型企业的发展都是知识在现实生活中推动经济增长的直接表现,根据概率论的大数定理,众多的创新项目能够给社会带来稳定回报,推动经济增长。现代经济增长表明,知识创新的产业化是经济发展的最强大的推动力,高科技产业的发展成为增长的主力军。在美国,高科技产业的产值及其对经济增长的贡献率远远超过了传统的产业,而且高科技的发展产生的溢出效应也极大地改变了社会的生产与收益结构。而高科技产业的发展必然依赖于不断的资本投入来促进其他社会资源向它的转移,引导社会资源的重新分配。

因此,在知识创新的普遍阶段,社会分工要求另外一种形式的专业化,这种专业化有别于传统的金融分工,它更注重宏观投资的分析,愿意大规模地承担组织分工所带来的风险,从而获得高的投资回报,没有这样的金融组织体系,知识型企业就不能持续地发展,创新活动也就难以为继。在现实经济活动中,这种金融组织体系一般是风险投资公司或风险基金,以及与其相适应的证券市场。这两者是相伴而生、相互促进的,因为风险投资机构收益很大一部分依靠资本利得。它是通过承担知识型企业发展初期的高风险来获得高收益的,而收益获得的前提是能够在资本市场上将知识资产证券化,以便能够完全退出。

三、风险投资的运作方式与运作环境

风险投资是投资者出资协助知识型企业的创业者进行创业并承担失败风险的活动。风险投资的经营方式是将协助项目作为产品进行经营,并期望最终能够帮助知识型企业实现知识资产证券化以获得资本利得,而知识资产要实现证券化公司就要有足够的规模和相应的稳定利润。所以,风险投资机构要尽量帮助知识型企业成长,消除创业初期所面临的各种风险,以形成可期望的稳定收益。

尽量消除与预期收益不对称风险主要在选择项目的过程中完成。风险投资机构应该拥有一支富有专业知识和创业精神的投资队伍,能够对申请项目的技术前景和管理能力进行精确评估,以尽量在项目选择过程中将非系统风险降到最低限度,在这个过程中的淘汰率极高。在美国一些比较有名气的风险投资公司中,一年接到申请的项目大约有 10 000 个左右,通过选择同意做进一步接触的大约有 150 项左右,仅占 1.5% 的比例,在初步接触的基础上做进一步会谈的大约只有 20 余个,真正同意参股的也只有 10 余项,即全部申请项目的 0.1%。对不同产业及不同成长阶段的知识型公司进行分散投资也是降低风险的重要途径。在现实中,各个产业的发展阶段是不同的,各企业的不同发展阶段的发展速度也是不同的,各个阶段的风险与收益也不同。风险投资者根据自己的偏好,组合处于不同产业及不同发展阶段的投资项目,通过这种组合过程降低风险投资的不确定性选择及组合合作伙伴的过程可以尽量减少知识型企业创业初期带来的技术风险、市场风险与管理风险,为知识型企业的知识资产证券化奠定基础。然而,为顺利获得资本利得,风险投资机构还要协助知识型企业形成可被法律与普通投资者接受的有相当规模的利润,这才是实现证券化的最根本条件。

在风险投资者与知识型企业合作的过程中,风险投资首先要向知识创新者提供一笔资金,这也是创业者对风险投资需求的最直接的原因。作为知识型企业中的普通要素的投入,这笔资金应该包含股权的方式,由于创业者提供的知识资产不能够做抵押,所以风险投资所投入的资金承担了企业失败的大部分风险,他应该拥有一部分剩余索取权与剩余控制权,以便于对企业的监督,保证自己投入资产的安全性。在一般情况下,为了保持对享有知识控制权的人力资本的激励功能,风险投资只占部分股权而不控股,承认创业者的知识资本对企业的控制权,这个过程是重要的,它实际上是承认了知识要素的作用与价值。

不仅如此,在知识与资本的合作过程中,风险投资者对创业者的帮助是连续的,风险投资机构利用自己在资本以及产品市场的经验为创业者在企业的各个发展阶段提供决策参考及经营战略,促进知识企业在一笔启动资金的帮助下迅速发展,以尽快扩大自己的市场份额,实现更大的利润。同时,风险投资者利用自己的经验,促进知识型企业与商业银行的接触,进一步筹集企业迅速发展所需的资金。

风险投资的最终目的是实现知识型企业的知识资产证券化,以获取资本利得。所以,适合于知识型企业知识资产证券化的证券市场是支持创新的金融体系的重要一环。在这样的证券市场中不应仅仅提供交易的场所和交易的通道,而应该包括适合知识企业的法规,承认知识资产的虚拟程度,以减少交易者的搜寻成本与判断成本,促进知识资产的虚拟分割与流通。

在传统的证券市场中,对上市公司的资产规模与无形资产在其中所占的比例无法适应知识型企业的特点,即无形资产——知识资产在总资产中所占的比例大,但企业规模小的特点。这种制度安排无疑阻碍了知识型企业的发展,打击了风险投资的积极性,因为在缺少合适的证券市场及产权市场的情况下,风险投资的运作方式将由资本运营转向产品经营,这样就拉长了风险投资的投资期,减少了货币"乘数"创造的能力。这就要求建立一个能够适应知识型企业特点的证券市场,通过这个市场,企业的要素投入者才能够实现其对各自财产的权利。因为这种体制保证了研究开发者的投入积极性,提高了风险投资的积极性,使其能够获取与高风险相对应的高收益,也只有如此才能促进其不断孵化出高科技企业,推动经济增长。

一般而言,风险投资的退出渠道有三种,一是公开上市,即实现知识型企业的资产证券化;二是通过收购、兼并的方式将投资公司卖出;三是破产清算。1990年,在美国的风险投资中成功的投资项目大约只有20%实现了证券化,而其他的通过购并实现了退出,据此有人认为第二种退出渠道也足以支撑风险投资的发展,但从收益上看完全不同,20％实现公开上市的公司带来的利润额占到了风险投资收益的80％以上,而并购所带来的收益仅是证券化收益的1/5左右。所以,对于行业平均利润为20％左右的风险投资而言,二板市场的作用至关重要,如果没有适合于风险投资退出的证券市场,风险投资的高利润率就难以实现。

四、我国发展风险投资促进高新技术产业化的政策建议

在我国组建风险投资公司或风险投资基金的工作从20世纪80年代就已经开始,各地及中央相继成立了一些风险投资机构,为高科技发展提供资金支持。近几年来,风险投资的发展有了新趋向,在风险投资的组织方式上由以往的政府主导型向法人型发展,在机构的资本规模上也有扩大的趋势,如1998年深圳市成立了一家注册资本为10亿元人民币的风险投资公司来支持高科技产业的发展。但是迄今为止,我国的风险投资鲜有特别成功的案例,而且大部分风险投资将资本投向已经成型的、有利润的高科技企业,而不愿对"设计"或"思想"进行投资。所以,必须加快我国风险投资业发展,推动高新技术产业化。

第一,加强与国外风险投资机构的合作。要促进我国科技创新产业化的发展就应该向外国的风险投资开放市场或者组建合资公司,这样一方面可以利用国外的资金;另一方面还可以学习风险投资的技巧与经验,更重要的是我们可以利用国外的证券市场,方便投资的退出。在这一点上北京中关村走在了前面,四通利方、爱特信、金蝶财务等公司纷纷利用外国风险资本来增强自己的实力。

第二,引导我国的信托公司、证券公司及财务公司向风险投资业发展。因为这些类型的金融企业大多都从事证券方面的经营,有丰富的财务、金融等方面的人才,能够有效地减少创新产业化所带来的风险,而且这些类型的公司有进行资本运营的经验与条件,能够为知识资本证券化提供帮助。我国金融业处于整顿之中,这些公司有寻求新的发展的欲望。所以,积极引导一些从事证券投资的金融企业向风险投资转化是提高我国风险投资水平的一大契机。

第三,积极筹备我国的二板市场,充分利用其他国家与地区的证券市场实现创新

的证券化。风险投资的最佳退出渠道是实现知识的证券化,它有利于实现风险投资的高收益,有利于保持知识型企业的持续融资能力,有利于保持知识型企业的独立性,是发展高科技产业的必由之路。目前,香港以高科技企业为对象的创业板证券市场正在筹备之中,预计年内可以开通,大陆的二板市场也在设计之中。所以,我们应该抓住机遇,大力促进我国风险投资机构的发展,为我国知识创新产业化提供条件。

第四,正确认识和充分发挥政府在组建风险投资体系、促进高新技术产业中的作用。在我国现阶段,没有政府的支持,适应高科技产业化的风险投资体系就无法建立起来。但是,在强调政府的作用时,尤其要注意政府作用应当通过适当的方式表达,如果没有正确的方式,政府的支持可能不会产生任何积极的作用。政府对风险投资的扶持应该以经济政策为主,尽量避免行政手段。

在资金的筹集上,政府应该以优惠的政策引导社会资金流向风险投资,而不应该直接投资于风险投资。因为直接划拨的资金相对较为便宜,不能给风险投资机构足够的压力,结果会使资金投向风险较小的行业,不能实现政府的意图。如美国20世纪60年代,政府直接贷款给风险投资机构,而风险投资机构却将资金用作债权资本投向成熟的企业,以获取稳定的利润。

在风险资本的使用上,也必须避免政府的直接投资行为,因为风险投资是一件风险很大的投资活动,政府直接投资必然减少对投资对象的考察与约束,最终将导致风险投资收益低下,不但阻碍了高科技产业化的发展,而且还降低人们对风险投资的兴趣。

本文原载于《南京社会科学》1999年第7期,编入本书时做了适当修改。作者:高波、唐祝益。

第二十一章 风险投资的融资制度与融资效率分析

在现实中融资制度可以分为两类,一类是关系型的融资制度,另一类是保持距离型的融资制度。风险投资根据所投资的风险企业上市之前的融资手段和特征来看,它是一种典型的关系型融资,但在风险企业上市后,风险企业的融资制度便开始向保持距离型融资制度转变。风险企业上市前的一系列关系型融资制度安排虽然以投入企业家(风险投资家和风险企业家)才能和高昂的监督成本为代价,但可以有效地减轻和防止风险企业发展初期的逆向选择和道德风险。而风险企业的上市一方面可以实现风险投资家的"企业家精神"回报;另一方面可以为进入成熟期的企业扩张提供更大规模的资金,并且可以使风险企业家才能这种稀缺资源得以转移到效率更高的领域。因此,风险投资早期是一种典型的关系型融资,而在中后期则必须向保持距离型融资过渡,过渡的成功与否直接影响早期投资的回报率和风险企业进入成熟期的扩张能力,风险投资的这两个过程是相互影响的。风险投资为什么要采用关系型融资制度,为什么要向保持距离型融资制度过渡,这两个阶段又是如何相互影响的,这种分析对提高风险投资的融资效率有什么启发,本章将就这些问题进行探讨。

一、关系型融资制度的特征与适用条件

一种融资制度的有效性在于它可以最大限度地发现并利用潜在的有利可图的投资机会。如果资本和投资机会的结合是无成本的,成本与收益是确定的,那么资本追逐利润的本质将会自动实现资本和投资机会的结合。但事实上,资本和投资机会的结合是有成本的,这种成本就是代理成本。代理成本源于融资活动中的机会主义行为,包括逆向选择和道德风险,代理成本就是为了减轻和防止逆向选择和道德风险,

投资者和资金使用者需要支出的监督费用和保证费用以及激励费用(包括货币性和非货币性的支出),再加上由于投资者和资金使用者目标函数的差异而造成的次优决策成本(又称为"剩余损失")。代理成本和融资结构的关系如图21-1所示(迈克尔·詹森、威廉·梅克林,1998)。代理成本是一种净社会福利的损失,它的存在直接影响融资的效率,使许多本来有利可图的投资机会变得无利可图,造成人力资本和物质资本的闲置和浪费。代理成本是人力资本和货币资本不属于同一主体时,为减少逆向选择和道德风险必然要付出的代价。因此,代理成本不能被完全克服而只能通过一定的制度安排来降低。

人们减少外部融资的逆向选择和道德风险的制度安排通常有三种:公司治理结构、证券市场和经理人员市场。广义上公司治理结构是指有关剩余索取权和剩余控制权在时间和空间上分配的一整套法律、文化和合约安排,投资者通过治理结构直接对经营者进行监督与控制的方式称为"用手投票"。由于内部人对经营者的管理能力、行为及绩效可以有更好的了解,因而可以减轻信息不对称性和搭便车行为。当投资者不能通过公司治理结构有效行使自己的权利时可以通过证券市场转让产权(剩余索取权和剩余控制权),这种方式被称为"用脚投票"。因为股票价格的变化可以反映管理效率的高低,因而存在被相信能提高企业管理效率的团体接管企业的威胁,即"竞争可能性和敌意接管"的威胁,这就迫使经营者努力提高管理效率,以免遭受被接管或被替代的厄运。有效的经理人员市场使低能的和不负责任的经理只能获得低职位和低薪水,并且在被解雇之后很难找到如意的工作,而有才能和尽职的经理可以得到提拔和较高的报酬。同时,经理人员市场还使经营者面临被相信具有更高经营才能的经理人员替代的威胁而更加努力工作。而关系型融资制度和保持距离型融资制度的区别就在于对以上三种制度安排不同组合的差异。

保持距离型融资制度更注重利用证券市场通过"用脚投票"的方式对经营者进行间接监督与控制,有发达的证券市场和外部经理人员市场,公司董事会成员多由执行经理和专家组成,独立董事通常是其他公司或机构的受人尊重的领导人或专家,他们作为决策专家的声誉激励他们为企业寻找最佳决策,股东通过年度会议和董事会推荐对董事会成员进行监督与任命。保持距离型融资制度可以较好地将专业化管理和

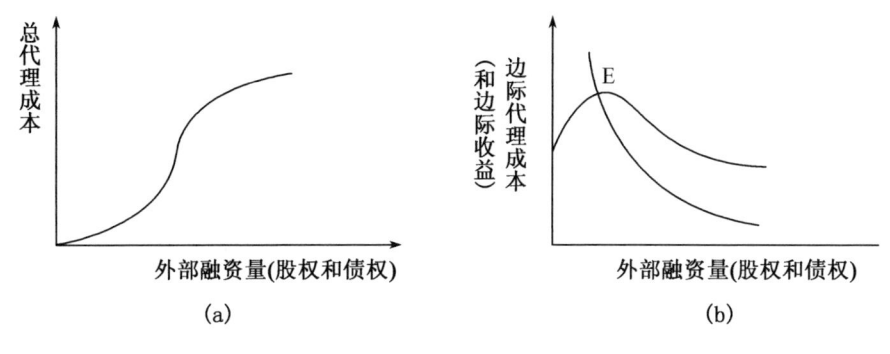

图 21-1 代理成本和融资结构的关系

风险分散的优势相结合,但由于这种机制对经营者的直接控制力是比较弱的,很容易造成严重的代理问题。虽然外部股东和债权人也可以通过外部的产权转让市场"用脚投票",但这种控制方式毕竟是一种"事后清偿",是要付出成本的,尤其在退出成本较高时,"用脚投票"的控制方式便受到很大的制约。

对于关系型融资,青木昌彦下了这样一个定义:关系型融资是出资者在一系列未明确的情况下,为了将来不断获得租金而增加融资的一种融资形式(青木昌彦、瑟达尔·丁克,1999)。我们认为关系型融资制度是在密切的长期交易关系中投资者直接干预企业的经营战略决策,以保证其利益的实现、信息的收集和对企业的监督。关系型融资制度更注重运用"内部人"进行"用手投票"的监控模式对经营者进行直接监督与控制,投资者主要通过公司治理结构对资金使用者进行监控,并且董事会成员中的外部董事通常是大金融机构和持股公司的利益代表,董事会或监事会成为一个根本性约束措施,而股票市场和外部经理人员市场则不很活跃,但内部经理人员市场却很发达,可以运用更复杂的激励与监督机制。由于所有者通过成为企业"内部人"对经营者进行事前、事中和事后的、全面的、直接的监督与控制,逆向选择和道德风险发生的代理问题被大大地减轻。但是,关系型融资由于投资者与企业保持长期的交易关系而成为利益共同体时,投资者可能存在对管理层"心慈手软"的倾向,表现为管理者进行了错误投资时仍然继续提供融资和许多应被清算的企业却能存续下来。

从世界各国风险投资发展的历史经验来看,风险投资采用关系型融资制度更有效率,这与关系型融资制度的特征和适用条件有关,关系型融资制度的适用条件主要有以下几个。

1. 在资产中无形资产所占比重大的企业

如果一个企业的无形资产所占比重很大,则意味着一旦公司破产,公司的清算价值会很小,因为无形资产在清算时往往产生较大的贬值甚至一文不值。在公司的清算价值比较小时用保持距离型融资制度必然容易产生逆向选择和道德风险,使投资的风险增加,因此这样的公司往往不允许通过公开发行股票融资。而清算价值低的资产抵押能力也较低,投资者也不愿意以债权的形式投入资本,企业便不会采用保持距离型融资制度来进行融资。反之,关系型融资可以对经营者进行全过程的直接监督,防止经营者的败德行为,因而适用于对无形资产比例大的企业进行融资。

2. 资产专用性强

资产专用性理论认为,资产越是用于专门的用途,甚至专门化到某种唯一用途,越不可能转移到另一种用途,也就是说资产发生转移将丧失生产力。同时,资产专用性的提高容易造成双边垄断,资产所有者存在更大的机会主义倾向。因此,交易双方势必在谈判和签订合同时强调和确保合同的安全履行,为此要付出更大的监督和履行成本。所以,资产越是专用,其潜在的交易成本越大。若资产呈现高度专用的特征,由于交易成本增加,企业组织将取代市场,由企业组织来减少资产专用性所带来的机会主义。从这个角度而言,在资产专用性较高时,注重"内部人监督"的关系型融资制度比注重"用脚投票"的保持距离型融资制度更有效率。此外,资产专用性高也使清算价值降低,使保持距离型融资面临更大的风险,企业选择保持距离型融资制度难以实现融资目标,因而在资产专用性强时一般选择关系型融资制度。

3. 退出成本高

所谓退出成本就是投资者从企业中抽回资金丧失的机会收益和直接的资产贬值损失。保持距离型融资制度通常以"退出"方式保持对经营者的约束压力,而关系型融资则以直接监督的方式保持对经营者的约束压力。在退出成本较大时,无法选择保持距离型融资制度进行融资,而通常选择关系型融资制度进行融资。投资者退出可以通过证券市场出售股票,也可以通过出售企业收回投资。

退出成本受到以下因素的影响：第一，企业成本和收益的时间结构。如果企业的收益在未来，而近期需要较大的投资时，退出成本较高。这种情况很难采用保持距离型融资制度进行融资，因为非营利企业的股权或债权很难在市场上转让，即使能转让也要发生大幅度贬值，因而保持距离型融资往往要求企业当时就有赢利记录。而选择关系型融资制度，投资者和企业结成长期的利益共同体，这使得投资者在投资时更具有战略眼光，即使目前不能赢利但只要企业具有较好的赢利前景，就能提供融资，因为关系型融资方式可以在各个时期内均匀分担成本而在长期内得到补偿。第二，证券市场规模与退出投资者的权益比重。证券市场的规模决定其流动性，规模越小，资产流动性越小，退出成本越大。如果某一投资者拥有较大的股份则从证券市场退出时会引起证券价格较大幅度的下跌，使投资者受损。所以，投资者拥有的权益比重越大，则退出成本越高。因此，当采用保持距离型融资方式在证券市场上退出成本高时，宜选择关系型融资制度。

4. 监督成本高、机会收益大

高风险、高收益的项目一旦成功能产生巨大的收益，而成功的概率与投资者对经营者的约束以及对人力资本投资的激励具有很大的关系。因此，加强监督可以获得巨大的机会收益，促使投资者必须对高风险、高收益项目的资金使用过程进行严格的监督，而关系型融资制度可以提供这种严格的监督。

5. 对产权交易的法制条件和市场环境的要求不严格

保持距离型融资制度要求企业资产保持较强的流动性，因而要求具有良好的产权交易的法律条件和市场环境；而关系型融资制度则没有这种严格的要求，即使在产权交易的法律条件和市场环境不完备的条件下也具有适用性。

二、风险投资：关系型融资制度安排

风险投资的投资对象往往是一些新兴产业或高科技产业，并且风险投资的资金注入一般是在产业的萌芽期和发展期。这就决定了风险投资项目具有以下特点。(1) 无形资产所占比例大。处于萌芽期和发展期的风险投资项目往往拥有较多的技术专利和人力资本等无形资产而拥有较少的资金和设备等有形资产。(2) 资产专用性强。企业所拥有的技术和人力资本通常是还不能进行大规模生产的专用性比较高的资产。(3) 退出成本高。风险投资项目在萌芽期和发展期一般不赢利或赢利很低,如果转让产权会损失潜在的收益机会和导致资产缩水,因而退出成本较高。(4) 高风险和高收益并存。风险投资项目往往具有较高的技术风险、市场风险、管理风险和资金风险,这种高风险性使风险投资存在较高的失败率,但一旦成功可以获得数十倍乃至上百倍的回报。(5) 缺乏成熟的法制和市场环境。由于风险投资主要投向新兴产业和高科技产业,相应的法律框架和市场环境往往还不成熟。

因此,风险投资选择的是一种典型的关系型融资制度。如图21-2所示,在风险投资中存在两级契约安排,因而也就产生了两个层次的委托代理关系。第一个层次的委托代理关系表现为一般投资者(最终委托人)将资产交由风险投资家(中间代理人)进行投资组合(图21-2中过程①);第二个层次的委托代理关系表现为风险投资家(中间委托人)将基金资产交由风险企业经理人员(最终代理人)进行经营(图21-2中过程②)。可见,风险投资和保持距离型投资相比,委托代理链增加了,由信息不对称性造成的代理人的机会主义倾向也增加了。这就要采取一系列独特的措施来减少代理人的机会主义行为。所以,在风险投资的运作过程中,通过风险投资家和风险企

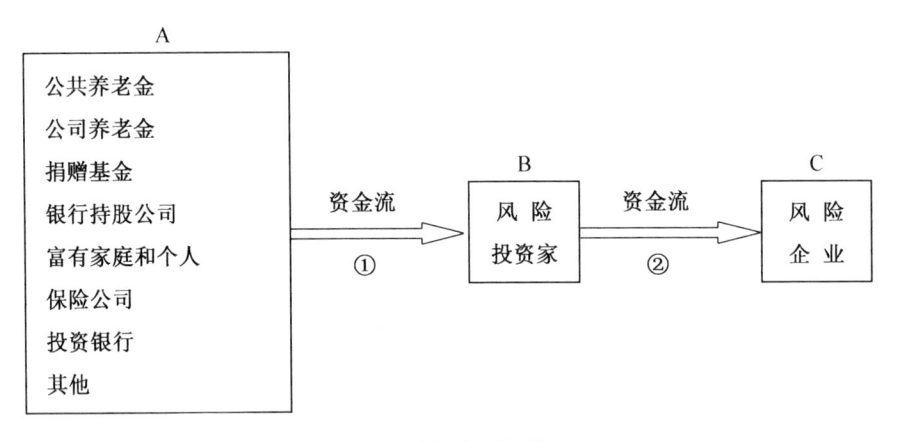

```
A
┌─────────────┐
│ 公共养老金   │
│ 公司养老金   │
│ 捐赠基金     │         B              C
│ 银行持股公司 │  资金流 ┌──────┐ 资金流 ┌──────┐
│ 富有家庭和个人│ ══════>│ 风险 │ ══════>│ 风险 │
│ 保险公司     │   ①    │投资家│   ②   │ 企业 │
│ 投资银行     │        └──────┘        └──────┘
│ 其他         │
└─────────────┘
```

图 21-2 风险投资委托代理关系

业家的结合来实现高增长机会和资本结合,风险投资家通过直接参与企业的经营决策对企业进行直接监督与控制,风险投资家和风险企业家在结合前一般要经过多次谈判并通过其他途径进行交流以达到彼此了解,从而减轻信息不对称性。另外,风险投资基金是有固定期限的,即风险投资家不能永久地拥有支配资金的权力;在风险投资公司和企业的关系中,风险投资公司对企业的风险资金也是分期注入的。这样,可以更有效地防止逆向选择和道德风险等机会主义行为的发生,从而降低代理成本,提高融资效率。

具体地说,风险投资在第一层委托代理链和第二层委托代理链中采用了一系列措施来减少机会主义行为,以保证其高效率运作。

在第一层委托代理链中,主要有以下四种减轻机会主义行为的措施。

第一,风险投资家与投资者之间形成一种特殊关系。风险投资所融入的资金,很大程度上取决于风险投资家个人的魅力。投资人是本着对风险投资家个人的信赖投入资金的。即使是经验丰富的职业投资家,他们在选择风险投资公司时也基本上以风险投资家个人的学识、素质、业绩为依据。普通的投资者由于对投资项目知之甚少或对市场状况了解甚少,他们的投资决策就更取决于他们对风险投资家个人背景的判断。他们或是耳闻目睹风险投资家的业绩或本人就是风险投资家的亲朋好友。他们的投资在很大程度上是对风险投资家个人的投资而不是对企业或项目的投资。他们对风险投资家的这种信赖无形中给风险投资家施加了很大的压力,职业投资家和风险投资家的特殊关系也大大降低了信息不对称性,从而降低了逆向选择和道德风险出现的概率,保证了风险投资的效率。

第二,采用有限合伙公司制度。风险投资公司大多采用有限合伙公司制度,普通合伙人(风险投资家)至少拥有1%的股份,而有限合伙人(一般投资者)拥有99%的股份。1%的资金注入使得普通合伙人的利益与其责任紧密相连,并可以有效地防止普通合伙人轻率的冒险行为,是降低次优决策成本的有效方法。

第三,建立风险投资家(普通合伙人)激励机制。风险投资家的努力是决定风险投资成功与否的关键因素,为了使风险企业不偏离利润最大化的目标,最直接、最重要的激励机制是风险投资家的报酬机制,其中心环节是以利润分配的形式对风险投资家进行补偿,即风险投资家的收入应同其业绩高度相关,业绩报酬应大于管理费用(谈毅、冯宗宪,1999)。如在风险投资中,若占1%股份的普通合伙人在公司赢利时可以分得20%的收益,这种分配制度安排大大增加风险投资家努力的边际收益,从而激励风险投资家全力以赴去经营企业。

第四,风险投资基金的固定期限安排。在多次交易的重复博弈中,常见的保证参与者信守承诺的一个有效机制就是声誉机制,如果风险投资家将来的融资能力取决于他的声誉状况,他就会不惜血本保持良好声誉。为了利用声誉机制对风险投资家进行激励与约束,风险投资基金一般都明确固定期限。有限合伙人和普通合伙人通常签一个投资期为5—10年的合同,到期可以决定是否继续签约,同时投资人也可以通过"无过离婚"来对普通合伙人进行约束,这就等于投资人保留不在风险投资家管理的基金中继续投资的权力,风险投资家如果想继续得到资金就必须努力拿出好业绩,树立良好的声誉。风险投资基金的固定期限安排便成为激励和约束风险投资家的一个重要措施。

在第二层委托代理链中,主要通过以下五种措施来减少机会主义行为。

一是审慎选择。风险投资选项的比例一般为100∶1,即在100家申请风险基金投入的企业中只有一家会被风险投资家选中作为投资的对象,选择过程中风险投资家除了遵循一定的原则外,本身职业的敏感性和判断力也发挥着重要的作用,风险投资家的高素质加上"广种薄收"的高比例的淘汰,在很大程度上可以保证所选项目的质量。

二是反复谈判。初步选定投资对象之后,风险投资公司和风险企业还要经历一段较长时间进行反复谈判,风险投资家和风险企业家在谈判过程中可以获得很多对方的信息,大大减轻信息不对称性,从而降低逆向选择和道德风险的程度。

三是分期注入资金。风险投资家通过分期注入资金的方法对风险企业家进行控制,既可以对风险企业家产生更强的激励,也可以起到控制风险的作用。

四是风险投资家直接参与经营管理。风险投资在运作中风险投资家直接参与企业的经营决策,而保持距离型的融资制度投资者和金融中介一般不参与企业经营决策。风险投资家通过直接参与经营决策,可以直接对企业进行有效的监督与控制,抑制企业经营者的机会主义行为。

五是风险企业独特的股权结构设计。风险投资公司在风险企业中的股份一般设计成可转换优先股,而企业经营者的股份一般采用普通股。这种股权结构设计可以导致两种效应:其一,大大减轻风险投资公司的投资风险;其二,激励企业经营者改善企业经营管理。因为在企业刚好赢利时,投资者可以优先分得红利,而在支付投资者红利后如企业所剩无几,经营者手中的股票价值也将相对降低,经营者要使其收益最大化,必须努力提高经营业绩。

三、中国风险投资业发展:关系型融资制度以外的制度安排

从中国风险投资业发展的现实来看,不仅要加快适应风险投资业发展要求的关系型融资制度的建设,而且要全面加强促进风险投资业发展的制度供给。现阶段,特别要重视在风险投资家的培养、风险投资退出机制的培育、风险投资法律体系的建设等方面的制度安排。

首先,建立和完善竞争性的风险投资家市场。风险投资成败的关键是风险投资家的素质和尽职程度,虽然风险投资采用关系型融资制度通过内部人监督的方式治理企业,但风险投资家依然存在偷懒等机会主义行为。因此,建立一个竞争性的风险投资家市场,可以使业绩差的投资家得到较少的资金和投资机会,甚至得不到资金和投资机会,使风险投资家面临被更优秀的同行替代的压力,进而使风险投资家更注重声誉,更有动力创造骄人的业绩。

其次,逐步健全资本市场体系,及时创立二板市场。充分利用资本市场,实现经济增长,促进高新技术产业化,并通过开放资本市场,迎接加入 WTO 的机缘和应对经济全球化的挑战。(1)规范发展主板市场,加快资本市场国际化的进程。(2)适时创立二板市场,培植和完善风险投资的退出机制,降低中小科技企业的上市门槛,并主动吸引境内外资金对我国高新技术产业投资。(3)推进金融机构、科技担保机构的金融创新,建立并完善我国科技风险担保体系。(4)促进融资制度创新,大力吸引民间资本进入风险投资领域,迅速扩大风险投资的资金规模。

再次,构造风险投资业成长的法律框架。由于风险投资的投入对象通常是新兴产业,建立与此相配套的法律体系难度较大,客观上制约了风险投资业的发展。因此,需要建立一个完善的法律制度,来保障风险投资相关契约的实施。目前,要尽快制定一些具体管理办法,包括风险投资公司投资高新技术企业的出资方式、出资额、对外投资限制、税收、法人股处理等,都应在管理办法中做出有别于其他一般公司的明确规定。如规定风险投资公司的资本出资实行承诺制,允许风险投资公司的对外投资额超过50%,在税收方面规定风险投资享受一定的优惠政策,以推动风险投资业的发展。

本文原载于《产业经济研究)》2001年第4期,编入本书时做了适当修改。作者:高波、王合绪。

第二十二章　信息不对称、信用制度与经济增长

一、专业化分工、信息不对称与信用制度

经济增长伴随着专业化分工的自发演进，一个社会的分工程度越高，生产率水平就越高，经济就越发达。但是在这个过程中，付出的代价是专业化分工后交易费用的增加，因为随着分工的演进，信息将更加分散地分布于不同的专业中。也就是说，信息不对称程度与分工一同增长，它一方面推动着生产力的进步；另一方面也增加了交易中的机会主义行为，降低了交易效率，而阻碍经济增长。对分工带来的报酬和交易费用的权衡决定了一个社会的分工水平，交易费用越高，这个社会的分工演进就减缓或停止，经济增长就会减速。因此，交易费用对分工演进和经济增长有着重要影响。

交易费用的来源是由于存在信息不对称，即交易双方中有一方拥有另一方所不知道的信息，这是专业化分工的必然结果，它使拥有专业知识的一方能够得到专业化利益，但同时也引起了机会主义行为，导致囚徒困境问题，增加了衡量绩效、签订合同、实施合约的费用，以及互利交易不能实现而导致的损失。有私人信息的一方通过欺骗可以得到更多的收益，因而有动力去欺骗，而信息不足的一方看到了这一点，认为有私人信息的一方肯定会欺骗，从而不信任对方，所以双方增加了为订立完全合约以及保证合约实施而付出的精力和费用。同时信息不对称时，信息不足的一方会按照市场上的平均生产率估算公平的交易条件，当另一方碰巧高于平均生产率时，他所能接受的交易条件比平均条件更宽松，交易更容易成功。否则，即使对双方都有利可图的交易却由于欺骗的可能性和双方的不信任而不能实现，社会福利本来可以增加但因未达成交易而没有增加。

随着专业化分工的不断演进,信息不对称程度越来越高,交易费用也不断增长,直至高于分工带来的好处,从而使分工的演进过程陷于停滞,也使经济增长停滞不前。这时对能够降低交易费用的制度的需求就越来越迫切。在一个双边重复博弈中,可以利用声誉机制来消除交易费用,交易双方出于长期合作的考虑,比较短期欺骗所得收益和长期合作获得的报酬贴现值后,可能不会选择欺骗。但是在一个多边市场中,在交易双方可能只相遇一次,并且缺乏有效及时的信息传输机制时,声誉机制不起作用。这时,就需要引入一个第三方机构,即在原有的双方博弈中增加新的专门从事收集和传播信息的参与人。当任何一方的欺诈行为可能通过这个第三方机构公布于众,以至于以后难以在市场上立足时,各交易者将不会选择欺骗策略,囚徒困境得以解决。同时,社会的分工水平也提高了,因为原来这些信息收集和传播工作可能是由交易双方自己完成的,现在由新的专业组织来提供,一方面通过提高信息这种产品的生产率,提高了信息购买者所生产产品的生产率,从而促进经济增长;另一方面,由于专业化程度的进一步提高,也会增加交易费用。这时的交易费用来自私人第三方机构的机会主义行为。当第三方机构的机会主义行为无法由其加入后的博弈自身来制约时,就必须由正式的第三方机制来实施。这样,在交易过程中内生的信用制度也就产生了。

二、信用制度与经济增长:案例分析

欧美及日本等发达国家经过长期的经验积累,已经建立了良好的社会秩序,重视信誉的观念深入人心,建立信誉成为每个人、每个企业的最优选择。下面分别以美国、德国和日本为例,分析信用制度和经济增长的关系。由于 20 世纪 40 年代到 80 年代初是各国经济高速增长时期,也是信用制度基本框架形成和完善的过程,因此本节的分析集中于这个时期。虽然这三个国家建立的信用体系不同,但都同样对经济增长起了重要作用。

1. 美国:1947—1969 年

第二次世界大战后,从 1947 年开始到 1969 年,是美国经济快速增长的阶段,尤其是战后初期和整个20世纪60年代经济增长速度较快,进入20世纪70年代增长减缓,并陷入"滞胀局面"(如表22-1)。20世纪美国经济高速增长的20年也是信用交易大大盛行的20年。1929—1933年经济危机刚过时,经济萧条,投资需求很少,厂商面临着大量的产品积压,通过分期、延期付款以及消费信贷等信用方式使交易额猛增,需求拉动供给,从而国民经济进入良性循环。与此同时,各种信用交易工具也得到了飞速发展。从表22-2可以看出,各个时期消费信贷的增长与居民个人收入的增加是同步的。除了1960—1970年,这个时期可能由于越南战争导致经济增长减缓,信用发展势头放慢,其他时期消费信用占个人收入总额之比的增长都是大幅度的。但是,伴随着信用交易的增长和信用管理行业的发展,一方面征信数据和服务方式方面不可避免地产生了一些问题,诸如公平授信、正确报告消费者信用状况、诚实放贷以及保护消费者隐私权等问题。这些问题制约了信用交易的发展,带来了额外的内生交易费用。另一方面,信用交易额的猛增,也造成了通货膨胀的压力,成为20世纪七八十年代的经济衰退的诱因之一。对此,美国出台了现在已经废止的"信用控制法"。在20世纪60年代末期至80年代期间,美国制定了与信用管理相关的法律,并逐步趋于完善,形成了一个完整的框架体系,使信用交易有章可循,信用管理体系规范运转。

表22-1　1947—1979年美国国民生产总值增长水平

年份	平均增长速度(%)
1947—1953	3.9
1954—1960	2.5
1961—1969	4.3
1970—1979	2.9

资料来源:仇建涛,1999:《经济增长模式比较》,经济科学出版社,第57页。

表 22-2 美国消费信贷与个人收入　　　　　　（单位：亿美元）

项目＼年份	1950	1960	1970	1980	1990
个人收入总额	2 300	4 143	8 594	24 404	48 892
个人信用消费总额	742	1 968	4 215	12 934	35 039
占个人收入总额之比	32%	48%	49%	53%	72%

资料来源：信用消费比较研究课题组，2000：《借鉴国际经验推动我国信用消费发展》，《财贸经济》，第11期。

在信用制度安排上，首先从监管方式来看，美国主要是依靠完善的法律体系来规范信用行业，不存在专门的机构对信用行业进行监管。美国基本信用管理的相关法律框架是以公平信用报告法为核心的一系列法律，包括平等信用机会法、公平债务催收作业法、公平信用结账法、诚实租借法、信用卡发行法、公平信用和贷记卡公开法等。由这一系列法律对金融、资信调查、商账追收等行业进行直接的规范和约束，有关政府部门和法院的职能只是在法律文本后面做出实施规则，并且在技术上对法律文本做出权威的解释，一切监管都是以法律为依据的。其次，信用中介机构的发起人都是私人部门，主要包括提供个人资信信息和企业资信信息的信用局以及资信评级机构。随着信用市场壁垒的消除和近年来信息技术的快速发展，信用中介机构的集中化趋势不断增强，机构数量在不断减少，规模越来越大。再次，关于信用数据采集和利用方面的法律规定。在美国，拥有信息资料的相关部门向信息中介机构有偿或无偿提供资料信息几乎已成为约定俗成的惯例，因此在美国的法律体系中实际上并没有专门针对信息中介机构获得有关信用信息权利的规定，它们只是根据"美国信息自由法"中美国政府的行政执法记录应当对公众公开的规定，来获取有关信息。信用法规更关注的是被调查的企业和个人的私有权利，特别是隐私权的保护问题，目的是为普通消费者创造一个公平、公开、不受商家蒙蔽、隐私权受到保护的信用交易环境。

2. 德国：1952—1985年

1949年联邦德国建国后，经过短短二三年时间，经济便迅速恢复，并且于20世纪 60 年代再创世界"经济奇迹",用近 40 年的时间重新成为一个高度发达的工业化国家(如表 22-3),按照 1980 年价格计算,1950—1985 年联邦德国的国民生产总值从 3 536 亿马克增长到 15 760 亿马克,增长 346%,年均增长率为 4.4%。在这期间,信用也得到了广泛而深入的发展。1948 年联邦德国转向社会市场经济以后,国家积极地维护竞争,制止垄断,形成了"多级"的市场形式。在一个自由竞争的市场中,隐含的是企业一旦失信,客户可以选择他的竞争对手作为交易对象,信誉成为企业的生命,这时市场的竞争就要靠信用制度来约束。同时,在德国各种加速经济增长的因素中,对外贸易也起着很大的作用,但是跨国贸易更容易受到信息不对称导致的机会主义行为的影响,信用制度推动了对外贸易,从而间接地刺激了经济增长。

在德国,包括欧洲其他一些国家,如法国、比利时等,它们的信用制度中,央行和政府都深入介入。由中央银行承担主要的监管职能,信用机构作为中央银行的一个部门设立,有关信息的搜集与使用等方面的管制制度也由中央银行提供并执行。例如法国中央银行的信用局,以每月为间隔向银行采集它们向公司客户发放超过 50 万法郎的信息。在比利时,信用信息办公室根据一个记录有关分期付款协议、消费信贷、抵押协议、租赁和公司借款中的不履约信息的皇家条令建立起来。在信息数据的采集和利用方面,欧洲国家的信用相关法律力图在保护消费者权利的同时最大限度地赋予信息中介机构获得征信数据的权利。在法国、比利时和德国,商业银行向中央银行建立的信用办公室或信用信息局提供所要求的信息是一种强制行为;在英国、意大利,无论公司是否为上市公司其财务数据均必须对外公开。英国《公司法》规定,上市公司的财务报表须在财政年度结束后 7 个月内公开,非上市公司的财务报表须在 10 个月内公开。

表 22-3 1952—1985 德国国内生产总值增长水平

年份	年平均增长率(%)
1952—1965	9.8
1966—1973	4.1
1974—1985	1.8

资料来源:仉建涛,1999:《经济增长模式比较》,经济科学出版社,第 91 页。

3. 日本:1950—1987 年

二战失败后,日本潜心于经济建设,1950—1973 年期间发生了"日本奇迹",仅用20 多年时间,就发展成为世界第二大经济强国(如表 22-4)。1966 年日本国民生产总值超过英国,1967 年超过法国和联邦德国,成为世界第二经济大国。经济的增长离不开消费和投资,日本是个高储蓄率、高投资率的国家,但是消费需求相对不足。为了鼓励居民消费,20 世纪 50 年代,日本政府就开始推行各种消费者信用和住宅抵押贷款,并专门建立了住宅金融公库,1961 年推行了汽车消费贷款,1962 年推行了住宅抵押贷款和教育贷款,1969 年推行了商品消费贷款等。消费的增长对日本 GDP 的增长起了巨大作用,其中消费者信用的作用功不可没,而消费者信用的规范运行离不开一整套良好完善的社会信用体系。

表 22-4 1950—1987 年日本国民生产总值增长水平

年份	年平均增长率(%)
1950—1960	9.1
1961—1965	9.8
1966—1970	12.1
1970—1987	4.8

资料来源:仉建涛,1999:《经济增长模式比较》,经济科学出版社,第 73 页。

在日本,由银行业建立的会员制征信机构向会员银行提供企业及个人的征信服务,同时会员银行有义务如实提供客户的信用信息。除此之外,社会上还广泛存在一些私人所有的商业性征信公司,对社会提供企业信用调查服务。信息来源主要是由会员银行提供客户的信用资料,供其他会员共享,但是银行必须在事先征得客户同意后才能提供给会员单位作信用方面的参考,充分保护了客户的隐私。

从上文的分析可以看出,美国、德国和日本在各国快速经济增长阶段,都伴随着信用交易的发展和信用制度的完善,信用体系的建立和完善对经济增长具有巨大的促进作用。

三、信用不足：制约中国经济增长

随着专业化分工的演进,市场规模不断扩大,信用成为市场交易的基础,而有效的信用制度又促使市场规模进一步扩大。在良好的市场信用环境下,交易费用会大大降低,一国的市场规模会因信用交易而成倍增长,从而拉动经济增长和扩大就业。根据 Zak, P. J. & Stephen, K.(2001)的研究,信用对经济增长有着重要作用,较差的信用环境会降低投资率,从而阻碍经济增长,尤其是在制度不完善、惩罚机制脆弱的国家,更容易陷入信用不足和贫困化的陷阱。

中国在由计划经济向市场经济的转型过程中,市场化、民营化程度不断提高,包括农业在内的非国有部门占 GDP 的份额在 1978—1998 年间由 42% 上升到 62%,占据主导地位。大量非国有经济的发展,使各自经济利益的企业法人和个人成为交易主体。但是,相关的企业信用和个人信用还没有建立起来,机会主义行为比较普遍。在信息不对称的条件下,这种机会主义行为阻碍了交易量的扩张,从而危害经济增长。

由于信用体系不完备,大量非规范化的机会主义行为破坏了市场的信用环境,使我国经济运行中的交易费用大大增加。这样的例子在中国比比皆是:2000 年上半年,中国合同违法案件共有 5 338 起,涉案金额达到 163 亿元;在证券市场上,各种形式的造假层出不穷,琼民源、东方锅炉、ST 红光、大庆联谊、银广夏以及 PT 东海等等;还有会计师事务所的失信与造假,中国注册会计师协会 2001 年上半年在行业检查中,有 100 多家事务所、400 多名注册会计师因种种失信与造假行为受到了不同程度的处理。2001 年底,号称市场经济最发达和信用体系最健全的美国也爆发了"安然"和"安达信"等失信事件,于是有人质疑美国的信用体系。但是,中美两国最大的区别在于美国发生失信行为以后,整个社会信用体系迅速加以反映,及时披露失信问题,然后通过一系列法律制裁失信行为。而在这方面,中国与美国相距甚远。

由此可见,信用问题已经成为制约我国市场经济发展的一大障碍,信用缺失导致经济增长速度回落。

1. 信用不足导致交易方式落后,进而制约了交易的扩展

经过 20 多年的改革,短缺经济时代已经结束,我国进入了买方市场,企业之间的赊销活动大大增加,购买商本来可以凭借自身良好的信用充当交易媒介先收货后付款,从而大大提高购买商的购买能力和销售商的营业额。但是,企业之间的失信行为破坏了彼此之间的信用交易,导致我国信用交易方式仅占所有交易的 20% 左右,现汇交易达到 80%。而在西方国家,所有商业贸易的 90% 系采用信用方式进行,只有不到 10% 的贸易采用现汇结算,信用结算方式已经成为商品交易中绝对的主流。

2. 信用不足导致中小企业融资受到约束,影响了中小企业对经济增长的贡献

中小企业的活力强,是国民经济的重要角色,对经济增长具有重要作用。但是,由于中小企业面广量大、十分复杂,有的中小企业管理水平低、经营不稳定、逃避债务频繁发生,其信用缺失使银行不敢轻易放贷,投资者不敢轻易投资,以至一些即使较有发展前景的中小企业对资金的需求也得不到满足(如表 22-5)。与此同时,大量贷款投入到产出效率比较低的大型国有企业。

3. 信用不足阻碍居民消费信贷的发展,进而制约内需的扩大

20 世纪 90 年代中期以来,居民收入增长速度放慢,消费水平也呈明显下降趋势。按可比价格计算,城镇居民消费水平由 1993 年的 8.9% 下降到 1996 年的 5.6%,居民购买力大量持续分流到国债、股市等领域。中国市场需求潜力巨大,扩大内需是一项重大的战略选择,而消费信贷对扩大内需有着不可替代的作用。但是,由于对客户信用状况不了解,商业银行开办的各项消费贷款,对消费者来说,手续烦琐,要求苛刻,消费信贷发展受阻,直接导致居民消费减少。

表 22-5 中国金融市场上的歧视

项目(%)	1991	1992	1993	1994	1995	1996	1997	1998	1999	2000
城乡集体工业企业总产值占工业总产值	32.99	35.07	34.02	37.72	36.59	39.39	38.11	38.41	35.37	32.74
城乡集体企业贷款(短期贷款)占总贷款	5.33	5.77	5.96	5.08	4.25	4.32	6.72	6.45	6.57	6.80

(续表)

项目(%)	1991	1992	1993	1994	1995	1996	1997	1998	1999	2000
私营个体工业企业总产值占工业总产值	4.83	5.80	7.98	10.09	12.86	15.48	17.92	17.11	18.18	17.89
私营个体企业贷款(短期贷款)占总贷款	0.23	0.26	0.33	0.38	0.39	0.46	0.52	0.55	0.62	0.67

资料来源:《中国金融年鉴(2000)》;《中国统计年鉴(1999)》;《中国统计年鉴(2000)》;《中国统计年鉴(2001)》,中国统计信息网等。

4. 信用不足导致投资环境低劣,以致投资萎缩,阻碍经济增长

投资关系更大程度上是一种信用关系,因为投资者在投入资金的同时收回的是一纸借据和一份合同,真正的收益要在若干年后才见分晓。目前,中国商品即期交易中的背信违约行为比比皆是,更何况投资这类远期交易。信用水平低下,直接增加投资风险,降低预期利润,导致投资过程中交易成本提高。结果是投资萎缩,必然制约经济增长。

四、构建支持中国长期经济增长的社会信用体系

中国信用制度不完善、信用不足的状况,与中国高速经济增长的现实是不相称的,并直接影响经济增长的质量,以至对未来的长期经济增长产生威胁。因此,在实现经济增长目标的同时,必须构建一个支持中国长期经济增长的社会信用体系,从而取得相应的制度成果。从发达国家的经验来看,一个完善的信用制度必须有严明的法律体系,高效的运作机制,完整的数据资源库,以及相关制度的配合。中国在建立和完善信用制度的过程中,要根据经济转型的现实而借鉴国外的经验,构建一个符合中国实际的信用制度,满足专业化和分工发展的要求,从而减少交易费用,提高交易效率,实现持续、稳定的经济增长。

1. 构建严明完善的信用法律体系

建立一个良好的信用环境,必须依靠一整套有效的信用法律体系,包括作为信誉机制基础的财产权利保护制度,对征信行业的管理法规以及失信行为惩罚机制。(1) 信誉的实质是人们为了获得长远利益而牺牲眼前利益,而要让每个交易主体重视信誉,必须使他们形成长期稳定的预期。国有企业产权不清,没有真正的所有者,产权得不到保护,企业家无法形成稳定的预期,使得追求短期利益成为最优选择;私人企业家及个人由于政府行为不规范导致政策多变,也没有一个稳定的预期。因此要使信誉机制在市场经济中起作用,必须进一步完善产权制度。(2) 我国至今还没有一部规范征信市场行为的法律、法规。在政府开放必要的企业资信信息和数据等方面,也没有明确的制度和规定,从而阻碍了社会信用数据开放的进程,征信机构也由于信用数据的封锁而制约了发展,因此我国应该尽快出台有关征信数据的收集利用,以及对被调查客户的隐私保护方面的法规来规范征信机构的运作。(3) 建立失信行为惩罚机制。包括确立合理的惩罚尺度,以对不同程度的失信行为施以相应的处罚;确定不同失信行为记录在信用数据库中的保留时间;建立有关失信行为信息的快速传播机制;建立被惩罚人申诉机制等。失信者因为其欺骗信息的传播而无法在市场上继续生存,严重者还会受到相应的法律制裁。

2. 培育专业性的信用中介机构和有效竞争的信用中介市场

在信用环境恶劣的条件下,由于信息不对称,信息拥有者可以通过欺骗来获得利益。因此要解决分工演进导致信息不对称,并增加交易费用的矛盾,必须增强信息的透明度。但由交易者自己进行调查既费时又费力,而建立专门的信用中介机构,将所有交易者的信用历史记录在案,供交易另一方查询,这样可以减少交易过程中信息不对称的程度,使缺乏信用纪录或信用历史纪录很差的交易者无法在市场中生存,从而形成一个良好的信用环境,促进经济增长。

而对于信用中介机构的成长,需要建立一个有效竞争的市场。这种有效市场的公平竞争对于减少机会主义行为,降低内生交易费用有着不可替代的作用。这是因为在竞争性市场中,买方可以在一个信息卖方发生欺骗行为后对其实施惩罚,这个惩罚可以是不再与之进行交易,并且这个惩罚是可信的,因为买方可以选择其他的信息卖方。在这种情况下,一个竞争性市场可以使卖方的任何机会主义行为得不偿失。目前,由于我国信用中介机构的成长,不能与经济增长相适应,因而应该由政府给予一定的支持来帮助运作良好的征信机构兼并其他机构或促进机构之间的合并,尽快形成一个高效率的信用信息传播市场。

3. 加强对信用中介机构的监管

专门从事信息传播与处理的信用中介机构本身作为分工演进的产物,这种信息处理行业的专业化也增加了信用中介机构和它的交易对手之间的信息不对称程度,制约信息交易的发展,因而必须对信用中介机构进行监管。目前,由于中国金融市场不发达,在信用经济中往往商业银行承担的风险最大,对信用中介机构的监管职能由中央银行来承担。可以借鉴法国、比利时的经验,在中央银行设立信用局或信用办公室,要求商业银行定期向信用办公室提供相关信用信息,并积极推动信用中介机构规范运营方面的立法工作,监督市场经济主体间依法公平、公正地披露信息和取得使用信息的义务和权利得以实现,保护公平竞争。

4. 建立资料全面、全国联网的信用数据库

从实践来看,建立一个全国共享的数据网络是信用行业发展的关键。信用数据库根据其经营方式可以分为信用中介机构自建自营的征信数据库和政府出资建设的国家数据库。欧美国家都是通过市场化的运作,经历了"小规模数据库市场竞争—数据库兼并扩充—少数巨型数据库形成"的发展过程。这种方式在发展初期会造成大量的重复建设,而且其市场演进过程缓慢。因此,我国可以由政府管理部门按照统一的标准建立自己的数据库,如工商注册数据库及工商年检数据库、工业企业普查数据库、法院诉讼数据库、人民银行的还款记录数据库、企业产品质量投诉数据库等。这些数据库可确定合理的价格有偿向社会开放。同时,各家征信公司也应该加强在数据库建设方面的投入,将从政府部门、社会各方面获得的数据按照科学方法进行分类、比较、计算、分析、判断、编撰等加工处理,形成资料完整、面向全国的信用数据库。

5. 健全和完善与信用制度相配合的社会保障制度

信用制度是中国经济能够持续增长的制度保障,而任何一个信用制度发达的国家,都有完善的社会保障制度相配合。当惩罚失信行为时,保护弱势群体的借口往往

使惩罚失效。特别是在我国,对弱势群体的保护最终常常变成保护落后、该还债的不还债、该破产的不破产,都在维持就业岗位的名义下被保护起来。实际上,保护弱势群体应属于社会保障体系管辖范畴。因此,必须健全社会保障制度,建立养老保险、医疗保险、失业保险基金的统一机构,提高管理水平,在保证安全性、流动性的前提下,增强基金的保值增值能力,从而为信用制度的建设和完善提供宽松的社会环境。

本文原载于《南京社会科学)》2003年第11期,编入本书时做了适当修改。作者:高波、钱蓁。

第二十三章　论亚洲金融危机与中国长期
经济增长的金融对策

　　1997年7月2日,泰国央行宣布放弃自1984年以来实行的主要与美元挂钩的一揽子货币联系汇率制,泰铢实行管理式自由浮动汇率制。从此,泰国货币危机开始演变为东南亚金融危机,并进一步演变为亚洲金融危机。至1998年1月底,菲律宾、印度尼西亚、马来西亚、缅甸、韩国、中国台湾等国家和地区受其冲击,货币均出现大幅度贬值,股市受挫严重。中国香港和日本也受到了不同程度的冲击。以泰国为发端的亚洲金融危机,引起了世界许多国家和一些国际组织的高度关注,它所产生的影响是深刻的。亚洲金融危机至今虽未对中国大陆产生直接冲击,但却警示中国在世界经济日趋全球化的背景下和中国经济日益国际化的时期,必须十分重视防范和化解金融风险,建立起实现长期经济增长的金融支持系统。

一、亚洲金融危机成因的制度分析

　　关于亚洲金融危机成因的争论已经较多,概括起来集中于两种看法:国际货币投机说和内部经济因素论。更多的学者和机构认为,内部经济因素恶化是导致亚洲金融危机的主要原因,如宏观经济失衡,经济结构不合理,国际收支存在巨额逆差,金融自由化失控和对国际金融市场过度依赖等。上述观点有一定的代表性和解释力,但仍有必要做更深层次的思考。大投机家索罗斯曾以哲学家的姿态对各国政府发出过告诫,"市场中留有投机空间是各国政府的错误""我只能一而再地对盲目信任市场魔力者发出警告"。索罗斯指出:"我只是一个守法的市场参与者,错是订立规范者的错,问题是他们不愿意认错,他们宁可大声疾呼要吊死投机者,也不愿意多反省看看到底哪里出了错。"索罗斯是在提醒人们要重视完善制度。下文侧重从制度层面上对亚洲金融危机进行分析。

1. 汇率制度存在功能障碍，汇率机制僵化

在发生金融危机的国家和地区中，有很多国家和地区在汇率制度上实行的是钉住汇率制，一般选择与美元挂钩，人为地固定本币与美元之间的汇率，并保持长期不变。这种固定汇率制度有一些好处，诸如：可以降低汇率风险，便利成本和收益估算等。特别是对于发展中国家来说，导致汇率波动的不确定性因素多，实行固定汇率可以增强国际投资者的信心，有利于国际贸易、外资包括FDI的流入以及抑制通货膨胀。但是，固定汇率制度的不足也是比较明显的。(1)在钉住汇率制度下，本币的强弱与被钉住国的经济表现直接相关，被钉住国的经济政策和经济周期性的变化对钉住国的经济运行产生直接影响。如果两国经济结构存在较大差异、经济发展不平衡，汇率水平的确定就难以充分反映本国经济发展水平以及外汇市场的供求状况。(2)实行钉住汇率制度，汇率稳定是本国货币政策的首要目标，钉住国货币对被钉住国货币汇率在较长时间内不变化，而本国的宏观经济和外部条件十分不确定，汇率作为宏观金融调控的手段不能有效发挥作用，甚至适得其反。(3)由于汇率和利率之间存在联动关系，实行固定汇率制度，利率也失去灵活性，利率作为本国货币政策工具的功能显著减弱，实际上已成为国际收支调节中的媒介。

因此，当钉住汇率制度正常运行的条件已经发生变化，如出口增长下降，被钉住国货币不稳定，资本市场开放程度高，债务负担重，或不能对资本流动进行有效管理等，都有可能导致金融动荡。

2. 金融体制不健全，金融监管体系不能适应金融自由化的进展

亚洲新兴市场经济国家在金融体制方面，一般是国有银行占主导地位，随着金融自由化和金融国际化的快速推进，对银行贷款的某些限制被取消，贷款审查比较宽松，中央银行的金融监管放松，同时实行较为自由化的资本项目管理制度，对外资的流动放松限制。(1)国有银行的信贷管理更有可能直接或间接地体现政府方针，以分配给特定经济部门一定的信贷额度。由于银行不处于竞争环境中，政府承担经营损失，没有激励机制促使银行发现放贷中的问题并进行成本控制，降低了银行的盈利能力和经营效率。如在韩国，金融体制受政府严格控制，规定私人机构不能单独拥有一家银行4%以上的股份,所有银行行长和其他高级经理由政府任命,但所有者难以介入银行的运作,银行经理主要服从政府的指令,对防范风险缺乏动力,贷款审查不严格。(2)在发生危机的国家,由于固定汇率条件下的国内外利差吸引了巨额国际游资,而在长期金融抑制状态下形成的金融监管体系很不健全,中央银行的金融监管能力不强,短期内不能适应金融开放对金融监管的要求,因而对国际游资的冲击措手不及。(3)金融工具的创新和金融技术的发展,在推动实质资产与金融虚拟资产分离而提供合理的保值手段和巨额利润来源的同时,也积累了大量爆发金融风险的因素,但缺乏防范金融风险的有效经验和技术手段。总之,金融经营机制低效、金融自由化失控、金融法制不健全、金融监管乏力等金融体制障碍,是产生金融危机的制度根源。

3. 政府干预经济的体制缺陷,经济调控机制失当和政策失误

在亚洲各国的经济发展中,政府起着主导作用。政府在制定经济发展的长远规划和产业发展政策、指导企业与金融部门的运作、校正市场失灵、促进经济增长等方面发挥了重要作用。但是,政府在干预经济中也存在一些失误。

首先,政府的财政调控功能发挥不当。从泰国的情况来看,泰国政府为了保持高速经济增长,在信贷放松、外资全面开放的同时,实行财政放松,刺激投资,导致需求膨胀,带动通胀。在制定和执行财政政策中,短期行为盛行,特别是政府对能源、交通等基础设施投资严重不足,造成经济增长的结构性障碍。同时,政府更多地使用财政的办法解决银行资金问题。政府要求银行在市场利率水平以下持有政府债券,对银行要求提高存款准备金率或课征银行税来控制银行,指导银行借入外国货币并承担货币风险。在这种体制下,银行成为政府的另一财政部门。

其次,政府经济干预机制存在缺陷,导致银行和企业产生不规范的交易关系。在发生危机的国家,由于政府的直接干预或高度介入,银行甚至成为向弱小产业提供政府帮助的一种工具,使银行和企业的关系发生了扭曲。如韩国、泰国等国政府对银行信贷的广泛干预,以及日本实施的主银行制度,在促使银企相互支持的过程中,也使银行和企业形成了违反市场交易准则的关系。银行和企业并没有建立起自我约束机制,银行在放贷时往往没有充分考虑借款方的能力,盲目追求扩张,过于密切的银企关系又使得银行和企业可以垄断有关信息,欺骗公众与监管当局。韩国政府多年来为扶持大企业集团跨入世界500强行列,给予充分的信贷支持,允许高负债经营,企业盲目追求规模扩张,积累了严重的金融风险。

再次,缺乏正确的产业政策的引导,造成经济结构不合理。亚洲新兴市场经济国家在实施"出口导向"经济发展战略的过程中,充分利用本国劳动力资源优势,接受了日本等发达经济国家劳动密集型产业的转移,但是未能及时发生产业升级,产业技术含量低,出口产品因不具有技术优势而缺乏国际竞争力。而且,由于工资成本大幅度上升,劳动密集型加工业向更低成本地区转移(如中国、东欧、拉美及非洲国家),使亚洲新兴市场经济国家的出口优势逐步丧失,出口增长放慢,进而引致经常账户赤字剧增。与此同时,这些国家在较长时期内基础产业、制造业和技术密集型产业发展严重不足,而刺激房地产业增长或股市投机,导致严重的供求失衡,造成经济过热,进而增加了银行坏账风险和不良债权。

总之,亚洲新兴市场经济国家的政府没有根据经济发展阶段的跃升和经济实力的增强及时调整经济政策和完善政府干预机制,不能适应国际经济和金融发展的变化,是导致金融危机的重要原因。

二、对中国金融风险的检讨

亚洲金融危机在一定程度上已经形成了全球性的影响。中国能够幸免金融危机的直接冲击,是因为中国金融自由化程度较低,尚未全面开放资本市场,政府的宏观调控能力较强,宏观调控取得成功,但并不意味着中国大陆的经济体制十分完善,经济运行高效,不存在金融风险。长期以来,中国现实经济运行中积累的金融风险日趋严重,随着中国经济日益国际化,规避金融风险已是当务之急。因此,对我国当前和未来可能出现的金融风险,必须进行深刻的分析,防微杜渐,以免产生金融危机。

当前,中国经济整体上已经形成买方市场,出现了"高增长,低通胀"的新格局。但是,经济运行和发展中还存在一些不稳定因素,滋生金融风险的制度条件并未消除,甚至可以说现存的金融风险十分严重。具体而言,包括以下潜在风险因素。

一是政府宏观调控机制不健全,财政、信贷和外资规模未纳入统一的宏观调控轨道,而行政干预对经济运行仍产生直接影响。由于对政府缺乏有效监督,政府在消除市场失灵的努力中有可能导致更大的政府失败。

二是金融管理体制不完善,中央银行的调控功能和监管水平不高,对金融机构的审批和业务监管不力;商业银行缺乏资产负债风险管理,国有商业银行没有建立起信贷约束机制,信贷失误多,长期积累的银行巨额呆账问题突出(目前国有商业银行呆账达总资产7％,接近泰国危机前7.73％水平);资本市场的规模不断扩张,但股市运作不规范,上市公司质量普遍较差,国家股、法人股的非流通对股市的压力日升;金融秩序混乱,非法金融机构和非法集资、违章拆借行为屡禁不止。

三是我国实行的管理浮动制的汇率制度,实际上也是一种与美元保持相对稳定关系的固定汇率制度,目前在外资流入、外贸顺差、外汇储备增加的条件下能够保持货币币值稳定,但这种汇率制度正常运行的条件随时有可能发生变化,进而成为触发金融动荡的突破口。

四是国有企业尚未建立起有效的投资决策和监督约束机制,国家通过财政、信贷渠道继续实行对国有企业的保护,从而引起通胀和银行坏账增加。

五是由于种种体制因素,地方政府在推动地区经济增长时,往往通过降低进入壁垒,上马投资少见效快的项目,造成低水平同档次的重复建设、重复投资,经济结构失衡问题十分突出,而在地方政府的保护下这类投资项目又缺乏必要的竞争,难以适应市场需求的变化,必然经营效率低下,投资风险巨大。

不仅如此,今后,中国在完善市场经济体制和经济国际化进程中,还将产生新的风险因素。

第一,由于体制和政策因素引致的消费需求结构提升和产业升级实现障碍,形成了"消费无热点""投资无热点"的状态,并对中国经济持续稳定发展产生制约,如果不能尽快消除障碍,这种制约作用将会进一步加深,而中国的经济稳定是靠高速经济增长来支撑的,一旦中国的高速经济增长受阻,经济运行中的各种风险因素就会迅速增加。

第二,产业结构调整和企业重组是我国当前和今后一定时期经济工作的关键,而产业重组和企业重组过程中难免引发一定规模的失业问题,失业问题是严重的经济社会问题，处理不好可能引起社会动荡，甚至由经济危机演化成政治危机。与此同时，产业重组和企业重组必然发生国有企业的债务重组，可能导致银行呆账数额增大，造成金融风险加大。

第三，长期以来我国在住宅、医疗、失业保障等领域实行的福利制度正在进行深入的改革，其实质是由供给制的实物分配方式转变为货币化分配方式，特别是住宅在市场化、货币化过程中必然伴随着住宅租金的上升和大量的货币补贴，或者引起消费需求或投资需求膨胀，这种潜在的通货膨胀因素不可小视。

第四，在世界经济日趋全球化的背景下，中国必将加快经济国际化的进程，并相应地扩大金融市场特别是资本市场的开放程度，以至实现金融自由化，将使金融风险加大。由于我国政府和中央银行对新型货币市场和扩大开放后的外资及外资银行缺乏足够的调控经验和监管能力，缺乏资本市场国际化条件下的管理经验，在金融体制改革和金融开放中如有不慎，就有可能引发货币投机和金融动荡。我国实行的与美元保持相对稳定关系的管理浮动制的汇率制度，将不能适应经济国际化的要求。

三、金融改革和金融发展：支撑中国长期经济增长

持续、稳定、高效的高速经济增长，是我国未来较长时期内必须实现的经济目标。为此，就金融领域而言，要加快金融体制改革，促进金融发展，努力防范和化解金融风险，真正形成保持长期经济增长的金融支持系统。

1. 建立适应银行商业化的金融管理体制和风险防范机制，逐步推行利率市场化

(1) 改革和完善中央银行的组织结构，尽快提高中央银行的调控能力和监管水平。当前必须健全银行资产负债风险管理制度，引入符合国际惯例的监管手段和监管方法，严格金融机构的审批和业务监管，整顿金融秩序。(2) 建立和完善现代商业银行制度，加强商业银行的信贷约束，诸如：建立银行借贷责任制度、资产负债控制制度、民主决策和监督约束制度等，大幅度降低呆账坏账比例。(3) 谨慎开放外资银行业务，优先发展与经贸活动密切相关的外资企业财产保险、进出口信贷、中长期投资贷款、国际租赁、国际贸易结算等业务。而对于开放外资银行经营人民币业务，必须

以国内商业银行改革基本到位、国内商业银行经营水平和能力有较大提高为前提条件。(4)建立银行风险防范制度,在完善存款准备金制度的基础上,建立存款保证金和存款保险制度。(5)建立合理的利率体系,创造条件尽快实现利率市场化。

2. 培育资本市场,重点发展直接融资的证券市场

目前国有企业的负债中85%是银行贷款,而银行贷款的主要来源是居民储蓄(1997年末,居民储蓄存款余额达46 280亿元,占贷款余额的61.8%),企业负债实际上是向居民负债,由于呆账坏账比例过高,银行风险十分集中,因而引导居民储蓄进入证券市场有利于分散风险。我国资本市场发展的关键是:

第一,重构资本市场体系,建立一个包括全国性证券交易所和区域性证券交易中心在内的、多层次的证券交易市场体系;积极、谨慎地开发新的直接融资工具,进行金融创新,以满足不同层次的市场需求;要尽快妥善解决国家股、法人股的上市流通问题。

第二,促进市场主体的成长和发育,加快培育机构投资者如投资银行、投资基金等和其他中介机构。近年来市场主体的成长较快,但必须不断推动市场主体的完善和提高,规范其行为,加强风险防范和市场监管。

第三,逐步推进资本市场的国际化,拓展进入国际资本市场的通道,充分利用国际资本市场的功能。目前在谨慎推进顺向国际化(海外资本进入中国资本市场)的同时,应积极发展逆向国际化,直接在国际资本市场上发行股票、债券以及进行企业购并。就顺向国际化来说,可以通过在海外建立中国投资基金间接开放国内股市;同时由发行B股发展到对境外投资者附带一些限制条件的开放,如:投资比例、行业限制等,从而实行有限制的直接开放国内股市;待条件成熟时,再全面开放国内股市,真正实现证券市场的国际化。

3. 合理确定引进外资的规模,明确外资的产业导向,加强对外资的监管

首先,确定不同时期引进外资的控制规模,在保障国家对国内经济有效控制的前提下,扩大外资总量,以保证与世界各国的经贸交往,引进世界先进技术、管理经验和国际资源,并获取国际比较利益。其次,加强引进外资的产业投资导向,在符合市场经济导向的基础上建立行政审批监管机制,使外资主要投向基础产业和高新科技产业,以及具有强劲出口竞争能力的产业。同时,要重视掌握对外资的控制权。再次,

在对外资的监管中,必须预警短期国际游资的冲击。诸如:严格控制国际短期借款;加强对外商直接投资资金的管理,防止假借项目投资搞投机套利等。

4. 推进汇率制度的改革和完善,利用汇率波动实行金融宏观调控

汇率主要通过对外资流动方向和规模的调整影响基础货币量。汇率的变化会影响一国的进出口贸易、资本流动和物价走势。在汇率不能灵活调节的条件下,利率对经济调节的功能减弱,不利于长期经济增长。因此,必须逐步完善我国的管理浮动制的汇率制度,根据市场状况适时调整汇率,避免汇率高估或低估。在逐步推行利率市场化的同时,配合汇率波动,可以稳定币值,并加大套利风险,有利于抑制外资短期资本因套利目的而流入,以免国际游资的冲击。随着经济开放程度提高,经济规模扩大,以及金融市场的发展和金融市场的国际化,逐步实行浮动汇率制。

5. 加强和改善政府宏观调控,有效控制通货膨胀

近年来,中央政府实行"适度从紧"的经济政策,成功地实现了低通胀。我国短缺经济已经结束,今后由短缺而引致通货膨胀的因素基本消除,但工资成本上升的压力较大,结构性的通货膨胀因素有增无减,控制通货膨胀仍旧是在实现长期经济增长中所面临的难题。有一种观点认为,中国所面临的最大难题是就业压力和保持高速经济增长,适度的通货膨胀是实现快速经济增长必须付出的代价,而且利大于弊。我们认为,这种看法是不正确的。中国的经验表明,通货膨胀政策的绩效是很差的,造成经济的大起大落、盲目投资和重复建设,资源浪费严重,资源配置效率低下。从国际经验来看,通货膨胀通过利率传导机制使金融风险加大,甚至引发金融危机。

因此,政府必须不断改进调控经济的能力与技术,改革宏观调控政策与调控方式,进行相机抉择,适应经济形势的变化和顺应国际经济潮流,并长期推行低通胀的经济政策。一是继续推行"适度从紧"的经济政策,实现财政、信贷、国际收支的基本平衡和总供求平衡。二是改善经济调控手段,采用灵活高效、统一协调的财政政策、货币政策、外资利用政策和产业政策进行调控。三是不断增强政府的经济调控实力,适当提高中央财政集中控制财力和中央银行调控的能力,保持适度的外汇储备。

(本文原载于《江海学刊》1998年第6期,编入本书时做了适当修改。作者:高波)

第五篇

企业家精神、制度创新与政府行为

第二十四章　论环境资源、环境商品与现实环境政策

当今世界,由于环境污染和生态破坏日益加剧,人类对环境质量的关注和需求已十分普遍,人们对环境的认识也益趋成熟。尤其是环境科学的细分化和综合化研究,为人们从不同角度、不同层次和不同侧面认识环境提供了途径。其中,环境经济学作为一门年轻的学科,对于制定和实施科学的环境经济政策,切实解决我国的环境问题具有重要意义。

一、"环境资源观"——环境经济学的理论根基

环境是人类生存和社会发展不可缺少的外界事物与条件,环境经济学所研究的环境是指围绕着人群空间,可以直接或间接影响人类生存(生活)和发展的各种环境因素及其相互关系的总和。它是一个具有一定结构和功能,处于动态发展中的有机统一的系统整体,其实质就是人类以外一切与其有关的自然、社会因素的集合。这一集合即人类赖以生存和发展的资源与条件的综合体。由此可以将"环境是人类生存和社会发展最宝贵资源"的命题概括为"环境资源观"。

"环境资源观"的科学性基于人们所公认的"自然—社会"系统的两条定律。

1. 环境是人类生存和发展的资源

环境为人类提供了生存所需要的环境要素,如空间、空气、水、土壤。在这里,对人类的繁衍再生来说,空气、水和空间与经过劳动生产出来的生存资料具有同等的效果,它与食品、衣着、住房等同样是人类生活的第一需要,共同构成人类不可缺少的生存资料。此外,任何生活资料都是由自然环境提供的。自然环境和社会环境提供了人类一切活动的场所和条件。环境既是人类生存的基础,又是人类发展的约束条件。

人类的发展可理解为人口质量、人口数量与人类文明发展的统一。人类离开了环境就无法生存,同样,人类缺少了环境的支持也不可能发展。人类发展所需的一切要素无一例外地受到环境条件的制约。人口数量和环境资源之间必须保持适当的比例关系,这一关系如果失调,就必然会引起"人口退化"的现象。环境的承载能力决定了人类的生活质量和发展前景。

2. 环境是社会生产和进步的条件

社会生产包括物质生产和精神生产两个方面。环境是生产力的一个要素,一方面直接以它的自然物质参与物质生产;另一方面,环境作为一个外部因素是物质资料再生产所必要的条件。环境既是物质财富的生产场所,又是物质财富的贮藏之地。环境也是精神生产的基础,一方面为精神生产提供物质条件,如:环境美学价值,精神创作素材;另一方面,环境直接以它的社会因素参与精神文明生产。环境既是精神财富的创造源泉,又是精神财富的发展条件。社会进步是以社会生产的持续稳定增长为前提的,归根到底它是由环境资源条件决定的。环境资源条件的优劣不仅取决于天然因素,还有赖于人为条件,人类改造环境的结果会凝结在现实环境之中。人们在环境经济规律的支配下对环境资源进行合理的开发利用和改造,既能直接有效地获取环境资源的使用价值,又可逐步改善环境资源的质量,为人类提供获得更大的使用价值的机会。反之,违背环境规律和环境经济规律而对环境所施加的任何影响,必然会使环境资源的使用价值有所丧失。环境资源使用价值是生产发展、经济增长和社会进步所必需依存的客观基础。

综上所述,人类生存和社会发展的基础是环境,而环境的物质实体是环境资源。随着人类自身生产和社会生产的发展,人们必然会对其发展的基础提出更高的要求。而环境质量的变化方向则深受人为干预的影响,尽管绝大多数环境资源具有天然的恢复功能,但环境资源的更新和再生是有一定限度的。对环境质量的消费和对资源的开发利用必须控制在一定的阈值范围内,并进行正常的环境保护和环境建设活动,促进环境自净功能和环境容量的发育,培植环境资源的丰度,以期达到环境资源能被永续利用的目的。当然,对环境资源的消耗和利用只讲求生态环境效益是不够的,还要讲求一定的经济效益和社会效益,谋求三个效益的高度统一。环境经济学植根于

"环境资源观"这一学说,由此建成的环境经济学理论体系对于科学、合理地开发利用环境资源和探索建设高效、低熵、协调的环境经济系统是会具有重要的指导意义的。

由于环境经济学是以"环境资源观"为出发点来展开研究的,因此可以认为,其研究对象就是:环境经济学是以环境资源经济系统为客体,对其成分、结构、行为、过程、机制和功能等及其相互关系的研究。具体地说,则是对环境资源利用(或有待利用)和环境质量消费中的人与环境资源和环境质量、经济发展和社会进步与环境资源增殖和环境保护建设的关系,以及由此而引起的人与人的关系之总和及其变化的客观规律的研究。

二、"环境商品性"—环境经济理论的突破口

对环境资源是否既有价值,又有价格,具有商品属性的争论由来已久。效用价值论者对这个问题的回答是肯定的,而劳动价值论者则分歧颇大。概言之,有下述三种观点。一种意见认为环境是自然的产物,不是劳动产品,当然既无价值亦无价格。另一种意见认为环境虽非人类创造的,没有价值,但是有价格,这可以从马克思分析"土地价格"的辩证逻辑思维中找到答案。还有一种意见认为,在社会化大生产的条件下,人类活动的触须已伸到地球的每个角落,自然资源没有打上人类劳动烙印的已寥寥无几。由于自然资源的绝大部分已经耗费了人类劳动,凝结着价值,因此,环境资源既有价值,亦有价格,具有商品的属性。尽管对这一问题看法各异,但有一点意见是基本统一的:实践告诉我们,利用环境资源进行生产要实行有偿付费,对生产经营中消耗的环境条件要有经济上的补偿,消费环境质量要偿付"环境成本(费用)。"在这种观点中,充斥了商品货币关系的色彩,这并不单纯是商品经济条件下商品货币关系向环境保护领域的渗透所致,而是"环境商品性"作为客观存在的必然反映和要求。

为什么说环境及其资源既有价值,又有价格,具有商品的属性?这可以劳动价值论来做出解释。我们所研究的环境包括自然环境和社会环境,对于社会经济环境资源的价值问题,回答是肯定的。其问题的焦点则集中在对自然环境资源商品性的认识上。

第一,我们把环境资源按稀缺性为标准划分为两类。一类是近期和远期尚充足的环境资源,例如太阳光、太阳热等,另一类是目前阶段和近期稀缺的环境资源,例如洁净的空气、可耕地、水资源、部分矿藏资源等。分清这两类环境资源,并非不加区分地提出环境资源的匮乏问题,以免简单地推断出太阳光和太阳热也具有经济价值。我们所说的环境具有价值,显然不是指第一类环境资源,而是通过对第二类稀少环境资源的研究提出来的。"环境价值论"正是基于这一认识提出来的。

第二,我们把稀缺环境资源,以增殖性为标准划分为两类。一类是可更新环境资源,如水资源、土地资源、森林资源、草场资源等,另一类是不可再生环境资源,如矿藏资源。对于可更新环境资源来说,虽然它们也是大自然的"恩赐",人们不可能创造其本身,但人们可以通过投入物化劳动和活劳动去改造或增殖这类环境资源。也正是由于这类环境资源的增殖性,决定了环境资源本身可以吸收人类的劳动。从这个意义上说,环境资源是自然—经济综合体。时至今日,几乎所有这类环境资源都凝结了人类劳动,例如:培肥地力、开垦荒地、整治河流、培育山林等,都毫无例外地要投入人类劳动。这类环境资源本身,在人类未施加影响以前是具有劳动价值论意义上的价值的,例如原始森林,可以认为没有价值,但在采伐之后,必须通过人们的劳动才能把它再生产出来,而人们在进行森林的再生产时,需要投入大量的活劳动和物化劳动。这些劳动耗费直接凝结到再生林之中,成为它的价值实体。因此,由于对可更新环境资源周而复始地开发利用,这类环境资源无疑是有价值的。问题是对于不可再生环境资源,如石油、天然气、煤炭、铜、铁等矿藏资源,并非人类劳动所能使之增殖,这类环境资源的价值又如何体现?对这一问题可从两个方面加以认识。一方面,为了保证生产的需要,为了有计划地开发和利用此类环境资源,各个国家都要耗费一定量的劳动去进行勘探、测量,包括航测、卫星和地面测量等。为了不使勘探出的这类环境资源遭到破坏,国家就要建设必要的设施进行保护和管理。这部分劳动耗费,构成不可再生环境资源的价值实体之一。另一方面,如果这类环境资源已经耗竭,事实上,世界上许多国家都存在某些矿物产品的亏空,人们必然要通过其他途径寻求其他资源包括人类劳动来替代这类环境资源所具有的使用价值,这就必然存在替换资源的机会成本,其机会成本虽然不是人类的直接劳动耗费,但它可以迂回地反映人类劳动所应付出的劳动量。这一劳动量,亦构成不可再生环境资源价值实体之一。综上所述,就稀缺环境资源而论,不论是可更新资源,还是不可更新资源,都有价值和价格,具有商品的属性。

第三,我们把稀缺环境资源(尤其是可更新环境资源),以是否被开发利用为标准,划分为两类。一类是人们已经开发利用和正在开发利用的环境资源,另一类是人们尚未开发利用的环境资源。根据前面的论述,前一类环境资源由于人们投入了大量的活劳动和物化劳动,环境资源本身能够吸收人们的劳动,因此,已经被开发利用和正在被开发利用的环境资源具有价值,这是不容置疑的。问题的困境在于尚未被开发利用的环境资源有没有价值。若不加分析地套用劳动价值理论,自然会得出尚未开发利用的环境资源没有价值的结论。然而,只要稍加分析,就会发现这一结论又与现实相左。以环境资源的重要因素之一——土地为例,一块未垦荒地与一块已垦农田相比,具有相同的生产力,能够生产出相同数量的使用价值,如果说后者有价值而前者无价值,是令人难以接受的。未开发利用的环境资源,由于它本身也具有生产力,具有提供使用价值以满足人们某种需要的潜在特性,虽然不像已开发利用的环境资源那样投入了较多的人类劳动,但与已开发利用的环境资源一样,它也应该有价值。其价值少量体现着人类劳动(如对国土管理的花费),大量是由环境资源的自然生产力决定的环境价值。承认环境资源具有环境自然价值,并不背离劳动价值论,只不过是劳动价值论的隐含罢了。从表面上看,环境自然价值并非来源于人类的劳动。但实际上,如果环境资源没有这部分生产力,为了生存和发展,人们必然要重新创造这部分生产力,而要付出的劳动量又必然与这部分自然生产力相当。举例来说,假设要选择一个自然景观优美、地理位置优越的原始森林开辟为森林公园,发展旅游事业。如果被选中地区没有这些原始森林,那么,人们就必须通过人工培育林木达此目的。而人们育林的劳动投入是有价值的。环境资源自然生产力的存在节省了人们的劳动,所节省的劳动量与重新创造所要消耗的劳动量应该是等值的。因此可以认为,环境的自然生产力是人类等量劳动的替换,环境自然价值与由劳动创造的价值并无本质区别,环境自然价值同样是一定量的人类劳动的体现,其特殊性就在于它是隐含的人类劳动。

第四,环境资源的级差性,对环境资源商品化具有客观要求,也是其商品性的具体体现。同种环境资源的使用价值并不尽相同,如农地有肥瘠、水质有优劣、矿藏品位有高低、交通位置有近远等,都提供着不同的收益率。这种环境级差收入,作为超额利润,一般以地租形式归于所有者,也是通过商品化而实现的。

此外,环境资源的两权分离性,提供了环境资源商品化的实践基础,深刻揭示出环境资源的商品性。土地等环境资源所有权属于国家或集体,但其经营权或使用权可以分离,进行转让。这种分离或转让,使经营者获益,以货币形式对所有者进行返还,形成按生产要素分享所得。这种"等价交换",不仅是绝对环境收益和环境级差收益的转化,也是环境资源商品性的具体表现,而其"有偿"的内动力就在于环境资源具有劳动凝固价值与环境自然价值。

承认"环境商品性"的科学性,是环境经济学理论的重大突破,将开拓出环境经济学新的研究领域。尤其是关于环境资源商品化理论的研究和实践应用,必然会促进整个国民经济的持续稳定发展和改善环境质量以及提高环境资源的丰度。同时,环境经济学学科本身的发展亦将因此而注入新的活力。

三、现实环境经济政策与对策

我国的生态环境问题正面临着有史以来最严峻的挑战。历史的遗留和近年的积累逐渐形成的极严重的生态破坏和环境污染问题,沉重的人口包袱和强烈的发展欲望,将使生态环境问题成为影响社会经济协调发展的重要因素。而我们目前解决环境问题的众多对策实施起来却步履维艰,效果欠佳。这与国民环境意识低下,环境政策贯彻不力或优化度不高等密切相关。因此,当务之急所应采取的环境政策与对策是让全社会都来关注环境危机,积极参与发展生态和建设环境的运动,力求在不太长的时期内,使我国的生态环境由恶性循环转向良性循环。

1. 实施整体环境对策

环境问题危及当代,祸及子孙,切实解决环境问题的政策应是采取以环境经济效益和生态社会效益的高度综合和统一为核心的整体环境对策。环境经济效益是指环境效益与经济效益的组合效益,是社会生产和环境建设过程中同时产生的一定的经济效益和环境效益之总和。因而,环境经济效益决定于环境系统及其影响所及范围内对人类产生的全部有益价值与其中被人们充分开发利用,并表现为经济形式的那部分价值的协调统一度和组合效益。生态社会效益则是生态效益与社会效益之综合和统一,它客观上包含了由生态效益转化而来的社会效益及由社会效益转化而来的生态效益,以刻画社会关系的生态表现和生态关系的社会表现,从而反映"社会—环境—经济"系统社会关系与生态关系的协调组合效果。可以说,生态社会效益是那些从根本上对人类生存和社会发展持续有利的各种效益之集合。环境经济效益是生态社会效益的基础和前提,生态社会效益是环境经济效益的终结和归宿,两者的最优组合,才能获得最佳的综合效益。

立足于综合效益最大,并以环境经济效益和生态社会效益的协调与统一为核心的整体环境对策主要应贯彻如下一些原则。

(1) 社会经济发展与环境建设的优先发展与协调同步相结合原则。为提高环境经济系统的总体效益,必须坚持优先发展,关键增长的原则。因为在不同时空上,往往环境经济效益与生态社会效益并不是以同等效应体现的,也就是说在不同环境经济系统中,存在着限制系统总体效益最优的"瓶颈"因子。如在一个环境资源丰富,生态环境条件较好但经济发展速度欠佳的环境经济系统中,显然应加强经济和技术投资,加速经济发展,此时优先发展的重点是经济效益,反之,对于一个经济发达但它的进一步发展正面临着生态环境危机的环境经济系统中,显然现实的重点是优先增长环境效益,加强生态发展,提高环境功能。因此,在发展速度上,应当优先安排制约因子的增长,以促进总体效益的提高,而在发展的比例上,则必须坚持协调同步的原则。所谓协调是指在各效益提高的过程中,既要彼此促进,又要在协同作用的过程中有效地调整比例关系,以达到社会经济发展与环境建设的协调统一。

在我国,存在着经济既不发达,而环境资源又面临危机的双重困难,历史的经验教导我们不能走先污染后治理的弯路,而只能走经济建设与环境保护协调发展的道路,力求在发展经济的过程中,做好环境保护工作,把经济建设对生态环境的不良影响控制在环境可接受的限度之内。

(2) 总体规划、循环利用、综合整治、强化管理等多措施相配合原则。环境问题的复杂性和环保工作的艰巨性要求我们必须坚持规划、利用、控制、整治、管理等密切结合的系统思想,实施系统综合措施,以改善环境质量,建设生态环境。

(3) 区域性原则。一个自然环境条件和社会经济结构类似的区域与其他区域具有种种差异性,这种差异性也即不同环境经济系统的内在差别,其组成结构与地域分布状况直接影响整个区域的环境经济效益和生态社会效益。因此,不管是发展经济,还是建设环境都应以区位论和生态位理论作为指导,深入研究和运用区域差异规律。拟定区域发展规划也必须运用上述理论,依据不同区域的自然环境条件和社会经济条件,参照国家的总发展目标来进行。

(4) 整体战略性原则。为了满足人类生存和发展的需要,不能仅着眼当前,采取短期行为,要从长计议,筹划未来。因此,要从长远战略意义出发,谋取环境建设和生态发展与社会经济发展的整体协调,在注重提高近期综合效益的同时,也致力于环境经济效益与生态社会效益的长期协调发展。

2. 实行环境商品化

无偿或微偿使用环境资源,免费或廉价消费环境质量是导致环境资源衰竭和生态环境质量恶化的根本原因,彻底扭转环境资源和环境质量恶性循环的环境对策必须是实行环境商品化,并制定相应的国家政策和法令,以保证环境商品化机制的运行。

在发展商品经济的条件下,环境资源的商品性得不到适当的体现和自由的表现,必然会影响对它的合理开发和使用。是否实行环境商品化及其商品化的程度将会对社会经济发展和环境资源及环境质量状况产生截然相反或不同程度的影响。实行环境商品化会使多方面受益。(1) 可以促进对环境资源的适度适量开发和合理优化使用,提高资源利用的效率和效益,保证资源永续利用。(2) 可以刺激人们从经济效益上去关心生态环境效益和社会效益,协调环境经济效益和生态社会效益,改善环境质量。(3) 可以推动市场体系和金融体系的完善,促进商品经济的发展。

我国多年来一直以计划经济为主体,实行环境资源的商品化,绝非短期内就能正常运行,必须通过定点实践,总结经验,再制定切实的总体方案,在国家法律的监督下逐步推行和实施。笔者认为,为推动环境资源的商品化,在近期内,国家应采取适当的政策。

(1) 从以土地为代表的自然资源的有偿使用逐步过渡到实现环境资源的有偿使用。随着人地关系的日益紧张和社会经济的持续发展,土地问题十分突出,而土地是环境资源中最重要的组成部分,由土地的有偿使用进而实现全部环境资源的有偿使用既十分必要又具有现实可能性。

应把逐步收取土地费、资源费,开征土地税、资源税和征收地价纳入改革的总体设想。随着土地有偿使用制度的完善,根据环境价值计量的结果,在目前污染罚款和排污收费的基础上开征环境使用费和环境税。所征得的款项由国家按一定的原则进行合理分配,其中一部分资金应用于环境建设投资,给消费者提供良好的设施和优美环境。这样做,还有可能为企业提供平等竞争的市场环境。

(2) 辟建环境资源的有限市场和开发环境金融事业。环境资源,作为劳动对象或劳动条件本来是生产要素之一。建立环境资源市场并促进其发育,既是环境商品化的必然要求,又有利于完善整个市场体系,最有效地发挥市场机制的作用。与环境资源市场相配套的是发展环境金融事业,建立环境银行,这既有助于培育环境资源市场,又是最大量筹集环境建设资金和最充分发挥资金效用的重要手段。

(3) 经济杠杆与法律手段相结合,用以调节环境资源的合法占用和经营。环境资源属于不动产,国家一方面要运用收费、征税和地价、地租等经济杠杆调节环境资源开发利用的需求及其规模、方向和效益;另一方面还要制定和执行有关环境资源开发利用的法令,通过法律手段的强制作用对它进行管理、调节和控制。两种手段的配合运用有可能收到更显著的成效。

(本文原载于《中国环境科学》1989年第4期,编入本书时做了适当修改。作者:高波)

第二十五章 经济发展中的政府行为

近一二十年来,发展经济学家对发展中国家经济发展中政府功能的认识,得到了深化,获得了突破。发展理论就政府在经济发展中的角色、规则与行为等诸方面问题的探讨,突破了许多传统经济理论的"金科玉律",特别是发展中国家的实践为现代理论替代传统理论做了最恰当的注解。这些新的观念、思路和理论构架对于不发达国家的政府推进经济发展而走向现代化,提供了实践的坚实的理论支持和深刻的经验验证。

一、国际经验:政府与经济活动的关系

在这个世界上,政府与经济活动总是联系在一起的,但在不同的国度里不同的历史时期,其联系的方式、程度或模式却是有差别的。在历史上,绝大多数国家政治与经济总是一体化的,几乎任何一个要想维持统治地位的政府,都把经济作为主要的大事来抓。然而,可以说,世界工业化、城市化过程的开端,发生在政府与经济活动的分离,即政治与经济一体化解体的时刻。这种分离是以市场经济制度的建立为标志的。在政府和经济活动的关系上,市场经济有三个显著的特征:一是经济活动的主体是对竞争和供求法则承担责任的企业家阶层;二是生产要素的流动全部进入市场,要素价值由市场供求关系决定;三是经济关系法制化,经济活动、经济运行,都依照法律、法规和商业规则进行,资产所有权由法律确认,交换规则按法律确定等。这就意味着,经济发展是由企业和个人在市场运行中完成的,政府不应有不恰当的干预。

世界上最早进行工业化、城市化的英国,也是最早实行市场经济制度的国家。初期的资本主义萌芽是从个人化的、小规模的并且是家庭形式的工厂开始成长起来的,

资本是以个人而不是合伙形式存在的,政府在这种经济中起不到重要作用。整个资本主义经济体系最初就是这样建立起来。1929年的大危机,引发了"凯恩斯革命",使西方许多国家相继出现"政府干预时代"。但这种干预仍然是以政府与经济分离为主要特征的。这一体制模式对许多发展中国家的经济体制和运行机制的选择产生了深刻的影响。

与此相反,在这个地球上又一度出现了一个政治与经济高度合一的民族群体。为了推进工业化,在苏联、中国及东欧国家,相继建立了以生产资料公有制为主要经济特征的经济制度。这种经济制度,以政府作为生产资料的所有者和经营者,利用政府的行政力量,借助高度集权的计划管理体制,来推动工业化、城市化和经济发展,这就是所谓的计划经济制度。实践证明,这种政府直接经营的国有经济,尽管对于苏联、中国及东欧国家等的工业化过程做出了重大的贡献,但都在相当程度上存在着效率低下、人浮于事、缺乏活力以及过于僵化等弊端。

介于上述两种模式之间的一种工业化模式,是在20世纪50年代和60年代,许多发展中国家推行发展计划,特别是一些拉美国家,在战后为了摆脱对西方国家的依附,掀起了一股"发展规划浪潮"。强调政府要制订综合性的发展计划,协调投资规划、政策和项目,直接参与投资、创建,并以自己的实际行动来刺激和指导工业化及经济发展,从而克服发展中国家市场不完备、价格调节不灵敏等结构性障碍。然而,结构主义的这些主张并没有带来良好的结果,不仅这些国家精心制订的发展计划的试验没有达到预期目标,而且,计划经济国家的一些弊病也在这些国家出现了。

而另一种工业化模式是东亚的一些国家和地区,如日本、韩国、泰国、新加坡、中国台湾和中国香港所推行的一种新发展战略。这些国家和地区无一例外地强调企业的独立和竞争,但同时也强调政府积极地支持、帮助和参与企业的发展以及在国际市场的竞争。这种工业化模式,使日本和"亚洲四小龙"出现了经济奇迹,迅速实现了工业化、城市化。

如此看来,在政府与经济活动的关系上,"东亚模式"是最成功的。东亚国家一方面借鉴了西方发达国家的做法,即企业充分独立而自由,政府不直接干预企业的经营活动;另一方面,政府积极参与和干预经济活动,但这种参与和干预是以不损害企业的独立和自由为前提,而承担企业和市场干不了和干不好的事业,着重于为企业服务。这种模式充分发挥了市场机制的作用,并使私人企业"尽快地通过在国内市场和世界市场上竞争的生产活动,而不是依靠政治扶持活动去获得利润"。事实上,"这一动向,似乎在世界各地所有发展中国家都将取得优势地位,而在东亚国家表现得尤为明显"。与此同时,这种模式,又适应了这些国家需要政府有效地介入经济领域,支持经济发展的要求。由于战后东亚国家在世界经济体系中处于"外围"地区,即"被剥夺"的地位,如果仅仅依靠企业的竞争能力很弱,市场不完备和存在结构障碍,与发达国家的基础和环境差距悬殊。在此背景下,必须强化政府干预,政府作出发展的准备和规划,理性地有效地干预经济发展过程,推进民族经济的振兴。可见,这种模式既有效地发挥了市场机制的作用,又充分地全面地利用了政府的力量,优势相济,相得益彰,这正是"东亚模式"成功的秘诀。

考察一下中国改革迄今农村企业的发展机制及其成果,更能使人们从理论上和实践上深化对"东亚模式"的认识。在市场条件和竞争环境中成长起来的农村工业企业,包括私有私营企业、社区集体企业和股份合作企业,都具有明确的财产主体,企业经营自主、盈亏自负,在相当程度上是独立和自由的,企业在激烈的市场竞争中求生存、谋发展,农村企业家是农村工业发展的主体,拥有充分的自主权和决策权。与此同时,社区组织特别是政府组织对农村工业的发展,起着独特的推动作用。社区组织从社区利益出发凭借其拥有的社区内资源要素分配权及特殊信用,为企业提供各种发展机会或有利条件,在市场不完善、发生低效或不利时,社区组织就会介入和干预市场运行,为企业保驾护航,社区组织在不影响企业独立的自主的前提下,积极参与企业发展和帮助企业开拓国内国际市场。诚然,中国农村企业的社区管理体制还存在一些问题需要由改革深化来解决。但毫无疑问,社区组织的有效干预与农村企业的自由和竞争相契是中国农村工业化取得举世瞩目成就的现实动因。

与中国农村企业相反的是,中国的国有企业经过放权让利虽然使企业和个人有了一定的自主权,但其内部各基层单位之间的产权边界和收入源泉是不确定的,政府在相当程度上控制着企业,企业得不到充分的、足够的自主和独立。结果,国有企业负盈不负亏,"吃资本""吃利润""吃国有制",企业没有活力,发展动力匮乏。这恰好验证了费景汉说过的一句话:"随着经济日益复杂化,凭借政治权力强行指令的做法迟早会遇到麻烦,而为保持经济效率,经济决策必须分散化的观点看来会成为明确的趋势。"(费景汉,1987,第237页)

至此,似乎我们可以得出这样的结论,发展中国家在经济发展过程中,在政府与经济活动的关系上,既不能采用完全自由放任的政策,政府对经济发展无所为,因为没有任何一个政府可以毫无把握地信赖自由市场,也不能选择高度集权的计划体制,完全凭借政府的行政强制力量来推动经济发展。因为没有一个计划机构能够准确计算和有效管理所有物资和服务的相对短缺性。而西方发达国家政府与经济分离的模式虽然很值得借鉴,但并不可能照搬。唯一正确的选择思路是,在建立市场经济制度的前提下,企业是独立的和充分自由的,政府不直接干预企业的经营活动,政府在经济活动中所扮演的角色是企业的支持者、赞赏者、帮助者和监督者,为企业发展提供服务,尤其对于企业开拓国际市场应有所作为。

二、发展中国家的政府职能

发展中国家的政府虽然不能替代企业和模拟市场,但在工业化、城市化过程与经济发展中的作用是独特的,这是因为政府的地位是独特的,政府拥有任何其他组织所无法拥有的垄断权力。而发展中国家的实际情况又要求充分发挥政府的特殊作用,否则很难摆脱困境。

首先,在整个世界经济体系中,发展中国家处于"被剥夺"的"外围"地区,发达国家处于"剥夺"的"中心"地区。在这种不平等的环境中,完全依靠企业的力量很难参与国际竞赛而获得发展。其次,发展中国家的市场无论在结构上还是在功能上都是不完全的。生产要素市场发展不良或不完整,市场信息既不灵敏又不准确,价格扭曲时常发生,会降低资源配置的效率。再次,企业本身的竞争能力较弱,由于经济水平低,企业自我积累、自我发展能力不强,难以获得规模效益。因此可以说,没有政府的积极参与,仅靠自由放任的政策和不发达的市场机制,发展中国家是不可能实现经济腾飞的。

但是,如果政府行为缺乏理性或违背规范,超出自己的职责范围,或滥用自己的权力,以致干扰企业的独立和自由,同样会走向事物的反面。因为如果经济活动的主体不能获得充分的自由,不能保证市场竞争的公平、公正和公开进行,政府可以不受约束而滥用权力来攫取企业的利益,那么企业的动力和活力就会受到挫伤,导致微观主体不思进取,经济衰退则成为必然。

正因如此,发展中国家必须严格界定政府行为的空间,明确政府的职能和作用,既不能给政府制造腐败或无能(权力滥用或权力真空)的借口,又要尽力地利用政府所具有的独特作用,促进经济发展。现在看来,在经济发展过程中,发展中国家的政府需要创立市场经济体制,并在这一制度框架内履行其职责和权能。

职能之一,政府作为制度的供给者,在市场制度构建中做出强制性制度安排,并为诱导性制度创新创造条件。市场制度是一种保障和实现财产权利及其自由交换的制度。这里,个人和社团法人的经济自由权利,特别是产权的明确界定是基本前提。只有这样,个人和社团法人才能根据自己的偏好和受到的约束,自主选择自己的行为,并对其行为后果负全部责任。要做到这一点,政府就要通过立法活动,而且主要是通过制宪或修宪活动明确界定产权。一旦产权界定清楚,就可以通过各个经济主体经济权利的自由让渡和转移,形成自由买卖产品和自由价格制度,以及自由契约的行为方式和财产权利的交换关系,从而建筑起市场运行的制度性构架。这是政府所进行的市场制度供给的重要内容。

与此同时,政府还要从操作层次上为市场运行提供法定的市场规则。没有规则,竞争就无法进行,或者会混战一场,规则不一致,竞争就不能公平进行,市场的透明度则会随之下降,竞争也会失去源源不断的动力,市场结构和市场行为还会发生扭曲而损害竞争。因此,为了消除竞争限制和障碍,维护竞争秩序,促进和保护竞争过程,充分而正常地发挥竞争的作用,政府要制定一系列具体的标准、规范、法律和政策,并进行监督和执行。有序的竞争市场离不开政府的强制性制度安排:关于正当竞争和非正当竞争的法律规制,关于保护正当竞争为主要目的的合同法、商标法和专利法等,关于以制止不正当竞争为主要目的的反垄断法,以及完善的企业法、投资法、市场法等等。这些法律规则是市场主体的行为准则,政府则以"裁判员"的身份来监督和校正市场行为,实现公平竞争。

职能之二,制定发展规划和确定发展战略。对市场经济与发展规划内在统一性的认识已使人们取得共识。而发展中国家在经济发展过程中制定发展规划及其相应的发展战略则显得尤为必要。一般而言,在经济发展中,企业和市场做不了或做不好的事,都应由政府利用其所拥有的垄断权力通过发展规划加以实施。企业是以盈利为目的的,市场也不是万能的。企业为了自我发展,对于投资项目的选择多集中于获得多及外部不经济的领域,而那些耗资巨、短期内难以盈利且产生外部经济的项目,就得由政府来承担,人力资源的开发投资也需要由政府来进行。同时,尽善尽美的自由放任的市场机制只能是一个理论假设,任何国家的市场都不可避免会出现市场失灵、市场缺损及市场成本,而这些情况都会降低资源配置效率,政府的规划机制可以在一定程度上弥补市场不足。而且,发展规划和发展战略对企业和市场具有导向作用,可以促使公共福利的提高。因此,发展规划和发展战略是政府生产和供给的公共商品。

政府提供的发展规划应包括明确的发展目标和发展政策。发展目标是多元化的,而发展目标的确定与发展战略是联系在一起的。发展中国家的发展战略必须立足于本国的资源禀赋,利用本国的资源优势,特别是低劳动力成本优势,增强其在国际市场上的竞争力。发展目标的实现和发展战略的实施离不开切实可行的发展政策。

职能之三,参与公共商品的经济活动,支持企业和市场的发展。在社会经济活动中,大致存在两类经济物品,一类是具有排他性,通常通过价格支付的方式占有和使用,即私人商品;另一类则是公共商品。通常讲的公共商品是指那样一些产品或服务,它们在本质上能导致外部经济在消费上具有非排他性,于是,消费者增加引起的社会边际成本为零。广播电视、国防、环境保护就是公共商品的例子,一些人对它们的消费并不妨碍另外一些人对它们的消费,且消费者增加并不改变社会成本。从理论上说,要实现公共商品的有效供给,所有消费者的边际收益之和应当等于公共商品的边际成本,公共商品的价格则应当随每个消费者偏好的不同而有所差别。但在现实中,正确地确定差别性价格需要了解消费者偏好,这一活动成本过高,甚至根本就做不到。此外，即使可以制定出差别性价格，由于存在非排他性，公共商品的消费很难排除"免票搭车"者，或者排除费用过高。因此，由市场机制决定的公共商品供给量往往低于有效率的水平，甚至有时其供给量是零。还有一种公共商品具有排他性，可以通过价格支付方式占有和使用，但由于具有明显的外部效应，若以价格支付方式占有和使用会产生一系列不良后果，因而对于这类产品或服务市场制度也是低效率甚至是无效率的。不难看出，公共商品由市场调节会出现市场失灵的后果。为了保证经济效率，政府需要介入公共商品市场，直接向公共部门投资来提供公共商品和服务。

一般认为，由政府供给或补贴支持的公共商品有：维持市场机制正常运作的法规制度、国防、社会治安、环境保护、水利设施、城市基础设施、信息服务、新技术与新兴产业的开发、广播电视、文化教育和基础科学研究，等等。如果说，政府制定和维护市场规则，建构市场制度框架与制定发展计划和确定发展战略是一种制度与政策类公共商品供给的话，那么，政府作为公共商品的供给者还要为市场制度运行创造物质基础和良好的软环境，特别是市场失效的公共部门，政府不可退出，而是要积极参与和合理投资。在生产公共商品的物质部门中，有的部门不以营利为目的，而以全社会的公共利益为目的，可全部排除在市场以外，由政府全面参与和直接控制，投资收益使成本得以补偿即可；有的部门虽以盈利为目的，但政府要在价格制定、生产数量和市场进入等方面实行干预和监督，政府填补市场让出的部分空位。对于市场和企业难于进入的"空位"，政府则应积极参与。发展中国家根据本国的特点和国际经济发展趋势，发展高科技产业，以及扶持有前途的幼稚产业，就是必须由政府进入的"空位"。新加坡政府鼓励和帮助劳动密集型产业向高技术密集产业和高利产业转移的"第二次工业革命"，使新加坡经济跃上了新的台阶。日本的汽车工业，韩国的造船工业，都是由政府积极介入经济领域，扶植有前途的幼小产业而获成功的。这些经验很值得发展中国家借鉴。可见，在市场经济制度中，绝不意味着政府在经济活动领域无所作为，而是需要政府退出那些管不了也管不好的一般经济活动领域，集中力量参与公共部门的经济活动，为企业和市场活动创造良好的条件。

职能之四，监督企业行为，弥补市场不足。政府的干预，就是要使原来的市场配置结果更有效且成本更低。当市场产生低效情况时,政府就需要介入或通过政府行为阻止低效的发生。政府参与公共部门的经济活动可以消除市场失灵而提高效率,政府监督企业活动,弥补市场不足同样可以提高效率。在市场出现不完全竞争、外部影响和市场机制有缺陷等情况时,市场本身的力量不足以消除低效后果,政府应通过有关的政策举措和直接行为进行干预以削弱效率障碍。

事实上,不完全竞争在任何市场经济国家都不同程度地大量存在着。特别是在一些存在规模经济的产业,即使市场机制完善也会导致垄断。从全社会福利看,利用规模经济是有好处的。然而,垄断为了获得垄断利润,必然会采取减产保价的理性行为。这种行为就企业来说是一种合理的选择,但从资源有效配置的角度看,此时产量偏低而价格偏高,是缺乏效率进而降低社会总福利的。在此背景下,政府的职责就是引导企业将产量提高到有效率的水平,把价格降低到边际成本。对于企业来说,在具有规模经济的情况下,企业的边际成本低于平均成本,把价格确定在边际成本水平上必然会亏损,因而企业不可能自动地增产降价。于是,政府可以选择的干预手段有两种:一是对企业进行单位价格补贴,企业在边际收入增加的诱导下把产量提高到有效的水平,同时把价格降到边际成本;二是对企业实行公共管制,强制企业产品价格等于其平均成本。前一种干预方式是有效率的,但由于对垄断企业的补贴来自政府财政收入,这一方式通常会遇到一些社会阻力。相比之下,后一种干预的方式虽能促使企业增加产出,但仍未达到效率水平,而且完全剥夺企业垄断利润的办法,也失去了对企业发展和降低成本的有效刺激,因而这一方式其实是以牺牲效率为代价的。可见,政府对这样的企业进行干预本身就是一种两难的抉择。此外,对于那些与规模经济无关的非自然垄断,政府一般通过制定和执行一系列反垄断法而予以限制或禁止。

一般地说,市场机制缺陷在发展中国家是时常存在的,即使在发达国家有时也在所难免。在现实中,市场主体的行为不规范、市场不完整及对市场运作的外在干预都可能引起市场机制缺陷。一旦存在市场机制缺陷,就会发生市场价格信号扭曲,从而对资源流动造成误导,降低资源配置效率或加大市场成本。从根本上说,面对市场机制缺陷,政府应该依靠自己的力量推进体制改革,逐步完善市场机制。但是,由于市场机制缺陷业已导致经济运行非均衡,政府在进行改革的同时,还应对引致非均衡的一些资源和市场实行不同程度的数量调节与价格控制。政府对市场的这种替代包括：资源配额、价格控制、贷款规模确定、利率控制、财政补贴、政策性贷款扶植、政府直接投资等举措。由于政府对市场功能的直接替代面临种种约束，在完善市场机制的改革进展中应逐步退出，以更好地发挥市场功能。

职能之五，宏观调控经济运行，促进稳定协调发展。事实上，十分完善的市场几乎是不存在的，那只是一种理论假设，类似拍卖模型那样的市场也是很有限的。在现实中，由于信息不充分灵通，价格不充分灵敏，存在市场运行的不确定因素，这些因素对市场经济的扰动所产生的振荡往往具有放大效应而造成经济波动。就市场本身而言，市场自我调节有吸收能力能够吞纳某些干扰，但当外界冲击超过市场自我调节的吸收能力时，单纯依靠市场的机能，则会延长吸收过程，甚至难以正常吸收而破坏经济稳定和协调发展，从而造成资源闲置和浪费，增加资源配置的成本和丧失经济效率。因此，政府需要运用财政政策、货币政策和国际收支政策来促进经济稳定增长；运用产业政策来引导产业结构变革，推进经济协调发展。

职能之六，推行收入再分配，实现社会公平。在市场经济条件下，需要政府退出个人和企业的活动领域，体现在分配领域则要求政府撤出个人或社会法人的初次分配活动。初次分配（工资、奖金、利润）是在市场中按市场原则进行的，因而是个人和企业的经济权利，政府不应随便干预。然而，市场决定的初次分配是以经济效率为主要目标，难以兼顾社会公平目标，而过分悬殊的分配不均会引致种种社会问题，在某些条件下反过来影响经济效率的实现。这是市场和企业本身解决不了的问题。因此，需要政府通过收入再分配过程，来实现社会公平目标。

政府进行收入再分配的主要手段是税收、补贴和社会保障等等。税收手段是指主要通过财产税、遗产赠予税等课税，削减高收入阶层的实际收入，以抽高补低。补贴和社会保障等实际上是一种转移支付，包括社会救济、伤残抚恤、教育和再培训资助等直接转移支付和社会福利与社会保险的财政资助，各类税收优惠与价格补贴等间接转移支付。这是增加低收入者和无收入者的收入和福利的具体途径。当然，为了实现社会公平，政府除了直接进行收入的再分配，也可以在不干扰个人和企业的独立与自由的前提下，采取一些政策举措（如最低工资法）影响初次分配过程。

需要特别提出的是,虽然政府的再分配活动是以修正市场结果,追求社会公平为目标,但是这种活动必须以不破坏个人和企业的积极性及主动性和不损伤效率为前提和原则。事实上,过多地顾及收入的公平而进行过分的收入分配调节通常会损及经济效率。因此,政府不得不在公平和效率之间做出恰当的权衡和正确的选择。对于这种有时鱼和熊掌二者不可兼得的十分复杂的两难问题,政府必须十分谨慎。

总之,发展中国家的政府,在经济发展过程中,既不能代替个人和企业直接从事经济活动,又不能完全脱离经济领域对个人和企业放任自流,正确的做法是"政府之手"不插入个人和企业干得了干得好的活动,伸向个人和企业管不了管不好而政府应有能力胜任的领域。这样的政府,绝不会是一个腐败的和无能的政府,而必然是一个廉洁的和高效的政府。

目前,中国的制度变革和制度创新,正处于由计划与市场相嵌合的二元体制向市场经济制度的转换之中。这一过程,实际上是一个政府自我限制、自我约束、自我革命、自觉让权的过程。在这个过程中,政府既是变革的主体,又是变革的对象;既是创新的动力,又是创新的阻力。面对存亡兴衰,政府选择变革与创新;触及权力丧失,往往惜舍惜分,举棋难定。政府行为对国家和民族有重大影响,民族的希望在于政府及时转换职能。这是唯一明智的选择!

三、政府行为的理性与规范:能带来效率与公平吗?

政府行为的理性和规范问题几乎纯粹是一个关于价值判断的规范性命题。而价值取向、社会制度、法制程度、经济运行机制和行为方式等方面的差异都会影响价值判断的结论,以致是"鸟或羚羊"也难以分辨。这就使人们对政府行为的理性与规范问题的讨论和认识变得十分复杂和异常艰难,众说纷纭,见仁见智。但是,并不意味着人们对此不能产生一致的看法或根本没有共识。其实,只要冷静地加以分析就会发现,对效率与公平的权衡和抉择的倾向隐含着政府行为的理性和规范与否及其程度。鉴于此,我们以市场经济制度作为背景,首先从一般意义上明确公平观及公平与效率的取向,然后就政府如何获得理性的和规范的行为进行讨论。

在市场经济条件下,人们倡导的公平,不是一种没有竞争、没有风险从而没有压力、没有效率的"社会普遍公平",即平均主义的公平,而是一种以机会均等和公平竞争为原则的真正意义上的公平。平均主义的公平观,单纯强调利益均等,人为地抹杀掉各经济利益主体的物质利益差别,利益—动力联动机制失效,使经济效率丧失,因而是一种没有效率的公平。这是与市场经济水火不相容的。在市场经济条件下,所谓机会均等,是指各个经济行为主体在市场竞争中和其他场合享有同等的参与机会、获胜机会、选择与被选择的机会。所谓公平竞争,是指各经济活动主体在自身利益最大化为目的的竞争中规则相同、约束一致、风险与利益同在。机会均等与公平竞争这种新的公平观,是隐含着保证效率这个条件的。只有坚持推进效率提高的公平观,方有可能最终实现事实上的公平。

但是,事实上,效率准则是以收入差别为动力和结果的,而收入的过分悬殊实难冠之以"社会公平"的美名。这就存在一种公平与效率的替代关系和取向问题。我们认为,发展中国家在经济发展过程中,应坚持效率优先兼顾公平的原则,通过加快发展以消除贫困,缩短与发达国家的差距。

一个理性的政府和规范的政府行为应该是通过营造机会均等的氛围和创建公平竞争的制度,刺激人们最大限度地使用自己的能力去拉开收入差距,并禁止人们运用某种特殊权力去获取额外利益。为了确保机会均等环境的形成,政府应集中精力行使自己的职能,干好分内的事,不干分外的事,把直接的行政干预手段减至最低的必要限度。同时政府要为企业和个人创立有秩序、有规章和法律保障的公平竞争制度。当政府严格按照法律的规制去行使自己的职能时,政府行为不再具有无限性、垄断性和无约束性,也不可以随意扩大和膨胀自己的权力,政府行为的理性和规范就有可能达到,公平与效率目标也就会实现。

由于政府是处于垄断地位的,权力可以无限大,既可以利用政府权力满足"公共需要",但也可能借"公共"之名满足自己这个集团的需要,而损害公平与效率。因此,政府天生就需要监督和约束。政府的理性和行为的规范不是与生俱来的。如果说,个人在市场中追求个人利益是符合市场准则的话,那么,官员在政府干预经济中追求"个人利益"则是需要制度约束和良心约束的。总之,发展中国家应该通过法律系统在制度层次和操作层次上限制政府在经济发展中滥用权力,干涉经济活动;同时,利用政府的独特作用,积极推进经济发展。这是政府行为理性和规范的源泉与表现。

本文原载于《江海学刊》1994年第2期,编入本书时做了适当修改。作者:高波。

第二十六章 企业购并中地方政府行为分析

企业购并是多个交易主体之间的博弈过程,我国政府与购并企业和被购并企业都是其中的交易主体。在企业购并过程中,由于市场制度不完善和资本市场不发达,购并企业与被购并企业的情况十分复杂,企业购并中政府的行为空间较大,对政府介入企业购并是否合理不能一概而论。但是,政府作为所有者的目标与政府作为管理者的目标必然存在偏差,已直接影响到企业购并的绩效。而通过企业购并,实现企业重组和结构调整,培育产业组织,是提高经济运行的质量和效率的重要途径。因此,必须对企业购并中政府行为机制进行深刻分析,合理界定政府的行为空间,规范企业购并中的政府行为。作为所有者的政府,既包括中央政府、各级地方政府,还包括行业主管部门及其以下的各级科层组织。本章把具有独立利益目标的地方政府引入分析框架,从制度、功能、效率等维度研究企业购并中的政府行为及其演进趋势。

一、企业购并中政府行为发生的制度条件

企业购并中,政府行为的发生是有一定的制度背景的。一般而言,制度包括两个层面:一是制度环境,即一系列用来确定生产、交换与分配的基本的政治、社会与法律规则;二是制度安排,即支配经济单位之间可能合作与竞争方式的具体规则。就企业购并而言,与之相关的经济制度因素主要是产权制度、企业治理结构、企业购并市场制度等方面。我国企业购并中的政府行为是在相应的制度条件下产生的。

1. 企业购并中政府行为的产权制度基础

企业购并作为一种产权转让或交易行为,在企业购并中企业所有权和由此引起的企业控制支配权在不同所有者之间发生转移。企业购并的基础是企业产权制度,

在企业产权制度的框架内,产权主体实行企业产权的交易和流动。在集权式计划经济中,国有企业产权集中于权力中心,集权式制度安排的内在规定性使得权力中心无须通过购并,也能实现国有企业控制权的转移。在市场化改革进程中,权力中心预期到制度安排之外的潜在利益,在特定路径依赖下,用地方分权的制度安排替代了中央集权式制度安排,事实上把国有企业剩余索取权和控制权在权力中心和地方各级政府之间做了分割,地方政府成为其行政边界之内国有企业产权的产权主体,这种格局使得国有企业之间的产权交易和流动,具有了准购并的性质(刘文通,1995)。地方政府作为其行政边界之内国有企业的主要产权主体,必然把国有企业视为实现其利益最大化的现实载体,从而在企业产权流动中渗入政府意志。地方政府从所有者的角度介入或干预企业购并,就成为顺理成章的事。

2. 国有企业外部治理结构不完善下的"内部人控制"

在企业产权的竞争性交易环境中,相互竞争的买方—购并企业报出的意愿价格会反映被购并企业价值的真实信息。因此,在充分竞争的市场条件下,购并企业的报价可以作为企业价值的一种准确的信息。而在我国由于缺乏充分竞争的市场条件,企业购并要复杂得多。地方政府拥有其行政边界之内国有企业所有权,但并不介入企业具体生产经营活动,这种纳入现代企业制度范畴的两权分离,产生了委托—代理问题。由于委托人与代理人的效用函数不一致,且存在着企业内部经营的信息不对称,代理人利用信息优势去损害委托人的利益,产生"内部人控制"的现象。"内部人控制"现象不仅会在企业生产经营活动中产生,在国有企业外部治理结构不完善的背景下,企业购并过程中也会发生"内部人控制",如经营者为了避免企业购并,利用信息不对称,隐瞒企业亏损的真实信息;经营者与购并企业合谋,在资产评估中隐藏企业资产价值的真实信息,把部分资产价值转移出企业,等等。我国目前的企业产权交易市场具备买方市场的条件和特征,政府作为国有企业的所有者直接介入企业购并,实质上是一种消除"内部人控制"的行为选择。因此,政府为了保障国有资产的保值、增值和自身的利益,不得不介入企业购并过程中的产权交易。

3. 企业购并市场制度的功能缺位

与发达市场经济条件下的企业购并相比,我国企业购并除了存在企业产权制度和企业外部治理结构的差异外,更表现为企业购并市场制度的功能缺位,包括中介机构、资本市场和购并法规等层面市场制度对企业购并发展的掣肘。根据 Greenwald 和 Stiglitz 的研究,金融机构的核心作用在于,当资源从拥有者一方转移到高效使用者一方时,金融机构能克服信息问题。具体到企业购并,中介机构如投资银行不仅要在购并企业和被购并企业之间承担沟通信息的职能,还要在购并企业与资金拥有者之间构筑信息和资本的流通渠道,中介机构和资本市场构成企业购并市场制度的内核,在此基础上衍生出包括现金收购、股票收购、债权收购、综合证券收购、杠杆收购和管理层收购等多种购并形式,促成企业购并市场的长足发展。构成企业购并市场制度的另一核心是购并法规,企业购并和产权流动涉及资产处理、债务处理、税收安排、人员安置等方面问题,牵扯到社会各个层面,购并立法则直接影响企业购并的公正性和规范性,在发达市场经济条件下,与企业购并有关的法律有:民法、公司法、破产法、反垄断法、证券法、行业法、劳动法、社会保险法和税法等等,法律的完备性保证了企业购并的规范发展。目前我国中介机构不健全,资本市场不发达,购并立法滞后,企业购并市场制度的功能缺位,因而企业购并形成对政府行为的内在需求。

二、企业购并中的政府行为:表现及其功能

我国的企业购并是在地方政府作为其行政边界之内国有企业所有权主体的条件下进行的,国有企业成为实现其利益最大化的载体,因而企业购并尤其是跨越行政边界的购并会引致利益的重新配置,如纳税对象的改变,必然影响到企业所在政府既得利益,所以地方政府往往会提高购并的制度壁垒。此外,企业购并市场制度的功能不足也使购并的市场化发展失去了基础保证,在这种制度背景下,政府利用其政治资源、信息优势和信用优势,实现对购并市场制度缺位的功能替代具有必然性和必要性。具体而言,企业购并中政府行为的表现和功能主要在行政协调、替代市场及保障相关者利益等方面。

首先,跨越行政边界的企业购并中的行政协调。在中央政府供给主导的制度变迁中,伴随着放权让利改革战略和财政分灶吃饭制的推行,地方政府具有独立的行为

目标和行为模式,成为一个具有独立利益的组织,这种制度变迁增强了地方政府发展地区经济的内在动力,把原有制度安排之外的潜在收益内部化了,但同时也提高了跨越行政边界购并的制度壁垒。地方政府的利益目标的实现依赖于企业,如经济增长指标的完成、财政收入的增加、就业人口的安置都离不开企业的支持,特别是赢利企业的支持。若允许其行政边界之外的企业购并,政府将失去对这些企业的控制,出于垄断租金最大化目标,诸如职位的升迁、权力的稳定性、对资源的支配权和灰色收入等,政府往往会作出阻碍企业购并的行为选择,购并企业和中介机构的"游说"行动会因极高的交易成本而失败。而该级地方政府的上级政府凭借其纵向行政权力,可以打破制度壁垒,协调各方利益,从而极大地降低交易成本,促成跨越行政边界的企业购并。

其次,企业购并市场制度功能缺位的政府替代。中介机构和资本市场构成企业购并市场制度的核心。中介机构在购并企业与被购并企业之间、购并企业与资金拥有者之间构建信息流通道,具体职能在于评估、咨询、策划和组织。而资本市场的功能在于构筑资金流通道,为购并企业提供多种形式的信用支撑。我国中介机构体系的功能弱小,资本市场处于发展初期,企业购并市场制度的功能缺位阻碍了购并的发展。政府则凭借其政治资源、信息优势和信用优势,在企业购并中实现对市场功能的替代,如政府利用国有企业产权主体的身份及其发达的公共关系网络,可以低成本获得企业经营绩效的各种信息和购并企业的需求信息,在企业购并中发挥中介机构的"牵线搭桥"作用。政府还可以利用特有的信用基础,积聚资金用于推动购并的发展,弥补市场资本的供给不足。

再次,企业购并中政府的保障功能。企业是一组契约关系的联结点,这组契约关系就是劳动所有者、物质投入和资本投入的提供者、产出品的消费者相互之间的契约关系。具体到企业购并,企业被兼并、拍卖实际上是一个要素所有者的"解约"过程,即原资本投入者与劳动所有者与其他相关利益者如债权人解除契约的过程。在典型市场经济制度中,解除契约后的资本所有者一般不再承担原有契约关系中对劳动所有者或债权人的义务,如购并发生后劳动所有者的就业问题、债权人的利益保护问题交由购并企业和政府处理。在国有企业产权制度框架中,政府是企业资本所有者(国家)的代理人,企业被购并后原有契约关系本应解除,资本所有者不再承担相应的责任和义务。但是,基于政府对劳动所有者失业后生活的社会保障职责,以及银行与政府关系的历史渊源,资本所有者(国家)的代理人——政府实际上并未"退出契约",政府仍将在企业购并中执行"隐含的契约",保障被购并企业相关者的利益,如企业所有者(国家)的权益如何在购并中得以保障,银行债权的权益如何保护;如何对被购并企业的失业劳动者进行重新安置;如何建立起社会保障制度;等等。在社会保障制度不健全的情况下,地方政府既要从所有者的角度解决被购并企业劳动者的各种社会保障问题,还要从社会管理者的角度承担社会保障职能。

三、企业购并中政府行为的效率评价

在企业购并制度壁垒和市场制度功能缺位的双重约束下,企业购并中的政府行为的行政协调、替代市场和保障功能在一定行政效率的前提下,降低了企业购并的交易成本,提高了购并交易效率。但是,这并不等同于企业购并中政府行为的效率性,在此从政府行为对企业购并中资源配置效率影响的角度评价其效率性。根据行为学的研究,行为目标事先决定着行为方式和行为效果,不同的行为目标导致不同的选择和不同的决策,导致不同的经济后果。所以,评价企业购并中政府行为的效率,我们要先研究地方政府的行为目标。

政府的行为目标具有多重性,不仅具有通过降低交易费用实现行政边界内社会总产出最大化的动机,而且总是力图获得最大化的垄断租金。在统治者及其集团最大化垄断租金的所有权结构与降低交易费用、促进经济增长的有效率的体制之间,存在着持久性的目标冲突,这就是通常所说的政府行为的"诺斯悖论"。地方政府行为目标也存在"诺斯悖论",但在中央政府推动的市场化取向的制度变迁中,地方政府的效用函数发生了重要变化(杨瑞龙,1998)。一方面,实行分灶吃饭的财政体制后,地方政府可支配的预算规模直接与本地社会总产出水平正相关;另一方面,中央政府的行政放权,也使得地方政府获得了实现地方利益最大化的资源配置权,地方政府已逐渐成为具有独立经济利益目标,可以利用政治力量实现本地经济利益最大化的经济组织,这时地方政府垄断租金最大化目标、财政收入最大化目标都与其行政边界内经济发展水平呈正相关。行政边界内经济发展水平依赖于其企业的市场竞争力,只有当企业的利润目标和扩张动机得以实现,才有可能推动经济发展和增加财政收入,实现垄断租金最大化的目标。因此,当在行政边界内企业购并扩张时,地方政府通常利用其政治资源、信息优势和信用优势,降低产权交易成本,促成优势企业购并扩张。政府行为对市场功能的替代,在追求政府利益最大化的同时,实现了资源配置效率的帕累托改进。

但当地方政府行政边界之外的企业购并本地企业时,政府行为更为复杂化了。鉴于保障社会稳定是政府追求垄断租金最大化的主要变量,因此从与这个变量密切相关的企业亏损面和失业劳动者生活保障着手做出一般性的分析。

第一,如果地方政府行政边界之内的企业亏损面压力和失业劳动者安置压力在其财政能力范围之内,政府对亏损企业和赢利企业的被购并可能做出不同的选择。

(1) 被购并企业是亏损企业。亏损企业存在大量隐性或显性失业,由于失业劳动者可能把不满情绪升级为"集体行动",引致社会不稳定,地方政府出于垄断租金最大化目标,必须缓解失业压力。建立社会保障制度和利用企业购并都是可供政府选择的方案,但后者相对于前者,政府支付的成本更低,因而政府有更强的激励选择购并。一方面把安置失业劳动者的经济成本转移给购并企业,另一方面又减缓了社会震荡,维护了政治稳定。同样出于垄断租金最大化目标,企业购并还是政府减小企业亏损面的重要机制。企业亏损面是影响政府垄断租金最大化的重要变量,而单个企业依靠自身力量扭亏有一个过程,在现有制度安排约束下,政府行为短期化倾向明显,运用企业购并减小企业亏损面是政府最为快速、简便的行为选择。

(2) 被购并企业是赢利企业。从资源配置角度讲,资源从边际效益低的企业流向边际效益高的企业是效率的帕累托改进,地方政府行政边界之外效率更高的企业购并本地的赢利企业是符合经济效率原则的,与地方经济发展水平的提高也是一致的。但从政府角度来看,如果购并发生,产权转让后政府不仅失去了对企业的控制权,还因纳税关系的改变而损失一部分财政收入,由于政府此时没有失业和亏损面的压力,政府阻碍购并的机会成本较小,经过成本收益的比较分析,政府行为的理性选择是阻碍购并。

由于购并好企业的交易成本过高,而购并坏死企业的机会成本很大,所以购并企业只能购并一些经营亏损,但资产质量还好的"休克鱼"。这样,在政府与购并企业的博弈中,仅当被购并企业是"休克鱼"时,博弈值符合纳什均衡,否则企业与政府的博弈都难有均衡解。这个分析也揭示了我国产权市场"真正最有效的主体不参与流动,有的是无效资产"现状的内在动因(国有资产管理局科研所课题组,1997)。由此还引申出另一个政策含义:当政府拥有若干亏损企业而与其行政边界之外的企业达不成购并协议时,政府为了转移成本,追求垄断租金最大化目标,会不顾企业意愿和企业购并的内在经济机理,以其政治权力促使其行政边界之内的优势企业购并亏损企业,即所谓"拉郎配"。其结果往往是把盈利企业拖垮。

第二,如果地方政府的财政能力不足以支撑其行政边界之内大量企业亏损和劳动者失业的压力,地方政府更倾向于推动本地区的企业被行政边界之外的企业购并。

地方政府在与其行政边界之外的购并企业的博弈中,不仅当被购并企业是"休克鱼"时,博弈值符合纳什均衡,当被购并企业是赢利企业时,博弈值也可能符合纳值均衡。因为亏损企业被购并是地方政府求之不得的事,而地方政府通过出售一部分赢利国有企业产权,则可以增强其应付企业亏损和劳动者失业的压力所需的财政实力,进而有利于政府实现垄断租金最大化的利益目标。

四、结 论

我国企业购并中的政府行为,实际上是现有制度条件和经济环境约束下的自然选择。国有企业的产权制度基础,国有企业外部治理结构不完善与企业存在的"内部人控制"问题,以及现实中企业购并市场制度的功能缺位,都为地方政府介入企业购并提供了客观条件。

这种制度背景,使政府利用其政治资源、信息优势和信用优势,对企业购并实现跨越行政边界的行政协调,对购并市场制度缺位的功能替代和企业购并中发挥政府的保障功能具有必然性和必要性。

但是，企业购并中的政府行为似乎存在一个效率悖论：当政府行为目标与购并企业目标一致时，如本地企业的购并扩张，政府实现对市场功能的替代，降低了企业购并的交易成本，提高了资源配置效率。而当政府行为目标与购并企业目标错位时，政府从垄断租金最大化目标出发，会容忍低效率的产权结构存在，或者强制推行低效率产权结构变迁，或者阻碍高效率的产权结构变迁，地方政府追求地方利益最大化的目标与整个社会资源配置效率最优化目标依然存在冲突，政府行为依然没有摆脱"诺斯悖论"的阴影，这从一个侧面反映了转轨经济中的政府的尴尬处境。

因此，我国企业购并的政府行为实际上是现有制度安排和经济环境约束下的次优选择。从动态角度看，政府在企业购并中的作用并非旨在直接引入一种解决市场失灵的机制，而应以增强中介机构能力和作用为目标。政府应在购并中"退出契约"，着眼于对购并相关法规的完善和监督执行、社会保障制度的建设等等。从根本上说，只有企业购并市场的发育和健全，才能使政府从尴尬处境中走出来。

本文原载于《经济理论与经济管理》1999年第2期，编入本书时做了适当修改。作者：高波、杨冰。

第二十七章　地方政府的竞争战略演变：以苏南地区为例的分析

一、引　言

在历史上,苏南地区一直有着悠久而厚重的手工业和商业传统。20世纪80年代以来,以苏锡常等城市为主的苏南地区开创出一条独具特色的区域经济增长道路。

那么,苏南地区获得快速增长的原因何在？解答这一问题必然要涉及对于区域经济增长动力的重新认识。仅仅运用经济学中所强调的资本、人力资本和技术进步以及制度变迁理论,可以解释苏南地区高速经济增长的大部分事实,它无法进一步回答为什么苏南地区能够在短时间内吸引大量的资本、劳动力和技术,为什么经济增长方式在苏南地区能够获得持续的升级。对此,我们必须从实践中来寻找答案,从苏南地区经济增长过程中所具有的独特性来寻求解释。分析表明,尽管影响和制约苏南地区经济发展的因素很多,但需要关注的是苏南地区的地方政府在经济增长中扮演了重要角色,更准确地说,当区域经济的竞争已经从经营效率转变为战略创新时,地方政府竞争战略本身已经成为影响地方经济绩效的重要变量,随着地方政府竞争战略的形成和演变,区域经济的发展也会呈现出持续升级的特征。

从实践来看,苏南地区的经济增长,具有明显的政府主导的特征,当然,这种主导方式既不同于浙江那种"小政府"对自下而上的宽容促进；也不是那种政府强制的自上而下的规划推动,而是一种政府主导与市场机制有效结合的模式。在县市政府以及省政府的发展战略与规划推动下,苏南地区呈现出了国有经济、民营经济、外资经济并驾齐驱的局面,创造了经济增长的奇迹,为发展中国家和地区实现工业化、城市化和国际化探索出了一条新路。具体来说,苏南地区通过大力发展国际代工经济,使外资带动和民资创业成为经济增长的"生力军";通过加快企业联合和组建企业集团,使先进制造业和现代生产性服务业在经济增长中的主导作用日益增强;通过有效扶持和培育企业自主创新能力,推动了由"加工"向"制造",进而向"创造"的转变。而在这一过程中,地方政府竞争战略发挥了不可替代的作用,但是值得深入探讨的是地方政府竞争战略是如何演变的?地方政府竞争战略的演变与提升地点竞争优势有何内在联系?为此,本章提出了一个地方政府竞争战略演变的分析框架,并应用此框架对苏南地区的区域经济增长进行初步的解释。

二、相关文献回顾

近年来,有关地方政府竞争及竞争战略的理论研究发展迅速,也有一些对长三角地区以及苏南地区地方政府竞争的研究。这些研究都充分肯定了地方政府竞争对于地区经济发展的重要影响,并对地方政府竞争战略进行了较深入的讨论,但对地方政府竞争战略演变机制的分析需要更深入的探讨。

经济学界从20世纪50年代起开始了对"地方政府竞争"现象的研究。美国经济学家蒂布特(Tiebout,1956)在1956年发表的《地方支出的纯理论》中提出:人们选择在哪一个社区生活时要考虑的一个因素是该社区的税收负担与享受的公共物品的利益的状况。倘若有很多地区,每一地区的税收—公共物品的组合状况不同,那么,人们就会选择能使其满足程度最大化的那个社区。此后,有很多经济学家对Tiebout模型的假定进行放松或修正,从而得出了不同的结论,使地方政府竞争理论不断丰富。在1996年,布雷顿(Breton, A.)提出应当把政府竞争作为一种政治经济学分析范式的思路,强调了"竞争性政府"(competitive governments)的概念,认为在联邦制国家中,政府间关系总体上是竞争性的,政府之间、政府内部部门之间以及政府与政府之外行为主体之间都围绕着提供非市场供给产品和服务展开相互竞争(Breton, A.,1996)。

新制度经济学对于辖区竞争问题也很关注,对辖区的兴衰、竞争阶段和竞争机制都进行了深入分析。该理论认为辖区竞争包括了投资环境竞争、法律制度竞争、政府效率竞争,提出辖区竞争导致长期经济增长的过程经过了政府公共服务竞争、私法与公法制度的建立、创新企业家聚集三个阶段。认为辖区竞争机制由公共供给机制、企业家自由选择机制和投资者退出机制三部分组成。

在1980年到1990年间,经济学家钱颖一多次从公共物品供给效率和财政支出等方面研究中国地方政府竞争的动机和方式。他看到了分权化对于推动中国经济改革和为中国经济增长带来的巨大利益,认为这是中国渐进式改革获得成功的关键。钱颖一将中央政府与地方政府的分权称之为"维护市场的经济联邦制"。这种经济联邦制的作用是引入了地方政府之间的竞争,促使地方政府努力提供一个良好的环境以吸纳生产要素,促使地方政府在财政上慎重从事。钱颖一还特别强调地方政府竞争对市场维护的重要性,使其对转型经济的分析更具有启示意义(Qian, Y., Roland, G., 1998)。德国学者何梦笔在研究中国、俄罗斯等大国转型时,寻找地方政府这一逻辑起点,认为在一个比较大的国家空间内,国家政策将在拥有地方自治权的各地得到不同的贯彻和执行,发挥不同的作用。由此,地方政府竞争对于大国经济体制转型具有特殊的理论意义,尤其是这些国家内的空间多样性与地方自主权对经济体制创新有着重要的影响。

经济学家樊纲和张曙光在1990年出版的《公有制宏观经济大纲》中最早分析过我国地方政府之间在投资和货币发行等方面的"兄弟竞争"。武建奇较早地研究了省这一层级的地方政府的竞争机制(武建奇,1997);张维迎、栗树和在解释中国国有企业民营化时,运用产权制度和博弈理论研究了中国地方政府竞争问题(张维迎、栗树和,1998)。

从地方政府主导区域经济增长的现实出发,借鉴波特的竞争战略理论,一些研究提出了地方政府竞争战略的概念和分析范式。李培育借鉴企业竞争战略的分析框架,探索地区竞争战略,认为地区竞争战略的实施主体是地方政府,实施的对象则是企业。政府支持当地企业实施成本领先战略,或通过改善当地企业外部环境降低企业生产经营成本,即为地区竞争战略中的成本领先战略。政府帮助当地企业实施差异化战略,或通过改善当地企业外部环境支持企业实施差异化战略,即为地区竞争战略中的差异化战略。他进一步提出,面向企业的成本领先战略是一种初级的和低层次的竞争战略,其施展空间将大大减少,效果也较有限(李培育,2004)。进一步的研究表明,发展教育和培训、促进人力资源的开发、加大对研发的支持,以及通过活跃竞争促进微观机制的再造,通过发展中介服务促进产业集群的形成与发展等,是地区差异化发展战略的重要内容,是增强一个地区核心竞争力的关键所在。

三、地方政府竞争战略演变:表现与实质

从地方政府竞争战略的起源来看,并不存在一个明确和严格的战略规划,而是经过了一个从自发到自觉、从被动改变到主动演进的过程。具体来说,地方政府竞争战略的选择和适应性演变既是由多种外在压力推动的,也是由地方政府自主求发展而引发的。与企业竞争战略相类似,地方政府竞争战略主要可以划分为成本领先战略与差异化战略两大类别。前者主要是指依靠低劳动力成本和土地成本等来赢得投资,鼓励创业;后者则主要通过改善企业外部经营环境以及采取特殊政策来避免拼成本的恶性竞争。应该说,成本领先战略往往是基础,是大多数地方政府优先选择的发展战略,因为这一战略实施简单、效果直接。但是当各方面的竞争压力增大时,当地方政府依靠低成本竞争雷同时,就主动实现竞争战略创新,即向差异化战略进行演变。从当前中国大多数地方政府所采取的竞争战略来看,正处于一个从成本领先战略向差异化战略进行演变的过程中,虽然差异化战略的着眼点有所不同,但是避免单纯依靠低要素成本来竞争已经成为共识。

从内容上来看,地方政府的竞争战略是一个复杂系统,这也就决定了它的演变是从多个层面展开的,既包括了竞争战略的制定者和主导者,也包括了具体的竞争要素演变与竞争成本演变,这些内容相互关联,相互促进(如图 27-1)。

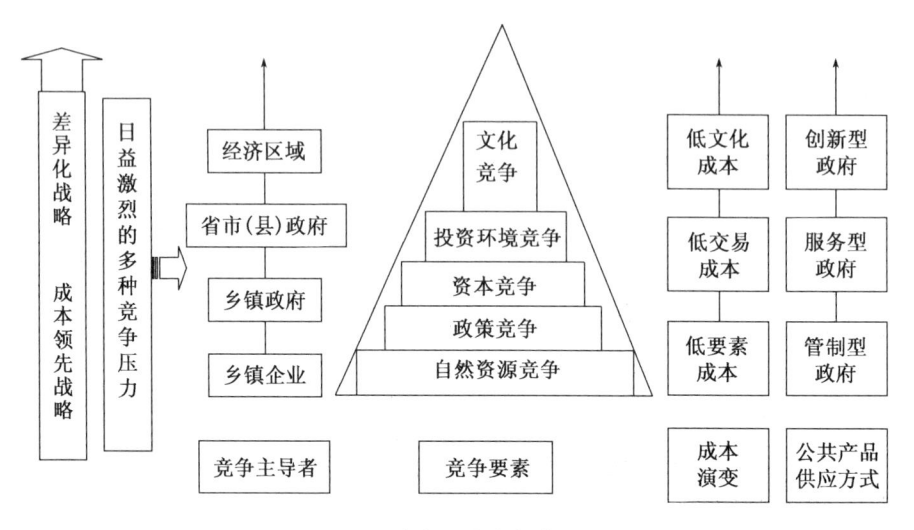

图 27-1 地方政府竞争战略演变

具体来看,在转型期和全球化的背景下,中国地方政府竞争战略的演变从动因到内容、实质主要表现在以下几方面。

1. 日益多样的政府职能和不断加大的竞争压力是地方政府竞争战略演变的主要动因

从外部来看,地方政府面临着多重的竞争压力。一是来自中央政府及社会团体的压力。中央政府所强调的协调发展、可持续发展通常要求地方政府改变一些增长策略,同时,中央政府紧缩性的宏观调控也要求地方政府控制本地的投资扩张。各地方的社会团体则主要针对土地出让、环境污染、资源消耗及收入不平等问题等对地方政府施加压力,要求其改变竞争战略。二是来自企业的压力。无论是外资企业,还是内资企业,所需要的不仅是廉价的要素,其实他们最希望地方政府提供公平诚信的竞争环境、良好高效的公共服务、稳定可靠的市场基础。而要满足这些要求,地方政府仅依靠早期的竞争战略是不够的。三是来自国际竞争的潜在压力。由于东欧、中南美洲与亚洲特别是印度等发展中国家开始加入国际代工的行列,中国地方政府在争夺国际投资的竞争中日趋激烈,必须实施差异化的竞争战略,持续提高地点竞争优势。

2. 地方政府竞争主导者的升级是竞争战略演变的重要条件

从竞争主导者来看,由传统的乡镇企业和乡镇政府主导演变为市(县)政府。在改革的初始阶段,农民依靠自己的力量发展乡镇企业,乡镇企业的所有制结构以集体经济为主;社区政府(乡镇政府)主导乡镇企业的发展。但是当经济发展到一定阶段,需要实施制度创新、增强基础设施供给、促进技术进步时,乡镇企业与乡镇政府就无能为力了。因此,一些地方的市(县)政府逐步从限制、观察、引导转变为规范、支持,并最终将发展乡镇企业与地方经济作为己任,成为区域经济增长的主导者、规划者和促进者。不仅如此,随着区域竞争的加剧,地方政府在更高的层次上联合起来,提出区域发展战略,协调各省、各市(县)之间的利益关系,整合区域资源,促进区域之间经济社会的均衡、协调发展。

3. 竞争要素的相继更替是竞争战略演变的必然趋势

从竞争要素来看,由自然资源竞争、政策竞争、资本竞争逐步演变为投资环境竞争、文化竞争。一般认为,高层次的竞争阶段能获得更多的发展机会和利益。中国地方政府竞争要素的转变也表现了阶梯状的更替。在早期,地方政府间的竞争是以自然资源竞争和政策竞争为主,这两种竞争方式密切相关,又可以综合概括为"让利竞争",即在招商引资中,地区之间竞相出让好处或利益给投资商的一种竞争方式。这种好处或利益包括:以低于成本的价格出让土地、减免所得税、增值税地方留成部分先征后返、高耗能企业的电价补贴、免除应交的各种规费等等。再如,在产权重组中,各地方竞相通过债务核销、人员安置等优惠措施,吸引区外投资者购并本地资不抵债的企业。从效果上来看,以自然资源和优惠政策为核心的"让利竞争"与企业的削价竞争相似,是一种初级的、低层次的竞争模式。当这种竞争模式到了终结的时候,资本竞争、环境竞争就逐步成为地方政府所关注的重心。

资本竞争主要体现在区域竞争的目标以获取外资投资、国家投资和公司上市为主,同时还有争夺高科技专业人才、跨国公司总部或研发中心、紧缺的能源和矿产资源等。这表明,地方政府的经济增长方式已经开始由劳动密集型向资本密集型转变。同时,地方政府也将投资环境竞争作为制胜的基础,开始向以改善投资环境的"服务竞争"转变,努力提供优良的服务配套环境、规范透明的制度和高效的行政运转体系,试图以提供地方层次的公共物品作为区域之间争夺要素资源的关键。还有一种更为稀少但效果深远的竞争要素是文化竞争。它的实质是通过挖掘展现区域传统文化的独特精神,以包容开放的心态来促进区域文化价值观创新,促使资源和生产力在本地区集聚。

4. 总成本持续下降是竞争战略演变的本质特征

地方政府竞争战略演变的目的是提升地点竞争优势。从内在本质来看,地点竞争优势是由要素成本、交易成本和文化成本共同构成的总成本决定,总成本越低,地点竞争优势越强。具体来说,要素成本只是产品总成本的一个组成部分,在产品的生产和销售过程中,交易成本的数量迅速上升,甚至比要素成本更为重要。随着中国地区经济体制改革的深化,新的制度安排极大地降低了交易成本,有效降低了本地及外资企业产品的总成本,从而不仅产生了许多新兴制造业基地,也吸引了大量外资进入。但是在同样实现了制度创新和低成本竞争战略的地区,其生产能力和吸引外资的表现差距依然很大。这表明,在要素成本与交易成本之外,决定地点竞争优势的还有其他因素,那就是文化成本。文化成本是指人们习得和维持特定价值观念为核心的文化传统所放弃的物质上或心理上的最高代价,或者说是文化观念转变所付出的代价。一般而言,文化成本反映了人们对待创新(基于竞争)的态度。在生产过程中,特定文化所具有的成本状况最终会反映在产品的总成本上,或者说,它通过影响效率和创新而改变了企业总成本状况。深入地说,文化决定了人们如何对待就业,如何对待机会,以及从何处得到满足。文化成本的差距是惊人的,甚至远远超过因不同制度而产生的交易成本和因禀赋不同而产生的要素成本,一个低成本的制造文化可以持续地推动竞争创新。全球化和网络化不仅意味着生产要素的自由流动,极大地减少了要素与制度对地点竞争优势的重大影响,也就是说,各地区间要素成本和交易成本的差距正在缩小。但由特定文化所决定的文化成本的差距依然存在,并成为决定各地区地点竞争优势的关键(高波、张志鹏,2005)。苏南地区已经出现了文化成本不断降低的趋势,可以获得竞争对手无法复制的能力和竞争优势。

5. 改善公共产品供应"价值链"是地方政府竞争战略演变的合理方向

"价值链"来自对企业竞争力的研究,迈克尔·波特认为,每一个企业都是在设计、生产、销售、发送和辅助其产品的过程中进行种种活动的集合体。所有这些活动可以用一个"价值链"来表明。与此相类似,地方政府在促进地区经济增长的过程中也担负着提供系列公共产品的职责,由多个职责和活动所构成的为企业创造价值的动态过程,也可称之为公共产品供应"价值链"。从"价值链"理论出发,地方政府之间的竞争并不只是某个公共产品供应环节或部门的竞争,而是整个"价值链"的竞争,特别是在整个"价值链"中某些"战略环节",如产业发展导向、行业管理等更是真正创造高价值的政府活动。依据政府公共产品供应方式的转变,可以认为目前大多数政府正在从传统的管制型政府向服务型政府转变,即努力降低企业交易成本,增加服务活动,提高行政管理效率。而随着地区差异化战略的深化,当企业集群逐步形成时,就需要地方政府由服务型政府向创新型政府转变。地方政府不但为企业和居民提供各类服务和公共产品,而且创造出更多的公共产品,为企业提升竞争力创造条件。

四、苏南地方政府竞争战略的演变与效应

苏南地区的经济增长全面地反映了地方政府竞争战略演变的推动作用,体现了在全球化竞争和经济社会转型的背景下地方政府学习、适应市场的行为特征。从现实来看,苏南各市县地方政府由成本领先战略向差异化战略的转变直接而深刻地影响到区域经济增长的方式,内在地改变地区的产业结构及发展理念,赋予了区域经济发展的新要素和新机制,创造了区域经济发展的新内涵和新要求。当差异化战略取代成本领先战略时,支撑各地经济增长的因素及增长路径也将发生变化,地方政府正在从关注降低生产成本,通过降低成本来赢得市场竞争向通过自主创新,培植自有品牌,提升在国际产业分工中的地位转变,从而从根本上改变以让利、资源高消耗、环境污染为代价的经济增长方式。具体来看,苏南地区的地方政府竞争战略正沿着差异化战略的方向演变,只是在具体的差异化特性上有所不同,体现了各地区所具有的禀赋优势及创造力。

第一,苏南地区地方政府竞争战略的演变既是对外在压力的反应,也是自主创新的结果。不可否认,苏南地方政府在制定和改变竞争战略时,体现了其从本地区情况

出发确定发展战略、促进地区经济发展的路径,也体现了政府对当地人民的责任。特别是当前期的竞争战略导致一些问题暴露后,地方政府在反思、学习和研究之后,会重新确立其竞争战略。从苏南地方政府来看,实现竞争战略的演变则是在反思基础上主动创新的结果。地方政府实现竞争战略转变既是在新的竞争环境下采取的发展之道,也是对争取未来竞争优势的主动之举。

第二,苏南地区市(县)政府上升为竞争战略主导者具有一定的客观必然性。在20世纪80年代苏南地区,市县乡镇政府组织乡镇集体企业发展,组织"第一次改制"的承包经营,组织"第二次改制"形成"次生型"民营经济,在这一过程中,各级政府管理和调控经济、推动市场化进程。到了20世纪90年代后,仍然是市县乡政府组织开发区建设及招商引资、推动民营经济迅速发展。但是随着竞争的升级和经济服务职能的扩展,市县以下政府已很难协调要素的集聚,市政府以及省政府逐步成为竞争战略的主导者。苏南地区近年来吸引外资增长迅速,这与各地方政府主导经济增长的模式是分不开的。苏南的地方政府不仅促进当地接受外资代工经济,而且同时也大力鼓励民资创业,实现外资与民资同步发展。例如苏州市委、市政府明确提出要把利用台资和当地的产业结构调整、整体发展规划结合起来,通过高新技术的吸纳、集聚和有序扩散,促进地方经济发展。为此,苏州专门成立了市工业产品配套协作工作领导小组,有效促进了内资企业为外资企业提供产品、项目、外包装等的配套。显然,这些竞争措施是市以下政府部门无法完成的。

第三,苏南地区地方政府竞争要素的演变呈现出逐步升级的特征。当苏南大部分市县从20世纪80年代开始从单一的农业经济为主转向了以工业经济为主的跨越时,利用低劳动力成本和低土地成本成为共同的选择。为了实现低成本竞争战略,各地政府尽力降低外来投资成本,力求与周边其他市县相比,能够获得更大的竞争优势。随着资本竞争、投资环境竞争上升为主要的竞争方式后,各地政府又积极推进产权制度改革,大力发展现代制造业和现代服务业。更进一步地,苏南地方政府已经开始从物质层面的竞争要素转变到提升精神层面的竞争要素,即文化竞争上来。例如,苏州市在发展过程中,注重保护历史文化资源,激活传统文化元素,依靠文化底蕴来吸引投资和投资商来经营和生活。人文精神是苏州这个城市品牌最主要的特征,也成为其核心竞争力。

第四，苏南地方政府竞争战略演变的实质是通过创新不断降低总成本。当低文化成本与低要素成本、低交易成本共同成为地点竞争力的基础时，区域经济发展则更加重视人文精神与社会和谐。地方政府将什么定义为地点竞争优势直接决定了其发展的方向，也就内在规定了发展的模式。在传统的苏南区域经济增长中强调低要素成本和低交易成本对于地点竞争优势的决定作用，忽视了降低文化成本对于提升地点竞争力的作用。而现在一些苏南地方政府更重视培育文化生产力，发挥文化竞争的效能，降低文化成本逐渐成为地方政府竞争战略的有机组成部分。苏南地方政府在城市化进程中日益重视保护本土文化资源；在参与国际竞争中关注民族文化认同和保持自信心；在地区开放中自觉地吸收和包容外来文化；在经济发展过程中强调节约土地资源、保护环境，实现人与自然的和谐相处；在高速经济增长中保持了社会的和谐和稳定。

第五，苏南地方政府通过从管制型政府向服务型政府的转变，不断增加公共产品供应的"价值链"。例如，昆山市一直致力于由管制型政府向服务型政府的转变。关于服务型政府的基本标志，昆山人的诠释是政府必须"诚信服务、规范行政"，与国际接轨，降低企业交易成本，提高行政管理效率。一方面，昆山市不断转变政府职能，全面提升行政效率，使昆山的政策环境、人文环境等进一步得到优化；另一方面，昆山市政府在招商规划中特别突出了中心卫星城市的观念、供应链的观念，强调通过建立配套基地提升地区竞争力时，其他地区是很难模仿的，这就实现了昆山市的错位竞争。目前，昆山市的一些开发区不仅已经形成了一条完整的IT上下游配套产业链，而且实现"推着小车门对门配送"的供货体系，这种产业集群提高了生产效率，降低了生产供应成本。

可以预见，随着国际竞争的加剧和本地竞争力的提升，苏南地方政府的竞争战略还会继续演变，而苏南地区的经济增长方式将会出现新的转变。

五、结论：地方政府的角色定位

苏南地方政府竞争战略的演变为理解区域经济增长提供了一个独特的样本,也为思考地方政府在经济增长中的作用提供了更多的启示。

第一,地方政府竞争战略在特定时期具有其合理性。虽然地方政府在区域发展和竞争中出现的诸多问题,如重复建设、无序竞争、地方保护、工业污染等问题需要认真解决,但是地方政府作为地区经济的管理者和组织者,在确立地方经济发展战略上具有不可替代的作用。特别是在中国转型期和经济全球化背景下,仅仅依靠企业难以完成确立竞争优势的任务,改革的方向是努力提高地方政府竞争战略的科学性和合理性。

第二,地方政府正在树立以技术、效益、品牌、竞争为导向的经济发展观。区域经济发展模式可以有多种多样,重要的是在科学发展观的指导下,树立符合经济全球化潮流的发展观。可以说,在传统的"苏南模式"中,规模、速度、产值和政绩成为发展观的主题词,而在升级过程中的新苏南模式则突出以技术、效益、品牌和竞争的导向,强调通过技术创新、品牌培育来提升效益和竞争力。

第三,建立在地方文化资源基础上的差异化竞争战略是发挥各地比较优势、形成地点竞争优势的重要选择。差异化战略比低成本领先战略更容易赢得竞争,但是差异化战略本身可以容纳多种不同的地区定位。对于大多数地方政府而言,究竟如何使本地区能够实现错位、显示差异,发挥比较优势是一个难题。从实践经验来看,任何地方都有自己独一无二的本土资源,那就是地方传统文化资源,这种地方文化资源既是产生本地独特需求的基础,也是形成产业集群的必要条件。因此,在地方政府的差异化竞争中,必须重视挖掘本地的文化资源,从而形成无法模仿和复制的地点竞争优势。

第四,地方政府正在为竞争创造条件、鼓励创新而工作,不断改进商业环境的质量和流动性,而非管制竞争过程。在维护本地利益的过程中,地方政府既可以采取保护性的管制竞争政策,限制外来竞争力量的进入,也可以以开放的态度为本地竞争创造条件,通过吸引强有力的竞争者的进入来实现本地区的不断创新。为此,地方政府应适当鼓励经济权力的分散化,促进各区域的专业化,为产业集群的形成提供支持。

第五,推动教育改革,建立培养创新精神和企业家精神的全新模式。任何地区,最核心最持久的竞争力总是源于企业家的创新精神。为了培养企业家精神,地方政府不但需要在政策上更加宽松,而且要推进教育体制改革,建立有创新能力的大学体制和基础教育,为地区经济增长奠定更深厚的基础。

本文成稿于2005年,未公开发表,编入本书时做了适当修改。作者:高波。

第二十八章　浙粤地方政府的制度创新、行政效率与企业家精神

一、引言和文献回顾

新制度经济学家认为,制度创新的主体主要有政府、非政府组织和个人,而政府是制度创新的重要主体。政府制度创新包括两个方面:政府自身的制度创新和政府提供制度产品的创新。前者主要包括政府职能创新、政府组织创新、政府管理方式和管理手段的创新;而后者主要体现在三个方面:完善国家的宪政制度和法律,培育先进文化和主体意识形态,提供有效的产权制度安排(周宝砚,2008)。政府制度创新对于培育企业家精神和对企业家的创新激励具有重要作用。

丹尼尔·W. 布罗姆利(1996)认为,任何一种制度的基本任务是对个人行为形成一个激励集。尽管不同的政治体制会选择不同的方式方法来设计这些激励机制,但基本的经济问题仍是一模一样的。没有一个社会能长期将那种不鼓励个人发明创造的激励机制付诸实施。诺斯(1994)在他的文章中写道:"一个社会可得的技术潜力之所以不能实现,在于其游戏规则所暗含的激励结构未能有效地促进生产性努力。从总体上来看,有些国家的制度结构更倾向于刺激生产性活动,另一些国家则刚好相反,其制度框架更多地促进企业家的再分配活动,这正是第三世界国家贫困的根源"。诺斯将政府的制度安排对企业家精神的影响上升到了一个更高的层面。诺斯(1999)更进一步论证了某些具体的制度安排(如知识产权)对于企业家精神的影响。他认为:"一项专为包括新思想、发明创造在内的知识所有权而制定的法律可为创新活动提供更为经常的刺激,没有这种所有权,便没有人会为社会利益拿私人财产冒险,自

然也就不会激励更进步的企业家精神。"

在相关的实证研究方面,格沃特尼、霍尔库姆和劳森(Gwartney, Holcombe & Lawson,1998,1999)关注制度环境对于企业家进而对于经济活动的影响。研究表明,在所有的制度中,最核心的两个制度是界定良好的产权制度和强有力的法治制度,这两项制度得到很好发展的国家都取得了良好的经济绩效。弗赖和施莱弗尔(Frye & Shleifer, 1997)与约翰逊、麦克米伦和伍德拉夫(Johnson, McMillan & Woodruff,1999)的研究认为,在产权制度薄弱和法治缺失的情况下(例如政府、警察或司法腐败、过高的税收或过度的管制,不稳定的货币和财政政策等),企业家精神及其活动将受到负面影响。这些影响可能会表现为:(1)在腐败严重、管制过度的环境下,潜在的企业家会将其活动集中于向管制者寻租而从事非生产性活动;(2)在税收过高或管制过度的情形下,企业家将其活动转向地下经济或非正式经济;(3)在法治严重缺失、产权界定或保护不力的情形下,企业家精神被彻底窒息,经济体系将被锁定在低水平上。

企业家的成长,需要依托经济、政治、法律、教育、文化等因素的支持,而政府的制度创新尤其关键。丁晓晶(2008)认为,政府的制度创新主要通过以下几个渠道促进企业家成长:一是建立和完善社会主义市场经济体制这一基础制度;二是培育推崇创业、容忍失败的社会文化氛围;三是规范和完善企业家市场;四是健全财产保护制度和知识产权制度。

企业家的创新行为,必然面对不确定性所带来的风险,必须承担一定的创新成本和交易费用,而有效的制度创新可以减少不确定性,降低创新成本和交易费用,实现创新主体的收益最大化。袁勇志(2002)认为恰当的制度安排会成为企业家创新绩效最大化的重要手段,制度安排为创新活动提供合作的基础。

孙丽芝(2008)在研究构建创新体系时指出,构造一种鼓励冒险、崇尚创新、平等竞争、开放的文化环境对企业家的成长具有积极作用。政府的制度创新可以为全社会构建平等、竞争、鼓励创新的环境,营造容忍失败和鼓励创新的文化氛围和建立与之相适应的规则,从而激发人们的创造性,促使企业家脱颖而出。而中国中小企业设立和发展的制度安排不完善,限制了中国企业家精神的形成和发展。

二、浙粤企业家精神兴起的制度基础

(一) 浙江企业家精神兴起的制度基础

1978年以来,浙江的体制改革从农村经济开始起步,不断推进市场化改革,包括企业体制、流通体制、价格、财税、金融、投资体制、外贸和外资、外经体制、行政体制、科技、教育、文化、卫生和社会管理、社会保障体制等方面的改革,调整完善所有制结构和深化产权制度改革,培育多元化的市场主体,发展商品市场和要素市场,建立和完善市场体系,改革完善分配制度,逐步深入推进政府机构改革,构筑新型经济、政治、文化、社会体制机制,建立并不断完善以市场机制配置资源为基础的社会主义市场经济体制的基本框架(黄宇,2008)。浙江的体制改革和制度创新,为企业家精神的兴起奠定了良好的制度基础。

1. 不断深化市场化改革,确立了政府与市场相补充的关系

浙江的制度供给是以不断放权让利为主要内容的。地方政府主动推进改革,在农村实行了家庭联产承包责任制,保证了广大农户的生产经营自主权,充分调动了广大农民的积极性。在城市逐步实行了政企分开,培育和发展市场体系,以及实现保证企业等基层单位充分行使生产经营自主权等方面的改革。针对改革过程中出现的大量民间自发的创业、创新行为,浙江各级地方政府充分尊重群众的首创精神,从实际出发,坚持不争论的原则,不对群众的自主创业行为设定禁区,不明令禁止,不大面积打压。这种默许的做法,实际上是在特定历史条件下的一种支持,形成中央政府和基层之间的一个缓冲,促进了制度创新,为非公有制经济创造了宽松的发展环境,使浙江经济得到超常发展。针对当时社会上对个私民营企业性质的怀疑和质疑,浙江基层政府充分发挥了自己的聪明才智,允许个私企业挂集体企业的牌子,即所谓"戴红帽子"或归入村以下乡镇企业。这一政治上要冒风险的举动,很好地保护了刚刚出生不久的个私民营企业,加快了孵化和发展民营经济的步伐,催生出了在很大程度上代表浙江经济发展特征的"温州模式"(马力宏,2007)。

随着市场化改革的深化,浙江省各级地方政府对政府与市场的关系做出了妥善

安排,政府与市场的边界日趋清晰,政府从一个生产要素配置者和定价者的角色转换为经济社会管理者的角色,市场成为配置资源的主要手段,市场经济发展的基础逐步确立,确立了政府与市场相补充的角色定位。

2. 实行行政分权和县政扩权改革,构筑了县域经济发展的制度保障

浙江省政府根据市场经济发展的要求,不断调整省、市、县之间的行政关系,坚持推进行政性分权,通过分权、深化地方和基层民主来激发地方政府和一般民众的创业创新欲望,极大地推动了市场化改革进程和区域经济发展。(1)财政省管县和行政市管县体制兼容,集中体现了政府创新的能力和勇气,是浙江地方政府创新方面的成功典范。财政省管县的要义是还权于县,核心是藏富于民。财政省管县意味着县域经济发展享有相对独立的财权,而不依附于地级市,从而限制了市剥夺县的发展资源和发展权利,增强了县域经济的自主发展能力,拓展了县域经济的发展空间,促进了县域经济的发展和繁荣。(2)省直管县委书记与县长是浙江现象的一大特色。中国地方党政人事管理模式是下管一级,即省管市的市级领导干部,市管县的县级领导干部。而浙江省的县委书记与县长由省委直管。这种管理模式对期待晋升为县委书记与县长的领导来说具有重大的影响。由于省政府不像市政府那样具有城区建设的局部利益,对县的利益剥夺就会大大减少,县的主要领导为了县域经济发展敢于抵制市的剥夺,从而保护了县的利益。(3)县政扩权,构筑了浙江县域经济发展的体制保障。1992年以来,浙江省对县(市)进行了五轮扩权改革,经历了从强县扩权到扩权强县的发展。1992年正式启动的第一次扩权改革,由省政府向萧山、余杭、鄞州区等13个强县(市)下放部分经济管理权限,这些县(市)由此迎来了重大的发展契机;1997年进行第二次扩权改革,扩权事项进一步增加,但扩权对象局限于萧山、余杭;2002年进行第三次扩权改革,扩权事项大幅度增加,扩权对象增至17个县(市);2006年开展第四次扩权改革,由省政府直接向义乌全面扩权,从而使得义乌成为全国权力最大的县级市;2008年进行第五次扩权改革,这一轮改革标志着浙江的扩权改革从"强县扩权"全面过渡到"扩权强县"的发展阶段。在义乌全面扩权改革的基础上,通过总结经验,由省政府向全省所有县(市)全面扩权。在财权、事权以及人事权越来越多地下放之后,县域经济的自主发展权力越来越大。事实证明,扩权改革极大

地促进了县域经济发展(陈国权、李院林,2009)。

3. 推进政府管理体制改革,明确界定政府与非政府组织的职能

改革开放以来,浙江省不断改革完善省、市、县财政体制,建立了财政四统一制度,城市化进程中适时实行行政区划调整,推进政府机构改革,建立和完善公务员制度,将竞争机制引入地方政府管理,建立了具有浙江特点的政府管理体制,在许多方面具有在全国推广的普遍意义。在加入世界贸易组织(WTO)之后,浙江各级地方政府加大自身改革力度,在审批制度改革、政务公开、信用政府建设、效能建设、政府问责、服务型政府建设等方面采取了许多有效措施,较好地适应了世界贸易组织的规则要求。浙江省各级地方政府管理体制逐步转变为与社会主义市场经济体制相适应的有限政府,以法律和经济手段为主要管理手段,政府职能着重于区域经济调节、市场监管、社会管理和提供公共服务。

在政府管理体制改革过程中,浙江省将原来由政府承担的大量社会管理方面的事务转移给相应的非政府组织,扩大非政府组织的作用,使它们有效地服务于经济和社会发展,取得了明显成效。从全国范围来看,浙江已经成为名副其实的"非政府组织大省"。这些非政府组织在经济社会发展中的影响和作用越来越大,在沟通政府与社会关系,培育公民的民主意识,维护市场秩序,维护团体成员利益,开展社会公益事业,加强对外联络等方面,均发挥着积极作用,已成为推动浙江现代化进程的一股不可忽视的重要力量(史晋川,2002,第237—244页)。

4. 促进行政体制改革,不断改善投资环境

投资环境作为一项公共产品,它对一个地区的经济社会发展具有明显的正外部性。因此,地方政府要承担主要责任,与企业和社会共同合作,营造良好的投资环境。浙江省各级地方政府以转变政府运行机制为切入点,大力推进行政方式改革,提高政府效能,加强政府服务,改善投资环境。一是改变传统的"暗箱操作"的管理方式,全面推行政务公开;二是推进行政审批制度改革,减少审批环节和不必要的行政干预;三是与审批制度改革相适应,全省各部门及各地普遍建立"行政服务中心""办事大厅",做到凡涉及经济发展、公共管理以及与公众利益密切相关的行政审批事项,由中心统一办理;四是改善行政执法,不断推进行政执法规范化;五是减少直接管理,更多

地采用间接的管理方式,探索运用行政规划、行政指导、行政合同等履行社会管理和公共服务职能,试行政府与企业合作提供公共服务、政府与社会合作进行社会管理的运作方式;六是改变对外排斥的内部保护方式,加强区域之间的沟通与合作。

(二)广东企业家精神兴起的制度基础

改革开放以来,广东利用中央赋予的特殊政策、灵活措施,大胆探索,积极推进经济体制改革,在所有制结构调整、产权制度变革、企业经营机制转变、各类市场的培育、社会保障和法制建设等方面都进行了卓有成效的探索,形成了比较灵活的经济体制和运行机制,市场机制配置资源的基础性作用日益增强(马壮昌,2000)。广东作为中国经济体制改革的试验田和前沿阵地,体制改革和制度创新走在了全国的前列。

1. 打破禁区,先行一步,为体制改革探路

在改革开放初始阶段,广东主要进行了四个方面试探性的突破:一是创办经济特区。1979年4月,中央批准广东实行"特殊政策、灵活措施",创办深圳、珠海、汕头三个经济特区。二是以价格改革为突破口,突破计划经济体制。1978年广州率先减少农副产品统购任务,放开蔬菜价格。1982年放开鱼价。20世纪80年代初全省各地改革商品流通体制,逐步放开农副产品价格。1992年,放开粮食购销价格,率先实现了价格闯关。三是突破人民公社一大二公体制。1978年,粤东、粤西个别农村开始实行包产、包干到户。1982年,全省农村普遍实行家庭联产承包责任制,调动了农民的生产积极性,使农村迅速发生变化。四是实行承包制。中央对广东实行财政承包,划定收支,定额包干;广东全省推广清远经验,对国有企业实行利润承包。此后,广东的改革持续开全国风气之先,如来料加工在这里显现作用,价格改革在这里起步,股份制在这里试验,跨国公司在这里登陆。

2. 活用政策,探索多种发展模式

改革开放以来,广东始终坚持把党中央各个时期的路线、方针、政策与广东的实际结合起来,不断解放思想,实事求是,尊重和支持人民群众的首创精神,把中央的"特殊政策、灵活措施"具体化为"对外更加开放,对内更加搞活,对下更加放权",创造了诸如对外经济合作中的"三来一补""两头在外""借舟出海",价格改革中的"突破中间、带动两头",激励机制中的"财政包干",以及基础建设筹资中的"以路养路、以电养

电"等鲜活经验,鼓励"见到绿灯快快走,见到黄灯赶紧走,见到红灯绕道走"。

对各地的改革试验,不急于下结论,不争论,不刮风,不搞"一刀切",始终坚持求真务实,敢为人先,只要符合"三个有利于标准",就大胆地闯,看准了就赶快做,错了就改,宽松的环境为改革创新提供了良好氛围,中央各项改革试验在广东结出了丰硕成果。在20世纪80年代,广东涌现出东莞、顺德、南海和中山"四小虎",形成了发展乡镇企业的多种模式,如以发展镇办骨干企业、集体企业、工业企业为主的"顺德模式";实行县、镇、村、联户、个体、股份合作等"六个轮子一齐转",放手发展个体私营经济组织和农村第三产业的"南海模式";发挥地缘、人缘优势,大搞招商引资,发展"三来一补"和"三资"企业的"东莞模式"等(李惠武,2008)。与此同时,还对投资体制、金融体制、财政体制、社会保障体制进行了突破性的改革,在很多方面开创了我国经济体制改革的先河,引起国内外强烈的反响。

3. **实行产权制度改革,激发发展动力**

产权制度改革始于顺德,当时是以产权为突破口的综合改革,采取了联合、兼并、重组、转让、破产等方式,对国有企业进行改造、改组、改制。顺德的产权改革成为全国的经验。1997年12月广东省政府出台《关于加快放开公有小企业的通知》(粤府(1997)99号),要求各地采取合并、兼并、股份合作、租赁经营、出售转让、嫁接改造、易地改造、抵押承包、破产拍卖等多种形式,全面放开公有小企业。同时,对国有大中型企业按规范的公司制进行改造,通过调整重组,建立了广州汽车、广钢、钢琴、广药、珠江啤酒、佛山塑料、佛山照明、TCL和德赛等一批大型企业集团。为了调整完善所有制结构,广东从20世纪90年代中开始制定建立现代企业制度试点方案,全省选择175家企业作为试点单位,大规模地进行股份制改造试点。国有经济比重下降,但总量继续壮大,形成了以公有制经济为主体、多种所有制经济共同发展的局面。同时,探索国有资产管理体制改革。深圳率先成立全国第一家国有资产管理专门机构——深圳市投资管理公司。

4. **推进政府管理体制和政治体制改革,提升政府效率,保障科学发展**

除了经济体制改革以外,广东在政治体制改革、政府管理体制改革等方面率先打破禁区,也走在了全国前列。广东不断改革政府管理体制,推进政府机构改革和行政区划调整,建立和完善了公务员制度,将竞争机制引入政府管理等等。大力促进政府职能转变,在审批制度、政务公开、信用政府建设、效能建设、政府问责、服务型政府建设等方面采取了许多有效措施。改革干部人事制度,加快建立符合科学发展观的评价指标体系和干部考核方法,把贯彻落实科学发展观的目标和要求转化为可考核的客观指标,从实绩考核、民主评测和群众满意度三个方面考核评价各级党政领导班子和领导干部。

广东推广顺德经验,行政管理体制改革取得突破性进展。2008年12月,国务院审批通过《珠江三角洲地区改革发展规划纲要(2008—2020)》,再次赋予广东包括政治体制改革在内诸多方面的先行先试权。2009年9月,顺德推出大部制改革,体制机制革新力度大,是"最大胆"的大部制改革。2010年12月初,广东省委、省政府办公厅印发《关于推广顺德经验在全省部分县(市、区)深化行政管理体制改革的指导意见》,将除深圳、珠海、东莞、中山外的所有地级以上市,列为深化行政管理体制改革试点,共涉及25个县(市、区),广东省此项改革在2011年一季度基本完成(舒泰峰、尹冀鲲,2011)。

三、政府制度创新、行政效率认知的实证分析

国家自然科学基金项目《文化资本、企业家精神与经济增长:浙商与粤商成长的经验研究》课题组,在2007和2008年进行实地调查访问,对浙江省的杭州、宁波、温州、金华、嘉兴等市及其所属区县,广东省的广州、深圳、佛山、珠海、惠州、东莞等市及其所属区县的企业家和普通公众进行开放式访谈,最终成功回收有效问卷1231份。其中,浙江企业家问卷208份,浙江公众问卷400份,广东企业家问卷228份,广东公众问卷395份。本节在大样本数据的支持下,对浙粤地方政府制度创新和行政效率进行科学分析。

(一)统计描述与比较分析

在对浙粤企业家和公众的调查问卷中,我们设计了两个问题以考察两地企业家及公众对政府制度创新与行政效率的认知。① 问卷"19题"刻画受访者对地方政府制

---

① 本章提及的问卷参见,高波,2011:《文化资本、企业家精神与经济增长:浙商与粤商成长经验的研究》,人民出版社。

度创新的认知,问题是:"您认为本地政府通过制度创新为企业创造发展环境做得如何?"答案按受访者对地方政府制度创新的评价由高到低设定5个选项:很好、好、一般、不坏、不好。为了考察受访者对政府行政效率的评价,问卷"110题"提问:"您认为本地政府的工作效率和服务质量如何?"备选项由高到低共5个选项,即很好、好、一般、不坏、不好。下面对这两个问题的问卷调查结果进行统计描述。

1. 政府制度创新认知的分析

被调查对象对政府制度创新认知的问卷调查结果,如表28-1所示。将表28-1的问卷调查数据绘制成直方图,如图28-1所示,可以更直观地理解四类群体对政府制度创新认知的差别。根据问卷调查统计结果分析,被调查对象对政府制度创新认知呈现以下特征。

表28-1 政府制度创新认知调查结果 （单位:%）

	浙江企业家	浙江公众	广东企业家	广东公众
很好	23.9	15.5	8.9	4.6
好	28.4	17.5	17.9	18.9
一般	36.3	52.9	46	61.6
不坏	8	10.2	20.1	11
不好	3.5	3.8	6.3	3.8

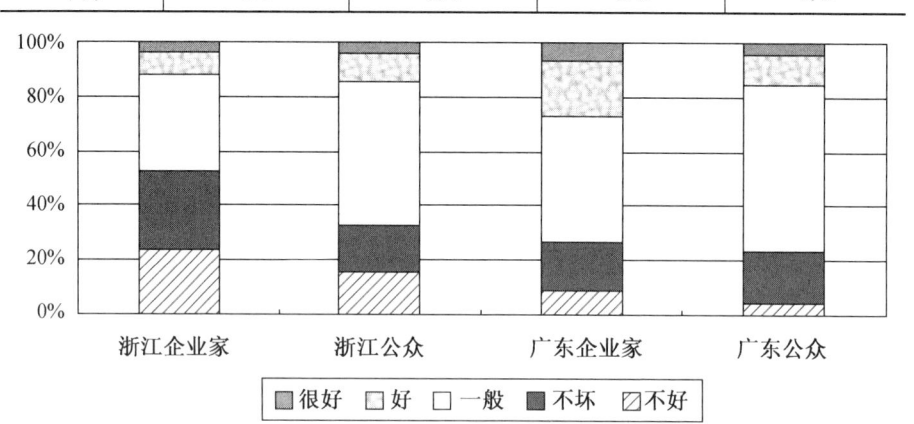

图28-1 政府制度创新认知调查结果

(1) 在四类群体中,浙江企业家对政府制度创新为企业创造发展条件的评价最好,很好和好的比例达到52.3%,不好、不坏的比例仅为11.5%。广东企业家对政府制度创新为企业创造发展条件的评价最差,很好和好的比例仅为26.8%,不好、不坏的比例达到26.4%。

(2) 从区域角度来看,浙江企业家和公众对政府制度创新评价比广东企业家和公众好。浙江公众对政府制度创新评价很好和好的比例为33.0%,不好、不坏的比例为14.0%。而广东公众对政府制度创新评价很好和好的比例仅为23.5%,比浙江公众低9.5个百分点,不好、不坏的比例为14.8%。

2. 政府行政效率认知分析

被调查对象对政府行政效率认知的问卷调查结果,如表28-2所示。将表28-2的问卷调查数据绘制成直方图,如图28-2所示,可以更直观地理解四类群体对政府行政效率认知的差别。根据问卷调查统计结果分析,被调查对象对政府行政效率认知呈现以下特征。

表28-2 政府行政效率认知问卷调查结果　　　　　　(单位:%)

	浙江企业家	浙江公众	广东企业家	广东公众
很好	21.2	10.5	7.2	2.1
好	25.7	16.2	18.9	12.1
一般	41.3	53.4	48.6	58.8
不坏	7.3	13.1	18.9	19.3
不好	4.5	6.8	6.3	7.7

(1) 在四类群体中,浙江企业家对政府行政效率和服务质量的评价最好,很好和好的比例达到46.9%,不好、不坏的比例仅为11.8%。广东公众对政府行政效率和服务质量评价最差,很好和好的比例仅为14.2%,不好、不坏的比例达到27.0%。

(2) 从区域角度来看,浙江企业家和公众对政府行政效率和服务质量的评价比广东企业家和公众好。广东企业家对政府行政效率和服务质量评价很好和好的比例仅为26.1%,比浙江企业家低20.8个百分点,不好、不坏的比例为25.2%,比浙江企

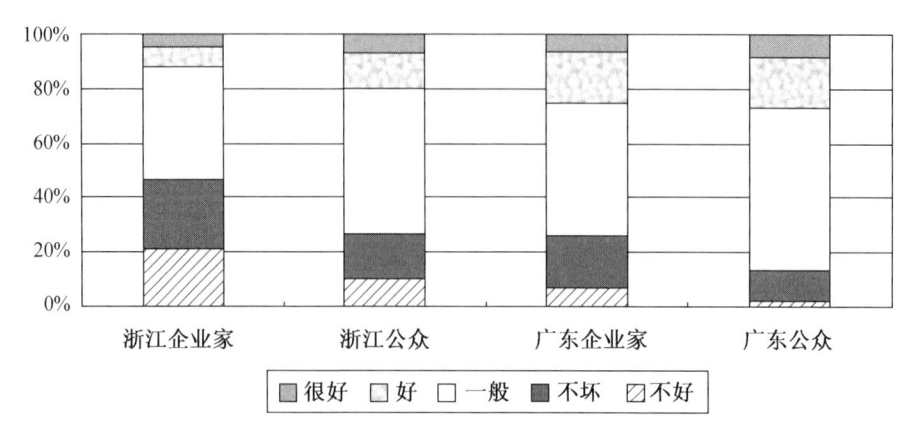

图 28-2　政府行政效率认知问卷调查结果

业家高 13.4 个百分点。浙江公众对政府行政效率和服务质量评价很好和好的比例为 26.7%，不好、不坏的比例为 19.90%，浙江公众对政府行政效率和服务质量的评价明显好于广东公众。

根据上述分析，浙江企业家和公众对政府制度创新和行政效率的评价明显好于广东企业家和公众。虽然这种差别可能与两地企业家和公众对政府的评价标准不同或样本原因有关，但可以肯定的是，浙江省各级地方政府在制度创新和行政效率和服务质量方面比广东各级地方政府做得更好，从而得到了浙江企业家和公众的好评。

（二）计量检验

下面利用问卷调查的统计数据，引入区域、身份、性别、年龄、教育水平等 5 个解释变量，以政府制度创新认知、政府行政效率认知作为被解释变量，用 Eviews 5.0 进行回归处理，研究各解释变量对政府制度创新认知、行政效率认知的影响。

下面将对各变量的处理做以下简要的描述。

(1) 区域(Region)：浙江＝1，广东＝0。

(2) 身份(ID)：企业家＝1，公众＝0。

(3) 性别(Gender)：男性＝1，女性＝0。

(4) 受访者年龄(Age)：本次问卷针对该变量设计的问题为"请问您出生在什么

年代?",为了数据的进一步处理,笔者以受访者所处的年龄区间来处理,并划分为几个年龄段,如某一受访者出生在60年代,则以40—50岁来表示他的年龄区间。具体表示方法如下:30岁以下＝1,30≤年龄＜40岁＝2,40≤年龄＜50岁＝3,年龄≥50＝4。

(5) 受教育水平(Education):根据问卷的设计,受访者的教育水平分为五个等级。小学＝1,初中＝2,高中(含中专)＝3,大学(含大专)＝4,硕士以及以上＝5。

(6) 政府制度创新认知:该变量反映企业家或公众对于当地政府制度创新以支持企业发展所做的贡献。不好＝1,不坏＝2,一般＝3,好＝4,很好＝5。

(7) 政府行政效率认知:该变量用来反映企业家或公众对于当地政府行政效率的认知。不好＝1,不坏＝2,一般＝3,好＝4,很好＝5。

本研究采用 Eviews 中的 Ordered 回归方法进行分析。假定随机误差项服从不同的分布,如正态分布、逻辑分布、极值分布,对应得到 probit、logit 和 extreme value 三种估计自变量系数方法。回归结果如表28-3、表28-4所示。

表28-3 政府制度创新认知线性概率模型回归结果

误差项分布	制度创新认知		
	Normal	Logit	Extreme value
Region	0.294*** (0.074)	0.51*** (0.132)	0.375*** (0.051)
ID	−0.119 (0.082)	0.225 (0.147)	0.018 (0.084)
Gender	0.088 (0.074)	0.203 (0.129)	0.106 (0.075)
Age	0.198*** (0.046)	0.355*** (0.079)	0.183*** (0.049)
Education	0.099** (0.049)	0.187** (0.087)	0.112** (0.051)

注:(1) 方程的结果由 Eviews 5.0 中 Ordered 回归方法产生。(2) ***、**、*分别表示在1%、5%和10%的水平上显著,"( )"中数据表示对应解释变量前系数的标准差。

1. 政府制度创新认知分析

如表28-3所示,地区(Region)、年龄(Age)和教育(Education)3个解释变量的回归系数为正,并通过了显著性检验。这说明对于政府制度创新为企业创造发展条件的评价,浙江企业家和公众比广东企业家和公众高,年龄越大的人评价越高,学历越高的人评价越好。其他解释变量未通过t检验,说明它们对被解释变量的影响并不显著。

表28-4 政府行政效率认知线性概率模型回归结果

误差项分布	行政效率认知		
	Normal	Logit	Extreme value
Region	0.365*** (0.075)	0.639*** (0.134)	0.423*** (0.077)
ID	0.142* (0.082)	0.228 (0.145)	0.254*** (0.084)
Gender	0.014 (0.074)	0.052 (0.13)	0.024 (0.075)
Age	0.207*** (0.046)	0.358*** (0.081)	0.179*** (0.048)
Education	0.154*** (0.049)	0.254*** (0.088)	0.13** (0.051)

注:(1)方程的结果由Eviews 5.0中ORDERED回归方法产生。(2)***、**、*分别表示在1%、5%和10%的水平上显著,"( )"中数据表示对应解释变量前系数的标准差。

2. 政府行政效率认知分析

如表28-4所示,地区(Region)、身份(ID)、年龄(Age)和教育(Education)4个解释变量的回归系数为正,在不同模型中不同显著性水平上通过t检验。这说明对政府行政效率和服务质量的评价,浙江企业家和公众比广东企业家和公众高,企业家比公众评价更高,年龄越大的人评价越高,学历越高的人评价越好。

四、结　论

根据统计描述和实证检验,综合考察区域、身份、性别、年龄、教育水平等解释变量的回归结果,分析浙粤企业家和公众对本地地方政府制度创新和政府行政效率的评价,得出以下几点结论。

(1) 从区域角度来看,对政府制度创新和行政效率进行评价,浙江企业家和公众对本地地方政府的评价明显好于广东企业家和公众对本地地方政府的评价。可见,浙江地方政府的制度创新和行政效率及服务质量,符合浙江企业家和公众的意愿,得到了他们的认可。相比而言,广东地方政府还要做出更大的努力,为企业发展保驾护航。

(2) 浙粤企业家和公众对本地地方政府制度创新和政府行政效率的评价,年龄越大的人评价越高,学历越高的人评价越好。对本地地方政府制度创新的评价,企业家和公众没有明显区别。而对本地地方政府行政效率的评价,企业家比公众评价更好。

中国改革开放的历程,是一个持续探索创新的过程,而浙江和广东充当了中国改革开放试验田的角色。浙江和广东的地方政府擅长无为而治,充分发挥市场机制的作用,尽量减少政府干预,从而为民间的制度创新、产业创新和市场开拓提供了广阔的空间,促进了企业家精神的兴起和发展,以及民营经济的发展。

政府制度创新和政府的行政效率及服务质量,对企业家精神的兴起具有极其重要的作用,政府制度创新本身也是一种企业家精神的具体表现。政府制度创新,作为一种制度供给,通过改变企业家的创新收益和创新成本,对企业家创业、创新产生激励,进而影响企业家的创新行为,决定企业的经营绩效。

本文原载于《广东社会科学》2011年第6期,编入本书时做了适当修改。作者：高波、李祥。

第二十九章　财政分权、城镇化与政府公共教育供给

一、引　言

作为立国之本,教育是一个民族兴旺发达的关键。教育具有准公共品的特征,正外部性极大;更重要的是,教育也是社会中下阶层的向上流动的主要渠道。如果教育仅由私人提供,这一部分人群就会因本身所处的阶层较低而得不到相对公平的教育,这便阻断了这一阶层中有潜力的人向上流动的渠道,造成阶层的固化,并使阶层固化的代际传递愈加明显,影响社会的发展,最终导致社会的不稳定。因此,在一定程度上,提供公共教育是政府一项义不容辞的责任。

1986年《中华人民共和国义务教育法》通过以来,我国的公共教育制度在改革中逐步完善,在提升国民素质、缩小地区间差距、支持现代化建设等方面起到了非常积极的作用。但是,公共教育仍然面临着教育财政性支出占GDP比重持续偏低、义务教育经费投入结构失衡等一系列问题。

公共教育供给的数量和质量与财政体制密不可分。1994年建立起分税制的财政分权体制以来,官员绩效考核被打上了"GDP"的烙印。在这场GDP锦标赛中,一方面工业化的发展带动了城镇化的快速推进;另一方面在追求地区经济发展和个人仕途升迁的政府竞争中,为吸引更多投资,在有限的财政能力下,地方政府更倾向于挤占社会福利性投入(如科教文卫支出)来增加经济发展型公共品(如基础设施建设)的投入(Demruger,2001;邵宇等,2013)。

与此同时,城镇化的快速发展,推进了城乡公共服务的均等化,尤其是促进了公共教育均等化,却无法掩盖两个重要事实:一是2000年后,城镇化率被纳入地方政绩

考核,诸多官员将目光对准了城镇化数据,各地区为全力推进城镇化而大量增加基础设施投入挤占了一部分教育资源,导致我国基础设施水平早已领先于同水平国家,而教育水平却趋于落后(如图29-1)①,我国公共教育支出占GDP的比例始终低于中上收入国家的平均值,且2009年以后才开始超过中下收入国家的平均值。二是城镇化带来城镇人口快速增加进一步稀释了增速较慢的公共教育资源,城镇化水平进一步提高可能带来公共教育质量的进一步下降。

充足、公平、平等、效率——是评价教育财政决策的四个通用标准(Levin,1982;Cohn & Geske,1990;Tsang,1996;Odden and Picus,2000)。本研究试图在城镇化快速发展的背景下,结合我国财政体制特点和教育财政决策的四个标准,较为全面地考察财政分权和快速城镇化对公共教育供给带来的影响,并对改革财政体制,促进公共教育供给等方面提出科学可操作的政策建议。

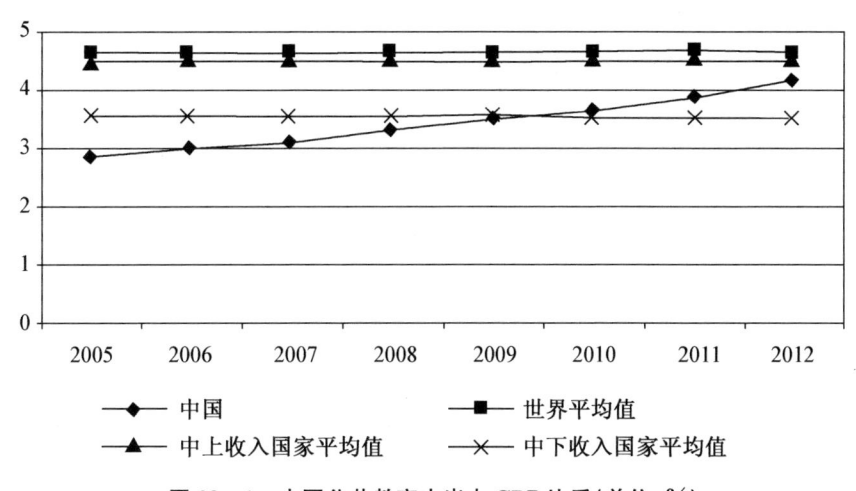

图29-1　中国公共教育支出占GDP比重(单位:%)

---

① 中上收入国家中公共教育支出占GDP的平均比值为4.5%,中下收入国家中的平均比值为3.5%。

二、文献综述

公共物品具有排他性,特别是地区性的准公共物品,如公共教育。由于地方政府更了解当地居民的偏好,故地方性公共品和公共服务由地方政府提供将更有效率,社会福利水平也会因此提高(Tiebout,1956;Musgrave,1959;Buchanan,1993;Oates,1999;Stigler,1998)。但是,由于存在财政竞争,财政分权将影响政府支出的构成,财政竞争使得基础设施投资的边际区域价值大于边际社会价值(Qian & Roland,1998),政府倾向于增加生产性的公共投入(如增加基础建设投入),而减少有利于当地居民福利的地方公共服务支出(Keen & Marchand,1997)。

1994年,我国开始实行财政分权,财权集中而事权下放的财政体制正显示出越来越多的弊端(黄佩华和迪帕克,2003)。国内很多研究认为,我国一直存在过度分权(王绍光,1997)。我国在总支出与公共服务领域支出的过度分权,造成了地方政府公共服务供给的扭曲。

中国的财政分权在一定程度上促进了地方经济发展,但以GDP为考核标准的激烈的地方政府晋升锦标赛降低了地方公共服务的供给效率。作为准公共品,教育应由政府和市场共同提供(王善迈等,2012)。在我国,地方政府承担着教育发展的主要责任;在财政分权体制下,地方政府显著地降低了初等教育投资(乔宝云等,2013;傅勇,2010)。不过,刘长生等(2008)的研究发现,适当的财政分权总体上有利于提高我国义务教育的供给效率,但区域之间存在较大差异,对部分省份的义务教育仍会产生负面影响。在中国式财政分权的背景下,地方政府之间"GDP锦标赛"的博弈扭曲了地方性公共支出结构,相对于短期内经济效果不显著的基本公共服务投资,地方财政更倾向于将有限财力投资于基本建设支出(平新乔和白洁,2006;傅勇、张晏,2007;黄国平,2013)。具体来看,地方政府间的晋升锦标赛机制的存在,使得地方政府在这种过度竞争中更加注重谋求短期经济表现(赵永亮等,2011),追求"可视政绩";财政投资偏向于基本建设,诸如教育、卫生这类资金投入规模大又不能直接在政绩中获得体现的非生产性公共服务,在上级政府未对资金用途做明确规定且财力一定的情况下,地方政府缺乏向这类公共服务领域进行投入的激励,导致地方财政"重基础设施建设,轻公共服务"的扭曲的支出结构(马光荣等,2010;庞凤喜、潘孝珍,2012),而分权改革之后的十多年间,包括科教兴国、西部大开发等在内的一系列现行重大政策并没有缓解这种状况(傅勇等,2007)。财政分权和政府激励偏差造成地方性公共品和公共服务发展失衡(王询等,2013)。

相较于财政分权对公共服务供给影响的大量研究,财政分权视角下城镇化对公共服务供给影响的研究仍是不足的。城镇化的推进伴随着地方居民对公共服务需求的增长,故城镇化的发展应与公共服务水平的提高一致(张晓杰,2010)。不过,现有的研究表明,中国公共服务的发展水平跟不上城镇化的发展速度,不论是在公共服务发展方面,还是公共服务财政支出方面,都存在较大缺口(蔡秀云等,2012)。自2000年以来,城镇化率开始纳入地方官员政绩考核。在晋升锦标赛的激励下,各地先后开展了"合乡并镇"式的城镇化,使城镇规模迅速扩大。快速城镇化进程,农业人口向城镇转移,尽管有助于实现城乡居民享有民生类公共服务的均等化(刘德吉等,2010),却有可能进一步加剧某些公共服务供给的不足。过去十年来的快速城镇化,对教育资源的配置、教育人口分布的空间和利益格局造成了深刻的影响。十八大之后新型城镇化战略的推进,也对公共服务供给提出新的挑战。新型城镇化战略要求逐渐放开城乡户籍限制,实现基本公共教育服务的均等化(杨东平,2013)。令人失望的是,当下的快速城镇化使政府财政支出更多投向基础设施建设,对教育、卫生等非生产性公共服务产生了消极影响(黄国平,2013);城镇的基础教育公共资源并未均等覆盖所有进城民工子女,弱化了基础教育服务的普享性、均等性和一致性。

在城镇化作为考核指标的晋升锦标赛机制下,地方政府更愿意投资于基础设施建设,对公共服务的投入缺乏足够激励,且公共服务供给总量的增长速度远不能满足名义城镇化率的增长。因此,结合上述事实,本研究在理论建模方面试图将财政分权与城镇化两个因素纳入分析框架,探讨公共教育供给的数量和质量变化,验证财政分权与城镇化是否导致公共教育供给的不足。

本章余下部分的结构安排如下:第三部分是理论模型,分析财政分权和城镇化对公共教育投入的影响。第四部分利用2005—2013年我国30个省级面板数据,检验财政分权和城市化对公共教育的影响,验证第三部分的理论假说。第五部分进一步分析东、中、西部地区财政分权和城镇化对公共教育投入的地区差异。最后是结论。

三、理论模型

基于 Qian & Roland(1998)、Cai & Treisman(2005)理论模型的基础,本节构建一个中央政府和地方政府提供公共教育的博弈模型,并引入城镇化因素,考量地方政府追求城镇化率提升对公共教育带来的影响。

假设地方政府 i 的效用函数(i=1,2)为:

$$U_i = (1-t)F(A_i,L_i,K_i,I_i) + \lambda v(z_i) = (1-t)F(A_i,L_i,K_i,I_i) + \lambda v\left(\frac{1}{\alpha}e_i\right)$$

$$(29-1)$$

其中,$F(A_i,L_i,K_i,I_i)$ 为地方政府 i 所辖地区的生产函数,满足 $\partial F(A_i,L_i,K_i,I_i)/\partial K_i > 0$,$\partial F(A_i,L_i,K_i,I_i)/\partial I_i > 0$,$\partial^2 F(A_i,L_i,K_i,I_i)/\partial K_i^2 < 0$;还满足 $\partial^2 F(A_i,L_i,K_i,I_i)/\partial I_i^2 < 0$,$\partial^2 F(A_i,L_i,K_i,I_i)/\partial K \partial I_i > 0$,即一个地区的产出,随着该地区资本和基础设施投资的增加而增加,但边际报酬递减。

A_i 代表全要素生产率,一个地区经济发展水平越高,该地区的 A_i 也较大。L_i 代表一个地区的有效劳动,这里我们假设一个地区的有效劳动即为该地区的城镇劳动。假设一段时间内,每个地区的人口总规模保持不变,记为 N_i,该地区的城镇人口 $L_i = \mu_i N_i$;μ_i 代表该地区的城镇化率,即城镇常住人口占总人口的比重。K_i 是地区 i 的资本。I_i 是地方政府 i 在基础设施方面的投资;相对应,z_i 是地方政府 i 用于公共服务方面的投资。I_i 和 z_i 均源于地方政府 i 的税收收入,即 $tF(A_i,K_i,L_i,I_i)$。其中,t 是税率,在全国范围内相等。e_i 代表地方政府 i 用于公共教育方面的投入,且 $e_i = \alpha z_i$,$0 < \alpha < 1$。$v(z_i)$ 代表地方政府 i 投资公共服务的效用函数,满足 $dv(z_i)/dz_i > 0$,且 $d^2 v(z_i)/dz_i^2 < 0$,即地方政府投资公共服务的效用随着公共服务投资的加大而增加,但边际报酬递减。λ 代表地方政府对于公共服务投资的偏好,λ 越大,表示相对于基础设施,地方政府更愿意投资于公共服务。在我国,λ 也可被视作地方政府提供公

共服务好坏,对于晋升考核指标影响的重要性,$\lambda>0$。

必须注意的是,此处 $\partial F(A_i,K_i,L_i,I_i)/\partial I_i$ 必须是 I_i 的减函数,否则,地方政府可能为了追求经济增长等造成基础设施建设的过度投资,完全弃置公共服务投资,而这显然与现实不符。

1. 财政分权对公共教育供给影响的分析

假设中央政府直接管辖两个地方政府1和2,两个地方政府通过分别选择自己辖区的基础设施投资与公共服务投资来满足本地效用的最大化。这部分的理论模型与罗伟卿(2010)的财政分权模型基本一致,具体计算过程省略。在财政分权条件下,分别对地方政府效用最大化求解,可以得到:

即
$$\frac{\partial e_i^D}{\partial I_i^D}<0(i=1,2) \tag{29-2}$$

所以,在财政分权的情况下,e_i^D 是 I_i^D 的减函数。

在财政集权的情况下,资本在两个地方政府间自由流动,故 K_1、K_2 均为 I_1 和 I_2 的隐函数,且 $\partial K_i/\partial I_i>0, \partial K_i/\partial I_j<0, \partial K_i/\partial K_j<0, i\neq j; i,j=1,2$。

政府效用最大化条件,整理后得到:

$$(1-t)\left[\frac{\partial F(A_1,L_1,K_1^C,I_1^C)}{\partial I_1^C}+\frac{\partial F(A_1,L_1,K_1^C,I_1^C)}{\partial K_1^C}\frac{\partial K_1^C}{\partial I_1^C}\right]+\lambda\frac{\mathrm{d}v(z_1^C)}{\mathrm{d}z_1^C}\frac{\partial z_1^C}{\partial I_1^C}\left[(1-t)\right.$$
$$\left.+\lambda t\frac{\mathrm{d}v(z_2^C)}{\mathrm{d}z_2^C}\right]*\frac{\partial F(A_2,L_2,K_2^C,I_2^C)}{\partial K_2^C}\frac{\partial K_2^C}{\partial I_1^C}-\lambda\frac{\partial v(z_1^C)}{\partial I_1^C}=0 \tag{29-3}$$

其中,$z_1^C=\frac{1}{\alpha}e_1^C$。

比较财政分权与财政集权条件下效用最大化条件,发现:

$$(1-t)\left[\frac{\partial F(A_1,L_1,K_1^C,I_1^C)}{\partial I_1^C}+\frac{\partial F(A_1,L_1,K_1^C,I_1^C)}{\partial K_1^C}\frac{\partial K_1^C}{\partial I_1^C}\right]+\lambda\frac{\mathrm{d}v(z_1^C)}{\mathrm{d}z_1^C}\frac{\partial z_1^C}{\partial I_1^C}>(1-t)$$
$$\left[\frac{\partial F(A_1,L_1,K_1^D,I_1^D)}{\partial I_1^D}+\frac{\partial F(A_1,L_1,K_1^D,I_1^D)}{\partial K_1^D}\frac{\partial K_1^D}{\partial I_1^D}\right]+\lambda\frac{\mathrm{d}v(z_1^D)}{\mathrm{d}z_1^D}\frac{\partial z_1^D}{\partial I_1^D} \tag{29-4}$$

故可以假设存在函数:

$$G(I_i)=(1-t)\frac{\partial}{\partial I_i}F(A_i,L_i,K_i,I_i)+\lambda\frac{\partial}{\partial I_i}v(z_i) \tag{29-5}$$

不难证明,存在 $\bar{A}$,当 $A_i < \bar{A}$ 时,①$G(I_i)$ 是 I_i 的减函数。

且 $G(I_i^D) < G(I_i^C)$,则 $I_i^D > I_i^C$。 (29-6)

当 $I_i > \bar{I}$ 时,②z_i 是 I_i 的减函数,地方政府的公共服务投资随基础设施投资的增加而减少。

因为生产函数 $F(A_i, K_i, I_i)$ 是凸函数,所以在 I_i 较小时,$\frac{\partial}{\partial I_i} F(A_i, L_i, K_i, I_i)$ 较大,但是 $\frac{\partial}{\partial I_i} F(A_i, L_i, K_i, I_i)$ 会随着 I_i 的增大而减小,即 $\frac{\partial^2}{\partial I_i^2} F(A_i, L_i, K_i, I_i) < 0$。

$I_i > \bar{I}$ 时,$\frac{\partial z_i}{\partial I_i} < 0$。 (29-7)

则 $z_i^D < z_i^C$。 (29-8)

由此,可以得出,当 $A_i < \bar{A}$ 且 $I_i > \bar{I}$ 时,$e_i^D < e_i^C$,$i=1,2$。 (29-9)

基于以上分析,财政分权情况下,地方政府对公共教育的投入将比财政集权情况下公共教育的投入少。由此,我们提出假说1。

假说1:对于公共教育供给,财政集权条件下大于财政分权,而财政分权程度越高,公共教育供给的水平越低。

2. 城镇化对公共教育供给影响的分析

下面讨论城镇化对于公共教育投入的影响。仅讨论一个地方政府的情况,该地方政府的效用函数设定同(29-1)。为便于分析,我们将模型形式具体化,令该地区的生产函数为柯布-道格拉斯生产函数形式:

$$F(A, L, K, I) = AK^\alpha L^\beta I^\gamma \quad (29-10)$$

其中,$\alpha, \beta, \gamma > 0$。

令公共服务带给地方政府的效用函数为:

$$v(z) = z \quad (29-11)$$

---

① 中国全要素生产率较低,故 $A_i < \bar{A}$ 的假设是合理的。

② 改革开放以来,基础设施投资是我国经济增长的主要动力,政府进行基础设施投资比重一直很大,故 $I_i > \bar{I}$ 的假设也是合理的。

即地方政府的效用函数 U 表示为：

$$U = AK^{\alpha}L^{\beta}I^{\gamma} + \lambda z \quad (29-12)$$

$$\text{s.t. } I + z = tAK^{\alpha}L^{\beta}I^{\gamma} \quad (29-13)$$

建立拉格朗日函数，求解效用最大化的 F.O.C 条件：

$$\frac{\partial L}{\partial I} = 0 \quad (29-14)$$

$$\frac{\partial L}{\partial z} = 0 \quad (29-15)$$

求解得：

$$(1-t)\gamma AK^{\alpha}L^{\beta}I^{\gamma-1} + \lambda t\gamma AK^{\alpha}L^{\beta}I^{\gamma-1} - \lambda = 0 \quad (29-16)$$

化简整理后得：

$$I^{1-\gamma} = \frac{(1-t+\lambda t)\gamma A}{\lambda} K^{\alpha}L^{\beta} \quad (29-17)$$

令 $\frac{(1-t+\lambda t)\gamma A}{\lambda} = \theta$，则：

$$I = \theta^{\frac{1}{1-\gamma}} K^{\frac{\alpha}{1-\gamma}} L^{\frac{\beta}{1-\gamma}} \quad (29-18)$$

所以，

$$\frac{\partial I}{\partial K} = \frac{\alpha}{1-\gamma} \theta^{\frac{1}{1-\gamma}} K^{\frac{\alpha+\gamma-1}{1-\gamma}} L^{\frac{\beta}{1-\gamma}} > 0 \quad (29-19)$$

$$\frac{\partial I}{\partial L} = \frac{\partial I}{\partial \mu N} = \frac{1}{N}\frac{\partial I}{\partial \mu} = \frac{\beta}{1-\gamma} \theta^{\frac{1}{1-\gamma}} K^{\frac{\alpha}{1-\gamma}} L^{\frac{\beta+\gamma-1}{1-\gamma}} > 0 \quad (29-20)$$

故 $\frac{\partial I}{\partial \mu} > 0$。

由约束条件得：$z = tAK^{\alpha}L^{\beta}I^{\gamma} - I$

所以，

$$\frac{\partial z}{\partial I} = t\gamma AK^{\alpha}L^{\beta}I^{\gamma-1} - 1 \quad (29-21)$$

$\frac{\partial z}{\partial I}$ 的符号无法判断，故假设当 $I = \bar{I}$ 时，$t\gamma AK^{\alpha}L^{\beta}I^{\gamma-1} - 1 = 0$。即 z 与 I 的关系可能呈现"倒 U"型，因此，当 $I > \bar{I}$ 时，z 是 I 的减函数。

即 $I>\bar{I}$ 时，$\frac{\partial z}{\partial I}<0$。

又因为 $\frac{\partial z}{\partial \mu}=\frac{\partial z}{\partial I}\frac{\partial I}{\partial \mu}$，$\frac{\partial I}{\partial \mu}>0$，$\frac{\partial z}{\partial I}<0$，

故 $\frac{\partial z}{\partial \mu}<0$；因此，$\frac{\partial e}{\partial \mu}<0$，即地方政府的教育投入是城镇化率的减函数。

结合我国实际，理论模型的结论可以解读为，2000年之后当城镇化率作为一项指标被纳入地方晋升考核体系时，在地方财力一定的情况下，快速城镇化带来的过度基础设施投资挤出了对公共教育的投入，这种名义上的城镇化对地方政府提供公共教育可能带来负面影响。由此，我们提出假说2。

假说2：由于城镇化带来基础设施建设的需求快速增加，在财力一定的情况下挤占了公共教育投入，因而城镇化水平越高，反而公共教育供给水平越低。

在以经济增长和城镇化为考核体系的地方晋升锦标赛激励下，财政分权和城镇化未能带来地方公共教育水平的提升。基于联邦主义的西方主流分权理论与中国国情并不一致。在我国，为推动经济增长，地方政府有可能倾向于增加基础设施投资，而压缩短期内对经济增长贡献不显著的教育、医疗等公共服务投资。而城镇化通过规模经济促进公共教育供给水平提升这一结论在我国是否成立也是有待检验的。在城镇化纳入晋升考核体系后，地方政府可能在追求城镇化率快速提高的过程中过多地投资于基础设施，而忽视了公共服务投资，包括公共教育的同步推进。而且，名义上城镇人口的快速增加，也会稀释现有公共教育，导致人均公共教育资源占有量的降低。

此外，地方政府的行为模式与该地区的经济发展水平密切相关，由于我国东中西部发展水平差异较大，故不同地区财政分权和城镇化对公共教育供给的影响可能存在显著差异。由此，我们提出假说3。

假说3：由于我国东中西部发展水平差异较大，故不同地区财政分权和城镇化对公共教育供给的影响存在差异。

四、实证分析

（一）计量模型设定与变量说明

本研究使用动态面板数据模型，实证检验财政分权(FDexp)、城镇化(Ur)对公共教育供给产生怎样的影响。本研究使用的动态面板数据回归模型如下：

$$EDU_{it} = \alpha_0 + \alpha_1 FD_{it} + \alpha_2 Ur_{it} + \beta X_{it} + L1\_EDU_{it} + \varepsilon_{it} \quad (29-22)$$

其中，EDU代表公共教育供给，i表示省份，t表示第t年。α_1、α_2分别用于衡量财政分权、城镇化对公共教育供给的影响。X_{it}表示一组控制变量。$L1\_EDU$为被解释变量的一阶滞后项。ε_{it}为误差项。

在被解释变量的选取上，本研究选取由世界银行、联合国教科文组织(UNESCO)和经济合作发展组织(OECD)等国际组织构建的三个教育指标体系。结合我国统计数据的可获得性和现实国情，选取普通小学生师比(PST)作为反映基础公共教育投入质量的一项重要指标；[1]公共教育支出[2]占政府公共总支出的百分比(EEXP_EXP)和人均财政性教育支出(EEXPPP)来衡量公共教育供给的总量和人均量(杨东平等，2013；平新乔等，2007)。另外，人均财政性教育支出这一指标也能很好地反映在快速城镇化背景下，城镇人口增加对人均教育资源占有量的影响。为保证数据的平稳性，人均财政性教育支出在剔除价格影响后，以自然对数表示，记作 LnEEXPPP。

解释变量是财政分权度和城镇化率。现有文献主要有两类财政分权指标。一类是以地方本级净收入与本级总支出相比，另一类是用各地方本级财政收支与中央财

---

[1] 一般地，高等教育以中央财政支持为主，小学、中学教育以地方财政支持为主，且作为基础教育，中小学的正外部性最高，更能体现政府的公共服务属性。因为《义务教育法》要求7周岁入小学，对于部分老少边穷地区不要求义务教育范围达到初中阶段，故本文中采用7—13岁，即义务教育小学阶段的生师比作为公共教育供给的一项衡量指标。事实上，一些学者在研究调查中发现，不少学校存在占用教师指标但很少上课或不上课的教师，使生师比这一指标在衡量公共教育供给时可靠性降低。但本文在小学阶段，仅占用指标但少上课或不上课的教师情况相对中学来说较少，且与其他指标共同衡量公共教育供给，可以减少这一情况带来的偏差。

[2] 在我国，公共教育支出一般是指财政性教育支出。

政收支相比。第一种方法缺陷在于未考虑中央政府转移支付,高估了地方政府的财政分权度。第二种方法并未考虑人口和经济规模的因素,也可能存在多重共线性问题。最新的改进方法是用各省人均预算内财政支出(收入)与中央及本省人均预算内财政支出(收入)之和的比值表示(乔宝云等,2005;黄国平,2013)。虽然这种构建方法可能低估我国的财政分权程度,但能有效剔除人口规模、排除中央对地方的转移支付,同时也避免了计量上的多重共线性问题。另外,本研究主要是研究财政分权对公共教育投入的影响,选用财政支出指标更有效。本研究的城镇化率指标是按照城镇常住人口除以地区常住人口得到的。财政支出分权度指标(FDexp)和城镇化率(Ur)的计算公式如下:

$$FDexp = \frac{各省人均财政预算内外支出}{(各省人均财政预算内支出＋中央人均财政预算内外支出)}$$

$$Ur = \frac{年末城镇常住人口数(万人)}{年末常住人口数(万人)}$$

本研究选择的主要控制变量包括:经济发展水平、政府财政资源、教育需求、人口密度、政府开放竞争度、年份哑变量。经济发展水平取该省级行政单位人均实际GDP自然对数,以 LnGDPP 表示。政府财政资源用该省级行政单位财政收入占GDP的比例表示,记为 REV_GDP。[①] 教育需求可以用在校学生数代表当期公共教育的需求,鉴于部分老少边穷地区不要求义务教育范围达到初中阶段,为实现各省份间可比性,以小学在校学生总数替代,表示为 PS。人口密度是指城市人口密度,是指城区内的人口疏密程度,记作 POPD。地方政府经济开放竞争度用各省外商投资总额占各省地方生产总值比重比上全国外商投资总额占国内生产总值来表示,记作COMP。2012 年,党的十八大报告提出加速城镇化进程,实现城镇基本公共服务常住人口全覆盖,这一政策导向有可能对教育供给产生不可忽视的影响,故加入年份哑变量,记作 DUM12。为保证数据的平稳性,人均财政收入(REVPP)、[②]普通小学在

---

① 被解释变量为人均财政性教育支出时,政府财政资源的代理变量使用人均财政收入,表示为REVPP。

② 人均财政收入已剔除价格影响。

校生人数(PS)、人口密度(POPD)均取其自然对数,分别表示为 LnREVPP、LnPS、LnPOPD。POPD 和 COMP 的计算公式如下:

$$POPD = \frac{(城区人口+城区暂住人口)}{城区面积}$$

$$COMP = \frac{各省外商投资总额/各省当年 GDP}{全国外商投资总额/全国当年 GDP}$$

(二)数据来源和描述性统计

本研究选用 2005—2013 年的 30 个省级行政单位数据(因数据质量不高,剔除了西藏的数据,不包含香港、澳门、台湾);数据来自《中国财政年鉴》(2006—2014)、《中国教育经费统计年鉴》(2006—2014)、《中国区域经济统计年鉴》(2006—2014)、《中国统计年鉴》(2006—2014)、各省统计年鉴(2006—2014)和国家统计局网站。描述性统计结果如表 29-1 所示。

表 29-1 变量的描述统计

分类	变量名称	观测数	平均值	标准差	最小值	最大值
被解释变量	EEXP_EXP	270	0.147 268 5	0.037 065 3	0.044 646	0.351 801
	LnEEXPPP	270	6.658 708	0.670 791 8	4.846 463	8.075 131
	PST	270	17.347 3	3.271 246	9.82	26.42
解释变量	FDexp	270	0.866 889 6	0.064 099 4	0.702 961	1.078 18
	Ur	270	0.506 293 2	0.142 721 1	0.268 633	0.896 066
	LnGDPP	270	10.161 7	0.598 410 9	8.589 786	11.513 87
	REV_GDP	270	0.104 024	0.038 483 8	0.050 768	0.252 406
	LnREVPP	270	8.554 846	0.600 030 7	7.281 152	10.125 19
	LnPS	270	5.527 421	0.836 760 6	3.857 144	6.996 59
	LnPOPD	270	5.527 421	0.836 760 6	3.857 144	6.996 59
	COMP	270	0.810 274 9	1.059 97	0.090 205	9.536 15

为防止伪回归的出现,回归前需分析数据的平稳性,依次进行单位根检验,结果显示在 1% 的显著性水平下,该面板数据各序列是一阶平稳的。

（三）回归结果分析

实证检验结果如表 29-2 所示。Sargan 检验表明工具变量不存在过度识别性问题；模型不存在二阶序列项相关；括号内为系数所对应的 z 统计量（以下所有回归结果表格均是如此）。

表 29-2　全国省级层面实证检验结果（被解释变量滞后项和年份哑变量回归结果省略）

变量名称	被解释变量		
解释变量	EEXP_EXP	LnEEXPPP	PST
FDexp	0.061 310 2** (2.49)	−0.226 798 8* (−1.63)	−5.170 489*** (−7.25)
Ur	−0.546 663 9*** (−4.85)	−1.993 829*** (−3.16)	14.795 14*** (3.18)
LnGDPP	0.041 864 1*** (4.78)	1.213 645*** (28.29)	−1.496 028*** (−4.14)
REV_GDP	−0.097 051 1** (−2.2)		−4.949 998*** (−2.69)
LnREVPP		0.080 304 1** (2.28)	
LnPS	0.053 7*** (3.00)	0.234 242 2*** (3.88)	13.672 02*** (20.99)
LnPOPD	−0.019 169 3*** (−4.33)	−0.175 889 4*** (−11.00)	0.121 983 1 (0.95)
COMP	0.000 164 (0.46)	0.010 3435*** (11.15)	−0.163 929 3*** (−13.55)
Constant	−0.281 939 6** (−2.55)	−6.442 709*** (−15.67)	−45.704 77*** (−11.08)
χ^2	3 619.88	57 258.84	4 197.22
Sargan 检验	28.047 63	27.361 71	19.730 39
N	210	210	210

注：表中数值为相应解释变量的回归系数，括号内数值为对应的 Z 统计值；***、**、*，表示在 1%、5%、10%显著性水平下显著。

从表 29-2 显示的省级层面数据的回归结果可以看出，在省级层面上的财政分权对财政性教育支出占财政支出的比例有显著的正向影响,但正向影响程度很小,分权度每提高1个百分点,财政性教育支出占财政支出的比例仅提高0.061个百分点;而财政分权度对人均财政性教育支出的影响显著为负,分权度每提高1个百分点,人均财政性教育支出的自然对数减少0.227,这验证了前文的分析与理论模型的结论。表面上,在省级层面上,财政分权提升了财政性教育支出占财政支出的比例,与理论模型相悖。但实际上,理论模型中极端的财政分权状况下"地方政府对于本辖区的资源拥有完全的支出配置权力"的前提假设,在我国尤其是省级层面是不成立的。由于我国中央政府对教育的重视程度日益增加,省级层面对于地方政府在教育方面的支出总量有各种文件要求,导致财政分权更多发挥了其增加公共教育供给配置效率的积极作用。人均财政性教育支出事实上更能反映出实际公共教育供给量是否充足,由于晋升锦标赛的激励,地方政府更倾向于将有限的支出投资于公共服务领域之外的其他促进经济增长的领域,造成实际公共教育供给不足。回归结果显示,财政分权程度的提高对人均公共教育供给带来负面影响。在基础公共教育供给方面,财政分权度显著降低了普通小学生师比,分权度每提高1个百分点,普通小学生师比减少约5个百分点。生师比越低,意味着教育供给,尤其是基础公共教育供给的质量越高,说明在省级层面上,地方政府相对重视基础公共教育,财政分权更有利于提高基础公共教育供给的质量。针对假说1的检验结果表明,在省级层面上,财政分权度的提高虽然增加了名义公共教育供给量,但对公共教育实际供给,即人均公共教育供给的影响仍然为负。

考察城镇化对公共教育供给的影响,检验结果与理论模型的结论一致,假说2是成立的。城镇化本应通过规模经济使公共服务的供给更有效率,但是我国现阶段的城镇化由于加大了对基础设施投资的需求,在财力水平一定的情况下挤出了基本公共服务的支出,统计上新增的城镇人口进一步稀释了公共服务资源,导致人均公共服务资源的减少。针对以上三个公共教育供给指标,城镇化率的提高显著降低了财政性教育支出占财政支出的比例、人均财政性教育支出以及基础公共教育供给的质量。城镇化率每提高1个百分点,财政性教育支出占财政性支出的比例减少0.55个百分点,人均财政性教育支出的自然对数减少约2,普通小学生师比增加近15。这说明,新增的常住人口不但并未平等地享受到原城镇人口的公共教育服务,且由于公共教育供给相对于城镇化进程的不足,即使这一部分新增城镇人口平等地享有公共教育服务,也会造成人均公共教育供给占有量的减少和公共教育供给质量的下降。

在控制变量方面,人均GDP自然对数对公共教育供给的数量和质量指标影响均是显著为正的(对普通小学生师比影响显著为负,说明教育供给的质量提高了,下文不另做说明),说明经济发展水平越高,公共教育供给的数量和质量水平越高。财政收入占GDP的比例对财政性教育支出占财政支出的比例显著为负,但系数较小;人均财政收入自然对数对人均年财政性教育支出自然对数的影响显著为正,系数也较小,说明财政收入水平的相对增加,对公共教育供给的影响方向是不确定的,且影响程度不大。普通在校小学生数自然对数对前两个公共教育供给指标的影响都是显著为正的,说明教育需求越大,供给越多。城市人口密度自然对数对前两个公共教育供给指标的影响均显著为负,对普通小学生师比影响为正,这也说明城市人口越密集,地方政府越倾向于投资于基础设施建设等方面,从而使公共教育供给的数量和质量趋于下降。而地方政府经济开放竞争度对公共教育供给的影响并不显著。

(四)稳健性分析

为了进一步验证回归结果的可靠性,我们进行了稳健性检验。(1)去掉年份哑变量后,用最大似然估计方法(ML)对模型回归,进行稳健性检验。结果显示,以最大似然估计方法得出的回归结果,主要解释变量依然显著,且财政分权和城镇化率对三个被解释变量的影响趋势与前面的回归结果基本一致,说明本研究的回归结果是稳健的。(2)以财政性教育支出占GDP比例作为财政性教育支出占财政支出比例这个被解释变量的替代变量,进行稳健性检验,仍采用系统GMM方法进行估计。回归结果表明,各个解释变量的显著性与影响方向与以财政性教育支出占财政支出比例为被解释变量的回归结果基本一致,表明上述回归结果是稳健的。(3)以财政收入分权度作为财政支出分权度的替代变量,利用系统GMM方法进行估计,回归结果显示财政分权和城镇化率对三个被解释变量的回归系数大小和方向与前面的回归结果基本一致。根据稳健性分析,表明回归结果在整体上是稳健的。

五、关于东、中、西部地区的进一步讨论

由于我国东、中、西部三大地区发展水平不一致,可能导致财政分权和城镇化对公共教育供给影响产生较大差别。因此,有必要将各省级层面按照这三个地区分别进行回归分析。由于分地区之后各地区样本量减少,本节采用GLS面板估计方法对东中西部分别进行回归,不同地区省级层面财政分权和城镇化对公共教育供给的影响,如表29-3所示(为节省篇幅,此处省略控制变量回归结果)。

表29-3 分地区实证检验结果

地区	EEXP_EXP		LnEEXPP		PST	
解释变量	FDexp	Ur	FDexp	Ur	FDexp	Ur
东部地区	0.131*** (17.23)	−0.112*** (−8.50)	−1.025*** (−16.90)	−1.019*** (−14.08)	1.891*** (5.26)	11.792*** (15.22)
χ^2	2 034.22	17 003.43	6 286.52			
N	99	99	99			
解释变量	FDexp	Ur	FDexp	Ur	FDexp	Ur
中部地区	−0.243*** (−3.14)	−0.338*** (−5.41)	1.181*** (4.79)	0.090 (0.34)	4.392* (1.95)	−2.047 (−1.14)
χ^2	141.41	12 290.38	6 954.44			
N	72	72	72			
解释变量	FDexp	Ur	FDexp	Ur	FDexp	Ur
西部地区	0.128*** (2.79)	−0.104* (−1.75)	−0.203** (−2.21)	−7.326*** (−43.98)	−29.054*** (−41.06)	−15.819*** (−14.03)
χ^2	2 081.36	211 424.27	18 140.84			
N	99	99	99			

注:表格中数值为相应解释变量的回归系数,括号内数值为对应的Z统计值;***、**、*,表示在1%、5%、10%显著性水平下显著。

从表29-3可以看出,财政分权对公共教育供给的影响在三个不同地区是有较大差异的,说明假说3成立。财政分权对财政性教育支出占财政支出比例的影响,在

东部和西部地区是正向的,与全国总体回归结果一致,但在中部地区是负向的。这是因为中部地区不但相对于东部地区基础薄弱,使地方政府进行基础设施投资的激励更强,而且在国家对于教育的补贴方面,相对于西部地区,中部地区很少得到"特殊照顾"。在人均财政性教育支出方面,财政分权在东部和西部的影响是负的,与全国省级层面的回归结果一致,而中部地区的影响是正的。这可能是因为近年来中部地区人口大量向东部流动带来的影响。与全国整体的回归结果不同,在东、中部地区,财政分权显著提高了普通小学生师比,即财政分权度的提高降低了基础公共教育供给的质量,但这一影响在西部地区是显著为负的。这是因为近年来中央对西部地区的义务教育供给质量愈发重视,并制定相关支持政策的结果。

再考察城镇化对公共教育供给的影响,与假说2一致,城镇化率对于前两个指标的影响在东部地区和西部地区是负向的,对普通小学生师比的影响在东部地区和西部地区是正向的,说明城镇化率的提高的确使公共教育供给的数量和质量降低了。值得注意的是,城镇化率对于基础公共教育供给的影响在中部地区却是相反的,城镇化率降低了普通小学生师比,这可能是因为相对于东部地区,中部地区基础建设等方面的基础较为薄弱,而经济发展水平相对于西部地区较高,城镇化带来的基础建设等方面投入增加给基础公共教育供给带来了规模经济。

六、结 论

本研究在梳理和归纳现有关于公共教育供给文献的基础上,分别讨论了财政分权和城镇化对公共教育供给的影响。在影响机制分析的基础上,建立了一个理论模型,运用2005—2013年我国30个省、市、自治区面板数据做了全国省级层面和东中西部地区差异的实证检验,分析财政分权和城镇化对公共教育供给带来的影响。

本研究发现,在以经济增长和城镇化为考核标准的地方晋升锦标赛激励下,由于公共教育的正外部收益难以内化,财政分权和城镇化阻碍了地方公共教育供给水平的提升。在省级层面上,财政分权使财政性教育支出占财政支出的比例略有提升,并且有利于基础教育供给质量的提高,但对人均公共教育供给带来负面影响。东部和西部地区财政分权对公共教育供给的影响,与全国结果基本一致,中部地区则相反。城镇化并未给公共教育供给带来规模经济,城镇化率的提高显著降低了财政性教育支出占财政支出的比例、人均财政性教育支出以及基础教育供给的质量。东部和西部地区城镇化对公共教育供给的影响,与全国结果基本一致,中部地区则相反。

现实中,财政分权体制对公共教育供给没有显著的促进作用,地方政府的公共教育供给不能满足快速城镇化发展的需求。在财政分权体制下,中央政府要对地方政府的公共教育供给提出明确的要求,确保公共教育供给数量和质量满足快速城镇化发展对公共教育的需求。基于财政分权和城镇化进程对东、中、西部地区的公共教育供给影响不同,在东部和西部地区重点是提高公共教育的供给质量,在中部地区关键是提高公共教育的供给数量,扩大公共教育的覆盖范围。由于研究水平和积累不足,本研究还存在一些不足,未考虑转移支付对公共教育供给地区差异的影响,由于数据限制未能对财政分权和城镇化与高中教育质量做检验。上述方面需要笔者和感兴趣的学者未来做更深入地研究。

本文原载于《郑州大学学报》2015年第4期,编入本书时做了适当修改。作者:高波、范馨、王英杰。

主要参考文献

【英】安格斯·麦迪森,伍晓鹰、许宪春、叶燕斐、施发启译,2003:《世界经济千年史》,北京大学出版社。

安虎森,2009:《新经济地理学原理》(第二版),经济科学出版社。

【美】爱德华·肖,邵伏军、徐晓明、宋先平译,1988:《经济发展中的金融深化》,上海三联书店。

埃德温·米尔斯等,1989:《城市化与经济发展的关系》,《经济学译丛》第4期。

【美】阿玛尔·毕海德,魏如山、马志英译,2004:《新企业的起源与演进》,中国人民大学出版社。

【美】保罗·克鲁格曼,李淑萍译,2007:《地理在经济发展中的作用》,《比较》第28期,中信出版社。

白永秀、王颂吉,2013:《城乡发展一体化的实质及其实现路径》,《复旦学报(社会科学版)》第4期。

储小平、李怀祖,2003:《信任与家族企业的成长》,《管理世界》第6期。

陈吉元等,1992:《中国农村的变革与发展——回顾与展望》,广东高等教育出版社。

陈锡文,2012:《推动城乡发展一体化》,《求是》第23期。

陈永伟、胡伟民,2011:《价格扭曲、要素错配和效率损失:理论和应用》,《经济学(季刊)》第4期。

陈国权、李院林,2009:《地方政府创新与强县发展:基于"浙江现象"的研究》,《浙江大学学报(人文社会科学版)》第6期。

陈乙萍、刘洋,2016:《动态特征、现实境况与城乡协调发展的关联度》,《改革》第2期。

程大中,2003:《中国服务业增长的地区与部门特征》,《财贸经济》第8期。

程大中,2015:《中国参与全球价值链分工的程度及演变趋势—基于跨国投入—产出分析》,《经济研究》第9期。

蔡昉、林毅夫,2003:《中国经济》,中国财经出版社。

蔡秀云、李雪、汤寅昊,2012:《公共服务与人口城市化发展关系研究》,《中国人口科学》第6期。

当代上海研究所,2006:《长江三角洲发展报告2006》,上海人民出版社。

【英】迪帕克·拉尔,吴素萍、王桂娟等译,1992:《发展经济学的贫困》,上海三联书店。

【美】丹尼·罗德里克,廖丽华译,2011:《全球化的悖论》,中国人民大学出版社。

【美】丹尼尔.W.布罗姆利,陈郁、郭宇峰、汪春译,1996:《经济利益与经济制度》,上海三联书店。

【英】多纳德·海、【英】德理克·莫瑞斯,钟鸿钧等译,2001:《产业经济学与组织》,经济科学出版社。

邓英淘,1993:《城市化与中国农村发展》,《中国农村经济》第1期。

【美】道格拉斯·C.诺思,厉以平译,1992:《经济史上的结构和变革》,商务印书馆。

【美】道格拉斯.C.诺斯,刘守英译,1994:《制度、制度变迁与经济绩效》,上海三联书店。

【美】道格拉斯.C.诺斯,厉以平等译,1999:《西方世界的兴起》,华夏出版社。

丁晓晶,2008:《宏观环境视角下的企业家精神培育机制》,《社会科学战线》第12期。

E·赫尔普曼,王世华、吴筱译,2007:《经济增长的秘密》,中国人民大学出版社。

【美】弗朗西斯·福山,李宛蓉译,1998:《信任——社会道德与繁荣的创造》,远方出版社。

【美】富兰克·奈特,王宇、王文玉译,2005:《风险,不确定性和利润》,中国人民大学出版社。

范剑勇,2004:《长三角一体化、地区专业化与制造业空间转移》,《管理世界》第11期。

费景汉,1987:《发展中国家宏观发展政策的评价》,载《发展经济学的新格局:进步与展望》,经济科学出版社。

傅勇、张晏,2007:《中国式分权与财政支出结构偏向:为增长而竞争的代价》,《管理世界》第 3 期。

傅勇,2010:《财政分权,政府治理与非经济性公共物品供给》,《经济研究》第 8 期。

【美】G. J. 施蒂格勒,潘振民译,1996:《产业组织和政府管制》,上海人民出版社,上海三联书店。

高波、张志鹏,2005:《文化成本:概念与范式》,《南京大学学报(哲学·人文科学·社会科学)》第 5 期。

高波,2007:《文化、文化资本与企业家精神的区域差异》,《南京大学学报(哲学·人文科学·社会科学版)》第 5 期。

高波,2011:《文化资本、企业家精神与经济增长:浙商与粤商成长经验的研究》,人民出版社。

高波等,2015:《住房消费与扩大内需》,人民出版社。

高波,2016:《新常态下中国经济增长的动力和逻辑》,《南京大学学报(哲学·人文科学·社会科学)》第 3 期。

高波、孔令池,2017:《中国城乡发展一体化区域差异分析》,《河北学刊》第 1 期。

高波,2017:《发展经济学》第 2 版,南京大学出版社。

国家计委长期计划司编,1990:《中国国情》,中共中央党校出版社。

国有资产管理局科研所课题组,1997:《中国企业购并市场的发展及政策建议》,《管理世界》第 5 期。

国务院发展研究中心农村部课题组,2014:《从城乡二元到城乡一体——我国城乡二元体制的突出矛盾与未来走向》,《管理世界》第 9 期。

GEM,1999:全球创业观察,http://www.gemconsortium.org/

洪银兴,2003:《城市功能意义的城市化及其产业支持》,《经济学家》第 2 期。

胡浩,2004:《论文化差异对国际直接投资的影响》,《社会科学》第 10 期。

胡军、朱文胜、庞道满,2002:《劳动契约、交易费用与关系治理——华人家族企业内部治理行为分析》,《暨南学报》第 5 期。

胡鞍钢、王毅,1989:《中国粮食与人口发展趋势的预警》,《国情研究》第 2 期。

胡景岩,2002:《跨国公司在中国的技术战略》,《国际经济合作》第 4 期。

胡安俊,2016:《产业生命周期:企业家精神、集聚、匹配、转移、空间结构的综合研究》,中国人民大学出版社。

霍春辉、杨锐,2016:《集聚外部性对产业创新绩效的影响》,《经济管理》第3期。

何予平,2006:《企业家精神与中国经济增长》,《当代财经》第7期。

韩俊,2013:《中国"三农"问题的症结与政策展望》,《中国农村经济》第1期。

黄宇,2008:《改革开放30年体制机制创新的浙江经验》,《今日浙江》第12期。

黄国平,2013:《财政分权,城市化与地方财政支出结构失衡的实证分析——以东中西部六省为例》,《宏观经济研究》第7期。

【美】黄佩华、【美】迪帕克,吴素萍、王桂娟等译,2003:《中国:国家发展与地方财政》,中信出版社。

【英】吉奥弗雷·M.毫森,朱舟、黄瑞虹译,1994:《企业文化与厂商的性质》,载《交易成本经济学及其超越》,上海财经大学出版社。

吉昱华、蔡跃洲、杨克泉,2004:《中国城市集聚效益实证分析》,《管理世界》第3期。

江小涓、李辉,2004:《服务业与中国经济:相关性和加快增长的潜力》,《经济研究》第1期。

【澳】杰弗里·贝尔,康志华译,2003:《竞争力——10大杰出商业原则》,中信出版社。

【美】杰拉尔德·迈耶,本书翻译组译,2003:《老一代发展经济学家和新一代发展经济学家》,载杰拉尔德·迈耶,约瑟夫·斯蒂格利茨主编:《发展经济学前沿:未来展望》,中国财政经济出版社。

【美】基思·格里芬,倪吉祥、郑文平、王利民译,1992:《可供选择的经济发展战略》,经济科学出版社。

经济合作与发展组织,2001:《增长的推动力:信息技术、创新和创新精神》,科学技术文献出版社。

蒋春燕,2011:《高管团队要素对公司企业家精神的影响机制研究——基于长三角民营中小高科技企业的实证分析》,《南开管理评论》第3期。

贾兴梅、刘俊杰、贾伟,2015:《城乡一体化与区域经济增长的空间计量分析》,《城市规划》第12期。

孔令池、李致平、徐璇莹,2016:《中国服务业空间集聚:市场决定还是政府主导?》,《上海经济研究》第 9 期。

【美】雷蒙德·W·戈德史密斯,周朔、郝金城、肖远企、谢德麟译,1994:《金融结构与金融发展》,上海三联书店。

【美】林恩·夏普·佩因,杨涤等译,2004:《公司道德:高绩效企业的基石》,机械工业出版社。

【美】罗德尼·斯达克、【美】罗杰尔·芬克,杨凤岗译,2004:《信仰的法则——解释宗教之人的方面》,中国人民大学出版社。

【美】罗纳德·麦金农,卢骢译,1988:《经济发展中的货币与资本》,上海三联书店。

【美】罗伯特·戈登,张林山等译,2018:《美国增长的起落》,中信出版社。

罗伟卿,2010:《财政分权是否影响了公共教育供给?——基于理论模型与地级面板数据的研究》,《财经研究》第 11 期。

李新春,2000:《企业家过程与国有企业的准企业家模型》,《经济研究》第 6 期。

李新春,2002:《信任、忠诚与家族主义困境》,《管理世界》第 6 期。

李新春、苏琦、董文卓,2006:《公司治理与企业家精神》,《经济研究》第 2 期。

李后建,2013:《市场化、腐败与企业家精神》,《经济科学》第 1 期。

李井奎、钱陈,2007:《服务业的空间分布特征及与城市化的相关性分析——以浙江省为例》,《浙江学刊》第 1 期。

李宏彬、李杏、姚先国等,2009:《企业家的创业与创新精神对中国经济增长的影响》,《经济研究》第 10 期。

李磊、郑妍妍、刘鹏程,2014:《金融发展、职业选择与企业家精神——来自微观调查的证据》,《金融研究》第 6 期。

李培育,2004:《试论地区竞争战略》,《管理世界》第 3 期。

李惠武,2008:《慎终追远继往开来——广东改革开放 30 年之路》,《广东经济》第 11 期。

雷丁,1993:《海外华人企业家的管理思想——文化背景与风格》,上海三联书店。

刘冀生、周悦,2003:《成功家族企业的三大特征》,载《财经日报》5 月 10—16 日第

20 版。

刘志彪,2006:《经济全球化中的城市功能变化与房地产业发展机遇》,《南京社会科学》第 3 期。

刘文通,1995:《国有企业准兼并假说》,《经济研究》第 8 期。

刘长生、郭小东、简玉峰,2008:《财政分权与公共服务提供效率研究——基于中国不同省份义务教育的面板数据分析》,《上海财经大学学报》第 10 期。

刘德吉、胡昭明、程璐、汪凯,2010:《基本民生类公共服务省际差异的实证研究——以基础教育、卫生医疗和社会保障为例》,《经济体制改革》第 2 期。

隆国强,2004:《最大限度发挥溢出效应》,《国际贸易》第 12 期。

孟昕等,1988:《结构变动:中国农村劳动力的转移》,浙江人民出版社。

满燕云、郑新业,2010:《该不该减税,该减什么税》,《第一财经日报》11 月 29 日。

【美】迈克尔·斯宾塞、林重庚、余江等译,2011:《中国经济中长期发展和转型》,中信出版社。

【美】迈克尔·波特,高登第、李明轩译,2003:《竞争论》,中信出版社。

【美】迈克尔·P.托达罗,印金强、赵荣美译,1992:《经济发展与第三世界》,中国经济出版社。

迈克尔·詹森、威廉·梅克林,1998:《企业理论:管理行为、代理成本与所有权结构》,载陈郁编《所有权、控制权与激励—代理经济学文选》,上海三联书店、上海人民出版社。

【德】马克斯·韦伯,王容芬译,1995:《儒教与道教》,商务印书馆。

【德】马克斯·韦伯,苏国勋、覃方明、赵立玮、秦明瑞译,2010:《新教伦理与资本主义精神》,社会科学文献出版社。

【英】马丁·克里斯托弗、西蒙·克劳克斯、杨明、周凯译,2002:《市场驱动的公司》,江苏人民出版社。

马力宏,2007:《制度供给与经济发展——兼论"浙江现象"中的政府因素》,《经济社会体制比较》第 6 期。

马壮昌,2000:《体制创新是广东率先基本实现现代化的保障》,《天水行政学院学报》

第 2 期。

马光荣、杨恩艳,2010:《中国式分权、城市倾向的经济政策与城乡收入差距》,《制度经济学研究》第 1 期。

缪小林、高跃光,2016:《城乡公共服务:从均等化到一体化——兼论落后地区如何破除经济赶超下的城乡"二元"困局》,《财经研究》第 7 期。

毛其淋,2013:《要素市场扭曲与中国工业企业生产率—基于贸易自由化视角的分析》,《金融研究》第 2 期。

倪鹏飞,2004:《中国城市服务业发展:假设与验证》,《财贸经济》第 7 期。

欧雪银,2013:《企业家精神与产业集聚关系研究新进展》,《经济学动态》第 6 期。

OECD,1997:《以知识为基础的经济》,机械工业出版社。

彭国华,2005:《中国地区收入差距、全要素生产率及其收敛分析》,《经济研究》第 9 期。

庞凤喜、潘孝珍,2012:《财政分权与地方政府社会保障支出——基于省级面板数据的分析》,《财贸经济》第 2 期。

平新乔、白洁,2007:《中国财政分权与地方公共品的供给》,《财贸经济》第 2 期。

钱颖一,2003:《现代经济学与中国经济改革》,中国人民大学出版社。

青木昌彦、瑟达尔·丁克,1999:《关系型融资制度及其在竞争中的可行性》,《经济体制比较》第 3 期。

乔宝云、范剑勇、冯兴元,2005:《中国的财政分权与小学义务教育》,《中国社会科学》第 6 期。

世界环境与发展委员会,1997:《我们共同的未来》,吉林人民出版社。

苏小和、王萍,2003:《逼着富人讲真话》,中国三峡出版社。

【美】沙伦·奥斯特,张志奇、李强、陈海威译,2004:《现代竞争分析》,中国人民大学出版社。

【日】速水佑次郎,李周译,2003:《发展经济学——从贫困到富裕》,社会科学文献出版社。

孙传旺、刘希颖、林静,2010:《碳强度约束下中国全要素生产率测算与收敛性研究》,

《金融研究》第 6 期。

孙丽芝,2008:《创新体系构建中企业家的作用与企业家精神的培育》,《太原科技大学学报》第 2 期。

舒泰峰、尹冀鲲,2011:《广东疾推顺德大部制》,《财经》第 2 期。

史晋川等,2002:《制度变迁与经济发展:温州模式研究》,浙江大学出版社。

邵宇、王鹏、陈刚,2013:《重塑中国:新型城镇化,深度城市化和新四化》,《金融发展评论》第 1 期。

【法】托马斯·皮凯蒂,巴曙松、陈剑、余江、周大昕、李清彬、汤铎铎译,2014:《21 世纪资本论》,中信出版社。

唐杰、蔡增正,2002:《中国作为"全球制造业中心"的性质及经济发展特征》,《南开经济研究》第 6 期。

汤光平、何樟勇,2004:《意识的形成与演进:经济学的观点—兼论浙江地区市场经济意识的形成》,《学术月刊》第 3 期。

田友春、卢盛荣、靳来群,2017:《方法、数据与全要素生产率测算差异》,《数量经济技术经济研究》第 12 期。

童长凤,2012:《高投资与中国经济增长:资本生产率的考察》,《兰州大学学报(社会科学版)》第 3 期。

威廉姆森,1996:《生产的纵向一体化:市场失灵的考察》,载陈郁编:《企业制度与市场组织—交易费用经济学文选》,上海三联书店,上海人民出版社。

【美】威廉·鲍莫尔,郭梅军、唐宇、彭敬、李青译,2004:《资本主义的增长奇迹——自由市场创新机器》,中信出版社。

汪丁丁,1997:《我思考的经济学》,生活·读书·新知三联书店。

王永培、袁平红,2010:《工资差异、劳动力流动与工业集聚——基于新经济地理学的解释和实证检验》,《财经科学》,第 3 期。

王薇、任保平,2015:《我国经济增长数量与质量阶段性特征:1978—2014 年》,《改革》第 8 期。

王善迈等,2012:《公共财政框架下公共教育财政制度研究》,经济科学出版社。

王询、孟望生,张为杰,2013:《财政分权,晋升激励与民生公共品偏向——基于全国省级面板数据的实证研究》,《云南财经大学学报》第4期。

王绍光,1997:《分权的底限》,中国计划出版社。

吴振宇,2017:《经济思想中的动态观念:从剩余到均衡》,中国发展出版社。

武建奇,1997:《省际经济竞争论(一)(二)》,《河北经贸大学学报》第3期。

萧琛主译,2003:《美国总统经济报告2001年》,中国财政经济出版社。

【美】约瑟夫·熊彼特,何畏、易家详等译,1990:《经济发展理论》,商务印书馆。

【美】约瑟夫·E·斯蒂格利茨,2004:《全球化世界的发展政策》,《国外理论动态》第11期。

【美】约瑟夫·E·斯蒂格利茨,李杨、章添香译,2010:《全球化及其不满》,机械工业出版社。

【美】约翰·奈斯比特,【美】帕特丽夏·阿伯丹,杨文士译,1988:《90年代的挑战—重新创造公司》,中国人民大学出版社。

姚耀军、和丕禅,2003:《中国家族企业的本质及其产生和发展》,《南方经济》第3期。

阮荣平、郑风田、刘力,2014:《信仰的力量:宗教有利于创业吗?》,《经济研究》第3期。

叶裕民,2002:《全国及各省区市全要素生产率的计算和分析》,《经济学家》第3期。

杨宇、郑垂勇,2007:《企业家精神和区域经济增长的典型相关分析》,《工业技术经济》第3期。

杨汝岱,2015:《中国制造业企业全要素生产率研究》,《经济研究》第2期。

杨瑞龙,1998:《我国制度变迁方式转换的三阶段论—兼论地方政府的制度创新行为》,《经济研究》第1期。

杨东平,2013:《新型城镇化道路对教育的挑战》,《教育发展研究》第5期。

袁勇志,2002:《论企业家创新行为的制度保障》,《江海学刊》第4期。

张五常,1996:《企业的契约性质》,载陈郁编:《企业制度与市场组织—交易费用经济学文选》,上海三联书店,上海人民出版社。

张五常,2000:《经济解释——张五常经济论文选》,商务印书馆。

张维迎,2003:《如何建立企业家与职业经理人之间的信任》,《企业家信息》第10期。

张维迎、栗树和,1998:《地区间竞争与中国国有企业的民营化》,《经济研究》第 12 期。

张军、吴桂英、张吉鹏,2004:《中国省际物质资本存量估算:1952—2000》,《经济研究》第 10 期。

张书琛,2002:《体制转轨时期珠江三角洲人的价值观》,人民出版社。

张曙光、程炼,2010:《中国经济转轨过程中的要素价格扭曲与财富转移》,《世界经济》第 10 期。

张浩然、衣保中,2012:《基础设施、空间溢出与区域全要素生产率——基于中国 266 个城市空间面板杜宾模型的经验研究》,《经济学家》第 2 期。

张晓杰,2013:《新型城镇化与基本公共服务均等化的政策协同效应研究》,《经济与管理》第 11 期。

赵奉军、高波,2009:《创业精神与经济发展的 U 型关系及其检验》,《经济管理》第 4 期。

赵永亮、赵德余、辛广海,2011:《财政分权下地方政府三大"支出偏好"与经济绩效研究》,《中央财经大学学报》第 2 期。

郑世林、周黎安、何维达,2014:《电信基础设施与中国经济增长》,《经济研究》第 5 期。

朱绍文,2000:《经典经济学与现代经济学》,北京大学出版社。

朱彤、刘鹏程、王小洁,2015:《贸易开放对发展中国家企业家精神的影响》,《南开经济研究》第 5 期。

朱善利等,2016:《中国城乡一体化之路——生产三要素市场统一构建与城乡经济社会一体化战略实施》,北京大学出版社。

【美】詹姆斯·A.道、黄祖辉、蒋文华译,2000:《发展经济学的革命》,上海三联书店、上海人民出版社。

仉建涛、刘玉珂等,1999:《经济增长模式比较》,经济科学出版社。

周宝砚,2008:《政府制度创新与区域经济发展》,《经济研究导刊》第 17 期。

中国企业家调查系统,2004:《企业家价值取向:中国企业家成长与发展报告》,机械工业出版社。

中共中央宣传部,2016:《习近平总书记系列重要讲话读本(2016)》,学习出版社,人民出版社。

Acs, Z. J., Armington, C., 2006, *Entrepreneurship, Geography, and American Economic Growth*, Cambridge, New York: Cambridge University Press.

Acs, Z. J., 1992, "Small Business Economics, a Global Perspective", *Challenge*, 35(6): 38-44.

Arellano, M., Bover, O., 1995, "Another Look at the Instrumental Variables Estimation of Error-components Models", *Journal of Econometrics*, 68(1): 29-51.

Arrow, K. J., 1962, "The Economic Implications of Learning by Doing", *Review of Economic Studies*, 29(3): 155-173.

Aigner, D. J., Chu, S. F., 1968, "On Estimating the Industry Production Function", *The American Economic Review*, 58(4): 826-839.

Akbari, A. H., Aydede, Y., 2012, "Effects of Immigration on House Prices in Canada", *Applied Economics*, 44(13): 1645-1658.

Anas, A., Arnott, R. and Small, K. A., 1998, "Urban Spatial Structure", *Journal of Economic Literature*, 36(3): 1426-1464.

Audretsch, D. B., Thurik, A. R., 2001, "What's New about the New Economy? Sources of Growth in the Managed and Entrepreneurial Economies", *Industrial and Corporate Change*, 10(1): 267-315.

Audretsch, D. B., Keilbach, M., 2004, "Entrepreneurship Capital and Economic Performance", *Regional Studies*, 38(8): 949-959.

Anderson, W. T., Hsiao, C., 1981, "Estimation of Dynamic Models with Error Components", *Journal of the American Statistical Association*, 76(375): 598-606.

Arellano, M., Bover, O., 1995, "Another Look at the Instrumental Variables Estimation of Error Components Models", *Journal of Econometrics*, 68(1): 29-51.

Brezis, E. S., Krugman, P. R. and Tsiddon, D., 1993, "Leapfrogging in International Competition: A Theory of Cycles in National Technological Leadership", *American Economic Review*, 83(5):1211-1219.

Britton, J. N. H., 2004, "High Technology Localization and Extra-Regional Networks", *Entrepreneurship & Regional Development*, 16(5): 369-390.

Baldwin, R., Forslid, R., Martin, P., Ottaviano, G. and Robert-Nicoud, F., 2003, *Economic Geography and Public Policy*, Princeton: Princeton University Press.

Blackaby, D. H., Manning, D. N., 1992, "Regional Earnings and Unemployment-A Simultaneous Approach", *Oxford Bulletin of Economics and Statistics*, 54(4): 481-501.

Bover, O., Muellbauer, J. and Murphy, A., 1989, "Housing, Wages and UK Labour Markets", *Oxford Bulletin of Economics and Statistics*, 51(2): 97-136.

Brakman, S., Garretsen, H. and Schramm, M., 2002, "New Economic Geography in Germany: Testing the Helpman-Hanson Model", Discussion Paper Series, Hamburg Institute of International Economics, No. 26183.

Brown, C., Medoff, J., 1989, "The Employer Size Wage Effect", *Journal of Political Economy*, 97(5): 1027-1059.

Baumol, W. J., 1996, "Entrepreneurship: Productive, Unproductive, and Destructive", *Journal of Business Venturing*, 11(1): 3-22.

Borck, R., Pflüger, M. and Matthias, W., 2010, "A Simple Theory of Industry Location and Residence Choice", *Journal of Economic Geography*, 10(6): 913-940.

Breton, A., 1996, *Competitive Governments: An Economic Theory of Political and Public Finance*. Cambridge, New York: Cambridge University Press.

Buchanan J. M., 1993, "Public Choice after Socialism", *Public Choice*, 77(2): 67-74.

Cantillon, R., 1730, *Essai Sur la Nature du Commerce en Général*. trans. H. Higgs. London: Macmillan, 1931.

Cameron, G., Muellbauer, J., 2000, "Earnings, Unemployment, and Housing: Evidence from a Panel of British Regions", CEPR Discussion Papers, No. 2404.

Carree, M., Stel, A. V., Thurik, R. and Wennekers, S., 2002, "Economic Development and Business Ownership: An Analysis Using Data of 23 OECD Countries in the Period 1976—1996", *Small Business Economics*, 19(3): 271 - 290.

Caves, R. E., 1998, "Industrial Organization and New Findings on the Turnover and Mobility of Firms", *Journal of Economic Literature*, 36(4): 1947 - 1982.

Cai, H. B., Treisman, D., 2005, "Does Competition for Capital Discipline for Discipline Government", *American Economic Review*, 95(3): 817 - 830.

Cohn, E., Geske, T., 1990, *Economics of Education*. 3rd editon, Pergamon Press Ltd.

Djankov, S., Qian, Y., Roland, G. and Zhuravskaya, E., 2006, "Who are China's Entrepreneurs?", *American Economic Review*, 96(2): 348 - 352.

Degen, K., Fischer, A. M., 2010, "Immigration and Swiss House Prices", CEPR Discussion Paper, No. 7583.

Dohmen, T. J., 2005, "Housing, Mobility and Unemployment", *Regional Science and Urban Economics*, 35(3): 305 - 325.

Dumais, G., Ellison, G. and Glaeser, E. L., 1997, "Geographic Concentration as a Dynamic Process", NBER Working Paper, No. 6270.

Denison, E. F., 1962, "The Sources of Economic Growth in the United States and the Alternatives before Us", Committee for Economic Development.

Demurger, S., 2001, "Infrastructure Development and Economic Growth: An Explanation for Regional Disparities in China?", *Journal of Comparative Economics*, 29(1): 95 - 117.

Dietrich, A., 2012, "Does Growth Cause Structural Change, or Is It the Other Way Around? A Dynamic Panel Data Analysis for Seven OECD Countries", *Empirical Economics*, 43(3): 915–944.

Ettlie, J. E., 1998, "R&D and Global Manufacturing Performance", *Management Science*, 44(1): 1–11.

Elkan, R. V., 1996, "Catching Up and Slowing Down: Learning and Growth Patterns in an Open Economy", *Journal of International Economics*, 41(1–2): 95–111.

Frenken, K., Oort, F. V. and Verburg, T., 2007, "Related Variety, Unrelated Variety and Regional Economic Growth", *Regional Studies*, 41(5): 685–697.

Feldman, M., Francis, J. and Bercovitz, J., 2005, "Creating a Cluster While Building a Firm: Entrepreneurs and the Formation of Industrial Clusters", *Regional Studies*, 39(1): 129–141.

Fujita, M., Krugman, P. R. and Venables, A. J., 1999, *The Spatial Economy: Municipalities, Regions, and International Trade*. Massachusetts: The MIT Press.

Farrell, M. J., 1957, "The Measurement of Productive Efficiency", *Journal of the Royal Statistical Society*, 120(3): 253–290.

Frye, T., Shleifer, A., 1997, "The Invisible Hand and the Grabbing Hand", *American Economic Review*, 87(2): 354–358.

Glaeser, E. L., Kerr, W. R. and Ponzetto, G. A. M., 2010, "Clusters of Entrepreneurship", *Journal of Urban Economics*, 67(1): 150–168.

Gonzalez, L., Ortega, F., 2009, "Immigration and Housing Booms: Evidence from Spain", Economics Working Papers, Department of Economics and Business, Universitat Pompeu Fabra, No. 1167.

Glancey, K. S., McQuaid, R. W., 2000, *Eutrepreneurial Economics*. London Macmillan Press.

Geroski, P. A., 1994, *Market Structure, Corporate Performance, and Innovative Activity*. Oxford: Oxford University Press.

Gort, M., Sung, N., 1999, "Competition and Productivity Growth: The Case of the US Telephone Industry", *Economic Inquiry*, 37(4): 678-691.

Glaeser, E., Kallal, H., Scheinkman, J. and Shleifer, A., 1992, "Growth in Cities", *Journal of Political Economy*, 100(6): 1126-1152.

Gwartney, J., Holcombe, R. and Lawson, R., 1998, "The Scope of Government and the Wealth of Nations", *Cato Journal*, 18(2): 163-190.

Gwartney, J., Holcombe, R. and Lawson, R., 1999, "Economic Freedom and the Environment for Economic Growth", *Journal of Institutional and Theoretical Economics*, 155(4): 643-663.

Hébert, R. F., Link, A. N., 1989, "In Search of the Meaning of Entrepreneurship", *Small Business Economics*, 1(1): 39-49.

Hanson, G. H., Spilimbergo, A., 1999, "Illegal Immigration, Border Enforcement, and Relative Wages: Evidence from Apprehensions at the US-Mexico Border", *American Economic Review*, 89(5): 1337-1357.

Hanson, G. H., Slaughter, M. J., 1999, "The Rybczynski Theorem, Factor-Price Equalization, and Immigration: Evidence from U. S. States", NBER Working Paper, No. 7074.

Hanson, G. H., 2005, "Market Potential, Increasing Returns and Geographic Concentration", *Journal of International Economics*, 67(1): 1-24.

Helpman, E., 1998, "The Size of Regions", In D. Pines, E. Sadka and I. Zilcha (eds.), *Topics in Public Economics*. London: Cambridge University Press.

Hellmann, T., Murdock, K. and Stiglitz, J. E., 1997, "Financial Restraint: Towards a New Paradigm", *In the Role of Government in East Asian Development: Comparative Institutional Analysis*. eds. M. Aoki, M. Okuno-Fujiwara and H. Kim, Oxford University Press.

Helsley, R. W., Strange, W. C., 1990, "Matching and Agglomeration Economies in a System of Cities", *Regional Science and Urban Economics*, 20(2): 189–212.

Horst, T., 1972, "Firm and Industry Determinants of the Decision to Invest Abroad: An Empirical Study", *Review of Economic Statistics*, 54(3): 258–266.

Hoang Xuan Trung, 2006, "Relationship between Economic Freedom, Entrepreneurship and Economic Growth: A Case of Vietnam".

Héctor, Salgado-Banda, 2007, "Entrepreneurship and Economic Growth: An Empirical Analysis", *Journal of Developmental Entrepreneurship*, 12(1): 3–29.

Hall, R. E., Jones, C. I., 1999, "Why Do Some Countries Produce So Much More Output Per Worker than Others?", *The Quarterly Journal of Economics*, 114(1): 83–116.

Hsieh, C. T., Klenow, P. J., 2009, "Misallocation and Manufacturing TFP in China and India", *Quarterly Journal of Economics*, 124(4): 1403–1448.

IUCN, UNEP, WWF, 1980, *World Conservation Strategy*. Gland, Switzerland.

Iacoviello, M., Neri, S., 2010, "Housing Market Spillovers: Evidence from an Estimated DSGE Model", *American Economic Journal: Macroeconomics*, 2(2): 64–125.

Jones, C. I., Romer, P. M., 2010, "The New Kaldor Facts: Ideas, Institutions, Population, and Human Capital", *American Economic Journal: Macroeconomics*, 2(1): 224–245.

Jackman, R., Savouri, S., 1992, "Regional Migration in Britain: An Analysis of Gross Flows Using NHS Central Register Data", *Economic Journal*, 102(415): 1433–1450.

Jeanty, P. W., Partridge, M. and Irwin, E., 2010, "Estimation of a Spatial Simultaneous Equation Model of Population Migration and Housing Price

Dynamics", *Regional Science and Urban Economics*, 40(5): 343-352.

Johnson, S., Mcmillan, J. and Woodruff, C., 1999, "Why Do Firms Hide? Bribes and Unofficial Activity after Communism", Working Paper: Centre for Economic Policy Research Discussion Paper.

Kaldor, N., 1961, "Capital Accumulation and Economic Growth", *The Theory of Capital*, International Asscociation Economic Series. London: Palgrave Macmillan, 177-222.

Karlsson, C., Friis, C. and Paulsson, T., 2004, "Relating Entrepreneurship to Economic Growth", CESIS, Electronic Working Paper Series, No. 13.

Kirzner, I. M., 1979, *Perception Opportunity and Profit: Studies in the Theory of Entrepreneurship*. Chicago and London: University of Chicago Press.

Knight, F. H., 1921, *Risk, Uncertainty and Profit*. Boston and New York: Houghton Mifflin Company, The Riverside Press.

Kokko, A., 1994, "Technology Market Characteristics, and Spillover", *Journal of Development Economics*, 43(2): 279-293.

Krugman, P. R., 1991a, "Increasing Returns and Economic Geography", *Journal of Political Economy*, 99(3): 483-499.

Krugman, P. R., 1991b, *Geography and Trade*. Cambridge: MIT Press.

Kuratko, D. F., Morris, M. H., Govin J G., 2008, "Corporate Entrepreneurship", Palgrave Macmillan, 10-30.

Kain, J. D., 1968, "Housing Segregation, Negro Employment, and Metropolitan Decentralization", *Quarterly Journal of Economics*, 82(2): 175-197.

Kirzner, I. M., 1997, "Entrepreneurial Discovery and the Competitive Market Process: An Austrian Approach", *Journal of Economic Literature*, 35(1): 60-85.

Keen, M., Marchand, M., 1997, "Fiscal Competition and the Pattern of Public Spending", *Journal of Public Economics*, 66(1): 33-53.

Kuznets, S., 1955, "Economic Growth and Income Inequality", *The American Economics Review*, 45(1): 1-28.

Laeven, L., Valencia, F., 2018, "Systemic Banking Crises Revisited", International Monetary Fund Working Paper, WP/18/206, Washington, D. C.

Laeven, L., Valencia, F., 2008, "Systemic Banking Crises: A New Database", International Monetary Fund Working Paper, WP/08/224, Washington, D. C.

Lu, J. Y., Tao, Z. G., 2010, "Determinants of Entrepreneurial Activities in China", *Journal of Business Venturing*, 25(3): 261-273.

Lansbury, M., Mayes, D., 1996, "Entry Exit, Ownership and the Growth of Productivity", in D. Mayes (ed.), *Sources of Productivity Growth*. Cambridge: Cambridge University Press.

Levin, H. M., 1982, "Federal Grants and Educational Equity", *Harvard Educational Review*, 52(7): 444-459.

Mises, L. V., 1951, *Profit and Loss*. Illinois: Consumers-Producers Economic Service.

Mises, L. V., 1996, *Human Action: A Treatise on Economics*. Fox & Wilkes.

Miller, D., 1983, "The Correlates of Entrepreneurship in Three Types of Firms", *Management Science*, 29(7): 770-791.

Meen, G., Nygaard, A., 2010, "Housing and Regional Economic Disparities", Economics Paper, Department for Communities and Local Government, No. 5.

Monk, S., 2000, "The Key Worker's Problem: The Link between Employment and Housing", in S. Monk and C. Whitehead, eds., *Restructuring Housing Systems: From Social to Affordable Housing?* New York: New York Publishing Services.

Murphy, A., Muellbauer, J. and Cameron, G., 2006, "Housing Market Dynamics and Regional Migration in Britain", Department of Economics Discussion Paper Series, Department of Economics, University of Oxford, No. 275.

Musgrave, R. A., 1959, *Theory of Public Finance: A Study in Public Economy*. Nork York: McGraw-Hill.

Nord, M., 1998, "Poor People on the Move: County-to-County Migration and the Spatial Concentration of Poverty", *Journal of Regional Science*, 38(2): 329 – 351.

Ommeren, V. J., Rietveld, P. and Nijkamp, P., 1999, "Job Moving, Residential Moving, and Commuting: A Search Perspective", *Journal of Urban Economics*, 46(2): 230 – 253.

Olley, G. S., Pakes, A., 1996, "The Dynamics of Productivity in the Telecommunications Equipment Industry", *Econometrica*, 64(6): 1263 – 1297.

Oates, W. E., 1999, "An Essay on Fiscal Federalism", *Journal of Economic Literature*, 37(3): 1120 – 1149.

Odden, A., Picus, L., 2000, *School Finance: A Policy Perspective*. New York: McGraw-Hill.

Pissarides, C. A., McMaster, I., 1990, "Regional Migration, Wages and Unemployment: Empirical Evidence and Implications for Policy", *Oxford Economic Papers*, 42(4): 812 – 831.

Potepan, M., 1994, "Intermetropolitan Migration and Housing Prices: Simultaneously Determined?", *Journal of Housing Economics*, 3(2): 77 – 91.

Puga, D., 1999, "Unemployment Clusters across Europe's Regions and Countries", Working Papers, University of Toronto, Department of Economics, No. 3.

Qian, Y., Roland, G., 1998, "Federalism and Soft Budget Constraint", *American Econimic Review*, 88(5): 1143 – 1162.

Rabe, B., Taylor, M., 2010, "Differences in Opportunities? Wage, Unemployment, and House-price Effects on Migration", ISER Working Paper, No. 5.

Ralph, J. B., 1999, "Measures of Geographical Differences in the Cost of Living", Prepared for the Governor's Wage Study Task Force.

Roback, J., 1982, "Wages, Rents, and the Quality of Life", *Journal of Political Economy*, 90(6): 1257–1278.

Rosen, S., 1979, "Wage-Based Indexes of Urban Quality of Life", *In Current Issues in Urban Economics*. Edited by Peter Mieszkowski and Mahlon Straszheim, Baltimore: Johns Hopkins Univerity Press.

Romer, P. M., 1986, "Increasing Returns and Long-Run Growth", *Journal of Political Economy*, 94(5): 1002–1037.

Romer, P. M., 1990, "Endogenous Technological Change", *Journal of Political Economy*, 98(5): S71–S102.

Restuccia, D., Rogerson, R., 2017, "The Causes and Costs of Misallocation", *Journal of Economic Perspectives*, 31(3): 151–174.

Stiglitz, J. E., 1999, "Knowledge for Development: Economic Science, Economic Policy and Economic Advice", In Boris Plesovic and Joseph E. Stiglitz, eds., Annual World Bank Conference on Development Economics 1998. Washington, D. C.: World Bank.

Stiglitz, J. E., Greenwald, B., 2003, *Toward A New Paradigm in Monetary Econimics*. Cambridge University Press.

Stillwell, J., 2005, "Inter-regional Migration Modelling: A Review and Assessment", Paper Prepared for the 45th Congress of the European Regional Science Association, Vrije.

Schultz, T. W., 1980, "Investment in Entrepreneurial Ability", *Scandinavian Journal of Economics*, 82(4): 437–448.

Schumpeter, J., 1934, *The Theory of Economic Development*. Harvard University Press.

Sorenson, O., Audia, P. G., 2000, "The Social Structure of Entrepreneurial Activity: Geographic Concentration of Footwear Production in the United States, 1940—1989", *American Journal of Sociology*, 106(2): 424–462.

Saiz, A., 2007, "Immigration and Housing Rents in American Cities", *Journal of Urban Economics*, 61(2): 345–371.

Saks, R. E., 2004, "Housing Supply Restrictions across the United States", *Wharton Real Estate Review*, Fall.

Samuelson, P. A., 1952, "The Transfer Problem and Transport Costs: The Terms of Trade When Impediments are Absent", *Economic Journal*, 62(246): 278–304.

Skiba, A., 2006, "Immigration, Firm Relocation and Welfare of Domestic Workers", 6th Annual Missouri Economics Conference Selected Papers, March 31–April 1.

Solow, R. M., 1957, "Technical Change and the Aggregate Production Function", *Review of Economics & Statistics*, 39(3): 554–562.

Stigler, G. J., 1998, "The Tenable Range of Functions of Local Government", *International Library of Critical Writings in Economics*, 88: 3–9.

Thünen, J. H. V., 1826, *Der isolierte Staat in Beziehung auf Landwirtschaft und Nationalökonomie*. Wirtschaft and Finan.

Tabuchi, T., 1998, "Urban Agglomeration and Dispersion: A Synthesis of Alonso and Krugman", *Journal of Urban Economics*, 44(3): 333–351.

Tabuchi, T., Thisse, J. F., 2001, "Taste Heterogeneity, Labour Mobility and Economic Geography", CEPR Discussion Papers, No. 3114.

Tibout, C. M., 1956, "A Pure Theory of Local Expenditures", *Journal of polititical Economy*, 64(5): 416–424.

Tsang, M. C., 1996, "Financial Reform of Basic Education in China", *Economics of Education Review*, 15(4): 423–444.

Wennekers, S., Thurik, A. R., 1999, "Linking Entrepreneurship and Economic Growth", *Small Business Economics*, 13(1): 27–55.

Westerlund, J., Edgerton, D. L., 2007, "A Panel Bootstrap Cointegration Test",

Economics Letters, 97(3): 185–190.

Yueh, L., 2009, "China's Entrepreneurs", *World Development*, 37(4): 778–786.

Yu, T. F., 1997, "Entrepreneurship and Economic Development in Hong Kong", Routledge Advances in Asia-Pacific Business.

Young, A., 1995, "The Tyranny of Numbers: Confronting the Statistical Realities of the East Asian Growth Experience", *Quarterly Journal of Economics*, 110(3): 641–680.

Zheng, S. Q., Fu, Y. M. and Liu, H. Y., 2006, "Housing-Choice Hindrances and Urban Spatial Structure: Evidence from Matched Location and Location-Preference Data in Chinese Cities", *Journal of Urban Economics*, 60(3): 535–557.

Zak, P. J., Stephen, K., 2001, "Trust and Growth", *The Economic Journal*, 111(470): 295–321.

后　记

南京大学经济学院组织编撰教授自选集,挑选哪些学术论文让我颇费心思。30多年前,我攻读硕士学位研究生期间,在我国土地学界泰斗王万茂教授精心指导下,于《中国环境科学》(1989 年第 4 期)等学术刊物独立发表了几篇论文,这激发了我对学术研究的兴趣。之后,我从硕士研究生二年级提前进入博士研究生阶段的学习。1993 年暑期,在新中国农业经济领域奠基人刘崧生先生悉心指导下,我完成了博士学位论文《工业化、城市化与经济发展》,顺利通过博士论文答辩。至今,我在学术道路上不知不觉走过了 30 多年。回首往昔的学术生涯,有苦有甜,有喜有忧,深感学术研究责任重大。

博士研究生毕业后,我进入南京大学工作,在洪银兴教授的带领下,长期从事经济发展理论和政策研究,一直从发展视角关注企业家精神的研究。2006—2011 年,我主持完成了国家自然科学基金项目《文化资本、企业家精神与经济增长:浙商与粤商成长经验的研究》(项目批准号:70672016),围绕这一研究课题公开发表了 10 多篇高质量学术论文,课题成果在人民出版社出版,并获江苏省第十二届哲学社会科学优秀成果二等奖,在企业家精神研究方面形成一定的学术积累。2018 年我申请获得了全国哲学社会科学规划办公室资助的国家社会科学基金项目《新时代激发和保护企业家精神的制度环境演化及对策研究》(项目编号:18BJY112),近期正投身这项课题的研究。

30 多年前我毫不犹豫地步入学术殿堂,本身就是受一种企业家精神的驱使。作为知识分子,我同样有"为天地立心,为生民立命,为往圣继绝学,为万世开太平"的抱负和坚韧不拔、勇于创新的精神,养成了坚守契约、善于合作、专注敬业、开放包容的个性。所以,我决定主要从过去 30 年在《经济研究》《管理世界》《经济理论与经济管理》《南京大学学报(哲学·人文科学·社会科学)》《学术月刊》等刊物公开发表的170多篇学术论文中,围绕"企业家精神驱动经济发展"这一主题,挑选30篇有代表性的文章编撰成集(其中,第二十七章未公开发表)。

企业家精神是一个国家、一个民族持续进步和繁荣兴盛的不竭的源泉。改革开放是企业家精神凝聚的现实表现,中国40年来的高速经济增长得益于改革开放、得益于企业家精神的迸发和释放。当下中国经济正由高速增长阶段转向高质量发展阶段,创新驱动是经济发展的主引擎,而创新动力源于企业家精神。企业家精神对于企业发展、产业创新、区域竞争、科技进步、制度变迁、文化演化和地方政府行为具有决定作用。本书除了引论,围绕五个专题编撰而成。第一篇,企业改革与企业发展;第二篇,产业创新与产业发展;第三篇,企业家精神与区域发展;第四篇,风险投资、科技创新与经济增长;第五篇,企业家精神、制度创新与政府行为。根据上述专题,全书从多个角度阐明了企业家精神在我国经济发展中的重要作用。

哲学社会科学研究早已进入合作创新的时代,精诚合作是企业家精神的一个元素,也是学术研究者必备的素养。在我从事学术研究的路途中,与合作者结下了深厚的情意(本书合作者的署名在每章末一一标出),非常感恩与我合作的同事、学友和学生。呈现给读者的这本文集,既是对过去30多年我的学术生涯的一个总结,也是我正在主持的国家社会科学基金项目的一项阶段性成果。

本书付梓之际,首先要感谢全国哲学社会科学规划办公室,是他们的信任,给了我们研究的动力,并最终形成了这份研究成果。我长期从事学术研究的一些灵感,得益于平时的大量阅读,得益于深入实践、注重调研,更得益于与政商学界的王连春先生、王月清先生、李善民先生、刘金山先生、沈明高先生、张剑宏先生、邹干生先生、赵小华先生、徐兴无先生、徐益民先生、贾生华先生、黄中兴先生、黄贤金先生、魏红军先生、魏爱春先生等诸多友人的学习交流,十分感恩这些与我思想交流的友人。感谢顾焕章教授、周三多教授、赵曙明教授、刘志彪教授、张二震教授等学术前辈多年来对我的关心、帮助和指导。感谢南京大学商学院诸位同事对我及我的研究团队一以贯之的支持。南京大学商学院同事创造的良好的学术氛围和出色的后勤保障,对我既是一种激励也是一种鞭策。感谢南京大学出版社张静女士、徐媛女士,她们为本书的出版倾注了心血,她们专业、包容、勤勉、细致的敬业精神使这部作品增色不少。

学术研究没有终点。这个时代为我们从事学术研究提供了极好的条件,工作生活在这个美好的时代,当专注学术,为中华民族伟大复兴略尽微薄之力。

高波　谨识
2019 年 10 月 1 日于南京大学

图书在版编目(CIP)数据

高波自选集：企业家精神驱动经济发展 / 高波著
— 南京：南京大学出版社，2020.10
（南京大学经济学院教授文选）
ISBN 978-7-305-23581-8

Ⅰ. ①高… Ⅱ. ①高… Ⅲ. ①企业家—企业精神—影响—中国经济—经济发展—文集 Ⅳ. ①F124-53

中国版本图书馆 CIP 数据核字(2020)第 127415 号

出版发行	南京大学出版社
社　　址	南京市汉口路 22 号　　邮　编　210093
出版人	金鑫荣
丛书名	南京大学经济学院教授文选
书　　名	高波自选集：企业家精神驱动经济发展
著　　者	高　波
责任编辑	徐　媛
照　　排	南京南琳图文制作有限公司
印　　刷	南京爱德印刷有限公司
开　　本	787×960　1/16　印张 29　字数 457 千
版　　次	2020 年 10 月第 1 版　2020 年 10 月第 1 次印刷
ISBN	978-7-305-23581-8
定　　价	118.00 元

网　　址：http://www.njupco.com
官方微博：http://weibo.com/njupco
官方微信号：njupress
销售咨询热线：(025) 83594756

* 版权所有，侵权必究
* 凡购买南大版图书，如有印装质量问题，请与所购
　图书销售部门联系调换